대원불교
학술총서
23

대원불교
학술총서

23

무에 대한 탐구

Nothing: Three Inquiries in Buddhism

· · ·

불교와 비평이론

· · ·

마커스 분·에릭 캐즈딘·티머시 모턴 지음
김용규 옮김

· · ·

운주사

발간사

오늘날 인류 사회는 4차 산업혁명을 통해 완전히 새로운 세상을 맞이하고 있습니다. 전통적인 인간관과 세계관이 크게 흔들리면서, 종교계에도 새로운 변혁이 불가피하게 되었습니다. 이런 상황에서 대한불교진흥원은 다음과 같은 취지로 대원불교총서를 발간하려고 합니다.

첫째로, 현대 과학의 발전을 토대로 불교를 현대적으로 재해석할 필요가 있습니다. 불교는 어느 종교보다도 과학과 가장 잘 조화될 수 있는 종교입니다. 이런 평가에 걸맞게 불교를 현대적 용어로 새롭게 이해할 수 있도록 하려고 합니다.

둘째로, 현대 생활에 맞게 불교를 이해할 필요가 있습니다. 불교가 형성되던 시대 상황과 오늘날의 상황은 너무나 많이 변했습니다. 이런 변화된 상황에서 부처님의 가르침을 제대로 이해할 수 있도록 하려고 합니다.

셋째로, 불교의 발전과정을 종합적으로 이해할 필요가 있습니다. 북방불교, 남방불교, 티베트불교, 현대 서구불교 등은 같은 뿌리에서 다른 꽃들을 피웠습니다. 세계화 시대에 부응하여 이들 발전을 한데 묶어 불교에 대한 총체적 이해가 가능하도록 하려고 합니다.

대원불교총서는 대한불교진흥원의 장기 프로젝트의 하나로서 두 종류로 출간될 예정입니다. 하나는 대원불교학술총서이고 다른 하나는 대원불교문화총서입니다. 학술총서는 학술성과 대중성 양 측면을

모두 갖추려고 하며, 문화총서는 젊은 세대의 관심과 감각에 맞추려고
합니다.

　본 총서 발간이 한국불교 중흥에 조금이나마 기여할 수 있기를
바랍니다.

불기 2568년(서기 2024년) 11월

(재)대한불교진흥원

1. 서론

마커스 분, 에릭 캐즈딘, 티머시 모턴

1.

무無는 너무 많은데 시간이 없다.[1] 이것은 무無로 이루어진 책이다. 미소 짓거나 난감한 표정을 지으며 무에 관해 말해 보자. 우리는 이론적·철학적 무로 가득 찬 순간을 살고 있다. 몇몇 예를 들면, 알랭 바디우(Alain Badiou)의 영(zero), 『무 이하의 것』(*Less than Nothing*)을 쓴 슬라보예 지젝(Slavoj Žižek), 그리고 허무주의적 형태의 사변적 실재론(speculative realism)(레이 브래시어Ray Brassier의 『무한한 무』〔*Nihil Unbound*〕)이 있다. 이 책에서 독자는 온갖 종류의 무들과 마주하게 될 것이다. 불교와 비평이론 사이에는 인식론적 간극, 가령

---

1 (역주) "할 일은 너무 많은데 시간이 없다"(so many things, so little time)는 표현에서 "유"(things)를 "무"(nothing)로 바꾸어 "무는 너무 많은데 시간이 없다"(so much nothing, so little time)는 표현으로 사용한다. 이는 오늘날 무에 대한 이론과 사상들이 넘쳐나고 있음을 의미한다.

서로 엇갈린 인식과 오해가 있고, 존재론적 간극과 틈새들이 존재한다. 다시 말해, 사물들의 사이와 내부에, 그리고 불교와 다양한 형태의 이론들이 실재로 받아들이는 것 내부에 간극들, 즉 무, 틈, 비-사물, 공, 무화, 사건, 혁명, 공백 등이 있다. 정말로 불교와 이론, 더 일반적으로는 서양철학의 불교 전유에 퍼져 있는 무(nothing, nothingness)[2] 개념 내에는 균열과 틈새들이 있다.

이 모든 것의 너머와 이면에서 우리는 『무에 대한 탐구-불교와 비평이론』(*Nothing: Three Inquiries in Buddhism*)이-바로 이러한 무, 간극, 영을 열어줌으로써- 불교와 비평이론 사이의 공백을 다룰 수 있기를 소망한다. 이 서론의 목적은 이 책을 구성하는 무의 대략적 형태를 그리는 데 있다.

불교와 이론 사이에는 완전히 존재하지 않는 다리(totally nonexistent bridges)와 태워버린 다리(burned bridges)라는 두 종류의 다리가 있다고 말하며, 불교와 이론에 관한 이야기를 정리해볼 수 있을 것이다.

---

2 (역주) 저자들은 두 종류의 무無를 구분한다. "절대적으로 아무것도 아닌 것"(absolutely nothing at all), 즉 **절대 무**(*oukontic* nothing)와 고정적이고 영원한 존재와 실체(상주불변)가 없는 유령적인 깜박임의 **비존재적인 무**(*meontic* nothing of a spectral flickering)가 그것이다. 간단히 말해, 이것은 절대 무와 비존재적 무로 구분된다. 절대 무는 아무것도 없는 것, 허무 그 자체를 의미하며 허무주의의 바탕을 이룬다고 한다면, 비존재적 무는 고정적이고 영원한 존재와 실체는 없다고 하더라고 가변적이고 일시적이며 흐르는 존재들이 충만하다는 의미로서의 무이다. 후자는 인연과 연기에 의해 모든 것이 생멸하는 불교의 공(emptiness)과 같은 의미를 갖는다. 공은 비어 있고 자성自性이 없으면서 인연과 연기에 의해 무수한 생멸이 일어나는 것이라는 점에서 허무虛無나 멸무滅無와는 다른 의미를 지닌다. 여기에서 허무와 멸무는 절대 무 혹은 아무것도 없는 것을 의미한다.

1978년 미셸 푸코(Michel Foucault)는 일본의 한 선승과의 대담에서 지금은 "서양철학의 시대가 끝났고, 만약 미래의 철학이 존재한다면, 그것은 유럽 밖에서 탄생하거나 유럽과 비유럽 간의 만남과 영향의 결과로서 탄생하게 될 것이다"라고 말했다.[3] 34년이 지난 지금 철학자들과 인문학자들이 불교를 단순히 연구 대상으로 여기는 차원을 넘어 그것을 활용하면서 푸코가 예견한 그 "탄생"의 조짐들이 일부 나타나고 있다. 프란시스코 바렐라(Francisco Varela), 에반 톰슨(Evan Thompson), 엘리너 로쉬(Eleanor Rosch)의 능동적 인공지능 이론, 라캉의 정신분석과 선의 공동적 영역에 대한 라울 몬카요(Raul Moncayo)의 섬세한 지도 그리기, 그레이엄 프리스트(Graham Priest)의 양진주의 (dialetheias), 사변적 비-불교(Speculative Non-Buddhism)와 비판불교 (Critical Buddhism)를 둘러싼 논쟁들, 비교유럽철학회(Comparative and Continental Philosophy Circle)와 같은 단체, 생태철학의 경향들과 같은 것들은 모두 새로운 뭔가가 태동하고 있음을 보여준다.[4] 하지만 이러

---

3 Michel Foucault, *Religion and Culture*, ed. Jeremy Carette (New York: Routledge, 1999), 113.

4 충분하게 설명할 여유가 없어 다음 글을 참조하라. Simon P. James, *Zen Buddhism and Environmental Ethics* (Aldershot: Ashgate, 2004); Mary Evelyn Tucker & Duncan Williams, eds., *Buddhism and Ecology: The Interconnection of Dharma and Deeds and Environmen tal Ethics: An Interdisciplinary Journal Dedicated to the Philosophical Aspects of Environmental Problems* 22, no. 2 (Summer 2000): 207–10; Jacquelynn Baas & Mary Jane Jacob, eds., *Buddha Mind in Contemporary Art* (Berkeley: University of California Press, 2004). 서양에서 불교의 보다 일반적인 역사에 대해서는 다음 글을 참조하라. Lawrence Sutin, *All Is Change: The Two-Thousand-Year Journey of Buddhism to the*

한 변화의 소용돌이와 정보의 전달에서 "유럽과 비유럽"의 진정한 융합이 일어나게 될까? 그리고 푸코가 탄생할 것으로 예측한 사유는 오늘날의 "이론"과 정치적 실천과 어떤 관계가 있을까? 탄생하고 있는 것이 실제로 드러나는 순간 그것은 철학처럼 보일까?

혹은 우리는 이 문제를 다른 방향에서 접근하여, 그런 융합이 이미 일어나고 있는지, 아니면 서양에서 유행하는 이국적 취향에 대한 욕망이나 자신의 분야에서 성공을 노리는 기회주의(career opportunism)의 형태이든, 동양의 고질적인 토착주의나 자기-오리엔 탈리즘(self-orientalism)의 형태이든, 비-서양을 숨겨진 보물로 여기는 환상이 오늘날 세계문학과 세계철학의 실패한 기획으로부터 다문화 주의의 신자유주의적 전유에 이르기까지 수많은 상호 문화적인 유토

West (New York: Little Brown, 2006); Rick Fields, *How the Swans Came to the Lake: A Narrative History of Buddhism in America* (Boston: Shambhala, 1992). 신경과학에 관련된 글로는 다음을 참조하라. Francisco Varela, Evan Thompson & Eleanor Rosch, *The Embodied Mind: Cognitive Science and Human Experience* (Cambridge, MA: MIT Press, 1992); Bernhard Poerksen & Francisco J. Varela, "Truth Is What Works: Francisco J. Varela on Cognitive Science, Buddhism, the Insepara bility of Subject and Object, and the Exaggerations of Constructivism—A Conversation," *Journal of Aesthetic Education* 40, no. 1 (Spring 2006): 35-53. 불교와 관련된 또 다른 중요한 참고문헌으로는 *Encyclopedia of Buddhism*, ed. Robert E. Buswell Jr. (New York: Thomson Gale, 2004); *The Princeton Dictionary of Buddhism*, ed. Robert E. Bus well Jr. & Donald S. Lopez Jr. (Princeton, NJ: Princeton University Press, 2014); John Powers, *A Concise Encyclopedia of Buddhism* (Boston: Oneworld, 2000)을 보라.

피아들처럼 자비로운 죽음을 맞이했는지 물어볼 수 있다. 시작이든 끝이든, 탄생이든 죽음이든, 그 어떤 방식이든 간에 유럽과 비유럽의 조우와 이별은 지리학적, 철학적 범주들의 통합은 아니더라도 지속되고 지속되어야 한다.

플라톤의 『테아에테토스』(*Theaetetus*)는 철학이 경이로움에서 시작한다고 주장한다.[5] 이런 놀라움이나 경이로움은 각성, 깨달음, 견성見性, 사토리(悟り)와 같은 불교적인 경험과 유사하다. 불교는 그 자체로 일종의 이론이다. 즉 불교와 이론이라는 두 용어 사이에는 내적 친화성이 있다. 불교도를 나타내는 티베트어가 낭파(nangpa)[6]인데 이 단어는 "내면주의자"(internalist), 말 그대로 내부 탐구에 열정적인 사람이며 외적인 해결책은 항상 부족하다고 여기는 사람을 뜻한다. 왜 그렇게 생각할까? 외적인 해결책이라는 개념 자체가 어떤 일을 외부 세계에서 추구하기 위한 어떤 내면적 성향과 같은 것을 전제하고 있기 때문이다. 살인자도 내면적 충동에 의해 떠밀려서 날카로운 칼을 찾는다. 비록 철학의 핵심이 세계를 해석하는 것이 아니라 세계를 변화시키는 것이라고 하더라도, 바로 이 핵심은 하이데거가 주장하듯이 그 자체로 해석이다. 이 핵심은 내면적 성향을 의미한다. 사람들은 이 성향을 주체성(subjectivity)이라고 부르는 것을 꺼리며 **내면적**(*inner*)이라는 용어 자체도 의심스럽다.

---

5 Plato, *Theaetetus*, trans. Benjamin Jowett, http://classics.mit.edu/Plato/theatu.html (2012년 10월 29일 접속).

6 (역주) 진리를 밖에서 구하지 않고 마음의 본성에서 찾는 수행자, 즉 내부자(insider)라는 의미이다.

14

비평이론이나 문학이론처럼 이론이라 불리는 것은 언뜻 보면 불교
라 불리는 것과 아주 유사해 보인다. 이 두 용어는 모두 서양적이다.
오늘날 현대 종교학에서 유행하는 다양한 교파의 "불교들"이 불교
교파들 간에 존재하는 공통성, 즉 불교 수행자들에게는 아주 익숙해
보이는 공통성을 모호하게 만들 수 있다고 하더라도, 불교 그 자체란
존재하지 않으며 단 하나의 불교만 존재하는 것 또한 아님을 보여준다.
여기서 쟁점은 바로 수행(*practice*)이라는 개념이다. 불교를 수행한다
는 것은 상좌부(Theravadin) 불교 전통이나 기타의 다른 전통에서
문(聞 hearing), 사(思 contemplating), 수(修 meditating)[7]의 삼혜三慧로
형식화된 이론적이고 반성적인 활동에 참여하는 것이다. 문聞은 단순
히 담론을 읽고 듣는 것이 아니라 완전한 몰입과 이해를 의미한다.
사思는 법을 "읽고, 새기고, 배우고, 내면적으로 소화하는 것"(『불교경
전』〔*The Book of Common Prayer*〕)으로 불법(佛法 Buddhadharma)을
몸에 익히는 것이다. 이 단계는 티베트 불교의 게룩파(Gelugpa)에서
행해지는 의례화된 격렬한 논쟁처럼 집중적 토론과 관련이 있는데,
비구와 비구니는 불법의 세부 내용을 두고 최후의 1인이 남을 때까지
수일 동안 치열한 논쟁을 벌인다. 역사적으로 붓다 자신은 제자들에게
엄격히 지성적이고 실천적인 검토를 통해 가르침의 진위를 직접 시험
해볼 것을 요구한 것으로 알려져 있다. 수修는 수행적 차원이며 티베트
어로 "익숙해지다"(get used to)를 뜻하는 "곰"(*gom*)[8]이라고 불린다.

---

7 (역주) 들음(hearing), 생각함(contemplating), 명상함(meditating)은 삼혜三慧,
 즉 경전을 들어서 아는 문혜聞慧, 경전의 진리를 생각하고 아는 사혜思慧, 선을
 명상 수행하는 수혜修慧를 의미한다.

일련의 명상기법에 깊이 익숙해지는 것은 실존적 차원에서 불법을 깨닫는 것과 같다. 따라서 이론은 일종의 수행이고, 나아가서 수행은 이론적 반성의 한 형태, 즉 자기 자신의 혼란 앞에서의 근본적인 멈춤이라 할 수 있다.

프락시스(praxis), 즉 이론과 실천 사이의 관계─하나가 다른 하나에 결코 완전히 통합될 수 없고, 둘 간의 궁극적인 불균등성이 문제 자체를 더욱 풍부하게 하는 관계─라는 피할 수 없고 해결할 수 없는 문제는 불교가 비평이론의 다양한 하위 장르들과 공유하는 핵심 요소이다. 로자 룩셈부르크(Losa Luxemburg)와 벨 훅스(bell hooks)의 급진 페미니즘으로부터 라캉(Lacan)과 가타리(Guattari)의 혁명적 정신분석에 이르기까지 프락시스, 즉 엄격한 반성과 과감한 행동이라는 난제가 그 핵심이다. 혹은 우리는 아무리 반직관적이라고 하더라도 프랑크푸르트학파를 주목할 수 있는데, 불교에 대한 에리히 프롬(Eric Fromm)의 열정적인 매혹은 물론, 불교에 대한 마르쿠제(Marcuse)와 아도르노(Adorno)의 의심에도 불구하고 우리는 이들이 공통적으로 현실적 토대를 외면하지 않으면서 상부구조, 특히 이데올로기적 호명과정뿐만 아니라 주체의 형성과 탈-형성의 복합성을 주목하는 데 우선성을 두었음을 알 수 있다.

사실 불교와 비평이론 사이를 붉은 실처럼 잇고 있는 것은 바로 욕망의 문제이다. 왜 사람들은 자신의 억압을 욕망하고 싶어 하는가? 바로 이것이 프랑크푸르트학파 사상가들이 정통 마르크스주의의 허

---

8 (역주) 티베트 단어 "*gom*"은 "명상"을 의미하며 "친숙하다"(familiarize) 혹은 "친숙해지다"(to become familiar with)를 의미한다.

위의식 모델(false consciousness model)에 도전하며 던졌던 질문이다. 마찬가지로 좌선 수행을 하든 경전 공부를 하든 급진적 불교도라면 자아와 사회의 바람직한 혁명을—욕망하지 않으면서— 성취할 수 있는 방법의 문제와 반드시 씨름해야 한다.

초기 상좌부 불교의 용어를 빌리자면, 명상 수행하는 사람들은 인과의 연쇄 고리(12연기 *nidanas*), 특히 갈애(craving)와 집착(grasping) 간의 고리를 끊어야 한다. 오늘날의 대중적인 명상교육에서 이것은 이야기의 진행을 끊고 자신의 감정을 느껴보라는 주문과 같은 것이다.[9] 그러면 무슨 일이 일어나는가? 헤겔의 철학이나 알튀세르의 이데올로기 이론의 관점에서 보면, 여기서 일어나는 것은 사고의 내용은 무시되고, 사고를 사고하는 주체의 위치 또는 현상학적 태도가 적나라하게 드러나며 탐구의 대상이 되는 것이다. 사고를 사고하는 것(thinking to the second power)은 프레드릭 제임슨(Fredric Jameson)이 말한 방식이다. 이것이 이론적 반성이 아니라면 무엇이란 말인가? 더욱이 이전의 과정들—사고, 논쟁, 가설 검증—은 확실히 서양적 맥락의 인문학에서 철학적·이론적 작업에 익숙한 사람들에게 깊은 감동을 줄 것이다.

오늘날 실천하는 것은 무엇을 의미하는가, 그리고 이론과 실천 사이에 어떤 가능한 관계가 있을 수 있는가 하는 문제는 열린 질문이고 이 책의 주된 초점 중의 하나이다. 마르크스, 니체, 프로이트, 비트겐슈타인 중 누구를 선택하든, 이들과 함께 시작할 때, 이론 그 자체는

---

9 Pema Chödron, *The Wisdom of No Escape and the Path of Loving-Kindness* (Boston: Shambhala, 2010), 15-26.

철학과 실천 사이의 관계에 대한 결정적인 문제제기로서 등장했다. 「포이어바흐에 관한 테제」(These on Feuerbach)에서 "철학자들은 다양한 방식으로 세계를 해석해 왔을 뿐이다. 하지만 중요한 것은 세계를 변혁하는 것이다"[10]라고 말한 마르크스의 유명한 구절을 생각해 보라. 지난 170년 동안 일어났던 모든 것에도 불구하고 마르크스의 주장에 적절하게 대응하려면, 이론과 실천의 관계, 그리고 프락시스에 대한 불교적 이해와 같은 것을 펼칠 필요가 있다면 어떨까? 아시아 불교의 경전들의 방대한 아카이브에 근거하더라도, 불교의 의미를 새롭게 이론화하고, 지금까지 기존 불교 사회들이 대승불교의 윤리적 실천의 핵심인 모든 중생들을 해탈시켜야 한다는 보살의 서원을 완전히 실현하지 못했다는 점을 솔직히 인정하는 새로운 종류의 불교적 근대성을 펼칠 필요가 있다면 어떨까? 하버마스(Habermas)를 빌려 말하면, 우리에게 불교와 근대성은 미완의 기획으로 남아 있다. 이러한 미완 속에서 이론과 불교가 뭔가를 공유한다면 어떨까?

2.

불교와 이론 간의 우호적 관계가 여태껏 제대로 이루어진 적이 없었다는 사실은 다소 의외이다. 우리의 책은 비평이론에 대한 기여이자 최근 정치철학, 미학, 과학연구, 정신분석, 포스트식민 이론, 세계화 연구와 같은 분야들에서 감지되는 비평적 사고 내의 종교적 전환에

---

10 Karl Marx, "Theses on Feuerbach," *The Marx-Engels Reader* (New York: Norton, 1972), 145.

대한 기여이다. 이런 종교적 전환에서 불교적 사고가 이제까지 중요한 역할을 하지 않았다는 점은 놀랍다. 이 분야들에 기여할 수 있는 불교 사상가들은 있었지만, 그들의 사상은 통상 자유주의적 유토피아의 사고 같은 것이 투영된 것으로 다루어졌다(달라이 라마는 스스로 "반半마르크스주의자, 반半불교도"라고 생각한다고 주장했음에도 불구하고 할리우드적인 인물로 폄하되었다).

가장 큰 목소리를 내고 있는 불교학자들이 비평이론이나 그 사상가들을 다루지 않았던 까닭은 명확하지는 않지만 생각해볼 가치가 있다. 역사적으로 불교가 꼭 필요한 엄격한 철학적 차원을 가지고 있었음에도 불구하고 대부분의 동시대 불교 사상가들은 사상이나 관념에 관해 말할 때는 대중영합적으로 보이는데, 이는 대부분 기존 권력을 확고하게 지지하기 때문이다. 그렇지 않으면 이들은 스티븐 배첼러(Stephen Batchelor)의 경우처럼 반지성적이고 비현실적인 "믿음 없는 불교"(Buddhism without beliefs)를 지지하는데, 수행만 열렬히 강조함으로써 현대 세계에 의미심장하게 개입해야 할 필요성을 부정한다. 13세기 유명한 선불교 선사인 도겐(道元 1200~1253)은 지나치게 잡념이 많은 사람이나 영적 훈련을 도구적 방편으로 삼는 수행자에게 "그냥 앉아 있어라"(只管打坐)라는 계율을 말한 것으로 유명해지게 되었으며, 나아가서 불교철학의 정교한 핵심에 대해 엄밀하고 방대한 글을 써서 수행자들에게 생각하지 않는 것이 무엇을 의미하는지를 상기시키기도 했다.

불교학자들은 신경과학, 칸트주의로의 복귀, 정신분석 내의 새로운 관계적 전환 등 학문적 유행에 불교를 결합시키려고 노력한다. 최근

도널드 로페즈(Donald Lopez)가 시카고 대학의 〈불교와 근대성 총서〉
의 일환으로 편집한 『불교 연구를 위한 비평용어』(*Critical Terms for
the Study of Buddhism*)라는 책은 탁월한 논집으로서 가끔 푸코와
다른 이론가들을 인용하기도 한다. 그럼에도 불구하고 이 책은 오늘날
의 사유의 조건에 대한 엄격한 비판이라는 의미에서 비판적이라기보
다는 불교학의 역사적·학문적 장치에 확고하게 초점을 두었고, 근대
불교공동체와 사상가들을 다룰 때조차 "불교학"과 근대성 간의 분리를
유지하고 있다.

이 책과 유사한 소재를 다루는 책들의 경우에도 불교뿐 아니라
생태학으로부터 (정치이론은 아니더라도) 정치학에 이르기까지 모
든 것을 두루 다룬 논문 선집들이 다수 있지만, 불교와 이론을 동시에
다룬 책은 거의 출판되지 않았고, 많은 텍스트들은 불교와 해체이론
(deconstruction)의 연관성에만 초점을 두고 있다. 이러한 책으로는
로버트 마글리올라(Robert Magliola)의 『데리다의 수정』(*Derrida on
the Mend*, 1984), 왕유추안(Youxuan Wang)의 『불교와 해체』(*Buddhism
and Deconstruction*, 2001), 박진영(Jin Young Park)이 편집한 『불교와
해체』(*Buddhisms and Deconstructions*, 2006), 그리고 『비이원성: 비교
철학 연구』(*Nonduality: A Study in Comparative Philosophy*, 1988), 『결여
와 초월: 심리치료, 실존주의, 불교에서 삶과 죽음의 문제』(*Lack and
Transcendence: The Problem of Death and Life in Psychotherapy, Exist-
entialism, and Buddhism*, 1996), 『위대한 깨달음－불교 사회이론』(*The
Great Awakening: A Buddhist Social Theory*, 2003)과 같은 데이비드 로이
(David Loy)의 몇몇 저작들이 있다. 로이는 흥미로운 사례이다. 데리다

에 응답하는 그의 초기 저작은 이론적인 엄밀성을 가지고 있는 데 반해, 불교와 정신분석, 불교와 정치학에 관한 후기 저작은 놀라울 만큼 대중영합적인 어조를 띠고 있다. 정신분석에 관한 그의 책은 라캉을 언급조차 하지 않는다.

일반적으로 이러한 책들은 불교에 대한 근본주의적 사고를 비판한 다는 공통 의제를 사유의 중심에 두면서 "포스트모던" 불교를 이론화하 려는 시도의 일환으로 간주될 수 있다. 충분히 그럴 만하다. 지난 10년 동안 비평적 사고의 반反포스트모던적 전환은 불교를, 토대의 부재에 피상적으로 몰두하면서 이데올로기적으로 후기자본주의 경 제에 통합된 또 하나의 포스트모던적 현상으로 치부한다. 이런 설명에 따라서 불교적 수행은 수행자가 명상하면서 스스로 이데올로기를 초월한다고 상상할 수 있게 해주고, 자기 자신이 자본주의적 사회관계 에 연루되어 있음을 부인할 수 있게 해준다. 또는 슬로터다이크 (Sloterdijk)가 포착한 냉소적 양식이든, 지젝이 패러디한 바보 같은 양식이든, 수많은 상처받은 사람들이 보여주는 과도한 공감과 히스테 리적인 연민의 양식이든, 불교적 수행은 수행자에게 지배적 권력구조 에 순응하고 그것을 받아들이라고 다그친다. 정치적 무의식이나 근본 적으로 다른 미래를 상상하는 유토피아적인 꿈에 대해서 별로 관심이 없는 이런 순진한 불교적 욕망은 프로이트가 정신분석의 죽음을 의미 할 것이라고 우려하던 무기력한 자아 심리학을 닮지 않을 수 없다. 포스트모던이든 반-포스트모던이든 비평이론 자체에 대해서도 똑같 이 말할 수 있다.

이 책이 보여주듯이 사례로 들어볼 만한 다른 역사들도 있다. 예를 들어, 하이데거주의자들이 불교와 진지한 관계를 유지해온 데는 명확한 이유가 있다. 하이데거는 선에 관한 많은 초창기 영문 저작들을 출판한 스즈키 다이세츠(鈴木大拙)와 친하게 지냈고, 몇십 년 동안 교토학파 철학자들과 대화를 나누기도 했다. 라인홀드 메이(Reinhold May)의 최근 저서 『하이데거의 숨겨진 원천』(*Hidegger's Hidden Sources*)에서 알 수 있듯이, 하이데거가 자신의 저작에서 이런 관계를 드러낼 때 몹시 신중한 태도를 취했음에도 불구하고 말이다. 그리고 하이데거 철학자인 조안 스탬보(Joan Stambaugh)가 불교와 서양철학을 연결하는 정교하고 심오한 연구서를 쓸 수 있었다는 것은 놀라운 일이 아니다. 물론 불교도들 사이에, 특히 앞서 언급한 니시다 기타로(西田幾多郎), 미키 기요시(三木清), 니시타니 케이지(西谷啓治)와 같은 교토학파의 철학자들처럼 주목할 만한 인물들이 있다. 이론 입문 수업에서 가장 많이 소개되는 인물 중에도 특출난 인물들이 있다(특히 세즈윅Sedgwick과 바타유Bataille).

그러나 무엇이 불교와의 진지한 관계를 구성하는가? 불교에 관해 적절한 것을 말하기 위해 불교를 실천할 필요가 있는가? 모든 형태의 불교 연구에 친숙할 필요가 있는가? 만약 그렇다면, 얼마나 오래, 어느 정도까지 친숙해야 하는가? 강단의 불교학자들이 이런 질문들에 대해 출가한 승려들과는 다른 방식으로 대답할 것이라는 점은 의문의 여지가 없다. 물론 아닐 수도 있다. 어쨌든 불교와 비평이론에 힘을 쏟고 있는 우리는 이러한 질문을 다음과 같은 방식으로 대답하게 될 것이다. 즉, 불교와의 진지한 관계는 (꼼꼼한 역사적 연구나 일상적 명상 수행과 같이) 명확한 형태로부터 불교와 전혀 닮지 않은 것 같은 형태에 이르기까지 다양한 형태를 띨 수 있다. 여기서 "진지함"(seriousness)을 판단하는 기준은 그러한 사유와 실천이 불교적 원칙에 열려 있는가, 불교적 원칙과 생산적으로 대화할 수 있는가의 여부이다. 가장 직접적인 불교적 행위가 불교에 전혀 공감을 갖지 않을 수도 있듯이, 비-불교(non-Buddhism)[11]의 개입이 불교 문제의 핵심으로 곧장 다가갈 수도 있다. 이렇게 말할 때, 다른 영적·종교적 전통을 연구하는 학자들과 비교하여 (직접적이든 간접적이든) 불교에 관심을 갖는 비평이론가들은 현저히 부족한 편이다. 우리는 이런 현상이 단지 다른 전통에서 성장하고 훈련받았다는 점을 넘어서는 뭔가를 보여주는 징후라고 믿는다.

3.

무엇이 이런 간극을 설명해줄까? 적대감인가? 근대 대학의 제도 구조와 지식의 테일러화(Taylorization)인가? 단순한 무시인가? 이것은—종교학이나 아시아학 연구자들이 자신들이 연구하는 현실에 참여하기를 꺼리는 거부감, 사회 곳곳에서의 외향성의 강요, 심지어 진보적 연구조차 불교를 정직하게, 열정적으로 연구하지 못하게 막는 경직된 오리엔탈리즘이나

---

11 (역주) 비-불교(non-buddhism)는 철학에 대해 비-철학(non-philosophy)을 주장한 프랑스와 라뤼엘(Francois Laruelle)의 이론을 수용하여 불교를 새롭게 사유하고자 하는 이론적 시도이다. 비-불교는 불교에 대한 반대나 부정이라기보다는 오히려 불교에 대한 긍정과 부정의 전제들을 뛰어넘어 불교를 "전제 없는 전제"의 급진적 내재성과 실재로 개방하려는 시도이다. 자세한 것은 2장의 각주 146번을 참조하라.

인종주의 같은— 어떤 구조적이고 이데올로기적인 장애인가? 아니면
그러한 연관성이 허위적이고, 공통적 기준이 없으며, 힘든 수고와
이론적 노력을 기울일 가치가 없다는 인정인가? 21세기의 두 번째
10년에 접어들고 있는 지금, 우리에겐 어떤 대답이 필요해 보인다.

비평이론가들과 급진적 철학자들은 종교를 사유하는 것을 주저하
지 않는다. 하지만 많은 현대 유럽 철학자들(지젝, 바디우, 아감벤)이
선택한 단호한 기독교적 전환에 견줄 만한 불교적 전환과 같은 것은
없다. 이는 불교가 서양에서 지난 100년 이상 동안 실천되어 왔다는
사실뿐만 아니라 불교와 오늘날의 서양적 사유 간의 친화성을 생각하
면 놀라운 일이다. 순진한 구경꾼에게조차 철학자 중 어느 누구도
기독교가 아닌 불교로 돌아선 사람이 없다는 사실은 이상하게 보일
수 있다. 이런 현상을 우리는 어떻게 설명할 수 있을까?

우선, 우리는 기독교로의 전환이 필요하다고 주장한 이유들을 살펴
봐야 한다. 그 이유들은 서로 다르면서도 몇 가지 핵심 특징들을
공유한다. 예를 들어, 각 철학자는 사도 바울(Saint Paul)에 매혹을
느꼈다. 지젝에게 기독교는 초월과 같은 것에 의지하지 않으면서
역사적 유물론을 사유하는 방법을 제공한다.[12] 기독교가 공언한 것은
—이 사실이 정통 기독교인이나 기도에 관해 간혹 이야기한 예수 자신에게도
새로운 소식으로 다가올지 모르지만— 신의 죽음이다. 사도 바울은 지젝에
게 현존하는 공동체를 철저히 신의 죽음에 근거하여 구축하고자 한
기독교의 레닌이다. 바디우에게 그 자신이 "진리 과정"(truth process)이

---

12 Slavoj Žižek, *The Fragile Absolute: Or, Why Is the Christian Legacy Worth
    Fighting For?* (London: Verso, 2000).

라 부른 것, 즉 어떤 실제적 사건 앞에서 주체의 비움(emptying) 혹은
케노시스(*kenosis*)에 대한 충실한 지지의 범례를 보여준 것이 사도
바울이다. 여기서 사건(*event*)이란 용어는 사물의 연속성에서 관습과
관성을 타파하는 단절을 나타낸다. 아감벤에게 기독교는 주권(천국의
왕으로서의 신)의 패러다임을 제공할 뿐만 아니라 정치적 공존을 오이코
노미아(경제 *economy*)로서 사고할 수 있는 모델을 제공한다. 사도
바울은 기독교의 정치적 애매성을 잘 보여준다. 왜냐하면 아감벤에
따르면 그는 유대 율법의 "메시아적" 폐지에 관심이 있었기 때문이다.

　이들 철학자들이 결코 정통 기독교 형식을 지지하지 않는다는
것은 사실이지만, 외부인들의 시선으로 보면, 이들 주장의 전반적
효과는 이들이 모두 기독교와 아브라함 유신론(Abrahamic theism)을
지지하는 것으로 보인다는 것이다. 당신을 죽이지 않는 것이 당신을
더 강하게 만든다는 것이다. 그리고 무신론을 주장한다는 항변에도
불구하고 이 철학자들 중 어느 누구도 지극히 평범한 "새로운" 무신론
(도킨스Dawkins, 히친스Hitchens, 데닛Dennett, 해리스Harris)의 주장에
는 동의하지 않는다. 아감벤이 스스로를 기독교 철학자라고 불렀다는
것과, 기독교에 대한 지젝의 저작 중 한 권의 부제가 적어도 기독교를
"지지(for)하기 위해 싸울 만한 가치"가 있다는 의미로 잘못 해석될
소지가 있다는 것은 의미심장하다. 무신론을 주장한다는 이들의 항변
을 "반박하기" 위한 것이라기보다 그것을 "지지하기" 위한 것이었음에
도 말이다.[13]

---

13 "Radical Theology and Agamben" (http://itself.wordpress.com/2008/07/07/
　radical- theology-and-agamben/).

이 철학자들이 불교를 다루었다면 사태는 복잡해졌겠지만 불교가 간단히 무시되고 말았다는 것이 현실이다. 바디우는 자신의 문제를 풀기 위해 사도 바울보다 도겐 선사나 밀라레파(Milarepa)를 선택할 수도 있었을 것이다. 그리고 싯다르타 고타마(Siddhārtha Gautama) 자신이 훨씬 나은 모범이 될 수도 있었을 터이다. 불교도가 세계를 뒤흔드는 진리 과정을 입증하는 예를 보여주는 데 사도 바울에 미달하거나 그보다 더 뛰어날 수 없을 것이라고 생각할 현실적인 이유는 없다. 불교 선사들의 설화에는 바울식의 개종의 경험들이 넘쳐난다. 선불교의 견성見性과 사토리(悟り)에 대한 개인적 일화에는 아찔한 순간적 각성, 발밑의 땅이 꺼지는 느낌, 자아보다 훨씬 높고 심오한 목적에 대한 직접적인 헌신으로 가득 차 있다. 왜 이런 서사들을 이용하지 않는가?

아감벤이 불교를 무시한 것은 바디우의 무시만큼 이상하지는 않다. 아감벤은 주권과 예외 상태에 대한 자신의 거대한 기획을 반성하기 위해 기독교 전통의 틀을 새롭게 구성하고 있다. 이런 기획을 달성하기 위해 기독교 내에서 연구하는 것은 나름 일관된 전략처럼 보인다. 하지만 하이데거에 대한 아감벤의 수용에는 불교도들이 확실하게 동의할 법한 내용을 말하는 순간들이 있다. 이를테면, 아감벤이 릴케(Rilke)가 "열림"(Open)이라고 부른 것에서 권태(boredom)를 신비스런 공존으로 나가는 관문으로 다룬 것은 불교 명상가들에게도 친숙한 것이다.[14]

---

[14] Chögyam Trungpa, "Cool Boredom", *The Essential Chögyam Trungpa*, ed. Carolyn Gimian (Boston: Sham bhala, 1999), 87-90.

지젝의 경우는 이보다 약간 더 명확한 편이다. 지젝의 작업 곳곳에는 불교에 대한 적극적인 적대감을 직접 표명하는 문장들이 아주 많기 때문이다. 이 책에 실린 에세이 중 한 편(모턴의 글)은 이러한 적대감을 자크 라캉이 열 번째 세미나(불안에 관한 세미나)에서 불교에 대해 상당히 관대하면서도 미묘한 평가를 내린 것과 비교하여 탐구한다. 하이데거의 불안에 대한 탐구를 좇아 라캉이 적어도 준準불교적인 사고방식에 공감적인 태도를 보인 것은 사실인 듯하다. 왜냐하면 하이데거는 『존재와 시간』(Being and Time)의 여러 곳에서 불교와 "통할 만한" 주장을 펼치는 것처럼 보이고, 나중에는 자신의 작업이 스즈키 다이세츠의 것과 닮았다고 우호적으로 말하기도 했기 때문이다.

하이데거-라캉-데리다의 계보는 여러 가지 점에서 불교에 대해 아주 호의적인 것 같다. 하지만 프랑크푸르트학파의 마르크스주의(특히 아도르노)는 눈에 띄는 일부 친화성에도 불구하고 불교에 우호적이기보다는 적대적이었다. 불교를 (로제 폴 드루아Roger Pol Droit의 인상적인 구절에 따르면) 무의 숭배로 정의한 것이 헤겔이었기 때문에 지젝의 헤겔주의가 그의 노골적인 반불교적 입장을 잘 설명해줄 수 있듯이,[15] 프랑크푸르트학파가 헤겔을 계승한 것은 불교에 대한 이들의 적대감을 잘 설명해줄 수 있을 듯하다. 마찬가지로 바디우가 헤겔과 마르크스를 지지한 것도 그가 불교를 간과하게 된 이유를 설명해줄

---

15 Timothy Morton, "Hegel on Buddhism," *Romantic Circles Praxis*, http://www.rc.umd.edu/praxis/buddhism/morton/mortonhtml (2012년 10월 29일 접속). Roger Pol-Droit, *The Cult of Nothingness: The Philosophers and the Buddha* (Chapel Hill: University of North Carolina Press, 2003).

것이다. 하지만 하이데거의 전통을 따르는 아감벤이 불교에 대해 침묵한 이유는 명확하지 않다.

일반적으로 이 모든 것을 뒤집어서 불교에 대한 하이데거-라캉-데리다 계열의 적대감과 프랑크푸르트학파-헤겔-라캉 계열의 우호적 태도도 찾아볼 수 있다. 후자 계열의 사상가들을 불교와 연결 지어주는 것은 바로 변증법이다. 여기에는 절대정신이 예정 또는 예언, 즉 낡은 목적론이 아니라 제임슨과 지젝이 주장하듯이 라캉적 충동(Lacanian drive)과 아주 유사한 어떤 것으로 간주되는 한에서 헤겔 변증법도 포함된다. 또한 이것은 두 계열의 궤적에서 라캉이 중심적 위치를 차지할 수 있는 이유를 설명해 준다. 요컨대, 지젝이 불교의 혁명적 핵심을 지지하는 멋진 책을 쓴다고 상상하는 것은 얼마나 어려운가?

요약하면, 바디우와 지젝, 아감벤의 사례에서 우리는 불교를 끌어들이는 것에 대한 이중의 거부감을 보게 된다. 첫째, 서양적 전통에 내재하는 순수한 충동에서 비롯된 관심의 결여를 들 수 있는데, 이런 충동 때문에 서양적 전통에 비판적인 학자라고 하더라도 자기 자신이 그 전통에 얼마나 연루되어 있는지를 깨닫지 못한다. 둘째, 우리는 헤겔의 영향을 고려해야 한다. 티베트에서 온 아주 간략한 예수회 보고서를 통해 불교를 접한 200년 역사의 유럽중심적인 종교철학―요컨대 헤겔의 작업도 그 일부이다―은 액면 그대로 수용된 데 반해, 불교도임이 틀림없는 쇼펜하우어, 불교를 아주 신선한 방식으로 탐구한 니체, 혹은 원시불교(proto-Buddhism)와 관련된 것을 아주 많이 읽은 ―그의 번역자 조안 스탬보(Joan Stambaugh)조차 니시타니와 다른 불교철학

자들에 대한 자신의 연구에서 쉽게 받아들인- 하이데거의 작업은 큰 관심
을 받지 못했다. 불교는 소비주의적 수동성, 허무주의, 일본 파시즘,
나치즘의 모순적 징후로 받아들여졌다.

　아이러니 중의 아이러니는 이런 두려움의 투사가 정당화되어 왔다
는 점이다. 불교는 정말로 혼란스런 수동성, 어느 철학자가 말한
급진적 수동성(*radical passivity*), 무조건적인 더불어-있음(being-with)
의 종교일지 모른다.[16] 이것이 사실인지의 여부는 우리의 논쟁 대상
중 하나이다. 대부분의 유신론의 형태들과 달리 불교는 무아(*anatman*)
와 공(*sunyata*)의 논리와 함께 허무주의적으로 보인다. 그리고 불교가
스승에 대한 헌신과 계율의 철저한 고수를 숭배하는 것은 비불교도들
에게 나치즘의 원형과 비슷하다는 인상을 줄 수 있다. 일본에서는
(심지어 서양불교의 수호성인이라 할 수 있는 스즈키와 과거 그의
사상적 동지였던 니시다를 포함하여) 선이 파시즘으로 전유된 실제
사례들이 다수 있고, 실제로 근대 이전의 티베트에서 종종 문제시되었
던 신정정치적 불교 전통이 있으며, 제2차 세계대전 당시 선불교
전사를 숭상하던 이탈리아의 파시스트 율리우스 에볼라(Julius Evola)
와 같은 인물도 있다. 우리는 불교가 무섭다는 생각을 내려놓고 싶지
않다. 불교도들에게도 불교는 무시무시하다. 그동안 불교의 역사적
용도는 말할 것도 없고 자아를 뿌리 뽑아 즉석에서 태워버리고자
하는 불교의 철저한 기술들이 두렵게 느껴지는 것은 대체적으로 맞는
말이다.

---

16 Thomas Carl Wall, *Radical Passivity: Levinas, Blanchot, and Agamben* (Albany:
　State University of New York Press, 1999).

사실 이것이 지시하는 것은 역사적이고 현존하는 불교 사회들의 미완성적 성격이다. 하지만 이런 성격은 불교가 지배하던 전통 사회에서도 결코 정적인 실체가 아니었으며, 1950년 중국의 티베트 침공이나 1945년 일본 제국주의의 종말과 같이 아시아 불교 사회에 큰 영향을 끼친 역사적 단절 이전에도 불교 전통 내에 중요한 논쟁과 이견들이 있었음을 인정한다는 것을 의미한다. 우리는 오늘날 일본의 비판불교 운동(Critical Buddhism movement)처럼 새로 등장한 불교뿐만 아니라 티베트 모더니스트 겐둔 초펠(Gendun Chopel)과 같이 기존 불교 사회에 대한 "이론적" 비판을 시도한 주변부적 목소리들에도 관심을 갖는다.

4.

알파벳순으로 배열된 이 책의 세 편의 글은 서로 다른 방향으로 나아가고 서로 다른 주장을 펼치며 때로는 서로 대립적인 주장을 전개하기도 한다. 사실, 어떤 이론적 질문과 노선을 추구하느냐에 따라 지지 그룹과 반대 그룹이 형성된다는 것은 이 서론에서 이미 명백해졌을 것이다. 그럼에도 불구하고 우리 세 사람이 공유하는 것은 무엇보다 불교와 비평이론 사이의 연관성을 형성하는 데 관심을 갖고 있다는 것이다. 왜 이런 연관성을 추구하는가? 오늘날의 현실에서 불교와 비평이론은 전 지구적 자본주의라는 동일한 역사적 상황을 공유하고, 생태적 위험으로부터 그토록 많은 정신적·사회적 폭력에 이르기까지 같은 물질적 한계와 싸우고 있기 때문이다. 또한 불교와 비평이론은 동일한 유토피아적 가능성들을 공유하거나, 적어도 현재에 대해 급진적인 부정적 비판을 공유하는데, 이는 활기차고 엄청나게 아름답다. 이와 같은 이중적 모험을 공유하는 것은 비평이론을 20세기, 21세기의 주체 이론이나 유럽의 관념론적 사회철학으로 이해하거나, 불교를 아시아의 전통적인 정신적 운동이나 심지어 실패한 정치적 실험으로 이해하기보다는 비평이론과 불교 모두 하나의 문제틀(problematics)로, 즉 사유와 행위의 형식(과 사유와 행위의 관계)과 역사적 상황 사이의 분리 불가능한 관계를 중심에 두는 참여적 양식(modes of engagement)으로 이해하고 다루는 것이다.[17]

마커스 분의 글은 이데올로기와 실천의 관계의 위기를 통해, 불교와 마르크스주의가 연루된 정치적 위기의 특정 순간을 이어 대략 1936년과 1976년 사이에 출현한 공의 정치학을 탐구한다. 그는 1930년대에 프랑스 초현실주의자들이 좌익인민전선에 참여했다가 실패한 후 프랑스의 주요한 이론적 사상가인 조르주 바타유(Georges Bataille, 1897~1962)의 작업에서 불교가 광범위하게 참조되는 것을 살펴보고, 그가 호흡, 명상, 환상적 시각화와 같은 기술들을 포함하여 새로운 종류의 정치신학적인 실천을 시도하면서 불교와 요가의 아이디어를 이용해간 과정을 탐구한다. 비록 바타유가 요가 수련을 금방 포기하긴 했지만(그전에 이에 관련된 주목할 만한 글을 쓰기도 했다), 분은 (그 당시 바타유가 아주 잘 알고 있던) 불교적 개념과 실천들이 『저주받은 몫』(The Accursed Share)과 같은 책에서 보여준 일반경제론에 대한

---

17 Fredric Jameson, *Valences of the Dialectic* (New York: Verso, 2010), 372를 참조하고 이 책에 실린 에릭 캐즈딘의 글 앞부분을 보라.

바타유의 후기 작업에서 결정적이었고, "공", "과잉", "무" 사이의 관계를 정치적 문제-이 문제는 2차 세계대전 이후 탈식민화 시기의 아시아 사회에서 나타난 "비동맹"(nonalignment)의 문제, 그리고 비동맹 정치의 발전에서 불교 사상과 불교 사회주의 사상들이 지금까지도 인정받지 못하고 있다는 사실과 서로 통하는 문제이다-로 다시 사유하는 도발적인 방식을 제공한다고 주장한다.

이어서 분은 냉전 시기의 불교 정치학에 있었던 몇 차례의 결정적 계기들을 탐구한다. 첫 번째는 중국의 티베트 침략 당시 티베트에 존재하던 불교철학과 수행에 대해 전례 없는 질문을 던졌고, 이러한 질문 제기 때문에 때 이른 죽음을 맞이할 수밖에 없었던 티베트 모더니스트 겐둔 초펠(1903~51)의 활동에 관한 것이다. 초펠의 작업에서, 특히 도널드 로페즈(Donald Lopez, Jr.)가 최근 저서인 『광인의 중도』(*Madman's Middle Way*)에 번역해 실은 초펠의 「나가르주나 사유를 위한 장식」(*Adornment for Nagarjuna's Thought*)이라는 주목할 만한 이론적 글에서 분은 인간이 개인뿐만 아니라 집단으로서도 구성적인 공(constitutive emptiness)과 어떻게 관계하는가, 특히 깨달음을 얻지 못한 중생이 어떻게 깨달음을 알아차리고 그것으로 향한 길을 찾아갈 수 있는가 하는 문제에서 모종의 위기를 확인한다. 다시 말해, 초펠은 불교 전통의 내부에서 실천의 정치에 대해 문제를 제기했지만, 거기에서 어떠한 대답도 발견하지 못함으로써 이론이라 불리는 심연을 경험하게 된다. 두 번째는 게리 스나이더(Gary Snyder)가 1961년에 발표한 「불교 아나키즘」(Buddhist Anarchism)이라는 주목할 만한 짧은 글에 관한 것이다. 이 글에서 스나이더는 비동맹 글로벌 불교 아나키즘

운동이 어떤 모습일지, 혹은 어떤 모습이어야 하는지에 대한 상세한 시각을 압축적으로 제시한다. 세 번째는 기독교 수도자인 토머스 머튼(Thomas Merton)이 방콕의 한 호텔 방에서 불의의 죽음을 맞이하기 전날 행한 마지막 연설에 관한 것이다. 머튼은 죽음 직전에 인도 히말라야에서 망명한 티베트 승려들과 시간을 보냈는데, 이 경험을 허버트 마르쿠제(Herbert Marcuse)에 대한 읽기와 조화시키려고 했다. 그렇게 함으로써 그는 냉전 시대의 구조 안에서는 불가능했지만 이제 막 그 모습을 드러내기 시작한 새로운 종류의 선물경제(gift economy)를 표현하려고 노력했다.

글의 마지막 단락에서 분은 조르조 아감벤의 벌거벗은 생명에 관한 연구, 최근 『세계사의 구조』(The Structure of World History)에서 선물경제에 관한 가라타니 고진의 제안들, 그리고 바타유 이후의 비-동일주의적(non-identitarian) 공동체의 형태, 즉 우리가 무, 공, 공백 등 다양하게 부르고 있는 것에 노출된 공동체에 관한 작업들을 이용하여 현대 불교 정치의 문제를 다룬다. 분은 알랭 바디우와 최근 사변적 비-불교(Speculative Non-Buddhism) 블로그와 관련된 이론가 집단의 활동에서 이러한 무의 정치가 다양한 형태로 반복되는 것을 탐구하고, 공통적인 것(the Common)을 전유할 때 불교도와 비-불교도, 이론가와 수행자 모두가 티베트 모더니스트 겐둔 초펠이 "대모순"(Great Contradiction)이라고 부른 것을 어떻게 경험하는지를 보여 준다.

에릭 캐즈딘의 글은 "깨달음"이라는 불교적 범주, "혁명"이라는 마르크스주의적 범주, "치료"라는 정신분석적 범주 사이에 공통적 기능이 있다는 주장으로 시작한다. 종종 느슨하고 반생산적인 방식으로 이용되기도 하지만 캐즈딘은 깨달음, 혁명, 치료가 오늘날 새롭게 주장될 필요가 있으며, 만약 그렇지 못할 경우 불교, 마르크스주의, 정신분석이 급진적인 힘을 잃어버리고 그 자체에 대한 수정주의적인 소극笑劇으로 변질될 위험이 있다고 주장한다. 이러한 새로운 주장의 성공 여부는 프락시스를 새롭게 이론화하고 이 세 분야 내에서 프락시스의 역할을 추적하는 작업에 달렸다. 왜냐하면 불교, 마르크스주의, 그리고 정신분석의 새로운 생성과 이들의 가장 근본적인 변형에 압력을 행사하는 것이 (이론과 실천의 관계라는 난제로서의) 프락시스이기 때문이다.

　캐즈딘은 불교, 마르크스주의, 정신분석의 역사에서 프락시스의 문제가 최초로 생성된 지점으로 돌아가서(마르크스와 『자본』〔*Capital*〕의 분석, 프로이트와 그의 임상실험 관련 글과 『꿈의 해석』〔*The Interpretation of Dreams*〕을 살펴보기에 앞서 13세기 초중반의 도겐의 선불교와 그의 수행에 관한 기념비적 저작인 『정법안장正法眼藏』〔*Shōbōgenzō*〕을 시작으로) 연구를 진행한다. 이어서 캐즈딘은 **프락시스의 문제로 돌아가는 복귀의 결정적 순간들**(*moments of return*)에 초점을 둠으로써 각 문제틀 내의 역사적 변형을 연구하는 한편, 세 가지 문제틀 간의 연관성을 쌓아간다. 이러한 전환들을 추적한 후 캐즈딘은 오늘날의 전 지구적 자본주의에 이르러 가장 급진적인 개입 중 일부가 프락시스 문제와의 새로운 관계를 중심에 두고 있고―사찰(방석), 공장(작업장), 임상실(소파)에서 떨어진 채 일어나고 있지만― 필연적으로 이 세 가지 실천의 근본 논리에 바탕을 두고, 깨달음과 혁명과 치료의 범주와 떼려야 뗄 수 없이 연결되어 있다고 주장한다.

이러한 인상적인 개입 중의 하나는 깨달음, 혁명, 치료의 문제에 대해 새로운 길을 비추는 일종의 부정적 시간-공간 개념인 마(ま)[18] 개념을 지난 50년 동안 다양한 건축 작업에 활용해온 위대한 건축가 이소자키 아라타(磯崎新)에 의한 것이다. 이소자키의 마 개념은 불교, 마르크스주의, 정신분석이라는 세 가지 문제틀을 연결하는 무의 범주를 실천하는 방법이기도 하다. 왜냐하면 마는 이소자키가 2011년 일본의 대재난(지진, 쓰나미, 원전 붕괴)과 관련된 가장 최근의 프로젝트(〈아크 노바Ark Nova〉)에서 극적으로 활성화한 유물론적 무(혹은 물질성의 무 the nothing of materiality)임이 드러났기 때문이다. 〈아크 노바〉는 최대 500명을 수용할 수 있는 이동식 예술-커뮤니티 공간이며 공기를 빼서 다음 재난 장소, 즉 아직 일어나지 않았지만 우리의 현재 내부에 일어날 가능성이 있는 재난 장소로 이동할 수 있다. 미래의 건축인 〈아크 노바〉는 미래 건축을 위한 모델이라기보다는 근본적으로 다른 미래, 즉 우리의 현재와 다르고, 미래에 대한 우리의 자유로운 추론과도 다르며, 미래 자체에 대한 우리의 개념과도 다른, 미래를 위한 건축이다. 더욱이 이소자키의 작업은 깨달음, 혁명, 치료의 공통 문제들을 연결하고, 각 문제틀(불교, 마르크스주의, 정신분석)이 다른 문제틀의 맹점을 드러내 주며, 최고 수준의 비평이론적 행위를 구성한다고 주장할 기회를 제공한다.

---

18 (역주) 마(ま) 개념은 한자 간(間)의 일본어로서 사이와 틈새를 의미하며 실증적 시간-공간이 아니라 "부정적 시간-공간"을 의미하는 이소자키 아라타의 개념이다. 이를 감안하여 일본어 "마"를 그대로 두었다.

티머시 모턴의 글은 그가 "붓다공포증"(*Buddhaphobia*)이라고 부르는 현상, 즉 "불교에 대한 두려움"을 탐구한다. 그가 볼 때, 이 두려움은 근대성 내에서 생성된 불안과 같은 것이다. 이러한 불안은 무에 속하는 것인데, 이것은 **절대** 무(*oukontic* nothing)처럼 "절대적으로 아무것도 아닌 것"(absolutely nothing at all)이 아니라 오히려 형이상학적 의미에서 변함없이 항상적으로 현존하는 것(상주불변)으로 생각될 수 없는 유령적인 깜박임의 **비존재적인** 무(*meontic* nothing of a spectral flickering)로 정의될 수 있다. 비존재적 무라는 판도라 상자를 연 것은 임마누엘 칸트(Immanuel Kant)였는데, 『순수이성비판』(*The Critique of Pure Reason*)의 출간 이후 유럽 철학자들은 이 무에 대해 다양한 입장을 취해 왔다. 이 책의 의도와 관련하여 가장 눈에 띄는 것은 비존재적 무를 의식의 원시적 형태에 귀속시키려고 한 헤겔의 시도이다. 여기서 원시적(primitive)이란 헤겔적인 의미에서의 원시적이라는 말로서 헤겔은 **불교**를 이런 형태로 보았다. 하지만 이와 같은 무는 "서양"의 철학사 내부에 명백히 존재한다. 따라서 붓다공포증은 사고 내부에 있으면서 이미 사고와 내밀한 관계를 맺고 있는 어떤 것에 대한 부인처럼 보인다. 이것은 동일한 것과의 내밀함에 대한 두려움인 동성애공포증(homophobia)과 유사한 형태의 부인이다.

불교에서 불안을 야기하는 것은 완전한 공백이 아니라 무라는 기이한 존재이다. 모턴은 이런 존재를 자신의 경험 내부에 있는 기이하고 낯선 것(the uncanny)[19]의 이상한 근접성으로 읽는다. 이 때문에

---

19 (역주) 프로이트는 정신분석에서 데자뷰, 도플갱어와 같이 친숙하면서도 기이하고 낯설게 느껴지는 심리적 현상을 설명하기 위해 이 단어를 사용했다. 특히

불교를 스스로 일어나는 자동화(automation)의 한 형식이라고 비판하는 흐름이 생겨났는데, 이것이 지젝이 불교를 해석한 방식이기도 하다. 이런 해석에는 모니어 모니어-윌리엄스(Monier Monier-Williams)로 거슬러 올라가는 계보가 있다. 티베트 전경통轉經筒이나 다른 테크놀로지에 대한 모니어-윌리엄스의 비판은 정확히 지젝의 비판과 동일하게 들린다. 이러한 비판은, 지젝과 같은 헤겔주의자들의 작업에서 완전히 현존한 주체에 대한 명백한 부인에도 불구하고, 산업 자동화에 관한 좌파적 사고 내부의 균열을 드러낸다. 불교에 대한 불안은 산업적이고 소비적인 자본주의에 대한 불안이기도 하다. 하지만 게임은 서양철학 자체 내에서 이미 시작되었다. 붓다공포증을 연구하는 것은 헤겔적-마르크스주의적 사고 내의 긴장을 드러내는 것이다. 이 긴장은 현상과 물 자체의 간극을 통해 이성 내부의 무를 드러낸 칸트에 대해 근대철학자들이 갖는 지난하고 지속적인 관계로 거슬러 올라가서 추적해볼 수 있다. 지젝에게 "주체적 결여"(subjective destitution)와 기타 유사불교적인 관념들이 있음에도 불구하고 이런 헤겔주의적 계보가 저항하는 것은 바로 근대성이다. 여기에서 근본적인 철학적 질문은 무에 대해(혹은 무에 맞서) 어떤 태도를 취하는가 하는 것이다. 모턴의 주장에 의하면, 만일 마르크스주의가 포스트모던, 즉 생태적 시대에도 살아남으려면, 무와 그에 수반된 소비주의와 산업의 허무주의를 제대로 이해하는 것이 최선이

프로이트는 이러한 현상 이면에 은폐되거나 억압된 욕망을 읽어내고자 했다. 일반적으로 "언캐니"는 내밀한 대상으로부터 친밀하지만 낯설고 두려운 감정을 느끼는 심리적 불안과 공포를 지칭한다. 여기서는 "기이하고 낯선"으로 옮겼다.

며, 이것이 불교와 더 깊고 덜 두려운 관계를 맺는 것이 될 것이다.

5.

이 책의 뒷부분에 클레어 비야레알(Claire Villareal)이 편집한 불교 전문용어의 기본 어휘들이 있다. 이것은 불교와 비평이론이 상호의존 적인 행위자로 움직이는 학문 간 공간을 펼치고자 하는 우리 시도의 궁극적인 보증으로서 불교학의 학문적 지식을 복원하려는 것으로 해석해볼 수 있다. 왜 비평이론 용어집 — 혹은 우리가 이용하는 다양한 학문적 용어들의 학문 간 용어집 — 은 없는가? 그러나 불교 용어와 비평이 론 용어에 대한 논쟁과 탐구는 이미 각 장에서 우리 각자가 맡은 책임이다. 결국, 우리는 실용적 차원에서 이 텍스트를 읽는 대부분의 독자들이 비평이론 용어에 대해 이미 친숙할 것이고, 불교 용어에 익숙지 않은 사람들이 여기서의 논의를 보다 집중적이고 명쾌하게 따라가는 데 이 용어집이 도움을 줄 것이라고 생각한다.

이 대화는 끝을 맺기 위한 것이 아니라 시작하기 위한 것, 다시 말해, 그리스 철학에서 불교와의 회의적인 관계가 시작된 이래 서양적 사고 내에서 진행되어 온 것을 명확히 드러내기 위한 것이다. 특히 우리는 우리의 작업을 근대성에서 그 다음 단계로 넘어가는 전 지구적 인 이행의 이 위급한 순간과의 직접적 관계 속에서 보고자 한다. 우리는 의식, 비판, 투쟁 등 다양하게 불리는 현상을 고양시키기 위해 (서양적) 이론에 그 억압된 이면을 회복시켜 주고자 한다.

2. 유리 집에 사는 것은 최상의 혁명적 미덕이다

마르크스주의와 불교, 그리고 비동맹의 정치학[1]

마커스 분Marcus Boon

1.

덴마크의 스벤보르에 망명하고 있던 1937년 베르톨트 브레히트 (Bertolt Brecht)는 「불타는 집에 대한 붓다의 우화」(The Buddha's Parable of the Burning House)라는 제목의 시를 썼다. 이 시는 제자들이

1 이 기획에 펠로우십 지원을 해준 캐나다 SSHRC 기본연구기금과 요크 대학교 예술학부에 감사드린다. 불교에 대해 가르침을 준 켄포 출트림 걈쪼 린포체 (Khenpo Tsultrim Gyamtso Rinpoche), 겔렉 림포체(Gelek Rimpoche), 겐포 소남 토브걀(Khenpo Sonam Tobgyal) 스님께 감사하고 싶다. 이 글에 대해 조언과 의견을 제공해준 존 월런 브리지(John Whalen Bridge, Jr.), 도널드 로페즈 (Donald S. Lopez Jr.), 스튜어트 켄덜(Stuart Kendall), 찰스 스타인(Charles Stein), 이안 해리스(Ian Harris), 엘레나 배질러(Elena Basile), 가브리얼 레빈 (Gabriel Levine), 크리스티 피어슨(Christie Pearson)에게 깊은 감사를 전한다.

붓다에게 "탐욕"의 바퀴를 넘어 "무"(nothingness)의 본성을 묻는 것을
묘사하고 있다. 붓다는 이 질문에 답하지 않고 오히려 그의 가까운
제자들에게 그런 질문에 답하는 것은 자신의 집이 불타고 있는데도
바깥 날씨를 묻는 것에 대답하는 것과 같다고 말한다. 붓다는 "이
사람들이 불에 타 죽어봐야겠어, 그래야 이런 질문은 그만두지. 여보
게들, 정말로 / 방바닥이 너무 뜨거워 다른 사람과 신속히 자리를
바꾸지 않는다면 더 머물 수 없네. 그런 질문하는 사람에게 / 나는
아무것도 해줄 말이 없네"라고 말한다. 이 시는 붓다의 상황을 당시의
공산주의자들의 상황과 비교한다. 이들은 "닥쳐올 자본의 폭격기
편대"와 직면한 사람이 시시콜콜한 질문을 계속 던질 때, "일상적인
충고들이나 늘어놓으며 / 사람들에게 자신들을 억압하는 자들을 /
잊으라고 요청한다."[2]

"나는 아무것도 해줄 말이 없네"라는 붓다의 말을 이어 공산주의를
언급하는 구절이 이 시에 추가되어 있다. 마치 이 설화의 밑에 전제된
마르크스주의적 하위텍스트의 의미가 구체적이고 명확하게 드러나
지 않는다면, 이것은 불교 설화(이것은 『법화경』(*Lotus Sutra*)의 제3 비유품
에 나오는 내용이다)에 관한 내용을 언급하는 것에 멈추고 말았을 터이
다.[3] 브레히트의 시는 그의 절친 발터 벤야민(Walter Benjamin)이 「초현
실주의에 관해」(On Surrealism)라는 글에서 괄호 속에 넣어 한 말과
서로 통한다. 이 글에서 벤야민은 자신이 "세속적 밝힘"(profane

2 Bertolt Brecht & John Willett, *Poems* (London: Methuen, 1976), 290-92.
3 *The Lotus Sūtra*, trans. Burton Watson (New York: Columbia University Press, 1993), 56-79.

illumination)이라 부른 것의 특징을 설명하며 1927년의 모스크바 방문을 회상한다.

> (나는 모스크바의 한 호텔에서 지내고 있었는데, 그 호텔의 거의
> 모든 방에는 불교 교파들의 회합을 위해 모스크바에 온 티베트
> 라마승들이 묵고 있었다. 나는 복도로 난 문들이 항상 열려 있는
> 것에 강한 인상을 받았다. 처음에는 우연한 것처럼 보이던 것이
> 불안하게 보이기 시작했다. 나는 이 방들에는 문이 닫힌 방에선
> 절대로 묵지 않겠다고 맹세한 한 교파의 승려들이 지내고 있다는
> 것을 알았다. 그 당시 내가 받은 충격을 『나자』[*Nadja*]의 독자들도
> 틀림없이 느낄 것이다.) 유리 집에 사는 것은 최상의 혁명적 미덕
> 이다.[4]

벤야민에 따르면 불교 수행은 혁명적 실천이 될 수 있다. 『샴발라의
비밀』(*Red Shambhala*)이라는 최근 책이 기술하듯이, 사실 혁명 이후의
시기에 유명한 볼셰비키들이 불교 단체들과 접촉을 시도한 적이 있었
다. 이것은 틀림없이 현실정치 때문이었고, 부랴티야(Buryatia), 칼미
키야(Kalmykia), 투바(Tuva)와 같이 불교 인구가 상당히 많은 중앙아
시아 지역들을 소비에트연합에 어떻게 통합할 것인가 하는 문제 때문
이었다. 다른 한편, 이것은 불교가 혁명적 실천을 뒷받침하기 위한
도구를 제공해줄 것으로 여겨졌기 때문이기도 했다. 벤야민이 말한

---

4 Walter Benjamin, "On Surrealism," *Selected Writings*, vol. 2 (Cambridge, MA:
  Belknap Press of Harvard University Press, 2003), 209.

"불교 교파들의 회합"이란 러시아 공산주의 내에서 불교의 상황이 제대로 정리되지 않았던 1927년 1월 모스크바에서 거행된 제1차 전全 러시아 불교회의였을 것이다.[5] 애냐 번스타인(Anya Bernstein)이 부랴티야 불교에 관한 최근 연구에서 지적하듯이, 1920년대 부랴티야에는 중요한 불교개혁운동이 있었는데, 그 목적 중 상당 부분은 오늘날의 현대적이고 세속적인 참여불교도들의 그것과 닮았다. 1930년대 불교가−부랴티야를 비롯해 소비에트연방 내의 다른 지역들의 − 공적인 장으로부터 거의 완전히 추방됨으로써 이 개혁운동은 잔혹하게 탄압되었다.[6] 승려들을 모스크바로 초청한 것이 공산주의의 선전을 위한 것이었다고 하더라도, 그리고 승려들이 불교를 세속적인 종족적/민족주의적 정치를 위한 수단으로 사용하고 있었기 때문에 그런 초청이 받아들여진 것이라고 하더라도, 벤야민이 혁명적 미덕의 실천에 관한 진실을 말한 것은 여전히 유효하다. 그리고 그러한 실천으로 통하는 문은 여전히 열려 있다. 하지만 누구를 위해 열려 있는가?

　마르크스주의와 넓은 의미의 비평이론, 그리고 불교가 서로 대립적

---

5 벤야민은 1927년 1월 25일 일기에서 불교 승려에 관해 언급한다. *Moscow Diary* (Cambridge, MA: Harvard University Press, 1986), 104. 그리고 다음 글을 참고하라. Andrei Znamenski, *Red Shambhala: Magic, Prophecy, and Geopolitics in the Heart of Asia* (Wheaton, IL: Quest/Theosophical Publishing House, 2011); Alexandre Andreyev, *Soviet Russia and Tibet: The Debacle of Secret Diplomacy 1918-1930* (Leiden: Brill, 2003).

6 Anya Bernstein, *Religious Bodies Politic: Rituals of Sovereignty in Buryat Buddhism* (Chicago: University of Chicago Press, 2013), chap.1, loc. 1043-1079.

관계에 있다는 것이 일반적인 생각일 터이다. 한편에서는 이념적 혼란으로서의 붓다의 세계 부정적인 영성과 물적 조건에 대한 마르크스주의적 투사들의 현실적인 투쟁 간의 대립이 있고, 다른 한편에서는 필연적으로 현실 왜곡적인 유물론적 이데올로기의 폭력적인 추구가 낳는 치명적인 결과와 지금 여기에서 일어나는 불교 수행자들의 자비와 지혜의 구체적인 깨달음 간의 대립이 있다. 즉, 하나는 다른 하나의 변증법적 역전으로 간주된다. 20세기 아시아의 도처에서 전통적이고 식민적이며 포스트식민적인 불교문화와 공동체들이 마르크스주의나 공산주의와 서로 조우하는 서사에서 이 두 가지의 변증법적 위치들— 그리고 러시아와 중국 및 다양한 아시아 국가의 공산주의 체제에서 일어난 불교 승가에 대한 학살—을 입증해줄 많은 역사적 증거들이 있다.[7] 더욱이 아시아 종교연구와 20세기 유럽과 북미에서 "불교 사회"에 대한 옹호는 다양한 형태의 반근대적이고 반민주적이며 반공주의적 정치를 위해 불교와 다른 아시아 종교들을 치켜세우던 극우적이거나 파시즘적인 사상가들과 종종 연결되었다.[8] 하지만 놀라운 것은 "참여불교"(engaged Buddhism)와 제휴한 현대의 사상가들도 마르크스에 대해

---

7 Ian Harris, "Buddhism and Politics in Asia: The Textual and Historical Roots," *Buddhism and Politics in Twentieth-Century Asia* (London: Pinter, 1999), 1-26.

8 Horst Junginger, ed., *The Study of Religion under the Impact of Fascism* (Leiden: Brill, 2007). Gustavo Benavides, "Giuseppe Tucci, or Buddhology in the Age of Fascism," *Curators of the Buddha: The Study of Buddhism Under Colonialism*, ed. Donald Lopez Jr. (Chicago: University of Chicago Press, 1995), 161-195.

서는 일절 언급하지 않거나, 아시아 사회 내에서 마르크스주의와 불교 간의 관계에 대한 오래되고 복잡한 역사들에 관해선 거의 말하지 않는다.[9] 사카이 나오키(酒井直樹)의 연구를 좇아서 "마르크스주의"와 "불교"가 그렇게 자주 완전히 별개의 대립적인 것으로 제시되어온 역사적 조건이나 다른 조건들을 탐구해 보는 것도 괜찮을 것 같다.[10]

---

9 예를 들어, 최근 멜빈 매클레오드(Melvin McLeod)가 편집한 『마음챙김의 정치학: 더 나은 세상을 만들기 위한 불교 가이드』(*Mindful Politics: A Buddhist Guide to Making the World a Better Place*, Boston: Wisdom, 2006)는 마르크스나 역사적 자료를 전혀 언급하지 않으면서 불교의 정치가 미래 가능성이 있는 사상임을 주장한다. 크리스토퍼 퀸(Christopher Queen)과 샐리 킹(Sallie King)의 중요한 편저인 『참여불교: 아시아의 불교 해방 운동』(*Engaged Buddhism: Buddhist Liberation Movements in Asia*, Albany: State University of New York Press, 1996)에는 마르크스주의를 다루는 장(태국 승려 붓다다사 빅쿠의 "다르마적 사회주의dhammic socialism"에 대한 산티카로 빅쿠Santikaro Bhikkhu의 글로서 165-75를 참조하라)이 포함되어 있고, 퀸의 후속 편저인 『서양의 참여불교』(*Engaged Buddhism in the West*, Boston, MA: Wisdom, 2000)에는 마르크스에 대한 언급이 전혀 없으며, 퀸, 찰스 S. 프레비시(Charles S. Prebish), 케빈 다미엔 케윈(Damien Keown)이 편집한 제3권 『행위의 다르마: 참여불교의 새로운 연구』(*Action Dharma: New Studies in Engaged Buddhism*, London: Routledge Curzon, 2003)도 마찬가지이다. 『20세기 아시아의 불교와 정치』(*Buddhism and Politics in Twentieth Century Asia*)는 "참여불교"에 대한 것은 아니지만 캄보디아에 관한 해리스(Harris)의 글과 라오스에 관한 스튜어트-폭스(Stuart-Fox)의 글이 실려 있다. 트레버 링(Trevor Ling)의 소책자인 『카를 마르크스와 아시아 종교』(*Karl Marx and Asian Religion*, Bangalore University, 1978)에는 이 지역에 대한 유용한 논의가 들어 있다.

10 Naoki Sakai & Jon Solomon, "Introduction: Addressing the Multitude of Foreigners, Echoing Foucault," *Traces, vol. 4: Translation, Biopolitics, Colonial*

최근 들어 불교에 대한 변증법적 비판은 슬라보예 지젝(Slavoj Zizek)이나 피터 홀워드(Peter Hallward)와 같은 비평가들에 의해 시도되고 있다. 지젝에게 서양에서 불교의 등장은 후기자본주의의 물적 조건들에 대한 페티시즘적 부정의 한 형태이고, 특히 봉건주의적인 티베트 불교 사회에 대한 오리엔탈리즘적 평가의 형태를 취하거나 현실의 물적 조건이 가하는 "압박"을 명상과 "무아"의 교설[11]을 통해 제거하고자 하는 환상적 입장을 취하고 있다. 홀워드에게 불교로의 전환은 순수한 차이의 포스트식민적 예찬의 증상 중 하나로서 세상으로부터의 탈정치적인 분리 상태를 낳는 것을 의미한다.[12] 지젝과 홀워드는 부분적으로 공산주의 이념에 대한 충실성을 유지하는 철학과 실천에

Difference (Hong Kong University Press, 2006), 1-35.

[11] 불교에 대한 지젝의 발언들은 다음과 같은 연대순으로 살펴볼 수 있다. Slavoj Žižek, "From Western Marxism to Western Buddhism," Cabinet, Spring 2001 (http://www.cabinetmagazine.org/issues/2/western.php, 2013년 5월 14일 접속); Slavoj Žižek, *The Puppet and the Dwarf: The Perverse Core of Christianity* (Cambridge, MA: MIT Press, 2003), 13-33; "Revenge of Global Finance," *These Times*, May 2005 (http://inthesetimes.com/article/2122/, 2013년 4월 5일 접속); the chapter "Lacan against Buddhism," Žižek's *Less than Nothing: Hegel and the Shadow of Dialectical Materialism* (London: Verso, 2012), 127-35; Slavoj Žižek, *Living in the End Times* (London: Verso, 2010), 286-89. 그리고 지젝은 2012년 유럽 대학원에서 3차례 강의를 했는데 이는 유튜브를 통해 볼 수 있다. "The Buddhist Ethic and the Spirit of Global Capitalism," "The Irony of Buddhism," "Lacanian Theology and Buddhism."

[12] Peter Hallward, *Absolutely Postcolonial: Writing between the Singular and the Specific* (Manchester, UK: Manchester University Press, 2001), 10-11, 284-90.

대한 알랭 바디우(Alain Badiou)와 그의 주장에 대한 대응으로 자신들의 주장을 펼쳤다. 바디우의 『존재와 사건』(*Being and Event*)을 읽는 것은 홀워드와 지젝을 자극했듯이, 내가 불교와 비평이론을 다루고자 하는 비평적 공간을 새롭게 사유하도록 자극했다.

역사적 불교에 대한 지젝과 홀워드의 설명은 종종 아주 부정확하다.[13] 예를 들어, 『꼭두각시와 난쟁이』(*The Puppet and the Dwarf*)에서 지젝은 "보살"(bodhisattva)을 존재의 총칭적 기술 형태(generic descriptive type) 내지 범주라기보다는 특별한 역사적 인물의 이름이라고 믿고 있는 것 같다(22-23). 마찬가지로 홀워드 또한 바디우에 관한 자신의 책 끝부분에서 "공"과 "사토리"를 소승불교(상좌부 불교)의 고유용어라고 묘사하면서 이를 자신이 대승불교 철학(Mahayana Buddhist philosophy)이라 생각하는 것과 비교하려고 한다.[14] 아마도 이런 실수는 그들이 참조한 자료 때문일 것이다. 지젝이 『꼭두각시와 난쟁이』에서 불교를 이해하기 위해 참조한 주요 문헌은 1908년 체스터턴(G. K. Chesterton)이 기독교 변호를 위해 쓴 『정통 기독교』(*Orthodoxy*)였고, 『절대적으로 포스트식민적인』(*Absolutely Postcolonial*)에서 홀워드가 주로 참조한 것은 1951년 크리스마스 험프리즈(Christmas Humphreys)가 쓴 그다지 중요하지 않는 책이다.[15] 이외에도 지젝은 브라이

---

13 『런던 리뷰 오브 북스』(*London Review of Books*)에 실린 지젝의 티베트 관련 글에 대한 상세한 반응들은 2008년 6월 5일 편지칼럼을 보라(http://www.lrb. co.uk/v30/n11/letters, 2014년 6월 30일 접속).

14 Peter Hallward, *Badiou: A Subject to Truth* (Minneapolis: University of Minnesota Press, 2003), 318.

언 빅토리아(Brian Victoria)의 『전쟁과 선』(*Zen at War*)에 의존하는데, 이 책은 2차 세계대전 동안 일본 군국주의에 연루되었던 일본 선불교에 대한 중요한 연구로서 불교의 현실 적용은 정의상 오류일 수 없다고 믿을 만큼 순진한 사람들을 깨우쳐 주기에는 괜찮은 책이다. 하지만 1963년 『불교와 공산주의, 어느 것이 아시아의 미래를 지배할까?』(*Buddhism or Communism: Which Holds the Future of Asia?*)라는 연구에서 에른스트 벤츠(Ernst Benz)가 주장하듯이, 일본의 이야기는 아주 특수한 것이고, 불교와, 공산주의, 제국주의, 파시즘, 나아가서 포스트식민 제국 사이의 구체적인 역사적 관계는 아주 다양하고 가변적이었다.[16] 하지만 역사적 불교에 대한 그의 무지에도 불구하고, 오늘날의 서양불교에 대한 지젝의 비판 중 상당 부분은 서양의 현존 불교 공동체와 특히 나 자신의 실천과 관련해서 볼 때 아주 정확한 편이다. 뿐만 아니라 나는 불교를 동시대의 이론과 문학의 발전과 관련짓고자 하는 홀워드의 시도는 아주 흥미롭다고 생각한다. 이 두 사례에서 나는 이 사상가들이 적극적으로 관심 갖는 유물론적 철학에 도달하기 위해 이와 같이 근본적으로 왜곡된 불교를 우회해야 했던 이유가 무엇인지가 궁금하다.

달라이 라마를 전 지구적 자본주의를 예찬하는 일종의 디즈니월드 스타일의 인물로 묘사하는 지젝에 대한 반박으로 나는 달라이 라마가 마르크스주의에 대한 지지를 반복해서 표명해 왔고, 가령 "과거 소비

---

15 Žižek, *Puppet and the Dwarf*, 13; Hallward, *Absolutely Postcolonial*, 10.

16 Ernst Benz, *Buddhism or Communism: Which Holds the Future of Asia?* (Garden City, NY: Doubleday, 1965).

에트연방에서 체제의 실패는 마르크스주의의 실패라기보다는 전체주의의 실패이고, 그렇기 때문에 나 자신을 반半마르크스주의자이고 반半불교도라고 생각한다"[17]고 말했다는 점을 언급하고자 한다. 인도, 중국, 또는 최근의 유럽과 미국 등 그 어디에서든 불교가 등장한 사회에서 불교는 하나의 사건이다. 이 장에서 나는 모든 중생의 깨달음을 추구한다는 대승불교에 근거하는 불교 보편주의의 도전이 우리 자신을 비롯해서 불교와 조우하게 된 모든 사회에도 하나의 충격을 의미한다고 주장할 것이다. 역으로 기존 불교 사회가 공산주의와 조우하게 된 것 또한 하나의 충격이며, 나는 이것이 달라이 라마가 인정한 것, 즉 전근대 티베트에서 공언되었던 불교 보편주의가 자신들이 주장해온 보편적 해방의 실천을 좌절하게 만든 봉건적 체제를 지지했다는 것을 인정한 이유라고 믿는다.

몇 년 전 토론토에서 나는 티베트 불교 승려인 족첸 폰롭 린포체 (Dzogchen Ponlop Rinpoche)의 『반항자 붓다: 자유로 나아가는 길』 (*Rebel Buddha: On the Road to Freedom*)이라는 책 출간을 기념하는 행사에 참석한 적이 있다. 나는 "반항자 붓다"라는 말이 매력적이라고 생각하면서도 근래 들어 반항이 소비자본주의의 주요 수사修辭 중의 하나라는 점 때문에 경계심을 갖고 있었다. 롤링 스톤스(Rolling Stones)의 음악, 스티븐 콜베어(Stephen Colbert)의 이미지, 〈존 스튜어트 토크쇼〉(*Jon Stewart Show*), 그리고 린포체의 트위트 계정 등을 띄우는 파워포인트 프레젠테이션을 보면서 나의 우려는 점점 커져 갔다.

---

17 Dalai Lama, *Beyond Dogma: Discourses and Dialogues* (Berkeley: North Atlantic Books, 1996).

린포체는 불교가 "외적 권위가 아니라 … 우리 머릿속의 믿음들을 내려놓게 함으로써" 현 상태에 반항한다고 주장했다. 그는 특히 이것이 예의바른 시민정신으로 이어질 것이라고 주장했다. 그렇다면 현 상태는 외부에서 강제된 어떤 것이라기보다는 기존 사회의 형식이 내부로 투영되어 생성된 것이거나, 혹은 "내부"와 "외부"의 관계가 특정 사회에서 매개되는 특정한 방식이라 할 수 있다. 그날 나중에 린포체는 "언어"를 제외하면 무엇이 내적으로 강제될 수 있는 외적 체계인지 명확하지 않다고 말했다.

나에게 명확해진 것은 폰롭 린포체가 이데올로기, 즉 내면의 주관적 세계가 본질이 없거나 텅 비어 있음에도 불구하고 상황에 따라 효력을 갖는 독특한 사회적·정치적 구조들에 의해 구성되고 호명된다는 점을 전혀 이해하지 못한다는 사실이다. 내가 이 글에서 다루고자 하는 문제는 보다 일반적인 차원에서 불교에는 이데올로기 이론과 같은 것이 존재하지 않는다고 말할 수 있는가 하는 것이다. 불교경전은 종종 "습성"(習性 habitual patterns)에 관해 이야기하지만, 이 습성은 단순히 내적으로 생성된 반복의 형태라기보다는 오히려 호명을 통해 부여된 것이다. 알튀세르의 고전적 정의에 따르면, "이데올로기는 내가 호명(*interpellation*)이라 부르는 아주 정확한 과정을 통해 개인들 중에서 "주체"를 "모집하거나" 개인을 주체로 "변형하는" 방식으로 "작용"하거나 "기능"하는데, 이런 과정은 경찰(또는 다른 사람)이 "어이 거기 당신!"이라고 부르는 아주 일상적 말을 통해 상상해볼 수 있다."[18]

18 Louis Althusser, *Lenin and Philosophy, and Other Essays* (London: New Left Books, 1971).

실제로 명상 수행이나 사성제四聖諦를 깨닫는 마음 훈련처럼 좋은 습성을 전달하는 것조차 어느 정도 외부적이고 사회적이다. 이런 부름의 작용이 없다면, 혹은 "어이, 거기 자네"라고 말하는 스승이나 붓다가 없다면 "불교"는 있을 수 없다. 예를 들어, 티베트 대승불교 전통에는 십이연기十二緣起처럼 이데올로기적 호명을 통한 가르침으로 통할 수 있는 불교적 가르침들이 있지만 그러한 가르침은 거의 항상 이 문제의 내면적 성격을 강조하고 있다.

더욱이 불교적 수행이 내면적이고, 따라서 특정한 불교 사회나 공동체에 존재하는 사회적·정치적·종교적 형태들을 "초월하여" 존재한다고 주장하는 한, 그 특수한 형태는 검토되지 않았고 앞으로도 검토되지 않겠지만 우리는 불교 자체가 과연 어느 정도 이데올로기적 형성물(ideological formation)인지는 질문해볼 수 있을 것이다. 데비프라사드 차토파다야(Debiprasad Chattopadhyaya)는 인도의 "초기불교" (즉 팔리어 경전의 불교)가 붓다의 시대에 인도 농촌사회의 이른바 "원시공산주의"의 영향 하에 활동하였고, 변증법적이면서 (유물론적이지는 않더라도) 현실주의적이고, 계급 없는 평등주의적 사회를 위한 제안과 차토파다야 자신이 "원인(因)과 조건(緣)에 대한 의존"과 "만물의 흐름"(universal flux)으로 정의한 연기설(緣起說 pratītyasamut-pāda)을 중심으로 구성되어 있었다고 주장한다. 이 초기불교는 개인적이고 "사적인" 소유에 대한 비판을 제안했다. 하지만 차도파다야는 이런 비판이 세상으로부터의 물러남에 머물렀고, 연기설이 함축하는 바를 인류의 보편적 해방(해탈)이라는 관점에서 실천한다는 견지에서 보면 마르크스와 엥겔스가 이용할 수 있었던 도구들을 가지지 못했다고 주장한다. 이어서 그는 대승불교와 그 후의 불교가 왕족들과 부유한 상인들의 후원을 받을 목적으로 붓다의 가르침이 가지고 있던 급진적이고 변증법적이며 유물론적인 측면을 이데올로기적으로 모호하게 만들었다고 말한다. 차토파다야의 주장은 종교에 관한 담론에서 흔히 볼 수 있는 기원성, 원조성, 원본성과 같은 문제성 있는 수사학은 접어둔 채, 이데올로기(계급 이익에 기반을 둔 현실에 대한 왜곡된 묘사)와 과학("명확한" 유물론적 분석)을 구분하는 고전적 마르크스주의를 이용한다. 차토파다야에게 "근본불교"(original Buddhism)는 이데올로기와 과학 사이의 어딘가에 위치한다. 왜냐하면 그것 자체가 근대적 형태의 과학과 실천으로 만개할 만한 도구를 가지고 있지 못하기 때문이다. 그러나 우리는 차토파다야의 주장을 뒤집어서 그의 주장처럼 "근본불교"가 이데올로기 문제에 대한 생산적 입장을 보여줄 요소를 갖고 있다고 말할 수도 있다.[19] 나중에 이 문제로 돌아갈 것이다.

이데올로기에 대한 열린 비판을 결여함으로써 생겨난 현실적인 불교 사회들의 역사적 취약성을 지적하는 것은 어렵지 않다. 이미 입증된 바와 같이 20세기 전반에 일본 선불교의 위계질서와 국가주의적이고 군국주의적인 세력들 사이의 협력관계, 1950년 마오쩌둥의

---

[19] Debiprasad Chattopadhyaya, *What Is Living and Dead in Indian Philosophy* (New Delhi: People's Publishing House, 1976), 518-43; "Some Problems in Early Buddhism," *Buddhism: A Marxist Approach* (Delhi: People's Publishing House, 1970)를 참조하고, 동일한 소재에 대한 논의로는 Gustavo Benavides, "Economy," *Critical Terms for the Study of Buddhism*, ed. Lopez Jr., 77-102를 또한 보라.

52

공산당 군대가 티베트를 침공했을 당시 티베트 사회의 봉건적 성격,
20세기의 여러 아시아 국가들에서 불교와 국가 간의 심각한 공모관계
들 같은 것 말이다. 불교 정치학의 최근 연구들조차 이런 주장과
씨름하고 있다.[20] 예를 들어, 아시아의 정치적 불교에 대한 탁월한
평론에서 찰스 케이스(Charles Keyes)는 정치적 불교의 문제를 불교와
국가의 관계를 통해 이론화한다.[21] 케이스는 이런 관계가 팔리어 경전
에 기록된 붓다의 설교로부터 신정정치를 통한 반식민적인 저항에
이르기까지 역사적으로 아주 가변적이었음을 보여준다. 그럼에도
불구하고 케이스의 글은 신정정치의 사례처럼 불교가 속세의 권력에
완전히 통합된 것처럼 보일 때조차 불교를 속세 권력의 행사와는
궁극적으로 분리된 것으로 받아들인다. 케이스의 주장에는 불교가
근본적으로 반이데올로기적이고, 상황에 따라 다양한 이데올로기들
에 의해 전유될 수 있을 뿐이라는 생각이 함축되어 있다. 그렇다면
불교 그 자체는 정의상 특정한 이데올로기적 입장을 취할 수 없거나
특정한 형태의 정치경제를 낳을 수 없으며, 그런 입장과 형태를 가지려
면 자기 자신을 배반할 때만 가능하게 된다. 하지만 이데올로기적

---

20 Brian Daizen Victoria, *Zen at War* (Lanham, MD: Rowman & Littlefield, 2006); Melvyn C. Goldstein, *A History of Modern Tibet, 1913-1951: The Demise of the Lamaist State* (Berkeley: University of California Press, 1989); Tsering Shakya, *The Dragon in the Land of Snows: A History of Modern Tibet since 1947* (New York: Columbia University Press, 1999).

21 Charles Keyes, "Buddhists Confront the State," *Buddhism, Modernity, and the State in Asia: Forms of Engagement*, ed. Pattana Kitiarsa & John Whalen-Bridge (New York: Palgrave Macmillan, 2013), 17-40.

비판이 없다는 것은 과연 어느 정도 분석의 미완성과 미흡함을 보여주는 징후가 아니라 불교적 사유가 가질 수밖에 없는 필연적인 결과인 것인가?

우리는 또한 오늘날의 다양한 마르크스주의의 반복 속에서 비평이론이 이데올로기를 어느 정도 완벽하게 이해하고 있는 것인지 물어야 한다. 지젝과 알랭 바디우의 작업 중의 많은 부분은 이데올로기에 대한 알튀세르적 해석에 대한 비판으로 이해할 수 있다. 지젝의 경우에는 (개인적이고 집단적인) 역사와 무의식 간의 미해결 문제, 그리고 무의식과 (개인적이고 집단적인) 행위의 매개자로서의 충동의 역사성(혹은 비역사성)이라는 미해결 문제를 통해 비판한다면, 바디우의 경우에는 알튀세르에게 이데올로기와 과학 간의 명확한 구분과 이 둘을 구분하기 위한 철학적 기준들을 만들어내기가 쉽지 않다는 점을 통해 비판한다.[22] 나는 붓다가 이런 문제를 내부에 새로운 빛을 던져줄 것이라고 주장할 것이다. 불교와 마르크스주의 모두 미완의 기획일지 모른다. 그렇다면 이런 미완은 무엇을 공유하는가? 불교와 마르크스주의를 반복적으로 대립적인 것으로 제시하는 것은 이들의 공통 영역과 가능한 연대들을 모호하게 만드는 것은 아닌가?

---

22 Slavoj Žižek, "The Spectre of Ideology," *Mapping Ideology*, ed. Žižek (London: Verso, 1994); Alain Badiou, *The Concept of Model: An Introduction to the Materialist Epistemology of Mathematics*, trans. Zachary Luke Fraser & Tzuchien Tho (Melbourne: re.press, 2007).

54

2.

나는 프랑스 철학자 조르주 바타유(Georges Bataille)가 불교와 아시아
의 다른 종교들에 보인 관심을 살펴봄으로써 이런 쟁점의 몇몇을
논하고자 한다. 바타유는 우리 이론의 역사에서 중요한 인물이다.
그는 프랑스 실존주의자, 정신분석가 자크 라캉(Jacques Lacan), 초현
실주의자들과 직접적으로 대화를 나누었고, (바타유의 전집을 편집
한) 미셸 푸코(Michel Foucault), 줄리아 크리스테바(Julia Kristeva),
자크 데리다(Jacques Derrida), 『텔 켈』(*Tel Quel*) 세대의 다른 구성원들
에게 강력한 영향을 미쳤던 인물이다. 바타유의 사상은 동시대 이론에
서 제대로 인정받지 못한 경우가 종종 있었지만 그럼에도 불구하고
널리 확산되어 있다. 그의 주권 혹은 주권성(sovereignty)[23] 개념은

---

[23] (역주) 바타유의 주권 혹은 주권성(sovereignty) 개념은 바타유의 윤리적·정치적
기획의 중심에 있는 개념이다. 바타유의 주권(성) 개념은 우리에게 익숙한
근대적 주권 개념과는 큰 차이가 있다. 오히려 근대적 주권 개념은 바타유의
주권 개념에 근거해서 보면 한계가 명확히 드러나게 된다. 바타유에게 주권
개념은 인류학적이고 철학적이고 역사적이며 문학적인 차원들에서 설명되는
개념으로서 대략 세 가지 특징을 갖는다. 첫째, 바타유의 주권성은 유용성의
원칙을 따르지 않는다. 이와 달리 주권은 삶과 죽음, 신성한 것과 경이로운
것을 향하는 실존적 성향을 지니며 기존의 시간성과 지식을 전복한다. 둘째,
주권적인 것은 순수한 소진/소모로서의 일반경제의 관점과 밀접하게 관련되어
있고 사회관계의 영역과 연결되어 있다. 바타유의 주권 개념은 일반경제를
유용성의 논리 속에 가두어버린 자본주의와 공산주의에 모두 비판적인 개념이
다. 셋째, 내면적 경험의 관점에서 주권은 노동과 일의 관점이 아니라 유희와
놀이의 관점에서 인간의 삶을 이해하게 해준다. 자세한 것은 Claire Nioche,

벌거벗은 생명에 대한 조르조 아감벤(Giorgio Agamben)의 연구, 공동
체에 대한 장 뤽 낭시(Jean-Luc Nancy)의 사유, 그리고 아킬레 음벰베
(Achiles Mbembe)의 죽음정치(necropolitics)와 같은 개념들의 근간이
되었다.[24] 그리고 퀴어 이론에서 주디스 버틀러(Judith Butler)와 리
에델먼(Lee Edelman)의 작업은 크리스테바의 비체(abjection) 연구와
과잉(excess)에 대한 라캉의 구성을 통해 바타유와 중요한 연관성을
맺는다.[25] 레이 브래시어(Ray Brasier)와 같은 사변적 실재론자의 작업
에서 아주 중요한 "무"에 대한 관심은 부분적으로 1990년대에 바타유
와 "치명적 니힐리즘"(virulent nihilism)에 관한 영국 철학자 닉 랜드
(Nick Land)의 글을 통해 바타유에게까지 소급해서 추적해볼 수 있다.[26]
경제와 교환에 대한 바타유의 작업은 노먼 브라운(Norman O. Brown),
마이클 타우시그(Michael Taussig), 알폰소 링기스(Alphoso Lingis)와
같은 인류학자와 철학자에게도 결정적이었다.[27]

"Sovereignty," *Georges Bataille: Key Concepts*, eds. Mark Hewson & Marcus
Coelen (london: Routledge, 2015), 125-135를 보라.

24 Giorgio Agamben, *Homo Sacer: Sovereign Power and Bare Life*, trans. Daniel
Heller-Roazen (Stanford, CA: Stanford University Press, 1998); Jean-Luc
Nancy, *The Inoperative Community* (Minneapolis: University of Minnesota
Press, 1991); Achile Mbembe, "Necropolitics," *Public Culture* 15 (2003): 11-40.

25 Judith Butler, *Gender Trouble: Feminism and the Subversion of Identity*
(New York: Routledge, 1990); Lee Edelman, *No Future: Queer Theory and
the Death Drive* (Durham, NC: Duke University Press, 2004).

26 Ray Brassier, *Nihil Unbound: Enlightenment and Extinction* (Basingstoke,
UK: Palgrave Macmillan, 2007); Nick Land, *The Thirst for Annihilation: Georges
Bataille and Virulent Nihilism* (London: Routledge, 1992).

종교에 대한 바타유의 관심은 잘 알려져 있다-그리고 기독교 신비주의에 대한 그의 관심은 에이미 할리우드(Amy Hollywood)에 의해 상세하게 검토되었다[28]-고 하더라도, 그의 작업 속에 들어 있는 불교에 대한 간헐적이지만 구체적이고 실질적인 논의에 의견을 개진한 사람은 거의 없었다.[29] 심지어 부랴티야 불교도들의 죄(chöd)[30] 수행의식에 대한 탁월한 분석에서 바타유를 언급한 번스타인(Berstein)과 같은

27 Norman O. Brown, *Apocalypse and/or Metamorphosis* (Berkeley: University of California Press, 1991); Michael Taussig, *Defacement: Public Secrecy and the Labor of the Negative* (Stanford, CA: Stanford University Press, 1999); Alphonso Lingis, *Violence and Splendor* (Evanston, IL: Northwestern University Press, 2011).

28 Amy Hollywood, *Sensible Ecstasy: Mysticism, Sexual Difference and the Demands of History* (Chicago: University of Chicago Press, 2002).

29 중요한 예외로는 Alan Foljambe, *An Intimate Destruction: Tantric Buddhism, Desire and the Body in Surrealism and Georges Bataille* (PhD Dissertation, University of Manchester, 2008)와 Donald Lopez Jr., *Prisoners of Shangri-La: Tibetan Buddhism and the West* (Chicago: University of Chicago Press, 1998), 8, 211-12를 참조할 것.

30 (역주) "죄"(chöd)의 사전적 의미는 "끊다"(sever), "끊어내다"(cutting through)를 의미하며, 죄(chöd) 수행법은 깨달음으로 나아가는 데 장애가 되는 온갖 환상과 몽매함, 집착과 같은 것을 끊어내는 수행법이다. 이런 장애로는 무지, 분노, 특히 집착의 근원이 되는 자아의 근원적 본질을 들 수 있으며, 죄 수행은 이를 끊어냄으로써 내면적 세계의 강력한 변형을 실천할 수 있다. 이 수행은 불교적 무아 개념과 지혜 즉 반야의 사상에 근거하고 불교철학의 공 개념과 연결되어 있다. 주로 티베트 불교의 닝마파와 카규파뿐 아니라 티베트의 윰드룽 본(Yundrung Bön)이라는 전통적 종교에서 주로 발견되는 영적 수행법이다. (Wikipedia의 *chöd* 항목 참조).

이론적으로 해박한 연구자조차 바타유의 주권 개념이 부분적으로 죄 수행에 대한 그의 읽기에서 생겨났을 수 있다는 것을 깨닫지 못한 것 같다.[31]

바타유의 관심을 보여주는 증거로서 우리는 그가 요가(yoga)를 비롯해 불교, 힌두교, 그리스도교의 다양한 명상 기술을 언급하는 많은 텍스트를 갖고 있다. 우리는 또한 그의 전기적 정보를 가지고 있는데 이는 대부분 『비평』(Critique)에 장 브루노(Jean Bruno)가 1963년(바타유가 죽은 해)에 게재한 「조르주 바타유의 각성의 기술」(George Bataille's Techniques of Illumination)이라는 제목의 글을 통해 알려진 것이다.[32] 브루노는 프랑스 국립도서관에서 일하던 바타유의 친구이자 동료였으며, 수르야(Surya)에 의하면 바타유에게 요가를 소개해준 사람이기도 했다. 요가(산스크리트어로는 "합일union", 즉 육체를 정신에, 유한한 존재를 신성에 "얽어맴yoking"을 의미한다)는 아시아의 다양한 종교들, 특히 힌두교와 불교에 의해 다양한 맥락에서 사용되었다. 일반적으로 말해, 요가 수행자들은 신체 훈련(좌법 āsana)과 호흡(prāṇāyāma)에서 기도와 명상에 이르는 다양한 테크닉과 방법을 활용하여 내면적 변화를 일으키고자 하는 사람이다. 불교에서 요가는 특히 탄트라 수행(이것만은 아니지만)과 연관되어 있다.

바타유가 요가에 입문하게 된 것은 1930년대 말 그의 연인이자 대담자이던 콜레트 페뇨(Colette Peignot)의 죽음과 콜레주 드 소시올로

31 Bernstein, *Religious Bodies Politic*, loc. 3037.
32 Jean Bruno, "Les Techniques d'illumination chez Georges Bataille," *Critique* 195-96 (1963): 706-20.

지(Collège de Sociologie)의 폐교 이후 그의 삶의 중요한 순간에 일어났다. 이 입문은 바타유가 편집한 잡지이자 그가 주도한 비밀 단체의 기관지인 『무두인』(Acéphale 無頭人)의 종간 이후에 이루어진 것이다. 『무두인』은 구성원 중에서 인신공양人身供養의 제안에 응해줄 지원자를 찾을 수 없게 되자 해체되고 말았다. 바타유는 1930년대 중반에 단명한 좌파 인민전선에 참여하기도 했는데, 이 무렵 과도한 정치적 개입을 단호히 그리고 논쟁적으로 포기하고 종교적 수행과 연구를 지지했다. 그 결과물은 나중에 『비신학 대전』(La somme athéologique)으로 묶여진다. 여러 권으로 된 이 작업에는 근래 출판된 선집인 『비지식의 미완성 체계』(The Unfinished System of Nonknowledge)에 포함된 여러 글들, 특히 「명상 방법」(Method of Meditation)이라는 주목할 글뿐만 아니라 바타유의 주요 텍스트들, 즉 『죄인』(Guilty), 『니체』(On Nietzsche), 『내적 체험』(Inner Experience)이 포함될 예정이었다. 바타유가 후기 저작에서 아주 중요해지게 되는 주권 개념을 펼친 것 또한 바로 이 저작들에서였다. 주권과 관련된 사상은 모르지만 주권이라는 단어는 「소진 개념」(The Notion of Expenditure)과 같은 초창기 텍스트에서는 찾아볼 수 없다.

요기는 수행자이고, 내가 불교에 대한 바타유의 관심을 자리매김하고자 하는 것도 바로 이 수행의 맥락에서다. 수행/실천(practice)이라는 단어와 다양한 유럽어들에서 프락시스(praxis)와 같은 동족어들의 계보학은 복잡하다. 에티엔 발리바르(Étienne Balibar) 등의 저자들의 표현에 따르면, 프락시스는

〔그것을〕 포이에시스(*poiêsis*)와 대립시키거나 프로네시스 (*phronesis* 실천적인 지)의 윤리학과 정치학과 연관 짓는 아리스토텔 레스적 형태(『니코마코스 윤리학』〔*Nichomachean Ethics*〕)나, 〔그것 을〕 노동과 계급투쟁에 뿌리를 둔 현존 세계의 변혁을 추구하고자 하는 시도(변혁적, 혁명적 프락시스 *umwälzende or revolutionäre Praxis*)와 동일시하는 마르크스주의적 형태(「포이어바흐에 관한 테 제」〔Theses on Feuerbach〕)를 가리킨다. 이 두 형태 사이에 행위의 실천적 요소(실천적인 것 das Praktische)와 "실천이성의 우선성"과 연관된 칸트적 형태가 존재한다. 칸트적 형태는 인간 본성을 도덕 화하는 지속적인 과제("실용적"이라 불리는 과제)를 철학에 귀속시킴 으로써 자연주의와의 단절을 이룩하고, 집단적인 역사적 행위의 딜레마를 예고한다.[33]

발리바르 등의 저자들은 계속해서 실천의 개별적 양식과 집단적 양식, 행위의 도덕적 틀과 기술적 틀, 행위성의 관념론적 해석과 유물론적 해석 사이의 긴장을 중심으로 구축된 — 영어에서 "프락시 스"(praxis)와 "실천"(practice) 간의 복합적이고 간혹 모순적인 관계로 드러나 는 — 초역사적인 "프락시스의 애매성"을 주장한다.

하지만 실천에 대한 바타유의 관심은 아시아의 종교 전통에 존재하

---

33 Étienne Ballibar, Barbara Cassin & Sandra Laugier, "Praxis," *Dictionary of Untranslatables: A Philosophical Lexicon*, ed. Barbara Cassin, trans. Steven Rendall et al. (Princeton, NJ: Princeton University Press, 2014), ePub, loc. 2874.

는 수행 개념을 끌어들임으로써 더욱 복잡해진다.[34] 나중에 보겠지만 사실 이것은 바타유가 실천을 다시 정의할 때 결정적이다. 나는 바타유가 "요가" 또는 "명상"을 언급할 때 불교와 힌두교의 어떤 전통을 논하고 있는지를 특정하려고 노력하겠지만, 바타유가 이 단어들로부터 전통의 모든 흔적을 종종 지워버리려고 했다는 점을 감안하면, 이런 시도가 늘 가능한 것은 아니다. 비록 바타유가 기독교 신비주의를 논하는 데 상당한 힘을 쏟았다고 하더라도, 명상에 관해 말할 때 적어도 그가 기독교적 양식과 비기독교적 양식을 비교하고 있다는 것은 명백하다. 『죄인』의 주요 구절에서 바타유는 자신의 명상 방법과 체험을 설명한 후(그것이 어떤 전통에서 유래한 것인지를 명확히 언급하지 않으면서) 다음과 같이 쓴다.

첫 단계에서 전통적 가르침은 반박 불가능하다. 그 자체로 경이롭다. 나는 한 친구를 통해 알게 되었는데 그는 그 가르침을 아시아의 문헌에서 얻었다고 한다. 나는 이보다 진정으로 더 극적인 기독교적 실천들도 알고 있다. 하지만 기독교적 실천에는 첫 단계의 활동이 결여되어 있는데, 이것이 없다면 우리는 언어에 종속되고

---

34 불교의 수행 개념에 대해서는 Carl Bielefeldt, "Practice," *Critical Terms for the Study of Buddhism*, ed. Lopez Jr., 229-44를 보라. 팔리어에서 파리얏티 (pariyatti)는 경전 연구, 파티팟티(patipatti)는 가르침의 수행, 파티베다 (pativedha)는 진리의 직접적 깨달음을 의미한다. 하지만 우리는 또한 바바나 (bhāvanā "명상")와 사다나(sādhanā "기술")와 같은 팔리어/산스크리트어 단어들의 의미와 다른 아시아 언어들에서 이 단어들의 번역과 변화를 살펴볼 수 있다.

만다.[35]

바타유는 수행에 관한 접근 방법들을 비교함으로써 기독교적 종교
체계와 "아시아적" 종교체계의 차이를 설명한다. 그리고 바타유가
별견했다고 주장하는 차이는 이러한 수행들이 담론과 비–담론적인
것, 즉 바타유 식으로 말하면, 지식과 비–지식 사이의 간극을 타협해
가는 방식에 있다. "신은 죽었다"는 니체의 유명한 격언이 바타유가
제안한 "비신학"(atheology) 위에 어렴풋이 보이는 한, 이른바 기독교
의 보편주의의 부정은 실존적 공백을 열어줄 뿐만 아니라 비–기독교적
종교 교리와 실천들이 교차하는 공간에 접근할 수 있게 해준다.

잠시 바타유의 글을 접어두면, 바타유가 실제로 어떤 특정 계파의
지도자로부터 요가를 배웠다는 증거는 거의 알려진 바 없다(『죄인』에
"힌두교 승려"와의 만남에 대한 짧은 언급이 있긴 하지만 말이다).[36] 바타유가
불교와 힌두교를 포함하여 요가와 관련된 아시아 종교에 관해 읽은
것은 확실하다. 우리는 그가 1936년에 미르치아 엘리아데(Mircea
Eliade)의 『요가, 인도 신비주의의 기원에 관한 에세이』(*Yoga, essai
sur les origines de la mystique indienne*)를 읽었고, 아주 많은 주석이
달린 비베카난다(Vivekananda)의 『라자 요가, 내면성의 정복』(*Raja
Yoga ou conquete de la nature intérieur*)의 판본을 갖고 있었음을 알고
있다.[37] 『비평』(*Critique*)에 게재된 루이 포웰스(Louis Pauwels)의 소설

---

35 Georges Bataille, *Guilty*, trans. Bruce Boone (Venice, CA: Lapis, 1988), 37.
36 Bataille, *Guilty*, 44.
37 Michel Surya, *Georges Bataille: An Intellectual Biography*, trans. Krzysztof

평론에서 우리는 바타유가 스리 라마크리슈나(Sri Ramakrishna)와 스와미 비베카난다(Swami Vivekananda)를 다룬 로맹 롤랑의 2권짜리 전기인 『인도 생활의 신비와 행위에 관한 에세이』(*Essai sur la mystique et l'action de l'Inde vivante*)에 대해서도 잘 알고 있었다는 것을 알고 있다.[38] 바타유의 인류학적·사회학적 관심은 잘 알려져 있으며, 그는 베버, 뒤르켐, 모스의 작업에도 정통했다. 앨런 폴잼버(Alan Foljambe)가 증명했듯이, 불교와 힌두교는 바타유가 활동한 바 있는 초현실주의적 환경에서도 잘 알려져 있었다. 예를 들어, 앙토넹 아르토(Antonin Artaud)는 달라이 라마와 특정한 "불교 교파"에 편지를 쓰기도 했는데, 이 글은 1925년 『초현실주의 혁명』(*La révolutione surréaliste*)에 발표되었다.[39] 바타유는 아르토처럼 1920년대 초 티베트 여행을 계획하기도 했지만 그것이 성사되었다는 얘기는 알려진 바 없다. 그는 티베트 불교에 관한 알렉산드라 데이비드-닐(Alexandra David-Neel)과 미르치아 엘리아데의 작업을 알고 있었다.[40]

바타유가 읽는 차원에만 머물러 있지 않았다는 것은 분명하다.

Fijalkowski & Michael Richardson (New York: Verso, 2002), 553.

[38] Georges Bataille, "Expérience mystique et littérature," *Oeuvres complètes XI* (Paris: Gallimard, 1988), 83-86.

[39] Antonin Artaud, "Address to the Dalai Lama," "Letter to the Buddhist Schools," *Antonin Artaud: Selected Writings* (New York: Farrar, Straus and Giroux, 1976).

[40] 아시아 종교에 대해 바타유와 초현실주의가 보인 관심에 대한 가장 철저한 연구로는 Foljambe, op. cit.와 Andrew Hussey, *The Inner Scar: The Mysticism of Georges Bataille* (Atlanta: Rodopi, 2000)를 보라.

실제로 바타유가 요가에 흥미를 느낀 이유는 그것이 지식을 넘어 자신이 말한 "비-지식"으로 나아가는 특별한 경험을 낳는 실천일 수 있다는 것이었다. 바타유는 요가와 다른 형태의 신비적 경험에 대한 지식이 신비적 경험 내에서 일어나는 존재 또는 비-존재의 상태로 나아가는 데 방해가 된다고 주장했다. 이것은 바타유에게 요가나 신비적 경험의 결정적인 역설 – 사르트르와 다른 사람들이 지적하듯이 철학적으로 비일관적인 체계에 이르게 되는 역설 – 로 남아 있다.[41] 그러나 이런 비일관적인 체계는 미완이든 아니든 간 철학체계 내에 포함될 수 없는 특별한 종류의 경험을 생산하는 것을 목표로 했다(이 때문에 바타유는 하이데거와 대조하면서 자신을 철학자가 아니라 광인 또는 성자라고 말했다).[42] 요가라는 단어가 "합일"(union)이라는 전통적 의미를 갖는다면, 이것은 바타유를 매혹시킨 교감(communication)이라는 관념과 연결된다. 바타유에게 교감은 우주의 전체성과의 내밀함을 맺는 주체의 경계에 일어난 균열 또는 단절을 의미하고, 그가 – 철학의 총체적 체계뿐만 아니라 – 대부분의 종교가 갖고 있는 초월적 충동에 대립시킨 "내재성으로의 복귀"를 의미했다.

바타유는 명백히 명상 수행을 했다. 1938년 브루노와 함께 그는

---

41 다음 글을 참조하라. Georges Bataille, "Discussion on Sin," *The Unfinished System of Nonknowledge*, trans. Michelle Kendall & Stuart Kendall (Minneapolis: University of Minnesota Press, 2001), 52; Jean-Paul Sartre, "A New Mystic"/"Un Nouveau Mystique", *Cahiers du Sud* (1943) & *Situations I* (Paris: Gallimard, 1947), 133-74.

42 Bataille, *Unfinished System of Nonknowledge*, 285.

"남방"(상좌부) 불교와 연관된 테크닉을 이용하여 명상했다. 이것은 마음의 지향을 의식의 담론적 활동과 아직 분석되진 않았지만 존재하는 감정 상태에서 호흡과 같은 신체적 기능으로 나아가도록 재설정하는 것을 의미했다. 브루노는 이 "단계"를 1939년 6월 『무두인』에 처음 발표한 「죽음 전의 환희의 실천」(The Practice of Joy before Death)에 설명된 첫 번째 명상과 연결한다.

"안식, 그리고 절멸의 지점에 나 자신을 맡긴다."
"강이 바다로 스며들고, 밤하늘에 별이 터지듯이, 싸움의 소란들도 죽음으로 사라진다.
전투의 힘은 모든 행위의 침묵 속에서 달성된다.
난 어두운 미지의 세계로 들어가며 평온함을 얻는다.
난 이 어두운 미지 속으로 떨어진다.
나 자신이 이 어두운 미지가 된다."[43]

결론은 침묵이다. 분명히 바타유는 재빨리 환희에 찬 평정 상태에 도달했다가 자신이 "극화"(dramatization) 또는 환상적 시각화(visualization)의 기술을 사용하기 시작한 1939년 초 점차 그런 상태에 만족하지 못하게 된다. 바타유는 『죄인』에서 이런 환상적 시각화를 간결하게 설명한다.

---

[43] Georges Bataille, *Visions of Excess: Selected Writings, 1927–1939*, trans. Allan Stoekl, Carl R. Lovitts & Donald M. Leslie, Jr. (Minneapolis: University of Minnesota Press, 1985), 237.

내가 어떻게 그렇게 강렬한 황홀감에 이르게 되었는지 말하려고
한다. 벽면 위에 나는 폭발의 이미지, 산산조각으로 찢겨지는
이미지를 투영했다. 우선 가능한 가장 위대한 침묵을 불러내야
했고, 뜻대로 잘할 수 있을 때까지 그렇게 했다. 이런 지겨운
침묵 속에서 나는 나 자신이 산산조각으로 찢겨지는 것에 대해
모든 가능한 방법을 떠올려 보았다. 외설적이고 우스꽝스럽고
끔찍한 생각들이 하나하나 솟구쳐 나왔다. 나는 화산의 심연,
전쟁, 나 자신의 죽음에 관해 생각했다. 황홀감이 신의 모든 관념을
없애준다는 것을 더 이상 의심할 수 없다.[44]

앞서 언급한 「죽음 전의 환희의 실천」에서 바타유는 "나는 이런
절멸 속에 머물며, 그 속에서 중단 없이 커져 가는 고통으로 표현되는
힘들의 작용으로 자연을 상상한다"[45]라고 말했다. 이를 촉진하기 위해
바타유는 자신의 정신분석가인 아드리엔 보렐(Adrien Borel)을 통해
처음 보았고 나중에 『에로스의 눈물』(*The Tears of Eros*)에 포함시킨
바 있는 1905년 중국인 고문 희생자의 사진을 비롯해 고문 장면을
찍은 사진을 가지고 명상했다. 브루노는 이런 명상이 힘들고 이튿날
우울감이 종종 찾아왔다고 말한다. 하지만 앞서 『죄인』의 인용이
보여주듯이, 이 명상은 비신학적인 황홀감(이 용어는 바타유와 브루노가
사용한 것이다)으로 나아가기도 했는데, 이런 경험은 자아의 분열에
근거하고, 또한 우주, 실재, 무 등 무엇으로 형상화되든 자신의 외부에

---

44 Bataille, *Guilty*, 32-33.

45 Bataille, *Visions of Excess*, 237.

있는 것과의 "교감"으로의 열림에 근거한다. 『내적 경험』에서 바타유는 다음과 같이 쓴다. "만일 극화하는 방법을 모른다면, 우리는 자기 자신에서 벗어날 수 없을 것이다. 우리는 고립된 채 자신에게만 집중하며 살 것이다. 그러나―고통 속에서― 단절과 같은 것은 우리를 눈물의 한계에 다가서게 하는데, 이 경우에 우리는 자신을 잊게 되고 붙잡을 수 없는 저 너머와 교감하게 된다."[46]

브루노는 이러한 종류의 실천을 위한 바타유의 모델에는 선불교 명상기술뿐만 아니라 그가 청소년기에 연습했던 이냐시오 수련(Ignatian exercises)이 포함되어 있다고 말한다(바타유는 1927년에 처음 출판된 스즈키 다이세츠의 『선불교』〔Essays on Zen Buddhism〕를 읽은 적이 있고, 『니체』〔On Nietzsche〕에서 선禪을 논하기도 했다). 브루노는 바타유가 티베트 쬐 명상 수행에 대해서도 알고 있었다고 말한다. 이 명상에서 수행자는 악마들을 초대하여 자아를 무화시키는(혹은 절멸시키는) 선물(ego-annihilating gift)로서 자신의 몸을 먹어 치우도록 만든다(그러나 이 명상은 잡아먹히는 자아들이 허위적이며, 악마들은 수행자의 마음을 정화해줌으로써 궁극적으로는 마음을 순수한 지복 상태에 머물게 해준다는 점에 근거한다).

브루노는 바타유의 명상 수행이 우주에 대한 탄트라적 비전에 아주 가깝다고 주장한다(나도 정확히 그렇다고 생각한다). 이 비전에서는 현상들의 기만적인 마야 혹은 환상적 세계(그 뒤에는 초월적 실재가 존재한다) 대신에 에너지와 교환의 지속적인 내재적 유희가 강조된다.

---

46 Georges Bataille, *Inner Experience*, trans. Leslie Anne Boldt (Albany: State University of New York Press, 1988), 22.

매우 복잡하고 다양한 생태학인 탄트라는 티베트 금강승 불교
(Vajrayāna Buddhism)와 다양한 힌두교 전통에서 중요한 역할을 했다.
바타유가 잘 알고 있던 탄트라의 형태는 에너지나 샤크티(*shakti*)를
불러일으키기 위한 수단으로 알코올, 성교, 고기, 죽은 시신, 무덤의
의례적이고 위반적인 사용과 관련될 수 있다. 『저주받은 몫』(*The
Accursed Share*)의 초기 미완성 원고인 『유용성의 한계』(*La limite de
l'utile*)에서 바타유는 묘지에서 명상하는 티베트 불교의 탄트라 요가
수행자의 활동을 묘사하는 것으로 전쟁에 관한 장을 마무리한다.
그는 이것을 주권적 활동의 예로서, 즉 전쟁 에너지를 외부보다는
자아로 통하게 하는 것으로 받아들인다.[47] 기록은 전혀 남아 있지
않지만 브루노는 바타유가 죽기 직전에 탄트리즘에 관한 책을 구상하
고 있었다고 말한다. 분명히 바타유는 사정射精 없는 욕망의 자극처럼
탄트라의 테크닉과 유사한 성적 기교를 적어도 한 번은 실험해 보았고,
명상에 관심을 갖기 시작한 이후로 **쿤달리니 샤크티**(*kundalini shakti*)
에너지가 척추를 타고 올라가게 하는 다양한 방식들을 탐구했다.[48]

그러나 폴잼버가 언급하듯이, 바타유는 탄트라에 대해 매우 양가적
인 입장을 보였는데, 어떤 때는 탄트라에 대해 매혹을 느끼기도 했고,
어떤 때는 (자신이 이해하는 한에서) 그것이 수단과 목적의 세계로,
즉 수행자로 하여금 비-지식, 과잉과 손실의 보편적 원칙들, 최종적으
로 어떠한 원칙이나 목적도 초월한 우주를 경험하게 하는 것을 "목적"
으로 하는 실천의 세계로 다시 전유되었다고 비판했다. 『내적 체험』의

---

47 Bataille, *Oeuvres complètes* 7 (Paris: Gallimard, 1976), 258.

48 Bruno, "Les Techniques d'illumination chez Georges Bataille," 718.

중요한 각주에서 바타유는 다음과 같이 쓴다.

탄트라 요가는 스스로를 망가뜨리기 위해서가 아니라 마지막 순간에 대상으로부터, 그리고 자신과 상대하는 여성으로부터 스스로를 분리하기 위해 성적 쾌락을 이용한다(그들은 쾌락의 최종적 순간을 피한다). 이런 수행에서 그것은 항상 우리 내부에서 강력한 확장성을 갖는 대상―그러나 이러한 확장성이 마음속에만 존재하기 때문에 이런저런 방식으로 무시되는 대상―의 문제이다. 그것은 항상 내면성을 소유하고, 우리 삶의 대상으로부터 거리를 두면서 내면적 움직임들을 통제하는 문제이다.[49]

사실상 바타유는 방법 같은 것에 대해선 반대하고 (이에 관해 1946년 『비평』에 쓴 바 있는) 즉흥적인 변화나 자연발생적인 신비적 경험에 의존하는 것을 좋아했다. 바타유는 지나친 독서와 교육이 모든 정신적 발전을 방해하고, 오히려 즉흥적이고 자발적인 자유가 "내면적 경험"의 진정한 발전에 근본적이라고 주장했다. 1947년에 쓴 「명상 방법」의 끝부분에서 그는 웃음, 희생, 명상 및 기타 형태의 "주권적 운용"(sovereign operation)이 방법적 지침은 아니라고 지적하면서도 "도덕적·형이상학적 믿음을 제거한" 요가 매뉴얼의 필요성을 주장했다.[50] 분명히 1939년 명상 수행에 나름 "성공"을 거둔 이후

---

49 Bataille, *Inner Experience*, 183. 요가에 관한 엘리아데의 책에 대한 바타유의 설명으로는 *Guilty*, 20을 보라.

50 Bataille, "Method of Meditation," *Unfinished System of Non-Knowledge*,

바타유는 그런 수행을 자기 내부의 침묵으로 축소하는 형식적 명상 수행의 이용과, 나아가서 브루노가—인간을 황홀감의 상태에 있게 해줄 수 있는— "인간적인 것의 한계에 맞선 반항"으로 기술한 바 있는 집중화 (intensification)의 양식을 포기했다.[51]

바타유는 『내적 경험』에서 "나는 기본적으로 인도에 대해 잘 알지 못한다. … 내가—수용보다는 반감의 상태에서— 따르는 일부 판단들은 나의 무지와 관련이 있다. 나는 두 가지 점을 분명하게 말할 수 있는데, 힌두교의 경전들은 소화하기 어려운 것은 아니지만 들쭉날쭉하다는 것과, 유럽에서 내가 별로 좋아하지 않는 친구들이 힌두교에 관심을 갖고 있다는 것이다"[52]라고 언급한 바 있다. 유럽의 전간기와 전후시기에 탄트라에 대한 관심은 대부분 우파 사상가—율리어스 에볼라(Julius Evola)와 미르치아 엘리아데가 가장 명백한 사례들이다—로부터 나왔는데 이것이 탄트라에 대한 바타유의 양가적 태도를 상당 부분 설명해 준다. 더욱이 바타유의 용어 중 상당수는 유럽의 우파 사상가들에게서 엿볼 수 있다. "내적 경험"은 독일의 우익 작가 에른스트 융거(Ernst Jünger)가 사용한 용어이며, 바타유는 『유용성의 한계』(La limite de l'utile)에서 티베트 요가 수행자들을 논하기에 앞서 전쟁을 "내적 경험" 으로 다룬 융거의 작업을 논하기도 했다. 구스타보 베나비데스 (Gustavo Benavides)가 보여주듯이, "신성한 것", "주권", "경제적 문제 의 초월성"은 융거, 카를 슈미트(Carl Schmitt), 티베트학 연구자 쥬세페

77-99.

51 Bruno, "Les Techniques d'illumination chez Georges Bataille," 713.

52 Bataille, *Inner Experience*, 17.

투치(Giuseppe Tucci), 미르치아 엘리아데 등과 같은 유럽의 우파
지식인들이 사용하던 아주 중요한 수사적 용어들이었다. 이런 개념들
이 정치 엘리트들을 위해 제안될 때, 베나비데스는 "우리는 영웅적
죽음, 순수한 행위(atto puro), 그리고 비이성적 경험의 이론가를 희생
의 사제이자 이론가로, 즉 권리의 박탈을 미화함으로써 권력을 가진
자들의 소비를 정화시켜 준 자들로 이해할 수 있다"[53]고 주장한다.

　베나비데스의 설명이 바타유에게도 적용될 수 있는지 질문해 봐야
한다. 요가에 대한 바타유의 관심은 반파시즘 정치에 봉사하기 위해
종교와 신화를 동원하는 데 관심을 두고 있던 콜레주 드 소시올로지
(Collège de Sociologie)의 작업의 연장으로 볼 수 있다. 하지만 이
작업이 성공적이었는지는 명확하지 않다. 특히 한동안 비밀단체인
〈무두인〉이 이 작업을 추구했는데, 정치적으로나 실천적으로나 별다
른 영향력은 없었지만 이 단체는 베나비데스가 묘사한 그 우파 엘리트
들의 특징 중 많은 부분을 공유했다. 동시에 바타유가 새로운 형태의
좌파적 탄트리즘─1960년대 앨런 긴즈버그(Allen Ginsberg)와 같은 비트
작가들의 작업에서 쉽게 찾아볼 수 있는 기획─을 제안한 것으로 이해할
수도 있다.

　줄리아 크리스테바(Julia Kristeva)는 바타유와 실천 개념에 대한
자신의 논의를 다음과 같은 관점에서 구성한다. 즉 "마르크스주의는
실천 개념 내부의 '능동적 주체'에 관한 애매성을 헤겔로부터 물려받았

---

[53] Gustavo Benavides, "Irrational Experiences, Heroic Deeds and the Extraction
　of Surplus", Junginger, ed., *Study of Religion under the Impact of Fascism*,
　272.

다." "고전적 마르크스주의는 실천의 '능동적 주체'를 끌어내지 못하고, '주체 없는 실천'과 닮은 실천 개념으로 나아갔다." 다시 말해, "프락시스"로 말이다. 크리스테바는 이 능동적 주체에 어울리는 실천 개념이 생성된 것은 마오주의의 출현과 더불어 가능하게 되었다고 주장하며, 마오쩌둥의 1937년 글인 「실천론」(On Practice)(이 글은 바타유가 실천적 수행으로 전환한 시기와 동일한 역사적 순간에 쓰인 글이다)을 자신의 주요 논거로 삼는다.[54] 이 새롭고 능동적인 주체의 토대를 마련해준 것은 현실을 변혁하는 투쟁에서 마오가 개인적 참여와 직접적 경험을 강조한 것이다. 하지만 지식이 경험과 비-지식의 계기를 통한 시험을 거치면서 오히려 더욱 공고해지는 마오의 실천 개념과 바타유의 실천 개념 사이에는 분명한 차이가 있다. 부정적인 것에 재몰입함으로써 생겨나는 바타유적 실천의 필연적인 무위성(inoperativity)이 바로 바타유를 파시스트들-그리고 마오-과 구분지어 주는 것일 것이다.

바타유는 지식이 비-지식이 되고, "실천"이 "현실"이 되며, 서양철학에서 경험을 보장하는 근거가 되는 주체가 바로 그 "경험"의 운동 속에서 사라지는 혼란스러운 간극과 타협할 수 있는 방법을 찾기 위해 요가와 불교로 눈을 돌렸다. 수행은 경험과 어떻게 다른가? 적어도 불교적이고 요가적인 의미에서 수행은 경험을 정의하는 매개

---

54 Julia Kristeva, "Bataille, Experience and Practice," *On Bataille: Critical Essays*, ed. Leslie Anne Boldt-Irons (Albany: State University of New York Press, 1995), 258-60. 「실천론」(On Practice)에 대한 마오쩌둥의 글은 Mao Zedong, *On Practice and Contradiction* (London: Verso, 2007), 52-66을 보라.

변수들을 천천히 다시 이용하고자 한다. 하지만 이런 재이용은 경험을 다루고 검토하는 과정을 통해야 한다. 수행의 훈련은 경험의 구성요소들을 미리 주어진 것으로 받아들이지 않으면서 검토 및 다른 기술들을 이용해서 이러한 구성요소들—대부분 정신적 집합체(mental aggregates), 즉 오온五蘊의 마음 작용—을 변화시키고자 한다. 영적 수행에서 "방법"은 그것을 말한 사람의 말을 따르면서 반복해야 할 교리를 가리키는 것이라기보다는, 추구하고자 하는 변화와 성취가 과거에 그런 방법을 이용해본 사람들에 의해 신뢰할 만하고 반복적으로 이루어져 왔기 때문에 따라도 되는 일련의 기능들을 가리킨다. 이런 의미에서 불교 (와 그 외 다른 곳)에서 수행의 목표는 더 근본적인 상태의 인식이라는 안정적인 의미로 종종 받아들여진다.[55] 그러나 어떤 의미에서 존재론적 모험과 같은 것을 도구적으로 이용할 때 명백한 역설이 생겨나며, 이것이 영적 수행이 최근 슬로터다이크(Sloterdijk)가 실천의 "인간기술"(anthrotechnics)이라고 부른 것과 구분되는 지점이다.[56] 바타유는 이 역설을 잘 인지하고 있었다.

인간학적으로 "명상 방법"의 존재와 적어도 이런 방법의 일부가 어떤 사람에게 유효할 수 있다는 증거는 현대 비평이론의 친숙한 주제인 비담론적 실재(nondiscursive Real)와 철학의 언어적·담론적 모델의 한계에 대한 다른 접근 방법의 가능성을 보여준다. 동시에 요가와 같은 이런 "명상 방법"은 담론적인 것의 영역과 전적으로 분리될 수도 없다. 바타유가 「명상 방법」에서 썼듯이, "요가의 주제에

---

55 예를 들어 티베트의 로종의 가르침에서 안정성(stability)에 대한 언급을 보라.
56 Peter Sloterdijk, *You Must Change Your Life* (Oxford: Polity, 2013).

대한 질문은 엄격하게 제기된다. 만일 **수단에 의지하는 것이** 활동성
(activity)의 영역을 규정한다면, 시작부터 **수단**에 관해 말할 경우 우리
는 이 활동성의 영역을 어떻게 파괴할 수 있는가? 요가는 바로 이
활동성 영역의 파괴에 다름 아니다."[57] 여기서 바타유는 수행이 비담론
적 실재에 접근하는 방법으로 간주될 때 생기는 수행의 역설을 인식한
다. 다시 말해, 이런 접근이 "방법"으로 도구화되자마자 그것은 그런
방법을 이데올로기로 전환함으로써 실재 자체를 모호하게 하거나
부정할 위험이 있다는 것이다.

　나는 이 점에 관해서 바타유가 무조건 옳다고 믿지 않는다. 『동양과
서양의 사이』(*Between East and West*)라는 요가에 관한 최근 저서에서
루스 이리가레(Luce Irigaray)는 요가를 의식의 발전에서 분별력
(discernment)의 수련, 즉 의식을 방해하거나 흐리게 하는 것으로부터
의 점차적인 벗어남이라고 쓴다.[58] 이런 실증주의적 설명은 『요가
수트라』(*Yoga Sūtras*)와 같은 경전과 일치한다. 환상을 파괴할 방법은
없다―일단 환상이 환상으로 인식되면, 우리가 환상을 마치 실제적인
것처럼 간주하지 않는 한, 그것은 이미 "파괴된" 것이다. 그러나 이
지점에서 구체적인 정치적 질문이 떠오른다. 만약 이런 수행을 통해
"파괴"되는 것이 이데올로기라고 한다면, 이러한 "파괴"는 어떤 정치적
형태와 어울릴까? 나는 다음 장에서 이 질문에 대한 바타유의 반응을
다룰 것이다.

---

57 Bataille, "Method of Meditation," 78.

58 Luce Irigaray, *Between East and West: From Singularity to Community*, trans.
　Stephen Pluháček (New York: Columbia University Press, 2002), 9.

74

그러나 바타유가 지적하는 또 하나의 역설이 남아 있다. 수행의 훈련과 담론이 성공하는 바로 그 순간, 그러한 훈련과 담론이 존재의 깊은 충만함 내지 무로 사라져야 한다는 역설 말이다. 수행은 쉽게 페티시적 대상, 즉 사실상 그것이 은폐하거나 파괴할 수 있는 도달 상태(state of attainment)의 상징이 되어버린다. "수단"은 담론의 영역— 나아가서 요가 수업, 명상적 은둔, 구루 등—을 동반할 뿐만 아니라 요가와 불교의 상품화 및 다양한 상징물, 액세서리, 생활방식을 끌고 들어온다. 바타유는 우리가 "유용성"에 집착하는 문화, 그리고 자신이 도저히 상상할 수 없던 방식으로, "불가능한 것의 사용가치"(the use value of the impossible)—우리 삶과 존재의 가장 무용하고 주권적인 측면이 사실상 "스트레스로 긴장된" 체제에서 벗어날 수 있는 "유용한" 후퇴의 형식으로 철저하게 상품화되고 포장된다는 것을 의미한다—에 집착하는 문화에 살고 있다는 것을 깨달았다. 만약 이것이 사실이라면, 우리는 특별한 종류의 이익과 체제를 위해 요가와 다른 영적 수행을 "이용"하려는 경향이 있다. 아마도 그런 인물이 동시대 티베트 승려 중에서 가장 바타유적인 인물인 초걈 트룽파 린포체(Chögyam Trungpa Rinpoché)일지 모른다. 그는 영적 수행의 이런 수용을 "영적 물질주의"(spiritual materialism)라고 불렀다. 그리고 서양의 수행자들을 대상으로 한 트룽파의 첫 번째 주요 저작의 제목이 『영적 물질주의 끊어내기』(Cutting through Spiritual Materialism)』라는 것은 우연이 아니다.[59] "활동성의 영역을 파괴하기"라고 말하는 것이 더 낫지 않았을까?

59 Chögyam Trungpa, *Cutting through Spiritual Materialism* (Boston: Shambhala, 1987).

하지만 이리가레를 바타유와 나란히 읽는 것은 "자기-무화"(self -annihilation), "단절" 등에 대한 바타유의 욕망에 내재한 폭력성을 드러내 준다. 이런 폭력성이 바타유에게 고유한 것도 아니고, 이 문제에서 이리가레가 요가를 통해 바타유보다 폭력성을 더 잘 피하고 있다는 것 또한 명확하지 않다. 이 문제를 표현하는 또 다른 방법은 지젝이 헤겔에 관한 최근 저작에서 말하듯이 충동이라는 정신분석 개념을 이용하는 것이다.

> 프로이트가 "충동"이라 부르는 것은 보이는 것과 달리 불교의 삶의 바퀴(Wheel of Life), 즉 우리를 환상의 세계에 얽매이게 하는 갈망이 아니다. 반대로 충동은 주체가 "환상을 가로지르고" 욕망의 (상실된) 대상에 대한 환상적 갈망에서 떨어져 나올 때도 지속한다. 그리고 여기에 불교와 정신분석 간의 … 가장 기본적 형식에서의 차이가 있다. 불교의 경우 깨달음 이후에는 … 삶의 바퀴에서 벗어나면서 주체는 탈주체화하고 안식을 얻는 데 반해, 정신분석에서 **바퀴는 계속해서 돌고 있다**. 이런 계속적인 바퀴의 회전이 바로 충동이다.[60]

여기서 지젝은 (명백한 무지 속에서) 기본적으로 상좌부 불교에 대한 대승불교의 비판과 유사한 것을 반복하고 있는 것으로 보인다. 충동이 중요한 문제라는 지젝의 말에 동의할 수는 있지만, 위의 구절에서 삶의 바퀴는 확실히 욕망의 (잃어버린) 대상에 대한 갈망에 상응하

---

60 Žižek, *Less Than Nothing*, 131.

는 것이지 충동에 상응하는 것은 아니다. 따라서 삶의 바퀴는 충동의 에너지 중 한 가지 가능한 형태에 불과하다. 즉 다른 형태들도 가능하며, 불교는 이 형태들을 검토하고 목록을 만든다.

하지만 만일 문제가 충동의 지속성이라면, 바타유와 다양한 불교 전통이 깨닫고 있듯이, 이 문제는 오직 수행의 관점에서만 다루어질 수 있을 뿐이다. 하지만 충동과 수행의 관계는 아주 미묘하며, 내가 앞서 제기했듯이, 이데올로기 문제를 다시 사유할 수 있게 해주는 중요한 영역을 열어 준다. 오늘날 수행이 개인적 선택이라는 관점에서 종종 제시되고 있지만 그것은 명백히 집단적이다. 집단적으로 확립되거나 만들어진 형식으로서의 수행은 항상 "최종적으로는" 이데올로기의 산물에 포함될 수 있다. 그러나 바타유의 결정적 문제―"만일 **수단에 의지하는 것**이 활동성의 영역을 규정한다면, 처음부터 **수단**에 관해 말할 경우, 우리는 이 영역을 어떻게 파괴할 수 있는가?"―는 요가에서 아주 특별한 종류의 수행, 즉 "파괴 그 자체와 같은" 수행을 본다. 바타유는 요가적 수행을 무용한 소진/소모, 즉 깨달음이든 혁명이든 어떤 기획으로 전유되기보다는 그 자체로서 경험되는 충동의 발생적 과잉 위에 자리매김한다. 바타유의 질문 속에는 이러한 수행이 "유용해지지" 않고, 따라서 스스로를 부정하지 않으면서 어떻게 집단적이고 사회적일 수 있는가 하는 문제―낭시가 나중에 **무위**(*désoeuvrement*) 혹은 "작동중지"(unworking)라고 부른 것의 한 형태―가 함축되어 있다. 역으로 거기에는 수행이 단지 "내적 경험"에 머문다면, 그런 수행이 "활동성의 영역"에 어떻게 영향을 끼칠 수 있는가 하는 문제 또한 함축되어 있다. 이것이 요가와 불교에 대한 바타유의 관심의 핵심이며, 곧 살펴보겠지만 바타유는 그것의 정치적 의미에 대해 부분적으로 의식하고 있었다.

3.

바타유는 1940년대 말 명상 수행을 포기했다. 바타유는 부정의 신비주의를 조장한다고 혹평하는 등 1943년 자신의 작업에 대한 사르트르의 아주 통렬한 비판으로 인해 낙심했던 것 같다.[61] 다양한 요가 테크닉을 터득했다는 바타유와 브루노의 주장도 회의적으로 볼 필요가 있다. 적어도 불교에서 수행은 짧은 기간에 이루어졌다가 그 뒤에 사라지는 것이 아니다. 그러나 과잉과 일반경제에 대한 바타유의 이론은 그 자체가 그의 명상 수행의 산물이며, 이렇게 말해도 된다면, 명상 수행을 통해 얻은 소득이다. 주권의 실천이자 "비-유용성"(non-useful)의 실천인 명상은 바타유에 의해 주권 이론의 은밀한 원천으로 사용된다.[62] 이것이 아이러니하게도 바타유가 신비적 전통에 대해―대체로 틀리게― 행한 비판이다. 즉 이 신비적 전통이 경험을 교리의 토대로 사용했다는 것이다.

바타유는 자신의 가장 주저인 『저주받은 몫』의 제1권의 한 장을 「라마교」(Lamaism)」(즉, 전근대 티베트에서 행해진 불교)에 바치고 있다.[63] 이 책은 다양한 형태의 인간 사회가 항상 사회의 필요를 초과하는

---

61 Jean-Paul Sartre, "Un Nouveau Mystique."
62 크리스테바와 클로소프스키를 비롯하여 바타유의 가장 정교한 해설가 중 다수는 "명상"이라는 단어의 의미가 무엇인지에 대한 실질적인 검토 없이 자의적으로 사용하는 경향이 있다.

잉여의 필연적인 소진/소모의 문제를 중심으로 조직화되는 방식에 대한 일련의 사례 연구로 이루어져 있다. 그런 점에서 이 책은 막스 베버(Max Weber)의 (중국과 인도의 종교에 관한 책들을 포함한) 종교사회학 저작들과 닮았다. 하지만 베버가 인간에 의해 생산되고 소비되는 자원에 대해 전통적으로 정의된 경제에 초점을 두었다면(바타유는 이를 교환과 등가성에 기반을 둔 "제한경제restricted economy"라고 부른다), 바타유는 생물권의 에너지 순환에 관한 러시아 과학자 베르나드스키(Vernadsky)의 연구를 활용하여 인간적이든 비인간적이든 모든 가능한 소진/소모와 교환을 포함할 수 있도록 경제적인 것의 영역을 확장한다. 그는 이를 "일반경제"(general economy)라고 부른다.[64]

이 책은 연대순으로 배열되어 있고, 라마교에 관한 장은 이슬람에 관한 장 다음에 위치하며, 비폭력적 소진/소모의 "극단적" 사례를 군사화에 전념하는 것으로 보이는 이슬람과 대조한다. 바타유가 티베트에 관해 실제로 알고 있었던 내용의 문제(이 장은 20세기 초 티베트에 살며 달라이 라마를 만났던 영국 식민지 관리 찰스 벨Charles Bell이 쓴 13대 달라이 라마의 전기를 중심으로 구성된 것이다)와 전근대 티베트가 "비무장 사회"[65]였다는 틀린 주장을 제외하면, 이 장은 불교와 요가를 마르크스와 베버를 넘어서는 정치경제학의 관점에서 사유하려고 한 놀라운

63 Georges Bataille, *The Accursed Share: An Essay on General Economy* (New York: Zone, 1988).
64 일반경제에 대한 바타유의 출전을 광범위하게 살펴보는 글로는 Stuart Kendall, "Toward General Economy," *Scapegoat 5* (2013), "Excess," 27-32를 보라.
65 Donald Lopez Jr., *Prisoners of Shangri-La*, 8-9.

시도이다. 그리고 불교가 이 책에서―산업화, 러시아 공산주의, 마셜 플랜 이전의―"역사적 자료"의 일부로 제한되어 있더라도, 바타유는 라마교가 자신이 말한 주권성의 모델을 제시한다고 명확하게 말한다. 그는 라마교의 모델이 소진/소모 문제에 대한 유일한 진정한 해결책이라 생각한다.

> 만일 다양한 이해들을 모두 동일한 장 위에 펼쳐놓으면, 라마교는 다른 체계들과 대립적인 위치에 놓인다. 라마교만이 항상 획득과 성장을 지향하는 활동을 피한다. 라마교는 삶을 삶 그 자체 외에 다른 목적에 종속시키는 것을 거부하는데, 사실상 다른 선택의 여지가 없기 때문이다. 직접적으로 그리고 즉각적으로 삶은 삶 그 자체의 목적이 된다. 티베트의 의례에서 왕조 시대를 연상케 하는 군사적 형태는 여전히 춤의 형상으로 구현되는데, 그 권위의 상실이 의례적 재현의 대상이 되는 쇠락한 형식을 띠고 있다. 이런 식으로 라마승들은 폭력이 외부를 향해 거칠게 분출하는 세계에 맞서 쟁취한 승리를 찬미한다. 그들의 승리는 폭력이 내부로 분출한 것이다. 따라서 폭력적이기는 매한가지다.[66]

이 책의 연대기적이고 헤겔적인 구조는 이런 "해결책"을 과거에 귀속시킨다. 하지만 이 장의 여러 곳에서 "라마교"에 대한 바타유의

---

66 Bataille, *Accursed Share*, 109-10 (번역은 조르주 바타유, 『저주받은 몫』, 최정우 역〔문학동네, 2022〕을 참조했으며 이 책의 맥락 때문에 영어문장과의 대조를 통해 일부 수정했다).

공감은 단순히 주권성에 대한 개인적 경험을 강조하려는 시도가 아니라 주권성을 중심으로 사회 전체의 방향을 구성하려는 집단적 결정으로 볼 수 있다.

물론 수도원 생활(monasticism)이 순수한 소진/소모라면, 그것은 소진/소모의 포기이기도 하다. 어떤 의미에서 그것은 해결을 전적으로 외면할 때만 얻을 수 있는 순수한 해결이다. 그러나 우리는 이런 대담한 해결의 의미를 평가절하해서는 안 된다. 근래의 역사는 이런 해결의 역설적 가치를 강조해 왔다. 이 해결은 경제적 균형의 일반 조건을 명확히 가리킨다. 그것은 인간의 활동을 그 한계와 대면하게 하고─군사적이거나 생산적인 활동을 뛰어넘어─어떠한 필연성에도 예속되지 않는 세계를 기술한다.[67]

바타유가 분명히 알고 있었듯이, 문제는 당시의 용어로 하면 "무위의 공동체"(inoperative community)를 수립하려는 "라마교"의 시도가 궁극적으로는 타인들의 생산적 노동에 의존한다는 점이었다.[68] 적어도 티베트 사회에서 주권자는 과잉의 생산자이면서 동시에 그 소비자는 아니었다. 바타유는 자신이 라마교도들에 관한 글을 쓰던 바로 그 순간에 중국 공산주의자들이 티베트를 침공하고 있었던 사실을 언급하지 않는다. 그러나 그의 분석은 역사적이며, 그는 "라마교"를 티베트를 둘러싼 과잉의 소진/소모의 다른 형태들, 즉 (유럽, 러시아,

67 Ibid., 110.

68 Nancy, *Inoperative Community*.

중국, 몽골의) 제국주의와 군국주의와 자본주의에 대한 변증법적 대응으로 제시한다. 그는 13대 달라이 라마가 처한 (헤겔적) 상황에 분명히 매혹되었다. 달라이 라마는 "치밀한 명상과 심오한 신화와 형이상학으로 구성된 매혹적이고 평화로운 라마교 명상을 제외하고는 아는 것이 별로 없었지만" 근대의 지정학적 현실을 겪으면서 "무시하거나 부정할 경우 대가를 치를 수밖에 없는 외부적 힘의 작용을 인식했다."[69] 13대 달라이 라마는 군대의 근대화를 포함한 개혁들을 시도했지만 이런 시도에 대한 수도원의 반란을 촉발하기도 했다. 이들은 개혁을 수도원의 뜻에 대한 사회의 전면적 지지를 약화시키는 것으로 간주하였는데, 사실 반란은 축제 같은 항의와 "동화 같은 의례"로 묘사되었다.[70]

사람들에게는 바타유가 상당히 공감했던 하나의 실천이 인상적으로 남아 있는데, 그 실천은 그 주위의 세력들에 대응할 수 있는 삶의 형태를 찾을 수 없고—농민들이 그 당시 수도원에 의해 소비될 잉여를 생산하던— 봉건제의 모순을 받아들이거나 극복할 수 없는 것이었다. 바타유는 때때로 자기 자신을 13대 달라이 라마에게 투영하고 있는 것처럼 보인다. 왜냐하면 우리는 1930년대 중반 프랑스에서 바타유 자신이 참여한 인민전선이 좌절된 후 그가 공동체를 건설하려다 실패하고 만 두 번의 시도, 즉 무두인과 콜라주 드 소시올로지를 이와 유사한 시각에서 설명할 수 있기 때문이다. 이 모든 것에서 불교적 수행의 지위는 명확하지 않다.

---

[69] Bataille, *Accursed Share*, 101.

[70] Ibid., 104.

승려의 신앙심은 또 다른 문제다. 그것은 부차적 의미를 지니지만 체계는 이런 신앙심 없이는 상상할 수 없을 것이다. 라마교적 깨달음이 소비의 본질—개방, 증여, 상실이며 계산적인 것의 일소—을 도덕적으로 실현한다는 것은 의심의 여지가 없다.[71]

여기서 중요한 것은 디테일이다. 실제로 깨달은 존재를 낳는 수행이 없다면, 바타유가 알고 있듯이, "라마교"의 체계는 아무런 의미가 없다. 동시에, 로버트 서먼(Robert Thurman)이 전통적 티베트 사회가 깨달은 자를 생산하는 기구라고 주장했음에도 불구하고, 그리고 수도원 체계가 뛰어난 인물들을 배출했다고 하더라도, 사실 불평등과 짝을 이루는 고통이 티베트 사회에 존재했다는 것은 분명하다.[72] 그렇다면 핵심적 질문은 수행이 그것이 지향한다고 주장하는 목표—모든 중생의 해탈—를 성취하는 데 실패했다는 것인가? 아니면 수행이 그 목표와 관련하여 적절하게 발전하지 못했다는 것—수행이 그 전통적 형식을 결정하고 제한하는 모순들을 극복하기 위해 다양한 형태의 근대성을 경유할 필요가 있었고 여전히 필요하다는 것—인가?

여기서 실천(practice)과 프락시스(praxis) 사이에 하나의 간극이 생겨난다. 포스트마르크스주의적이고 포스트칸트주의적인 맥락에서 이 단어들은 다른 의미를 갖는가 갖지 않은가? 실천에 관한 최근 저서에서 슬로터다이크는 프락시스라는 단어를 특정한 실천을 보편

---

71 Ibid., 109.

72 Robert Thurman, *Inner Revolution: Life, Liberty, and the Pursuit of Real Happiness* (New York: Riverhead, 1998).

적이고 의무적인 것으로 강제하는 국가 주도 프로그램을 가리키는 것으로 사용한다.[73] 이 경우에 이런 국가 주도 프로그램과 슬로터다이크가 이질성과 다양성을 지닌 "수행자들의 행성"(the planet of the practicing)이라 부르는 것 사이에는 대립이 함축되어 있다. 20세기 공산주의가 좌초한 것은 특정 양식의 프락시스(예를 들면 집단화)를 폭력적으로 관철하려고 했기 때문이다. 즉, 문화혁명은 실천의 문제를 국가 지원적인 "프락시스" 내에서, 그리고 거기에 맞서 다시 제기했지만 "실천"을 "프락시스"의 방식으로 관철한 재앙적 시도로 볼 수 있다. 하지만 프락시스 개념(즉, 보편적 프로그램)을 완전히 포기하게 되면, 개별화된 "실천들"이 번성하게 되고, 자유시장의 프락시스가 유일한 "프락시스"가 되는 현재와 같은 세계에 이르고 만다.[74] 나는 슬로터다이크의 구분에 기본적으로 동의하는 한편, "불교적 프락시스" 혹은 "마르크스주의적 실천"에 대해 말하는 것이 불가능하다고 생각하고, 그런 불가능한 공간에서 살아가는 방법을 배울 가치가 있다고 본다.

바타유는 이어서 종교개혁, 자본주의적 축적, 소비에트 공산주의, 마셜 플랜을 공들여 설명해 나간다. 그러나 이 책의 마지막 부분에서 바타유는 이상한, 아주 헤겔적인 전환을 시도한다. 여기서 그는 주권 개념을 내밀성의 형식, 즉 내면성과 내면공간과의 관계성으로 다시

---

[73] Sloterdijk, *You Must Change Your Life*, 445.
[74] 마르크스주의 내에서 프락시스 개념의 역사에 대해서는 John Roberts, *Philosophizing the Everyday: Revolutionary Praxis and the Fate of Cultural Theory* (London: Pluto, 2006)를 보라.

끌어들인다. 이것은 대부분의 사회가 자신의 외부에 있는 사물들을 희생적으로 소진/소모하면서 뭔가를 추구할 때 간과해버린 것이 무엇인지를 보여주는 진정한 장소라고 할 수 있다.

자기-의식이 본질적으로 내밀성에 대한 충분한 소유라면, 우리는 내밀성에 대한 모든 소유가 결국 속임수로 이어진다는 사실로 돌아가야 한다. 하나의 희생은 하나의 성스러운 **사물**을 설정할 수 있을 뿐이다. **성스러운 사물**은 내밀성을 외재화한다. 즉 그것은 실제로 내부에 있는 것을 외부로 보이게 한다. … 그러나 건조한 투명성이 성스러운 것의 의미와 일치하게 되는 **지점**이 드러나야 한다. 이것은 성스러운 세계를 **사물들**에 가장 순수하게 대립하는 요소로, 즉 순수한 내밀성으로 환원하는 것을 의미한다. 이것은 사실상 신비주의자들의 경험에서처럼 "환상"과 신성과 신화의 유혹적 외양에 맞서 "형상도 형식도 없는" 지적 명상에 이르게 된다.[75]

여기에 다수의 바타유적인 비-개념들, 즉 "내밀성", "무형식"(l'informe)(존재론적 무형식), 내밀성의 짝인 "교감"이 함께 나타나는데, 이로부터 새로운 비-동일주의적 공동체의 가능성이 생겨나게 된다. 그럼에도 불구하고 이 주목할 만한 인용은 바타유가 「라마교」에 관한 장에서 이미 언급했던 것을 재진술한 것이다. 하지만 바타유는 그 내용의 근거를 역사에 맡겨버림으로써 자신이 언급했다는 사실을

[75] Bataille, *Accursed Share*, 189.

쉽게 잊어버린다. 비록 "라마교 국가"(Lamaist State)가 1949년에 여전히 존재하고 있었다고 하더라도 말이다. 바타유는 계속해서 자기-의식의 문제를 후기 라캉이나 최근 지젝의 것과 매우 유사한 관점-즉, 일시적이지만 항상 되돌아오는 (텅 빈) 대상과 충동의 관계라는 관점-에서 제기한다.

> 이것은 의식이 **어떤 것**에 대한 의식이기를 그만두게 되는 순간에 도달하는 문제이다. 즉 이것은 성장(어떤 것의 획득)이 소진/소모로 해소되게 될 순간이 갖는 결정적 의미를 의식하게 되는 문제이다. 그리고 이것은 정확하게 **자기-의식**, 즉 무를 자신의 **대상으로** 삼는 의식이 될 것이다.[76]

바타유는 더 나아갈 수도 있었지만 이 지점에서 책을 중단한다. 왜냐하면 그는 여기에서 어디로 가야 할지 알지 못했기 때문이다. 표면적으로 무형식(formlessness, 無色)을 위해 환상을 거부하는 명상이 불교적이라고 말할 수 있다고 하더라도-실제 많은 불교 교파들에는 무형식(formless)의 명상이라는 특별한 수행들이 있다- 그런 유형은 불교를 로제 폴 드루아(Roger-Pol Droit)가 검토한 "무의 종교"[77]로 간주하는 19세기의 정형화된 유럽적 시각을 따르는 것이다. 상좌부 전통의 몇몇 경전과 수행이 형식의 부정 이상 더 나아가지 않은 것은 분명하지

---

76 Ibid., 190.

77 Roger Pol-Droit, *The Cult of Nothingness: The Philosophers and the Buddha* (Chapel Hill: University of North Carolina Press, 2003).

만, 대승불교는 형식(色)과 무형식(無色) 간의 결정 불가능성과 상호
의존성을 강조한다. 대승불교의 핵심 경전인 『반야심경』(Heart Sūtra)
은 다음과 같이 말한다.

관자재보살께서 심오한 반야의 완성을 실천하실 때에 오온五蘊이
모두 공空이라는 것을 비추어 깨달으시고, 일체의 고액을 뛰어넘으
셨다.(觀自在菩薩, 行深般若波羅蜜多時, 照見五蘊皆空, 度一切苦厄.)
사리자여! 오온개공이라는 말이 과연 무엇이겠느냐? 색이 공에
다르지 않고, 공이 색에 다르지 않으니, 색이 곧 공이요, 공이
곧 색이다. 나머지 수·상·행·식도 이와 같다는 뜻이다.(舍利子!
色不異空, 空不異色, 色卽是空, 空卽是色, 受想行識, 亦復如示.)
사리자여! 지금 내가 깨달은 세계, 반야의 완성을 통해 조견한
세계, 제법이 공한 이 모습의 세계는 생함도 없고 멸함도 없고,
더러움도 없고 깨끗함도 없으며, 늘어남도 없고 줄어듦도 없다.(舍
利子! 是諸法空相, 不生不滅, 不垢不淨, 不增不減.)
그러므로 공의 모습에는 색도 없고, 수도 없고, 상도 없고, 행도
없고, 식도 없다. 따라서 안·이·비·설·신·의도 없고, 색·성·향·
미·촉·법도 없고, 또한 안식계에서 의식계에 이르는 모든 식계도
없다.(是故空中無色, 無受想行識, 無眼耳鼻舌身意, 無色聲香味觸法, 無
眼界 乃至 無意識界.)
뿐만이냐! 싯달타께서 깨달으셨다고 하는 12연기의 무명이 없고
무명이 사라진다고 하는 것도 없다. 이렇게 12연기의 부정은
노사의 현실에까지 다다른다. 그러니 노사도 없고 노사가 사라진

다는 것도 없다. 그러니 이러한 12연기를 요약적으로 표현한
고·집·멸·도 또한 없는 것이다.(無無明亦無無明盡, 乃至 無老死,
亦無老死盡. 無苦集滅道.)
앎도 없고 또한 얻음도 없다. 반야 그 자체가 무소득이기 때문이
다!(無智亦無得, 以無所得故.)[78]

이런 관점에서 보면 무는 존재하지 않고, "무를 대상으로 한 의식"
또한 존재하지 않는다. 지젝의 최근 주장에 따르면 "무 이하의 것"(less
than nothing)도 존재하지 않는다. 『저주받은 몫』의 마지막의 매우
미묘한 구절을 인용하면, "활짝 열면, 마음은 낡은 목적론 대신에
오직 침묵만이 배반하지 않는다는 진리를 알게 된다."[79] 이는 맞는
말이다. 임제臨濟 선승이 말했듯이, "만일 부처를 만나면 부처를 죽여
라."[80] 깨달음을 목적론으로 이해하는 것은 사실상 불성의 내재성에
대한 완전한 깨달음(full opening)의 가능성을 방해한다. 족첸
(Dzogchen)의 가르침에서 "명상하지 마라"는—명상을 위한— 핵심 교훈
이다.[81] 여기서 다시 우리는 수행의 문제로 돌아간다. 또 다른 티베트

---

78 *The Heart Sūtra* (http://www.lamrim.com/hhdl/heartsutra.html, 2013년 7월
5일 접속). 우리말 번역은 김용옥, 『스무살 반야심경에 미치다』(통나무, 2019)를
참조함.

79 Bataille, *Accursed Share*, 190.

80 Burton Watson, trans., *The Zen Teachings of Master Lin-Chi: A Translation
of the Lin-chi lu* (New York: Columbia University Press, 1999).

81 Tulku Urgyen Rinpoche, *Blazing Splendor: The Memoirs of the Dzogchen
Yogi Tulku Urgyen Rinpoche, as Told to Erik Pema Kunsang & Marcia Binder*

불교의 가르침인 로종(Lojong)에서는 세 가지 영역(주체, 객체, 그리고 이 둘을 살펴보는 명상 수행)에 관한 모든 개념에서 벗어나서 수행해야 한다고 주장한다. 따라서 수행하는 것은 실어증, "자폐적 향락", 혹은 "무"에 순종하는 것이 아니다. "인식", 각성, 심지어 의식이 수행에 포함되기 위해서 실천을 "프락시스"로 변형해서는 안 된다. 각성하는 것, 즉 깨닫는 것은 모든 이름을 거부하면서도 인식이나 언어를 포함해 그 이름이 지시하는 것을 뿌리 뽑는 것이 아니다. 여기서 우리는 팔리어 경전의 불교에서 세 가지 도식, 즉 파리얏티(*pariyatti* "이론"), 파티팟티(*patipatti* "수행"), 파티베다(*pativedha* "직접적 깨달음")의 중요성을 보게 된다. 여기서 진정한 도전을 제기하는 것은 "수행"이라기보다는 "직접적 깨달음"이다.

여기서 역사와 일반 지성의 거대한 운동과 바타유가 정의한 자기-의식 간의 관계가 갖는 성격의 문제는 설명되지 않은 채 남아 있다. 1948년 이틀간 이어진 저녁 강의와 토론을 기록한 또 하나의 핵심 텍스트에서 바타유는 미르치아 엘리아데와 같은 종교역사가를 포함한 청중에게 나중에 자신의 『종교 이론』(*Theory of Religion*)이 될 주제를 설명한다. 바타유는 부정과 초월의 문제와 관련하여 불교와 기독교의 차이를 논한다. 이 강의는 「명상 방법」의 주장을 다시 진술한 것이다. 즉, 불교는 모든 주체적 행위의 거부이자, 일반적으로 외부 대상과 세계를 향하는 폭력을 자아에게로 향하게 한다는 것이다. 바타유는 불교가 세계와 행위에 대해 반응할 가치가 없다고 생각하는

Schmidt (Kathmandu, Nepal: Rangjung Yeshe, 2005).

한에서 세계와 행위의 가치를 폄하한다고 주장한다.[82] 그 결과 바타유가 흥미를 갖는 완전한 내재성은 불교에서 일어나지 않는다. 왜냐하면 "〔언제까지 일지 몰라도〕 파괴되지 않고, 스스로를 파괴하는 기획 중에도 유지되는 대상으로서의 주체의 위치, 나아가서 다른 세계에서의 사물의 위치는 그대로 남아 있기 때문이다."[83] 이어서 바타유는 말한다.

> 불교계와 기독교계가 놓치는 것은 세속 세계가 불교와 기독교의 세계에 전혀 구애받지 않는다는 사실이다.
> 이런 세계〔불교와 기독교 세계〕는 마르크스주의가 정의해온 혁명적 행위와 대립적일 뿐만 아니라 내가 지금 제시하려고 하는 가능성과도 대립적이다. …
> 현재 세계에서 중요한 것은 신비적 체험의 가능성을 창조하거나 새로운 종교적 가능성을 창조하는 것이 아니다. 그럴 가능성은 전혀 없다. 오히려 중요한 것은 세속적 세계 안에서 종교적 행위를 촉발하는 것에 관한 것이다.
> 세속 세계는 그 자체로서 파괴될 것이다. 이 말은 인간을 초월하고 지배하는 사물로서 주어진 자본주의 세계의 모든 것은 인간에 의한 소비에 맡겨짐으로써 내재적인 사물의 상태로 축소될 수밖에 없다는 것이다.
> 이것은 불교뿐만 아니라 기독교에서 보게 되는 모든 금욕적 태도,

---

82 Bataille, *Oeuvres complètes*, 7:431.

83 Ibid., 7:433.

그리고 초월에 바탕을 두고 있는 불교와 기독교의 모든 도덕적
제약들과 지극히 대립적이다. 어느 지점에서 모든 유용성을 벗어
나서 생산된 대상의 소비를 최종적 목적으로 제안할 필요가 있다.
왜냐하면 인간의 최종적 목적은 자신이 만든 것을 파괴하는 것이기
때문이다.[84]

나는 불교에 대한 바타유의 비판이 어느 정도 타당하다고 생각한다.
앞서 『반야심경』의 인용문은 주로 주체 비판의 관점에서 공空을 제기
하고 있고 – 상주불변하지 않는 무상성(impermanence) 때문에 사실상 그
어떤 것도 "그대로" 남아 있을 수 없다는 것을 안다고 하더라도 – 세계 속의
사물의 위치는 "건드리지 않은 채" 그대로 둔다. 보살의 교리는 모든
중생의 해탈을 목표로 제안하지만, 이런 일의 일어남을 불교 수행의
확산과 전파에 맡긴다. 하지만 이런 수행은 교리, 제도, 공동체를
또한 포함하는데, 이것들은 오늘날에도 자신들이 속한 세계를 규정하
고 관리하는 질서를 부여한다.

아시아의 많은 불교 전통들은 바타유가 아주 매혹을 느꼈던 아메리
카 원주민들의 포틀래치 전통과 대립적이지 않은 그들 나름의 희생적
논리의 형태들을 가지고 있다.[85] 베트남 전쟁에서 베트남 승려와 더
최근에는 중국에서 티베트 승려가 결행한 소신공양의 정치적 실천은

84 Ibid., 7:437.
85 희생과 선물의 불교적 결합에 대해서는 Bernstein, *Religious Bodies Politic*,
   chap. 5와 Reiko Ohnuma, "Gift," Donald Lopez Jr., ed., *Critical Terms for
   the Study of Buddhism*, 103-23을 보라.

존 월런-브리지(John Whalen-Bridge)의 지적처럼 오늘날 불교 도상학의 핵심적 부분이며, 불교를 "자기-무화의 종교"로 간주하는 오리엔탈리즘적 환상을 재차 확인시켜 주는 동시에 냉전 세력들 간의 대결 속에서 열린 바타유적인 틈새에서 출현한 비동맹과 자기파괴(auto-destruction)라는 문제적인 주권적 행위였다.[86]

동시에 나는 바타유의 실천 개념이 부적절하고, 소진/소모의 경험이 최종 목적이 아니라 오히려 오늘날 전 지구적 자본주의 질서 속으로 쉽게 통합된다고 생각한다. 소진/소모가 개인적이고 "밝힐 수 없는"(unavowable) 특성을 갖는 한, 그리고 그것이 "경험"으로 남는 한, 교감도 내재성도 있을 수 없고, 오직 반복, 그리고 "경험"의 소비를 통한 생산관계의 재생산만 있을 수 있다. 이상하지만 이는 사실이다. 불교 수행의 목적인 내재성에는 어떠한 경험도 없다. 가장 심오한 차원에서 수행의 가치는 라캉이 정신분석의 목표를 "환상 가로지르기"(traverse the fantasy)라고 말한 것과 동일한 의미에서 경험을 가로지르는 것이다. 하지만 수행의 모든 형식들이 경험을 가로지르는 능력에서 똑같지는 않다.

나는 세속 세계의 물질성을 파괴하느냐의 여부가 어떤 차이를 낳는다고 생각하지 않는다. 공이 공한 것은 그것이 무상하기 때문이고, 모든 것이 무상하기 때문이다. 폭력은 이런 실행을 통해 무상을 초월하고자 하는 자아나 주체를 위해서 무상함을 수행적으로 통제하

---

86 John Whalen-Bridge, "Angry Monk Syndrome on the World Stage: Tibet, Engaged Buddhism, and the Weapons of the Weak," Whalen-Bridge & Kitiarsa, eds., *Buddhism, Modernity, and the State*, 163-208.

려고 하지만 오히려 무상함을 흉내 내거나 반복할 수 있을 뿐이다. 폭력은 무상함을 극복할 수 없다. 따라서 "주권성"(sovereignty)은 소신 공양의 행위에서조차 자기 자신에 대한 단순한 시뮬레이션이 된다. 이미지는 발산되고 몸은 희생된다─이는 주권성이 명확히 나타나려고 하는 순간 그것을 말소해버리는 정치적 행위이다. 나는 다음 절에서 선물의 정치이론에 대한 불교의 공헌이라는 보다 넓은 논의에서 이 문제를 다룰 것이다.

종교 행위에 불을 붙임으로써 세속 세계를 파괴할 필요가 있다는 바타유의 놀라운 주장은 뒤르켐(Durkheim)의 『종교 생활의 기본형식』(*Elementary Forms of Religious Life*)에 기원을 두고 있다. 뒤르켐은 종교가 최고 존재와의 관계를 통해 정의되기보다는, 우주를 성/속의 독특한 분할을 통해 구분함으로써 공동체가 구성되는 방식과의 관계를 통해 정의된다고 주장한다. 불교는 뒤르켐의 주장에서 결정적인 역할을 한다. 왜냐하면 그는 무신론적이라고 공언하면서도 신성한 것(사성제四聖諦 등)과 그렇지 않은 것(윤회 *saṃsāra*) 간의 대립 관계를 통해 어떤 것을 신성한 것으로 설정하는 방식으로 구성되는 종교 공동체들이 있다는 것을 보여주기 위해 불교를 이용하기 때문이다.[87] 불교에 대한 바타유의 비판은 불교가 성/속의 분리를 따르면서 신성한 것을 물질세계의 세속적 외부성과의 관계 속에서 정화된 내면성이라고 주장한다는 것이다. 그러나 불교에 대한 뒤르켐의 설명이 문제가 있듯이, 바타유의 설명도 문제가 있다. 사실, 불교는 일반경제의

---

87 Emile Durkheim, *The Elementary Forms of Religious Life*, trans. Joseph Ward Swain (New York: Free Press, 1965), 45-52.

틀을 형성하는 다른 방법을 제공한다. 가령 연기(緣起 *pratītyasamut-pāda*)/상호의존과 같은 개념은 존재하는 모든 것이 본질적인 자기 존재의 부재, 즉 무자성無自性의 산물인 동시에 의존적인 발생의 거대한 연쇄의 산물로서 특별한 시간과 장소에서 우연적인 방식으로 나타난다는 것을 보여준다. 더욱이 윤회와 열반의 등가성을 선언하면서 대승불교는 바타유가 문제가 있다고 생각한 성/속의 분리를 이미 엄밀히 해체한다.

　더 도전적이면서 더 흥미로운 것은 카르마(業 *karma*)의 논리를 대안적 형태의 일반경제로 생각해볼 수도 있다는 점이다.[88] 1960년대에 북미의 반문화 운동에 의해 이 용어가 "키치화"(kitschification)되면서 이 단어의 철학적·종교적 의미가 모호해졌다. 나와 함께 공부한 불교 선생들은 카르마라는 주제가 "미묘하다"고 말했다. 카르마는 원인과 결과의 보편적 법칙이다. 일반경제의 관점에서, 그리고 바타유가 성/속에 대한 불교적 개념을 내부/외부, 주체/객체의 관계를 통해 구성한 방식의 관점에서, 카르마는 내부와 외부의 개념들 간의 상호 침투를 이해할 수 있는 방법을 제공한다. 카르마는 착한 행동은 미래에 쓸 수 있는 카르마의 마일리지로 보상을 받는 데 반해 악한 행동은 미래의 언젠가 카르마의 벽돌이 당신 머리 위에 떨어지는 것처럼 단순히 인과응보의 우주적 담론이 아니다. 카르마는 현상학적

---

88 이 주제는 카르마(*karma*)에 대한 불교적 설명에 국한되지 않는다. 이에 대해서 Gananath Obeyesekere, *Imagining Karma: Ethical Transformation in Amerindian, Buddhist, and Greek Rebirth* (Berkeley: University of California Press, 2002)를 보라.

이다. 이 말은 특정한 세계/형상(gestalt)에 대해 어떤 존재의 지각이 그 자체 특정한 카르마의 산물임을 의미한다. 불교의 육도六道 개념에는 지옥도, 축생도, 아귀도, 수라도, 인간도, 천도라는 6개의 세계가 있고, 각 세계는 특정한 형상과 관련되어 있다. 불교적 시각에서 수행의 틀을 구성하는 가장 중요한 방법 중의 하나는 수행이 카르마의 변화를 낳음으로써 개별적 주체나 집단적 주체가 세계를 구성할 때 현상학적 변화가 또한 일어난다는 것이다. 따라서 다양하면서도 일시적인 등가들(즉, "경제들")을 통해 내부와 외부, 주체와 객체의 위치들이 일시적으로 지정되고, 이런 과정은 계속 순환된다.

바타유의 주권 개념에 대해 이제까지 행해진 가장 강력한 비판은 조르조 아감벤(Giorgio Agamben)이 『호모 사케르』(*Homo Sacer*)에서 한 비판이다. 아감벤은—신성한 것의 인류학과 "바로 이런 삶의 경험이 항상 특별하고 기적적인 순간에 나타나는 주체의 내면성"을 중심으로 한— 바타유적인 주권과, 주권자를 (법이 중지되는) 예외 상태를 결정할 수 있는 권력과 죽일 권리를 갖고 있는 자로 규정하는 정치이론가 칼 슈미트(Carl Schmitt)의 정의를 비교한다.[89] 아감벤이 정의하는 것처럼 벌거벗은 생명은 개인과 집단이 (벌거벗은 생명으로 알려진) 비-지식에 노출되는 바타유적인 상황이면서 동시에 개인과 집단을 벌거벗은 생명 혹은 비인간적 지위로 축소할 때 이들에게 정치권력이 행사되는 과정이다.

아감벤은 주권성에 관한 바타유의 사상이 푸코가 근대적 생명정치

Agamben, *Homo Sacer*, 112.

체제로 이론화한 것과 인간 사회를 벌거벗은 생명의 행정적 관리로 축소하려고 하는 이 체제의 시도들을 고려하지 못한다고 비판한다. 이런 점에서 바타유적 비-지식의 실천은 불교적이든 아니든 생명정치 체제의 대상이 되는 데 순진하게 동의하고 말았다. 그러나 내가 보여주 었듯이, 주권성에 대한 바타유의 정치학은 아감벤이 바타유의 업적이 라고 생각한 것—바타유적 주권성은 생명정치와 권력에 대한 중기 푸코의 설명에는 존재하지 않지만 푸코 자신이 우정의 실천에 대한 후기 작업에서 정정한 바 있는 행위성(agency)과 동의(assent)의 가능성을 함축하고 있다— 보다 훨씬 더 복잡하다. 즉 불교 공동체에서 "내적 경험"의 정치적 의미는 아감벤이 명확히 깨닫지 못한 역사를 지니고 있다. 그럼에도 불구하고 오인이든 아니든 특정한 역사적 시기 내에서 보면, 불교도의 형상은 아감벤이 "바타유적인 주권성의 역설"이라 부른 것을 상징하는 것으로 볼 수 있다. 다시 말해, 불교도는 모든 중생을 위해 깨달음을 얻고자 하는 욕망 때문에 죽음, 공, 벌거벗은 생명에 스스로를 자발적 으로 헌정하는 자이면서 동시에 그가 겉으로 볼 때 "무", 즉 인간과 다른 존재가 되는 데 동의함으로써 처벌받지 않고 죽여도 되는 자[호모 사케르]이기도 하다. 따라서 우리는 주권 정치에서 비동맹과 비폭력 사이의 잠재적인 연관성을 본다. 내가 2차 세계대전 이후의 맥락에서 살펴보고자 하는 것도 바로 이 연관성이다.

4.

바타유의 결론에서 나의 흥미를 끄는 것은 그의 주변적이고 모호한

위치에도 불구하고 『저주받은 몫』을 쓸 당시 그의 관심이 세계의
다른 지역에서 강력한 반향을 얻었다는 것이다. 1945년에서 1980년까
지의 시기는 인도와 중국, 그리고 기타 지역에서 냉전과 탈식민화,
미국의 패권과 반문화, 글로벌 좌파 진영 내에서 스탈린주의와 러시아
공산주의에 대한 환멸, 그리고 중국, 북한, 캄보디아, 베트남, 아프가
니스탄, 몽골을 포함한 많은 아시아 사회에서 공산주의 혁명의 발발이
있었던 시기였다. 바타유의 저작과 다른 글에서 이 시기에 불교가
중요한 화제와 사상으로 부각되어야 했던 이유는 명확하진 않지만,
그럼에도 불구하고 탈식민화의 시대에 불교가 역사적 역할을 담당했
던 대부분의 아시아 사회와 국가들에서 활발한 좌파 운동과 체제가
있었다. 많은 경우에 불교가 유럽 식민지 체제에 의해 종종 변형되거나
그 체제에 적응하게 된 강력하지만 잔존하는 전통 세력을 대표했다고
한다면, 불교도들은 종종 반식민적 세력의 발전에 중요한 요인이기도
했다. 그리고 탈식민화의 순간에 식민주의에서 출현한 사회가 식민지
이전의 전통과 관계 맺는 방식에 대한 파농식의 문제틀(Fanonian
problematic)은 아시아 사회에서 종종 불교 윤리학에 관한 논쟁의
형태를 띠었다.[90]

　일부 구체적 사례를 들어보면, 1948년 인도의 탈식민화는 붓다의
깨달음의 역사적 현장인 부다가야(Bodhgaya)를 국제주의적 시각에
따라 불교 성지로 복원한 것과 대체로 일치한다. 불가촉천민(달리트)
계급에서 태어난 간디의 동료인 B. R. 암베드카르(Ambedkar)는 1956

---

[90] Frantz Fanon, *The Wretched of the Earth* (New York: Grove, 1965).

년 지지자 50만 명과 함께 불교로 개종했다. 같은 해에 그는 「붓다냐
카를 마르크스냐」(Buddha or Karl Marx)라는 제목의 중요한 글에서
두 사람을 비교하기도 했다.[91]

> 명백히 붓다가 선택한 수단은 인간의 도덕적 성향을 변화시켜
> 정도正道를 추구하도록 인간을 전환시키는 것이었다.
> 공산주의자들이 선택한 수단 또한 분명하고 직접적이며 신속하
> 다. 즉 그것은 (1) 폭력과 (2) 프롤레타리아 독재이다.
> … 이제 붓다와 카를 마르크스 사이의 유사성과 차이가 무엇인지는
> 명백하다. 차이는 수단에 관한 것이고, 목적은 둘 모두에게 공통적
> 이다.

1948년 버마의 탈식민화는 버마 국가의 토대로서 불교와 사회주의
를 통합하고자 한 우누(U Nu)의 시도로 이어졌는데, 이는 1962년
군부가 권력을 장악할 때까지 계속되었다.[92] 불교를 근대 사회주의
국가에 통합하는 방식과 관련된 논쟁은 스리랑카, 캄보디아, 라오스,

---

91 B. R. Ambedkar, "Buddha or Karl Marx," *Modern Buddhism: Readings for the Unenlightened*, ed. Donald S. Lopez (London: Penguin, 2002), 92-97; Johannes Beltz & Surendra Jondhale, eds., *Reconstructing the World: B.R. Ambedkar and Buddhism in India* (New Delhi: Oxford University Press, 2004).
92 Benz, *Buddhism or Communism*, 45-55, 79-85; Tilman Frasch, "The Relic and the Rule of Righteousness: Reflections on U Nu's Dhammavijaya," *Buddhism, Modernity, and the State*, eds. Whalen-Bridge & Kitiarsa, 115-38.

한국에서도 일어났다.[93] 이 논쟁은 2차 세계대전의 종전 이후 일본에서
불교 승가의 개혁 시도 중 일부이기도 했다.[94] 마찬가지로 중국 공산당
정부는 처음 10년 동안 불교에 대해 아주 복합적인 반응을 보였고
그 반응이 일방적으로 적대적인 것은 아니었다.[95] 이 시기의 불교
문헌에서 마르크스주의와 화해하려 한 시도를 새로운 권력에 비위를
맞추려는 기성 불교 교단의 시도로 읽을 수 있듯이, "불교"가 냉전
시대에 양 진영에 의해 선전 선동의 수단으로, 그리고 외교 정책이나
당파적인 국제주의 의제의 추구 수단으로 이용되었다는 것은 분명하
다. 냉전 시기에 쓰인 아시아 사회의 불교 정치에 대한 이야기들은
당파적인 경향이 있었고, 이런 주제에 대한 연구는 오늘날까지도

---

[93] 라오스에 대해서는 Patrice Ladwig, "Schools, Ritual Economies and the
  Expanding State: The Changing Role of Lao Buddhist Monks as 'Traditional
  Intellectuals,'" *Buddhism, Modernity, and the State*, eds. Whalen-Bridge &
  Kitiarsa를 보고, 스리랑카에 대해서는 Mahinda Deegalle, "'Foremost Among
  Religions': Theravada Buddhism's Affairs with the Modern Sri Lankan State,"
  Buddhism, Modernity, and the State, eds. Whalen-Bridge & Kitiarsa, 41-62를
  보고, 캄보디아에 대해서는 Ian Harris, "Cambodia's Experiment in Buddhist
  Socialism: Sihanouk and the Wider Southeast Asian Context," *Buddhist
  Socialisms in Asia*, ed. Patrice Ladwig (New York: Routledge, forthcoming)를
  보라. 그리고 Benz, *Buddhism or Communism*에 나오는 자료도 참조하라.

[94] "인간적 사회주의"(human socialism)에 대한 창가학회(創價學會 Soka Gakkai)의
  관심에 대해서는 Daniel Metraux, "The Soka Gakkai: Buddhism and the
  Creation of a Harmonious and Peaceful Society," *Engaged Buddhism*, ed.
  Queen & King, 385를 보라.

[95] Holmes Welch, *Buddhism under Mao* (Cambridge, MA: Harvard University
  Press, 1972); Benz, *Buddhism or Communism*, 138-69.

진지하게 이루어진 적이 없으며, 따라서 현실 불교 사회주의가 어느 정도 번성했는지는 판단하기 어려운 상황이다.[96] 하지만 우리가 최소한 말할 수 있는 것은 이 시기에 불교의 의미를 둘러싸고 아주 적극적인 모색과 타협이 이루어졌다는 점이다.

아시아 사회의 내부와 주변에서 일어난 이러한 논쟁들은 유럽 지성계 내에도 희미한 반향을 불러일으켰다. 이 시기에 유럽과 미국의 철학적 상상계 내에 널리 퍼져 있던 불교의 형태는 2차 세계대전에서 일본이 패망한 뒤 스즈키 다이세츠의 작업을 매개로 1940년대 후반 존 케이지(John Cage)와 비트족(the Beats)에 의해 수용된 일본 선禪불교였다.[97] 1920년대부터 일본 교토학파 철학자들과의 학문적 대화에 참여해온 하이데거는 1953년에 「언어에 관한 대화」(A Dialogue on Language, Between a Japanese and an Inquirer)라는 글을 썼다.[98] 라캉, 바르트, 푸코, 프롬과 같은 이론가들도 1950년대와 1960년대에 일본 선에 관해 탐구하고 글을 쓰기도 했다(하이데거와 라캉이 2차 대전 이후 몇 차례 중국어를 공부했다는 사실을 언급하는 것도 흥미로운 일이다).[99]

---

[96] 앞서 인용한 패트리스 래드위그(Patrice Ladwig)가 편집한 『아시아의 불교 사회주의』(*Buddhist Socialisms in Asia*)의 출간이 몹시 기다려진다.

[97] Shoji Yamada, *Shots in the Dark: Japan, Zen, and the West* (Chicago: University of Chicago Press, 2009); Rick Fields, *How the Swans Came to the Lake: A Narrative History of Buddhism in America* (Boston: Shambhala, 1992).

[98] Martin Heidegger, *On the Way to Language* (New York: Harper & Row, 1971), 1-54; Reinhard May, *Heidegger's Hidden Sources: East Asian Influences on His Work* (London: Routledge, 1996).

[99] Jacques Lacan, *Seminar X: Anxiety*, unpublished ms., 202-10; "Michel Foucault

2차 대전 이후 서구 지성계 내에서 불교의 상황은 모리스 메를로-퐁티 (Maurice Merleau-Ponty)의 1947년 저작인 『휴머니즘과 테러』(*Humanism and Terror*)에 실린 「요가 수행자와 프롤레타리아트」(Yogi and the Proletarian)에서 어느 정도 짐작할 수 있다. 겉으로 볼 때, 이 글은 과거 마르크스주의 동반 작가였던 아서 쾨슬러(Arthur Koestler)가 1945년에 쓴 『요가 수행자와 인민 위원』(*The Yogi and the Commissar*)에서 마르크스를 부정한 데 대한 공격으로 보였다. 이 책의 마지막 장인 「요가 수행자와 프롤레타리아트」는 요가를 "이데올로기와 프롤레타리아적 행위의 쇠퇴"와 연결하거나, 혁명적 진보의 필연적 단계로서 (요가 수행자의 형상과 연결된) 반동적인 탈정치화와 "테러"(즉, 프롤레타리아 독재) 사이의 선택과 연결한다.[100] 메를로-퐁티는 요가 수행자에 대한 쾨슬러의 무시를 지지한다("요가 수행자의 잘못은 위생과 소독을 무시하는 것이다. 그는 폭력이 일어나도록 내버려둘 뿐 아무것도 하지 않는다").[101] 그러나 메를로-퐁티는 쾨슬러의 입장이 실제로는 요가 수행자의 그것과 다르지 않다고 말한다. "사람들이 유혹을 느끼는

---

and Zen: A Stay in a Zen Temple," *Religion and Culture: Michel Foucault, ed. Jeremy Carrette* (New York: Routledge, 1999), 110-15; Jay Prosser, "Buddha Barthes: What Barthes Saw in Photography (That He Didn't in Literature)," *Literature and Theology* 18, no. 2 (June 2004), 211-22; Erich Fromm & Daisetz Teitaro Suzuki, *Zen Buddhism and Psychoanalysis* (New York: Harper & Row, 1960).

100 Maurice Merleau-Ponty, *Humanism and Terror: an Essay on the Communist Problem* (Boston: Beacon, 1969), 149.

101 Ibid., 162-63.

것은 세상의 문제에 애정을 갖는 종교가 아니라 종교성과 도피성 때문이다."[102] 메를로-퐁티는 이러한 점이 거대한 규모의 폭력 사용에 의해 뒷받침되는 유사 휴머니즘으로 귀결된다고 주장한다. 즉 "프랑스 인이 '내부로부터의 변화'를 가르치라고 인도차이나에 있는 것이 아닌 것처럼, 대영제국도 그렇게 하라고 요가 전도사들을 인도네시아에 보낸 것은 아니다."[103] 아이러니한 것은 아시아의 탈식민화가 때때로 요가 수행자의 모습과 연결되고(간디는 가장 명백한 사례의 하나이다), 제2차 세계대전 이후 일부 아시아 국가에서 불교가 냉전의 양극진영을 거부하는 방법으로 나타났다는 것이다. 하지만 불교를 토대로 그 위에 정치를 수립하려는 대부분의 시도가 좌초하게 된 것은, (1962년 버마에서처럼) 군부에 의한 권력 찬탈, 기존 불교 사회의 봉건적·식민 적 정치경제적 기반을 해체하고자 한 공산주의의 시도, 그리고 냉전 종식 이후 "비동맹" 정치의 쇠퇴와 아시아 국가와 사회의 전 지구적 자본주의 경제로의 점차적인 통합 때문이었다. 더욱이 암베드카르의 경우에도 불교가 정치경제와 관련이 있다는 그의 주장에도 불구하고 정치경제의 형태에 대한 구체적인 불교적 주장들은 현실로 구현되지 못했다.

오늘날 1970년대의 대표적 베스트셀러인 『작은 것이 아름답다』 (*Small Is Beautiful: A Study of Economics as if People Mattered*)의 저자로 잘 알려진 경제학자 E. F. 슈마허(Schumacher)는 「불교 경제학」(1966) 이라는 글에서 이 문제를 직접 설명한다. 이 글은 슈마허가 1955년

---

102 Ibid., 163.

103 Ibid., 176.

102

우누의 버마로 여행하면서 영감을 받아 쓴 것이다. 대체로 슈마허가 제시한 것은 근대성 대 전통의 변증법을 다시 진술한 것이고, 여기서 "불교 경제학"은 간디의 베틀과 더불어 전통의 편에 속한다. 즉 "불교 경제학은 최소의 수단을 이용하여 주어진 목적을 달성하는 방법을 체계적으로 연구하는 것이다."[104] 슈마허가 어떤 종류이든 간에 불교와 경제학 사이에서 이끌어낸 연관성은 상당히 희박한 것이었으며 팔정도八正道 중의 하나인 정명(正命 right livelihood)을 주장하는 수준에 머물렀다. 이 글에서 강조는 소비로부터의 물러섬과 무가치한 과잉 생산으로부터의 방향 전환에 두어져 있다. 슈마허는 "불교도는 문명의 본질이 탐욕의 확장이 아니라 인성의 정화에 있다고 보기 때문에 불교 경제학은 근대 유물론의 경제학과는 아주 달라야 한다"[105]라고 주장한다.

　　이런 입장이 하나의 정치철학으로 구체적으로 표현되고 있는 것은 미국의 비트 시인인 게리 스나이더(Gary Snyder)의 짧은 글인 「불교 아나키즘」(Buddhist Anarchism, 1961)이다. 이 글은 스나이더가 조앤 카이거(Joanne Kyger), 앨런 긴즈버그(Allen Ginsberg)와 함께 근래 망명한 달라이 라마의 거처인 다람살라(Dharamsala) 방문을 포함하여 인도로 여행을 떠나기 이전 7년 동안 일본에서 선을 공부하던 중에 쓴 글이다. 이 글은 나중에 「불교와 도래하는 혁명」(Buddhism and the Coming Revolution)이라는 제목으로 다시 발표된 바 있다.[106]

---

104 E. F. Schumacher, "Buddhist Economics," *Small is Beautiful: A Study of Economics as if People Mattered* (New York: Vintage, 1993), 42.

105 Schumacher, "Buddhist Economics," 40.

스나이더는 지젝과 같은 사람들이 주장한 것과 아주 유사한 관점에서 기존 불교 사회에 대한 정치적 비판을 제안하며 시작한다. 즉, 개인적 깨달음에만 초점을 두는 것은 해당 사회의 사회정치적 조건들에 대한 무시를 의미한다는 것이다. 이어서 그는 냉전 지정학의 상황을 설명하고 냉전의 양 진영을 거부하면서 불교적 윤리와 수행을 초국가적 대안으로 제안한다.

불교의 유쾌하고 자발적인 가난은 긍정적인 힘이 된다. 어떠한 형태의 생명이든 그것을 해치지 않는 전통적인 살생 금지와 거부는 국가를 뒤흔드는 의미를 갖는다. "발 디딜 땅"이면 족하다고 생각하는 명상 수행은 대중언론과 슈퍼마켓 같은 대학이 우리 마음속에 쏟아 부은 엄청난 쓰레기들을 깨끗이 쓸어버린다. 자연스럽고 사랑스러운 욕망의 고요하고 관대한 실현에 대한 믿음은 우리를 현혹하고 해치며 억압하는 이데올로기들을 파괴하고, '도덕주의자'를 놀라게 하며, 사랑하는 연인이 되지 못하고 전사가 된 남성들의 군대를 변화시킬 그런 공동체로 나아가는 길을 가리킨다. … 서양의 자비가 사회혁명이라면, 동양의 자비는 근본적인 자아/공에 대한 개인적 통찰이다. 우리는 둘 모두를 필요로 한다. 이것들은 불교의 삼학(Dharma path)의 세 가지 전통적 측면, 즉 지혜(智慧 *prajñā*), 선정(禪定 *dhyāna*), 지계(持戒 *sīla*) 속에 포함되어 있다.

---

106 Gary Snyder, "Buddhist Anarchism," *Journal for the Protection of All Beings 1* (City Lights, 1961). 수정본은 "Buddhism and the Coming Revolution," *Earth House Hold* (New York: New Directions, 1969), 90-93에 실려 있다.

지혜는 자아의 충동 때문에 생긴 불안과 공격성 밑에 있는 자비롭고 맑은 마음에 대한 직관적 인식이다. 선정은 이런 지혜를 몸소 체험하기 위해 마음속으로 들어가 거기에 거주하는 마음 상태가 될 때까지 반복하는 것이다. 지계는 개인적인 모범과 책임 있는 행동을 닦고 그것을 삶의 방식으로 다시 가져와서 궁극적으로 "모든 존재들"의 진정한 공동체(僧家)를 지향하는 것이다. 나에게 이 마지막 측면은 분명히 자유롭고 국제적이며 계급 없는 세계를 지향하는 모든 문화적·경제적 혁명을 지지하는 것을 의미한다. 이것은 시민 불복종, 허심탄회한 비판, 저항, 평화주의, 자발적 청빈을 이용하고, 나아가서 충동적 열정을 억제해야 할 때는 온화한 폭력과 같은 수단에 의지하는 것을 의미한다. 이것은−대마를 피우고, 페요테(peyote)를 음용하며, 일부다처적이고 일처다부적이거나 동성애적인 관계를 맺을 수 있는 개인의 권리를 옹호하는− 남을 해하지 않는 가장 넓은 스펙트럼의 개인적 행위를 옹호하는 것을 의미한다. 이것은 유대교-자본주의-기독교-마르크스주의적 서양에 의해 오랫동안 금지되었던 행위와 관습의 세계들을 옹호하는 것을 의미한다. 이것은 지혜와 배움을 존중하되 그것을 탐욕이나 개인적 권력을 위한 수단으로서는 결코 존중하지 않는다는 것을 의미한다. 개인은 책임감을 갖고 일하되 기꺼이 공동체와 협력하면서 일하고자 하는 것을 의미한다. 이것은 50년 전 세계 산업노동자연합(I.W.W.)의 표어였던 "오래된 것의 껍질 안에서 새로운 사회를 형성하는 것"을 의미한다.

전통문화들은 어떠한 경우에든 사라질 수밖에 없으며, 무기력하게 그 문화의 선한 측면에 매달리기보다는 다른 문화 속에 있거나 있었던 것들이 명상을 통해 무의식으로부터 새롭게 구성될 수 있다는 것을 기억해야 한다. 사실, 도래하는 혁명이 한 바퀴 돌아 우리 자신을 오래된 과거의 가장 창조적인 측면과 다양한 방식으로 연결시켜줄 것이라는 것이 나의 입장이다. 행운만 따라준다면, 우리는 종국적으로 모계 혈통, 자유로운 형식의 결혼, 자연의 혜택을 누리는 공산주의적 경제, 더 적은 산업, 훨씬 적은 인구, 아주 많은 국립공원을 가진 완전히 통합된 세계문화에 도달할 수 있을지도 모른다.[107]

이 글에서 스나이더는 훗날 "참여불교"(engaged Buddhism)라고 불리게 될 것의 많은 내용을 간결하고 구체적이며 급진적인 진술로 압축해서 표현한다. 스나이더는 개인의 변화를 목표로 하는 불교의 명상 수행을 기존 국민국가와 정치구조를 거부한다는 점에서 비동맹을 지향하는 집단적이고 사회적인 아나키즘적 정치 실천과 결합하려고 시도하고 있다. 앞서 인용된 두 번째 문단에서 스나이더는 불교 윤리, 명상 수행, 사회정치적 변혁을 서로 연결한다. 그러나 이러한 요인들은 어느 정도 필연적인 상관성을 갖는가? 나는 참여불교도들이 수행한 실제적 작업을 존경하듯이 스나이더의 비전에 매력을 느낀다. 하지만 스나이더가 제안한 것이 왜 실현되지 않았는지는 물어야 한다.

---

107 Gary Snyder, "Buddhism and the Coming Revolution," *Earth House Hold: Technical Notes and Queries to Fellow Dharma Revolutionaries* (New York: New Directions, 1969), 92-93.

스나이더가 시장 자유방임주의와 다른 것을 제안할 때 신중하고 구체적이라 하더라도, 개인적 실천과 집단적 행위 간의 결합은 사변적인 차원에 머물러 있다. 발리바르가 지적하듯이, 개인적 실천과 집단적 행위 간의 긴장은 실천 개념 내에 계보학적으로 들어 있다. 만약 스나이더의 불교 아나키즘을 지젝의 시각으로 비판한다면, 스나이더가 인간 주체성을 구성하는 필연적인 단절이나 간극을 설명하는 데 실패했다는 것이 될 것이다. 이것이 『전쟁과 선』(Zen at War), 그리고 살생을 합리화하는 데 불교 수행과 교리가 사용될 수 있다는 점을 거론했을 때 지젝이 말하고자 한 요지이다. 하지만 지젝이 명상을 도덕적으로 중립적인 인공물(artifact)을 의미하는 "단지 도구"에 불과한 것이라고 결론지을 때, 그는 실천을 변증법적인 것으로 보았던 마오쩌둥과 달리 실천을 오해한다. 형식적으로 불교 수행, 불교 윤리, 그리고 정치이론 및 실천과 같은 요소들이 서로 어떤 관계를 맺으며 발전하는가 하는 문제는 답변되지 않은 채 남아 있다.

인도와 다른 지역의 비동맹 정치에 비추어 볼 때, 우리는 바타유가 『저주받은 몫』을 끝내면서 제기한 개념들을 역사적으로 설명할 수 있다. 즉, 불교, 공산주의, 자본주의, 그리고 바타유 이후의 일련의 이론가들이 "밝힐 수 없는 공동체"(블랑쇼Blanchot), "무위의 공동체"(낭시Nancy), "아무것도 공유하지 않는 공동체"(링기스Lingis), "도래하는 공동체"(아감벤Agamben), "코무니타스"(에스포지토Esposito) 등 다양하게 부른 것 중에서 선택할 수 있다.[108] 탈식민화와 (『저주받은

---

108 Maurice Blanchot, *The Unavowable Community* (Barrytown, NY: Station Hill, 1988); Nancy, *Inoperative Community*; Alphonso Lingis, *The Community*

몫』을 마무리할 때 바타유가 마셜 플랜을 통해 상징화하고자 한)
제2차 세계대전 이후 냉전 지정학의 출현의 순간에 불교의 수사(trope)
혹은 흔적은 둘로 나누어진다. 즉 전식민지적이든 식민지적이든,
신지학적이든 "서양적이든," 일련의 "담론적인" 불교와, 현존하거나
새로 출현하는 일반경제의 패러다임에 포함되지 않거나 포함될 수
없지만—바타유의 망각에도 불구하고— 여전히 "불교"라는 이름으로 통
할 수 있는 기타의 다른 불교로 말이다. 그럼에도 불구하고 그런
비동맹의 정치는 냉전 시기에 항상 데탕트의 "평화"—다시 말해, 군사적
우위를 확보하기 위한 전략적 수(gambit)에 지나지 않는 "평화"—를 나타내는
편리한 상징이 될 위험이 있거나 있었다. 반대로 불교 국가를 포함한
비동맹 국가들은 압도적인 지정학적 군사화, 즉 바타유가 말한 "외부
세계"의 위협에 대응하는 방법을 찾아야 했지만 여러 가지 점에서
그럴 수 없었다.[109] 어떤 면에서는 바타유의 수는 냉전의 논리를,
거기에 함축된 목적론, 즉 모든 것을 소진시키는 과잉의 논리와 대결시
키는 것이었다. 이것은 불교적 시각을 통해서도 가능하다. 하지만
실제로 희생의 외적 실천들—또는 글로벌 소비문화—에 초점을 두지

---

of Those Who Have Nothing in Common (Bloomington: Indiana University Press, 1994); Giorgio Agamben, *The Coming Community* (Minneapolis: University of Minnesota Press, 1993); Roberto Esposito, *Communitas: The Origin and Destiny of Community* (Stanford, CA: Stanford University Press, 2010).

[109] *The Non-Aligned Movement and the Cold War: Delhi-Bandung-Belgrade*, ed. Natasa Miskovic, Harald Fischer-Tiné & Nada Boskovska (New York, Routledge, 2014).

않는 과잉의 평등주의적 소비를 위한 정치 형식이 무엇을 의미할 것인가 하는 것은 여전히 대답되지 않는 문제로 남아 있다.

"최초의 티베트 모더니스트"라는 찬사를 받아온 티베트 작가 겐둔 초펠(Gendun Chopel)의 작업은 이런 문제에 대해 다른 시각을 열어 준다. 초펠은 1903년 동부 티베트의 암도(Amdo)에서 태어났다. 그의 아버지는 주목받던 닝마파(Ningma) 수행자였지만 초펠은 게룩파 사원에서—처음에는 암도의 라브랑 사원(Labrang)에서, 뒤에는 그 당시 세계에서 가장 큰 사원이던 라사(Lhasa)의 드레풍 사원에서— 교육받았다. 드레풍 사원에서 그는 당시 사원의 제도화된 담론 내에서는 대답될 수 없는 철학적 질문들을 제기함으로써 사원 교육의 중요한 일부인 전통적인 변증론 논쟁에서 문제를 일으켰다. 1934년에 그는 사원을 나와 인도 산스크리트 학자이고 독립운동가이며 인도 공산당 멤버였던 라훌 산크리탸얀(Rahul Sankrityayan)과 함께 공부하기 시작했다. 당시 라훌은 논리학을 다룬 산스크리트 불교경전을 연구하고 있었다.[110] 그 뒤 초펠은 여행 중이던 인도로 이주하여 12년 동안 글을 쓰고 티베트의 라마교 국가의 전복을 계획하고 있던 혁명 그룹을 비롯해 칼림퐁에 있던 티베트 망명 공동체의 활동에 참여했다. 1946년에 티베트로 돌아간 이후 초펠은 달라이 라마 정부에 의해 체제 전복 활동을 했다는 혐의로 체포되어 1951년에 죽었는데 이는 투옥의 여파였음이 명백했

---

110 Rahul Sankrityayan, "Buddhist Dialectics," *Buddhism: A Marxist Approach*. 이 글을 보면 산크리탸얀이 마르크스주의와 불교를 동시에 사유하려 했고 초펠과 함께 여행하며 이러한 문제들을 논의했다는 것이 틀림없음을 알 수 있다.

다.[111] 오늘날 티베트에 있거나 망명한 많은 티베트인들은 초펠의 이야기와 그의 글을, 대안적이고 자주적이며 근대적인 티베트의 발전에서 잃어버린 기회로 간주한다. 이런 점에서 초펠에 대한 평가는 잃어버린 "제3의 길"로서의 비동맹이라는 주제와 서로 공명한다.

하지만 초펠의 작업에서 나의 흥미를 끄는 것은 비동맹의 문제들이 불교적 맥락 내에서 구성되는 독특한 방식이다. 그리고 초펠 사상의 정념과 활기가 나타나는 것은 정확히 바타유적 관점에서, 종교적 투쟁과 실천을 근대의 세속적 세계의 형태들 내에서 찾고자 하는 점에 있다. 초펠의 가장 중요한 책 중 몇몇은 근대성을 회피하거나 무시하지 않는 종교적 실천의 문제를 설명한다. 인도로 여행하는 티베트인을 위한 평범한 순례 가이드북이라 해도 무방할 책에는 택시 여행에 관한 정보뿐 아니라 루피 단위로 계산된 철도 요금도 포함되어 있다. 초펠의 『열정론』(*Treatise on Passion*)은 다양한 체위와 테크닉의 시험의 의미를 주장하는 내용을 담고 있는 『카마 수트라』(*Kāma Sūtra*)를 이용한 글로서 성적 쾌락 및 관계에 대한 비-유토피아적 정치를 제안한다. 마지막으로, 인도와 스리랑카에서 보낸 자신의 경험에 대한 여행기이자 역사 에세이인 『황금 낟알들』(*Grains of Gold*)은

---

111 초펠의 전기에 대해서는 다음 글을 참조하라. Donald Lopez Jr., Introduction to *The Madman's Middle Way: Reflections on Reality of the Tibetan Monk Gendun Chopel* (Chicago: University of Chicago Press, 2006), 1-46; Heather Stoddard, *Le Mendiant De L'Amdo* (Paris: Société d'ethnographie, 1985;); Luc Schaedler, *Angry Monk: Reflections on Tibet: Literary, Historical, and Oral Sources for a Documentary Film* (doctoral diss., University of Zurich, Faculty of Arts, 2007).

경전을 통해서만 인도를 접해 왔던 티베트인들을 위해 인도에 대한 탈신비화를 시도한다.[112] 이 글들에서 초펠은 20세기 초반 티베트를 지배하고 있던 신앙의 체계에서 발견되는 이데올로기의 문제를 제기한다. 그는 연구와 역사기술과 경험의 검토를 통해 불교와 티베트의 이데올로기적 차원을 폭로하는데, 그의 시각은 철저한 불교 수행자의 입장에 근거한다.

초펠의 가장 중요한 책인 「나가르주나 사유를 위한 장식」(Adornment for Nāgārjuna's Thought)은 인도, 티베트, 중국, 일본과 같은 대승불교의 가장 중요한 교파들을 위해 대승불교의 중요한 철학적 분석을 제시한 인도의 대승불교 철학자 나가르주나에 대한 반응으로 쓰인 것이다. 나가르주나 주장의 핵심은 상대적인 것과 절대적인 것의 관계에 관한 것이며 이 핵심은 최근에 분석철학자 그레이엄 프리스트(Graham Priest)와 불교학자인 제이 가필드(Jay Garfield)에 의해 나가르주나의 역설(Nāgārjuna's paradox)이라는 이름으로 재정식화되었다. 즉, 상대적인 현실에 대한 모든 명제와 지시는 해체되는데, 그것이 공과 연기(의존적으로 발생한 것)에 의해 생겨난 것임이 드러나게 된다는 것이다.[113] 찬드라키르티(Chandrakīrti)와 총카파(Tsongk-

112 Gendun Chopel, "Treatise on Passion," *Tibetan Arts of Love*, ed. Jeffrey Hopkins & Dorje Yudon Yuthok (Ithaca, NY: Snow Lion, 1992); Amdo Gendun Chopel, *The Guide to India: A Tibetan Account, ed. Toni Huber* (Dharamsala, India: LTWA, 2000).

113 Jay Garfield & Graham Priest, "Nāgārjuna and the Limits of Thought," *Philosophy East and West* 53, no. 1 (2003): 1-21.

hapa)를 거쳐 티베트 불교의 지배적 위치에 있던 게룩파의 경전에서 재해석되기도 한 이 명제는 중국의 침공 이전에 티베트의 경전 교육 과정의 핵심이었다. 초펠의 책은 다음과 같이 질문한다. 우리는 어떻게 절대적인 것과 상대적인 것의 통합 가능성에 대한 지성적 인식에서 그것의 실현으로 나아갈 수 있는가? 만일 오직 붓다만이 절대적 지식을 갖는다면, 상대적인 것만 보는 중생들은 붓다의 가르침을 어떻게 이해할 수 있는가? 이 질문은 티베트 사원의 기성제도가 지혜와 깨달음의 신뢰할 만한 근원이 아니라는 비판을 함축하고 있다.

이것은 물론 탁월한 이론적 질문이기도 하다. 헤겔이 역사의 문제들을 철학에 도입하고 인정 투쟁을 통해 구체적인 역사적 상황의 필연적이고 변증법적인 발전을 설명하고자 한 것은 바로 이 핵심을 다루려고 한 것이다. 그 뒤 헤겔의 작업은 「포이어바흐에 관한 테제」(Theses on Feuerbach)를 시작으로 실천 문제에 대한 마르크스의 급진적 재해석으로 이어졌다. 이 질문에 대한 불교적이고 마르크스주의적 반응들이 1950년 라사에서 교차하게 되는데, 이 시점은 겐둔 초펠이 미망의 늪에 빠져 있는 중생들이 어떻게 깨달음을 성취할 수 있는가 하는 질문으로 고민하고 있던 때였다.

이 질문은 "두 가지 진리"(상대적 혹은 관습적 진리俗諦와 절대적 진리眞諦)의 관계에 관해 수 세기에 걸쳐 논쟁의 형식을 취해온 티베트의 특별한 정치적 역사와 관련이 있다. 이것은 실재(the Real)의 담론적·비담론적 틀이라는 짧지만 문제적인 용어로 정의될 수 있다.[114] 이

---

114 Georges Dreyfus & Sara McClintock, eds., *The Svātantrika-Prāsaṅgika Distinction: What Difference does a Difference Make?* (Ilford, UK: Wisdom,

논쟁은 심각한 결과를 낳았으며, 이 주제에 대한 게룩파의 헤게모니적 정통성을 확립하고 상당 기간 이단적 경전들(예를 들어 고람파Gorampa 의 경전)과 교파들(예를 들어 조낭파Jonangpa)을 금지하는 데 이바지했다. 이 문제에 대한 게룩파의 입장은 "타당한 인식"(valid cognition)의 교리를 통해 확립되었는데, 이는 기존의 상대적 현실에 대한 권위적인 진술을 진리로서, 특히 수도원의 제도화된 위계질서의 계율로서 받아들여야 한다는 것을 의미했다. 그 당시 초펠의 소책자는 이 질문에 아주 다른 식으로 답변한 닝마파의 그것처럼 일부 다른 불교 교파들의 "실수"를 되풀이하는 반-게룩파적인 비방으로 읽혀졌다. 다양한 견해와 수행들을 게룩파의 역사 내에서 상투적인 것으로 다루는 것은 쉬운 일이지만 티베트 역사에서 사원 밖에서 실천하는 수행자들의 중요성 또한 강조할 가치가 있다. 이들은 밀라레파(Milarepa)나 예쉐 쵸갈(Yeshe Tsogyal)과 같이 거대한 산에서 수행하는 요가 구도자라는 정치적 이미지를 띠었고 참여적 자율성(engaged autonomy)이라는 특징으로 규정되었다.[115]

속제와 진제라는 두 가지 진리 논쟁은 이데올로기−혹은 이데올로기의 이데올로기−에 관한 논쟁이다. 초펠 작업의 급진적 양상 중의 하나

2003); *Moonshadows: Conventional Truth in Buddhist Philosophy*, ed. The Cowherds (Oxford: Oxford University Press, 2010); Sonam Thakchoe, *The Two Truths Debate: Tsongkhapa and Gorampa on the Middle Way* (Boston: Wisdom, 2007).

115 *The Hundred Thousand Songs of Milarepa*, trans. Garma C. C. Chang (Boston: Shambhala, 1999). *Sky Dancer: The Secret Life and Songs of Lady Yeshe Tsogyal*, trans. Keith Dowman (Ithaca, NY: Snow Lion, 1996).

는 그가 "타당한 인식"이라는 게룩파의 교리를 이데올로기라고 지적하고, 이를 거듭 지적하면서 이데올로기, 나아가서 이데올로기와 진리의 관계라는 더 넓은 문제들과 씨름했다는 것이다. 그는 다음과 같이 쓴다.

> 일반적으로 우리 같은 평범한 존재들에게 우리가 기꺼이 믿는 것, 마지못해 믿는 것, 반드시 믿는 것과 같은 다양한 믿음들이 존재한다. 하지만 그것들의 기반은 우리 자신의 지각에 대한 우리 자신의 믿음에 다름 아니다. "믿음"이 의미하는 바는 마음이 습관의 힘 때문에 특정 대상에 원치 않게 관여해야 할 필요성이 있다는 것이다.[116]

물론 이것은 "습관"(habit)이 무엇을 의미하느냐에 달려 있다. 그러나 비록 초펠이 습관을 마음에 내재적인 어떤 것으로 자리매김하면서 단지 암묵적으로만 그것을 특정 수도원적인 훈련의 산물이라고 주장하더라도, 믿음이 특정 사회를 어떻게 구성하는가 하는 질문은 제기되어 왔다. 지구가 평평하다는 전통적인 티베트 교리에 대한 유명한 비판으로부터 티베트에서 게룩파의 지배를 뒷받침하는 보다 섬세한 철학적 이데올로기에 이르기까지 초펠 작업의 상당 부분은 전근대 티베트 불교 사회 내부의 이데올로기적 구조를 폭로하는 것으로 해석될 수 있다.[117] 그러나 이데올로기 문제를 세계 내의 존재의 왜곡을

---

116 Chopel, *Madman's Middle Way*, 60.

117 Donald Lopez Jr., *Buddhism and Science: A Guide for the Perplexed* (Chicago:

114

낳는 원인(즉, 윤회samsāra)으로 설명하는 보다 일반적인 방식 또한 있다.

　게룩파의 정통성에 대한 반박을 넘어 초펠 주장의 핵심은 수행과 그가 "상상할 수 없는 것"(the inconceivable)이라 부른 것 간의 관계에 관한 것이다. 초펠이 이데올로기의 역설을 믿고 담론 구조 내에 깊이 편입된 우리의 상황이 극복될 수 있다고 믿는 것은 상상할 수 없는 것의 맥락 내에서 수행함으로써 가능하다. 초펠에게 "상상할 수 없는 것"이란 무엇을 의미하는가? 그것은 유토피아도 아니고 저 너머도 아니며 심지어 초월적인 어떤 것도 아니다. 또한 그것은 언어적 개념이나 명칭도 아니며, 개념적이지도 않고 상상할 수도 없는 것을 개념적으로 정교하게 설명할 수 있는 형식주의도 아니다. 상상할 수 없는 것은 감각이나 일상적 의식에 드러나지 않더라도 거기에 존재하며, 만약 그것을 형식적으로 설정한다면, 그것은 "상상할 수 없는 것"을 다루는 수행이나 실천과 관련해서만 설정될 수 있을 뿐이다. 이 책의 핵심 부분에서 초펠은 사람들을 상상할 수 없는 것으로 나아가게 하는 수행들을 상세히 설명한다. 특히 초펠 자신이 논하고 있고, 모든 철학적 주장과 개념의 일관성을 논박하는 귀류논증 중관학파의 체계(Prāsaṅgika Mādhyamaka system)에 대한 부정을 통해서(73-84절), 그리고 비이원성을 드러내는 명상 수행을 통해서(87절) 설명한다. 그는 89절에서 다음과 같이 언급한다.

University of Chicago Press, 2010).

비이원론적 입장에서 주체와 객체, 욕망과 증오, 뜨거운 것과 차가운 것, 순수와 오염과 같은 것을 하나로 혼합하는 통합은 위대한 지혜의 요체이다. 그것은 몸과 마음이 하나의 존재 속에 융합된 것이다.[118]

이 구절에서 상상할 수 없는 것의 장소가 몸—몸 그 자체라기보다는 수행의 지점, 즉 비-지식(non-knowledge)의 장소로서의 몸—이라는 것은 놀랍다. 이어서 초펠은 놀랄 만큼 바타유적인 방식으로 티베트 불교에서 모든 환상적 시각화의 수행들과 (섹스, 육식, 술 등과 관련된) 다양한 탄트라 수행들이 오로지 "현재의 타당한 지식을 뒤집기 위한 것이며 … 그리고 논리주의자들의 추론은 물론이고 일상적인 것의 개념들을 논파하기 위한"[119] 것이라고 주장한다. 그는 다음과 같이 결론짓는다.

요컨대, 우리는 불순한 것을 순수한 것으로, 고유하지 않은 것을 고유한 것으로 받아들이는 것이 오직 일상적인 것의 개념을 뒤집기 위한 제안임을 알아야 한다. 모순의 위대하고 탁월한 결합의 상태는 앞으로 발견되어야 할 것으로 보인다.[120]

이것은 핵심이 개념적 체계를 위반함(논파함)으로써 상상할 수 없는

---

118 Chopel, *Madman's Middle Way*, 68.

119 Ibid., 69.

120 Ibid., 69.

것, 즉 "비위치성"(nonlocatability)과 "비대상화"(nonobjectification)[121]와 마주하는 것이라고 말하는 것이다. 또한 이것이 "비모순"이나 열림(공)에 관해 말할 수 있는 유일한 상황일 것이다(불교와 비모순율의 원칙에 대해 자세한 것은 이 책에 포함된 티머시 모턴의 글을 보라).

이 열림은 (바타유에게 그랬듯이) 에로티시즘을 통해 접근 가능하다. 초펠은 『열정론』(1938)의 마지막 대목에서 이렇게 쓴다.

가끔 여신을 보는 것은 역겹고,
가끔 노파를 보는 것은 흥분되지만
"바로 이거야"라고 생각하면, 다른 것이 나타난다.
마음의 기만을 어떻게 헤아릴 수 있을까?

모든 개념의 뿌리가 파괴될 때,
깨달음으로 기진맥진하게 된다.
그것이 가장 큰 지복의 안식이고,
이것의 다른 말이 해탈이다.

본 적도 없는 사람에게 마나사로바르 호수의 너비는
2마일이겠지만
호숫가에 가보면 웅덩이에 불과하다.
윤회하는 것들이 고개를 숙이고 경험을 다할 때,
놀라운 본질이 없다는 것이 진실이다.

---

[121] Ibid., 70.

하지만 남녀의 종족은 동일한 크기.
서로를 알아보기란 어렵지 않다네.
그들이 서로를 욕망한다면, 갈애는 성교보다 더 큰 죄악.
그러므로 성교의 즐거움에 의지하는 것은 항상 옳다네.[122]

에로티시즘과 내밀성의 실천들은 비-지식의 영역, 즉 오르가즘과 향락과 연관되어 있는 "자아가 고양되는 지복"(self-arisen bliss)을 가능하게 해준다. 그러나 바타유처럼 초펠은 특정한 수행을 보편화하려는 시도와 마주할 때 특정한 방향으로의 선회를 선택한다. 왜냐하면 "참되고 신성한 다르마"(true divine dharma)를 제외하고 "삶에서 우리를 슬프지 않게 하는 것은 아무것도 없기 때문이다."[123] 다시 수행의 문제가 중요해진다. 현상하는 것이 만약 현상한다면, 그것은 사회적인 것이고 성적인 존재이기 때문에, 에로티시즘이 중요하다. 에로스가 충동의 형식이라면, 그것은 경의를 표하고 함께 해야 한다. 이 글의 마지막 연은 그러한 수행이 가능하다는 축원으로 끝맺는다.

넓은 땅 위에 사는 모든 중생들이여,
무자비한 법의 굴레에서 벗어나
자유로이 만끽하리니,
너무나 유익하고 올바른 공동의 환희를.[124]

---

122 Gendun Chopel, *Treatise on Passion*, trans. Donald Lopez Jr. 또 다른 번역으로는 Chopel, *Tibetan Arts of Love*, 271을 보라.

123 *Treatise on Passion*, n.p.; Chopel, *Tibetan Arts of Love*, 271.

이것은 놀라울 정도로 점잖은 보편주의-공유적이고 공통적인 에로스적 정념에 근거한 평등에 대한 축원-이다. 이것이 특별히 인간적이지 않은 것은 다음과 같은 이유 때문이다.

앞 못 보는 개미가 쾌락을 찾아 달려간다.
다리 없는 벌레가 쾌락을 찾아 기어간다.
요컨대 온 세상이 서로 경쟁하듯
쾌락을 향해 달린다, 남들보다 더 빨리.[125]

따라서 인간의 에로티시즘은 쾌락이나 이론적 관점에서 주이상스를 지향하는 충동의-"공통적"이면서도 "유익하고 올바른"- 하나의 형식일 뿐이다. 주이상스로서의 주이상스가 궁극적 핵심은 아니다.[126] 주이상스는 공의 한 양상이고 역설적이게도 그 자체 목적이라기보다 하나의 조건일 뿐이다.

『나가르주나 사유를 위한 장식』이 특정 종교적 전통 내의 특별한 논쟁에 대한 개입이라고 하더라도, 우리는 이로부터 수행, 개념,

---

124 *Treatise on Passion*, n.p.; Chopel, *Tibetan Arts of Love*, 275.
125 *Treatise on Passion*, n.p.; Chopel, *Tibetan Arts of Love*, 268.
126 사실, 맥락에 따라 "쾌락"(pleasure)과 "지복"(bliss)(도널드 로페즈에게는 인간적 교감personal communication)을 모두 의미할 수 있는 티베트어 *bde ba*를 어떻게 번역할 것인가 하는 것은 흥미로운 문제이며, 쾌락이 일상적이면서도 특별한 의미를 가리킬 수 있다는 점(프랑스 정신분석적 맥락에서의 쾌락*plaisir*과 주이상스*jouissance*를 생각해 보라)에는 중요한 번역의 정치학이 있음을 보여준다.

상상할 수 없는 것 사이의 관계에 관한 형식적 명제를 끌어낼 수 있다. 하지만 나는 제2차 대전이 끝나고 전 세계 곳곳에서 출현한 이 특별한 문제들에 대해 역사적인 주장을 펼치고 싶다. 바타유처럼 초펠은 상상할 수 없는 것에 대한 자신의 비전에 어울리는 정치 형태를 찾을 수 없었다. 두 사람 모두 마르크스주의적 실천 개념(이 개념을 초펠은 인도에서 특히 산크리탸얀를 통해 알게 되었다)에 대한 응답으로서 실천과 상상할 수 없는 것 간의 구체적 관계를 상정하고 있다. 그러나 초펠의 정치학이 막연하다고 하더라도, 그의 학술적 저작이 정치적 자료로, 그리고 불교의 정치화가 낳을 위협의 구현으로 보였다는 것은 분명하다.[127] 티베트는 1950년대에 군사 점령과 조약 등에 의해 중국 공산당에 흡수되었다. 이 흡수는 근대화와 평등, 그리고 중국의 패권이라는 미명하에 일어났다. 전근대 티베트 불교 사회를 뒷받침한 봉건주의에 대한 공산당의 비판은, 그것이 아무리 현실정치나 무력외교와 관련된 문제라고 하더라도, 뼈아픈 것이었다. 동시에 중국과 다른 지역의 공산주의 체제들은 적절한 정치적 형태가 무엇인가 하는 문제를 두고 고심하고 있었다.[128] 만약 오늘날에도 라사의 티베트 지구의 중심부에 있는 바코르(Barkhor) 광장 주변의 광고판에서 여전히 초펠의 이름과 사진을 보게 된다면, 이는 초펠이 제기한 질문이 여전히 유효하기 때문이고, 여전히 그 질문에 대한 대답을 찾지 못하고

---

127 Chopel, *Madman's Middle Way*, 230-44에 대한 도널드 로페즈의 설명을 보라.

128 Wang Hui, *The End of the Revolution: China and the Limits of Modernity* (London: Verso, 2009).

있기 때문이다.

불교 사회주의나 불교 아나키즘이라는 계기는 역사적으로 냉전과 관련이 있다. 그것은 중국과 티베트의 문화혁명, 그리고 아시아와 기타 지역에서 종교를 이데올로기적 환상으로 폭로하려고 했던 마오주의적 전위 정치의 등장으로 끝나게 된다.[129] 이 계기의 일부 모순들은 미국 가톨릭 수사이자 작가인 토머스 머튼(Thomas Merton)이 1968년 12월 방콕에서 개최된 한 학술대회에서 발표한 「마르크스주의와 수도원적 시각」(Marxism and Monastic Perspectives)이라는 강연에서 엿볼 수 있다(그는 이튿날 호텔 방에서 갑작스러운 죽음을 맞았다). 머튼은 아시아 종교, 특히 불교에 오랫동안 관심을 갖고 있었고 일본 선불교에 관한 다양한 글을 썼다. 1968년 그는 아시아를 두루 둘러보며 거기에 있던 가톨릭 수도원들을 방문했을 뿐만 아니라 달라이 라마, 닝마파 라마승 차트랄 린포체(Chatral Rinpoche), 그리고 미국과 유럽에서 티베트 불교의 대중화에 앞장선 주요 인물 중 한 명인 젊은 초감 트룽파 린포체와 같은 티베트 망명 공동체의 구성원들을 만나기도 했다.

머튼은 당시 미국의 좌파 학생들과 아주 폭넓게 교류하고 있었는데, 그의 마지막 강연은 유럽과 미국의 좌파 학생, 아시아에서 일어나고 있던 문화혁명과 그 유사한 사건들, 기독교 수도원 전통, 그리고 최근 티베트 불교 승려들과의 만남 등에 답변하는 모습을 보여주려고

---

129 이 주제에 대한 연구는 여전히 매우 부족한 상태이다. Ian Harris, *Buddhism in a Dark Age: Cambodian Monks Under Pol Pot* (Honolulu: University of Hawai'i Press, 2013)를 보라.

했다. 머튼은 "이 강연의 제목은 「마르크스주의 이론과 수도원적 테오리아」(Marxist Theory and Monastic Theoria)라고 할 수 있을 듯합니다"[130]라는 말로 시작한다. 이어서 그는 특히 허버트 마르쿠제(Herbert Marcuse)의 작업에 흥미를 갖고 있으며 "이 강연은 현 순간에 마르쿠제의 수도원적 함의에 관한 것이라고 말할 수 있습니다"(327)라고 얘기한다. 이 강연은 앞서 말한 다양한 요소들 사이를 쉬지 않고 이동해 간다. 머튼은 자신이 마르크스주의와 수도원 생활의 공통점이라 생각하는 것, 즉 세계에 대한 비판적 태도를 소개하고, 전자의 경우엔 정치경제적 변화를 통해, 후자의 경우에는 개인적이면서도 전수 가능한 "의식의 전면적 변화"를 통해 세계의 변화를 지향한다고 주장한다. 머튼은 총체적인 윤리적 실천이라는 환상이 지배하는 참여적 불교의 입장을 논박하면서 "우리가 마르크스주의적 세계에서 적절한 역할을 할 수 있는 것은 우리가 준準 또는 반半마르크스주의적 수도사와 같은 것이 되는 것을 통해서가 아니라 우리 자신이 수도사라는 사실에 근거해야 한다"(328)라고 지적한다. 그는 공산주의와 수도원 생활 모두 평등의 원칙에 기반을 두고 있지만 그러한 평등의 실현은 공산주의 사회가 아니라 오직 수도원 생활에서만 가능하다고 믿는다고 말한다. 이어서 그는 마르쿠제, 특히 그의 『일차원적 인간』(One Dimensional Man)에 대한 읽기를 통해 현존 공산주의 사회와 자본주의 사회에 대한 마르쿠제의 이중적 비판을 소개한다. 이 글에서 내가 다룬 인물들

---

130 Thomas Merton, "Marxism and Monastic Perspectives," *The Asian Journal of Thomas Merton*, ed. Naomi Burton, Patrick Hart & James Laughlin (New York: New Directions, 1973), 326. 향후 모든 페이지는 괄호로 표기한다.

처럼 머튼은 비동맹의 형식적 문제, 즉 자본주의적 물질주의와 공산주의적 유물론의 소외를 거부하는 사회는 어떠해야 하는가에 대한 형식적 질문을 제기한다. 그가 달라이 라마가 전근대 티베트 사회의 불평등을 인식하고 있었다는 점을 언급하면서 중국 공산당으로부터 탈출한 티베트 승려들과의 최근 만남을 소개하는 것도 바로 이 지점이다. 그는 그리스도교 수도사의 서약이 "이런저런 종류의 총체적인 내면적 변화에 대한 헌신, 즉 완전히 새 사람이 되겠다는 약속"(337)을 의미하는 것이냐고 묻는 달라이 라마의 질문에 놀란다. 머튼이 볼 때, 그리스도교의 수도원 생활과 불교의 사원 생활의 차이는 오늘날의 그리스도교 수도사들이 이러한 헌신과 약속을 역사적으로 망각한 데서 생겨난 것이다. 그때 머튼은 이런 헌신의 중요성을 재차 강조하고 싶었다.

머튼은 이어서 트룽파가 자신에게 말한 것—원래 중국이 티베트를 침공한 순간 한 라마승이 트룽파에게 전해준 것으로 "지금부터 모든 사람은 제 발로 설 것이요"(338)라는 말—을 상기시킨다. 머튼은 이 말을 아주 구체적으로 해석한다. 즉 그것은 부르주아적 개인주의와 같은 것을 요청하는 것이 아니라 "우리는 언제든지 정치권력이나 정치세력에 의해 파괴될 수 있는 제도와 구조의 도움에 더 이상 의지할 수 없다"(338)는 인식이다. 이 지점에서 머튼의 이야기는 바타유적인 비동맹의 정치학으로 기운다. 왜냐하면 머튼은 사회적 과잉을 수도원으로 전유하는 것이 더 이상 실행 가능하지 않다는 것을 알았기 때문이다. 하지만 그것은 우리에게 이중의 문제를 안긴다. 첫째, 개인적으로든 집단적으로든 인간 존재의 총체적 변화에 도움이 되는 실행 가능한 형식은 무엇인가? 둘째, 사회적 안정보다 과잉이 갖는 더 근본적인 성격을 감안하면, 이 과잉이 신성한 것의 장소로서의 수도원에 더 이상 수용될 수 없을 때ー적어도 종교 공동체의 관점에서 볼 때ー 이런 과잉은 어떻게 처리될 수 있는가? 이 질문에 대한 머튼의 대답은 섬세하고 놀랍다. 그는 "당신은 10미터 장대 끝에서 어디로 갈 것인 가?"(338)라는 선불교의 공안公案을 제기한다. 수도원이 없는 삶, 또는 "제도"가 없는 삶을 상상할 수 없듯이, 그런 상황에서의 삶 또한 상상할 수 없을 것처럼 보인다. 머튼은 한 손에는 탁발 그릇을 들고, 다른 손으로는 땅을 만지는 붓다의 전통적 도상을 설명한다. 땅을 만지는 손은 깨달음이 우리가 사는 공간의 바로 그 "물질성"에 내재함 을 증명한다. 탁발용 그릇은 "믿음의 궁극적인 종교적 뿌리가 단순히 탁발할 권리에 있는 것이 아니라 모든 존재의 상호의존(연기설)의 표현으로서 모든 존재가 선물처럼 열려져 있다는 것을 나타낸다." "승려가 평신도에게 구걸하고 그들로부터 선물을 받을 때, 이는 이기 적인 사람이 다른 사람으로부터 뭔가를 받는 것과는 다른 차원이다. 승려는 이 상호의존에서 자신을 개방한다. 바로 이 상호의존에서 모든 사람은 자신들이 환상에 빠져 있고, 환상은 전적으로 받아들여야 하는 경험적 현실이며, 경험적으로 현실적인 이 환상 속에 열반이 있다는 것을 안다"(341-42).

선물경제, 상호의존, 상상할 수 없는 것. 이것들은 모두 바타유적인 일반경제의 요소들이다. 그것들은 인간적 조건에 대한 불교적 설명을 이루는 요소들이기도 하다. 그러나 머튼이 기술하는 선물경제는 특정 한 역사적 형식의 정치경제 내에 존재하는데, 현존 공산주의와 자본주 의 국민국가를 포함하는 2차 대전 이후의 지배적인 글로벌 정치질서는 바타유적인 일반경제, 실현된 불교 공동체, 비동맹 정치의 번영을 차단하거나 제한한다. 이러한 상황은 최근 가라타니 고진(Karatani Kōjin)의 『세계사의 구조』(*The Structure of World History*)에서 놀라울 만큼 명쾌하게 그리고 간결하게 다시 정식화되고 있다.[131] (각주에서 한 번만 언급되는) 바타유처럼 가라타니는 전 지구적 정치경제의 역사적 발전에 대한 마르크스와 베버의 설명을 받아들인다.[132] 무엇보다 그는 생산양식에 대한 마르크스주의적 강조가 조정될 필요가 있다고 주장하면서 세계사를 다양한 교환양식의 발생이라는 관점에서 기술할 것을 제안한다. 그는 네 가지 생산양식, 즉, A-선물 교환, B-봉건제, C-상품 교환, 그리고 D-다른 양식이 있다고 말한다. 가라타니는 종교 운동이 양식 B, C를 거부하고, 선물 교환이 더 이상 선물과 맞선물의 관계(모스의 주장)가 아니라 조건 없는 선물증여(즉, 바타유의 소진/소모 개념)가 되는 A의 급진적 버전을 제안하는 한, 종교 운동을 범주 D에 포함시킨다. 또한 그는 다양한 형태의 공산주의 혹은 아나키즘 운동을 D에 속하는 것으로 간주한다. 가라타니는 역사적으로 양식 D가 양식 B나 양식 C로 다시 흡수되기 전에 섬광처럼 잠시 순간적으로 나타난다고 주장한다. 그는 양식 D가 그 자체로서 완전하고 안정된 모습으로 나타난 적은 결코 없지만, 역사에 항상 등장하였고 역사의 지평 위에서 – 가라타니의 경우에 연합주의(associ-

---

131 Karatani Kōjin, *The Structure of World History: From Modes of Production to Modes of Exchange*, trans. Michael K. Bourdaghs (Durham, NC: Duke University Press, 2014).

132 Ibid., 312.

ationism)를 중심으로 구성된 세계 공화국의 형태로서 – 실현되어야 할 것임을 강조한다.

이 모델은 전후 시기 비동맹의 불교 정치를 이해하는 데 아주 유용하다. 불교의 원칙을 중심으로 조직된 우누의 버마 공화국이 실제로 1948년에서 1962년까지 지속되었고, 우누의 『사회주의 국가를 향해』(*Towards a Socialist State*, 1958)와 같은 눈부신 저작을 남겼지만 –불교가 지배하는 국가에서 소수민족에 대한 학대 가능성 때문에 – 이러한 원칙을 안정적 사회 형태로 실현하는 것이 어렵고 사실상 불가능하다는 문제는 남아 있다. 스나이더의 불교 아나키즘에 대해서도 동일한 질문이 제기된다. 물론 "불가능하다"는 것이 말 그대로 불가능하다는 것을 의미하고 오늘날 주류 정치과학과 미디어에서 그려지는 글로벌 정치 현실의 지평이 자명한 진실이라고 판단할 수 있는가, 아니면 "불가능하다"는 것이 우리가 지금까지 상상할 수 없었던 것을 상상하고 실행하는 것을 차단하는 이데올로기적 범주인가 하는 것에 많은 것이 달려 있다. 가라타니는 몇 가지 흥미로운 세부내용만 언급할 뿐 그것을 넘어서는 차원에 대해서는 제대로 설명하지 않은 채 교환양식 D의 형식적 가능성을 제안하며 책을 서둘러 마무리한다. 하지만 가라타니는 바타유처럼 이 가능성을 일부 종교적 사유양식들이 그 자체 내에 양식 D와 국민/국가/자본의 전 지구적인 극복에 관한 제안을 담고 있음을 형식적으로 제시한다. 이런 의미에서 여기서 살펴본 저자들은 불교적 시각에서 교환방식 D를 사유하는 방법을 제안한다고 할 수 있다. 하지만 문제는 방법이다.

5.

중국 역사가이자 철학자인 왕후이(汪暉)는 1960년대 서양의 반문화에서 일어난 마르크스주의와 불교의 명백한 양극화를 날카롭게 읽어낸다.

> 1960년대 서구의 젊은이들에 의해 수용된 두 가지 유사하면서도 대립적인 방향으로부터, 우리는 티베트의 정신을 매개로 고대철학으로 돌아가려는 이러한 시도가 사실상 냉전 시기의 정치 이데올로기와 밀접히 관련되어 있다는 것을 볼 수 있다. 우리는 사회주의적 이상을 추구하기 위해 중국을 주목하던 이 젊은이들이 마르크스주의를 향해 나아가면서 계몽의 전통을 좇았고, "행복과 정의의 연합이 더 이상 개인적 지혜의 추구를 통해서가 아니라 사회 전체의 재건설을 통해 일어날 것이며, 새로운 사회 건설에 앞서 먼저 낡은 사회가 완전히 파괴되어야 한다"라고 믿는 사람들은 "혁명" 개념에서 이론과 실천의 통합 가능성을 찾았다. 다른 한편, "자유주의적 혁명"은 개인이 집단에 속함으로써 구원받을 수 있다는 생각을 거부하고 이런 생각이 정치적 전체주의를 낳을 것이라고 믿었다. 따라서 티베트는 근대 사회를 계몽의 전통 밖에서 사고하는 방법을 제공한 셈이다.[133]

---

133 Wang Hui, *The Politics of Imagining Asia* (Cambridge, MA: Harvard University Press, 2011), 152. 왕후이의 인용은 Jean-François Revel, *The Monk and the Philosopher: A Father and Son Discuss the Meaning of Life* (New York:

오늘날 불교와 마르크스주의에 관한 이론적 논쟁은-유럽과 미국에서처럼 아시아에서도- 이런 이데올로기적 분열(반드시 두 개의 이데올로기라기보다는 분열 자체가 이데올로기가 되는 상황)의 산물로 남아 있다. 다시 말해, 내가 바타유적 공동체 개념과 정치적 불교의 문제를 자리매김하는 것도 바로 양극화되어 보이는 이 두 가지 시각 사이의 간극 또는 틈새에서다.

1960년대와 1970년대에는 공산주의가 지배하던 아시아 사회에서 종교를 뿌리 뽑으려는 극단적 시도들이 대거 목격되었다. 캄보디아에서는 1975년과 1979년 사이에 대부분의 불교 사원들이 폐쇄되었고, 대략 63%의 승려들이 크메르 루즈의 손에 처형당했으며, 살아남은 승려들은 승복을 벗거나 망명한 것으로 알려져 있다.[134] 문화혁명 이전과 문화혁명 기간에 티베트에서 대부분의 사원들은 폐쇄되었고, 공적인 종교 행사들도 거의 사라졌다.[135] 중국에서는 실제로 거의 모든 사원과 사찰이 1966년 9월까지 문을 닫았고, 이런 현상은 그 다음 10년 동안에도 "4대 악습 타파(破四旧)"[136]라는 캠페인의 일환으로 이어졌다.

이 대략적 소개와 정리는 분명히 그 시대의 사건들을 제대로 평가하

Schocken, 1999), 21에서 재인용한 것이다.

134 Harris, *Buddhism in a Dark Age*, chap. 6.

135 Shakya, *The Dragon in the Land of the Snows*, chap. 12.

136 Welch, *Buddhism under Mao*, 340-51; Vincent Goossaert & David Palmer, *The Religious Question in Modern China* (Chicago: University of Chicago Press, 2011), 164-65.

128

지 못하며 그 사건들이 이해될 수 있는 지정학적 맥락의 의미도 제대로 전달하지 못한다. 하지만 지젝과 같은 이론가들의 작업에서 이런 사건들에 대한 인식이 보이지 않는 것은 큰 문제로 보인다. 불교도를 종교적 믿음의 생명정치적 관리에 맡겨진 벌거벗은 생명으로 간주하는 차원을 넘어 "생명을 죽음의 권력에 맡기는 현대적 형식의 예속화"[137]로 정의하는 음범베(Mbembe)의 죽음정치(necropolitics)가 등장한다. 이 주제에 대한 글에서 음범베는 "마르크스주의적 근대성의 주체는 근본적으로 죽음을 향한 투쟁을 연출함으로써 자신의 주권성을 열심히 증명하려고 하는 주체이다. … 테러와 살인은 이미 알려진 역사의 목적을 실현하는 수단이 되었다"[138]라고 주장한다. 비록 지나친 일반화라고 하더라도, 이는 우리가 논하고 있는 시대와 관련되어 있다. 죽음을 향한 이런 투쟁은 폭력적 힘을 통해 실행되는 비판의 과학적·유물론적 실천에 맞서 종교의 "이데올로기적 환상"을 전개한다. 종교적 믿음의 체계들이 신도들에게 파괴로부터의 보호를 보장해 준다고 주장하는 한, 이러한 믿음 체계들은 거의 완전한 패배를 겪게 되었다. 그러나 종교의 모든 물적 징후들을 뿌리 뽑고자 한 공산주의의 시도가 소진되고 난 후, 과거 소비에트 영토와 다양한 아시아 사회들에서 종교적 믿음과 실천의 명백한 부활은 종교의 생명정치적 관리나 죽음정치적 관리가 효과적이지 않았거나, 혹은-효과가 진리의 척도라면- 종교를 이해하는 데 적절하지 않았음을 보여준다.

1970년대 말 이후 많은 아시아 국가들에서 불교 부흥이 일어났다.

---

137 Mbembe, "Necropolitics," 39.

138 Ibid., 20.

이는 사회주의적 기획의 붕괴의 결과로서 이들 사회에서 시장경제가
팽창한 것과 나란히 진행되었다. 오늘날 불교는 주로 관광객을 위한
모사물(simulacrum)로서 불교를 다양하게 지원하고 관용하고 억압하
고 홍보하려는 다양한 세속적 권력체제의 영향 하에 놓여 있다. 따라서
우리는 게룩파 전통에서 수련한 과거 미국인 승려의 글을 읽은 후
암웨이 유통업자로 일하면서 현재 자신의 사원 활동을 위한 자금을
마련하고 있는 부랴티아 라마승[139]이나 부유한 중국 후원자들의 자금
지원으로 사원이 번창하게 된 쓰촨성과 티베트 고원의 티베트 라마승
들과 같은[140] 흥미로운 역설과 마주치게 된다. "아시아 불교"와 "서양불
교"의 역사가 별개로 취급된다고 하더라도, 그것들은 훨씬 더 복잡하
고 새로운 형태로 부상하는 글로벌 경제와 사회에 통합되고 있다.
번스타인은 정확하게 이런 현상을 "포스트-사회주의적"이라고 기술
한다. 그러나 지젝의 잘 알려진 주장을 되풀이하자면, 많은 사람들이
마르크스주의가 끝났다고 생각하는 바로 이 순간에, 마르크스주의와
불교를 함께 사유하고, 불교와 마르크스주의가 바타유가 자본주의의
세계사적 진화의 중심에 있다고 보았던 소비의 문제—그가 볼 때 자본주
의는 이 문제에 적절하게 대응하지 못했다—에 다른 답변을 가지고 있을
가능성을 열어두는 것은 가치 있는 일이다.

바타유는 (니체가 그랬듯이) 보편적으로 적용되는 사회정의가
인간 존재에게 필수적이지만 충분하지 않은 목표라는 것을 이미 알고

---

139 Bernstein, *Religious Bodies Politic*, chap. 6.

140 Dan Smyer Yü, *The Spread of Tibetan Buddhism in China: Charisma, Money, Enlightenment* (London: Routledge, 2012).

130

있었다. 바타유의 주권성 개념은 이 문제를 논하려고 시도했고, 우리가 보았듯이 이는 해방을 사회정의의 관점에서만 볼 수 없는 불교의 주제이기도 하다. 그 후 공동체 문제에 관해 바타유를 수용한 다양한 저자들이 어떤 점에서 효용과 분배를 뛰어넘는 공동체의 문제를 다루려고 했지만 바타유적인 주권성 개념에 대한 진지한 탐구나 반박은 제대로 이루어진 적은 없다. 레이 브래시어(Ray Brassier)와 특히 이 문제에 대한 메이야수(Meillassoux), 하먼(Harman), 네가라스타니(Negarastani)와 같은 "사변적 실재론자들"(speculative realists)의 입장을 비롯해 닉 랜드(Nick Land)의 작업에 영향을 받은 오늘날의 사상가들조차 주권성의 문제 ─ 즉, "무" 또는 존재론적 간극에 노출되는 것이 주체(들)에게 어떤 의미가 있는가 하는 문제 ─ 를 다루는 데 실패했다. 예를 들어, 하먼은 모든 객체 지향적 존재론(object-oriented ontology)이 이론과 실천을 넘어선다고 주장하지만, 그런 존재론이 주체에게 미치는 결과나 결정에 대해서는 거의 말하지 않는다. 여기서 페터 슬로터다이크(Peter Sloterdijk)의 최근 작업이 특히 니체적인 초인(바타유적인 주권성을 위한 모델이기도 하다)이라는 주제를 수용하는 한 가장 타당할지도 모른다. 그러나 "수행자들의 행성"(the planet of practicing)의 사례를 들 때 슬로터다이크는 스포츠와 실험적 모더니즘 사이에서 동요하고 있으며 주권 문제의 근본적인 종교적 성격을 파악하지 못한다. 이런 점에서 정치신학의 문제를 다시 사유하라는 지젝의 요청은 주목할 만하다. 하지만 그것이 본질적으로 종교를 방편(expediency)의 문제로 간주하기 때문에, 그에게 주권성은 바타유나 초펠에게 제기되었던 방식으로 제기되지 않는다. 즉, 지젝에게 주체성의 변혁적 실천에서 관건이 되는 것은 아무것도 없으며, 그런 실천은 "최종심급에서" 외적 조건의 산물로 남는다.

　최근 지젝에 의해 공동 조직한 두 차례의 〈공산주의의 이념〉(Idea of Communism) 학술대회를 포함해 지난 10년 동안 현대 이론에서 공산주의에 대한―이제는 잘 알려진― 재평가가 있었다. 이 재평가는 알랭 바디우의 작업과 관련되어 있다. 공산주의에 공감하는 입장 때문에 유명한 바디우에게 문화혁명은 평등에 기반을 둔 인간 사회의 성취를 향한 필연적이고 급진적이지만 궁극적으로는 좌절된 시도였다.[141] 문화혁명은 정치적인 것을 사고하고자 하는 우리의 능력에 한계를 제기했으며, 사실 우리는 지난 30년 동안 이 한계와 마주하지 않으려 했다. 나는 문화혁명에 대한 바디우의 견해를 지지하지 않는다. 그러나 오늘날 티베트 불교를 사고하면서 그것을 문화혁명과 중국, 몽골, 러시아 남부공화국에서 나타났던 "공산주의적 이념"에 비추어 사유하지 않는 것은 불가능하다. 이들 지역의 일부는 소비에트의 출현 이전에 티베트 불교의 형식을 받아들이기도 했다.

　공산주의 이론가들이 아시아 및 다른 지역에서 불교가 사라질 것이라고 생각하던 방식으로 불교가 사라지지 않았다는 것은 분명하다. 오늘날 티베트인이든 아니든 불교 지도자와 함께 공부하는 사람은 누구나 공산주의 이후의 불교―공산주의와의 만남의 흔적을 지니고 있는 불교―를 공부하고 있다. 반대로 오늘날 공산주의 이념에 관심이 있는 사람은 누구나 현재와 같은 역사적·철학적 궤적을 갖게 된

---

141 바디우와 문화혁명을 대해서는 *Positions*, vol. 13, no. 3 (2005)을 참조하라.

이 이념이 무엇보다 불교와의 만남 때문에 현재와 같은 형태를 띠게 되었다는 점에 흥미를 갖는다고 말해야 한다.

바디우의 철학은 밀도 높고 내가 이 글에서 제시하는 것보다 훨씬 더 자세한 설명을 필요로 한다.[142] 하지만 바디우의 성숙한 철학체계와 대승불교 사상 사이에는 놀라운 유사성이 있다.[143] 바디우의 가장 결정적인 혁신인 감산적인 수학적 존재론(subtractive mathematical ontology)의 발전을 생각해 보라. 이 존재론에서는 초월적 일자(transcendental One)가 근본적 역할을 하기보다, 공백, 영, 혹은 공집합으로부터/으로서 무한한 다양체들이 펼쳐진다. 이런 이론은 대승불교의 공空 개념과 아주 유사하다. 공 개념은 우파니샤드에 함축되어 있던 일원론에 대한 반박이었다. 바디우는 이 존재론을 놀라운 방식으로 전개한다. 그는 공백(void)에 대한 노출과 지식과 비-지식 간의 관계의 재배치를 통해 진리 생산의 가능성을 증명하고자 한다. 브루노 보스틸스(Bruno Bosteels)가 예리하게 지적하듯이, 바디우를 사고와 공백의 관계를 해석해온 현대의 다른 사상가들로부터 구분지어 주는 것은 바디우가 말한 진리 절차(truth procedures)(그가 "촉성forcing"이라 부른 것과 형식적으로 연관되어 있다)의 이러한 가능성이다.[144] 바디우는 네

---

142 Marcus Boon, "Buddhism after Badiou," lecture at Middlesex University, 2009를 참조.

143 바디우의 핵심 저작은 다음과 같다. *Theory of the Subject*, trans. Bruno Bosteels (London: Continuum, 2009); *Being and Event*, trans. Oliver Feltham (London: Continuum, 2005); *Logics of Worlds: Being and Event, 2*, trans. Alberto Toscano (London: Continuum, 2009).

144 Bruno Bosteels, *Badiou and Politics* (Durham, NC: Duke University Press,

가지 진리 절차, 즉 사랑, 예술, 과학, 정치를 명시한다. 바디우는 이러한 진리 절차들을 형식적 가능성으로서 뿐만 아니라 프랑스의 마오주의적 정치에 대한 그의 관심에서 생겨난 특별한 정치적 의미를 갖는 것으로 사고한다. 이런 점에서, 그리고 명백히 라캉에 대한 관심을 통해서 바디우는 내가 제기한 바 있는 바타유적 문제틀에 대답하고 있다고 할 수 있다.

만일 불교철학자들과 바디우가 토대도 없고 본질도 없는 공에 근거하는 무한한 다양체들(infinite multiplicities)로 구성된 실재의 모델에 동의한다면, 내가 말해 왔듯이 이 모델의 결과는 근본적으로 다르다. 불교철학과 수행의 역사는 진리 절차의 관점에서 그리고 진리 절차와 붓다의 깨달음이라는 사건과의 관계라는 관점에서 기술될 수 있다(이것은 앞서 논의된 두 가지 진리 논쟁으로 돌아가게 한다). 바디우에게 무한은 초월적이지 않고, 단지 일상적인 것이 일상적인 것으로 나타나는 방식이기 때문에 종교적 차원을 전혀 갖지 않는다. 독특한 방식으로 불교 사상가들은 불교가 신학도 아니고 초월적 신도 가지지 않으며, 서양에 수용된 일본 선불교의 아주 상투적 유형들에서조차 지적하듯이, 깨달음이 무한성(과 그 가능한 모든 질서), 영, 일상적인 것 사이의 우연적 일치에 대한 인식에 다름 아니라는 것에 동의할 것이다. 불교도들은 이런 인식에 최고의 가치를 부여하는 데 반해, 바디우는 그렇지 않다. 아니 바디우가 그러했던가? 바디우의 공백이나 공은 평범하고 무의미한 수학적 공과 진리 절차를 촉발하는 트라우

2011).

마적(사건적) 사건으로 분열된다. 이 분열은 바디우의 "유물론"의 특징을 이루고 있으며, 이 점에서 그는 독단적이기도 하지만 이는 영에 분기(bifurcation)를 도입하는 것이기도 하다. 영은 어떻게 트라우마(사건)적이면서도 평범할 수 있는가? 내가 이 질문을 하는 것은 트라우마와 평범함의 우연적 일치가 불가능하다고 생각하기 때문이 아니라 바디우의 저작에서 이 일치에 대한 설명을 찾아볼 수 없기 때문이다.

바디우의 입장을 택할 때 유물론자라는 단어가 갖는 엄밀한 의미에서 우리가 유물론자로 남을 수 있는 길은 없다. 왜냐하면 유물론적 입장을 강조하는 것은 정확히 영으로부터 사건을 분리하여 그것을 사물화(reify)하는 것이기 때문이다. 이것이 대승불교가 유물론적 철학이 아닌 이유이다. 왜냐하면 대승불교는 공의 사물화를 거부하기 때문이다. 더욱이 엄격하게 "유물론적"이면서 설득력 있는 진리 절차가 네 개가 발견되었다는 점을 제외한다면, 네 가지 진리 절차만 있어야 할 특별한 이유는 없다. 이러한 영역을 네 개로 제한하는 것은 바디우의 작업 속에 명백히 자민족 중심주의가 도입된 것이다. 이것은 바디우 자신이 실제로 제안하고 있는 것의 급진적 의미를 차단하는 방어인 것이다. 더욱이 이것은 바디우에게서 사건의 진실에 대한 열린 모색으로 정의되는 실천을, 내가 위에서 "프락시스"라고 설명한 것―다시 말해, 오직 네 가지 형식 중 하나를 받아들이는 방식으로 구조가 미리 결정되고 규정되어 있는 실천―으로 왜곡하는 것이다.

성자 바울에 관한 책에서 바디우는 기독교의 진리 절차를 사랑의 영역에 속하는 것으로 설정한다.[145] 이를 통해 종교는 철학과 양립할 수 없다고 결론지을 수 있을지 모른다. 사실 철학은 다양한 진리 절차들의 외부에 위치하며 그런 절차들의 역할을 명확히 하는 일을 담당한다. 하지만 불교와 관련하여 흥미로운 것은 불교가 철학이자 진리 절차라는 것이다. 아주 표준적인 티베트 불교에 따르면 불교는 지혜/지식의 통합이자 자비/사랑의 통합이다. 불교가 가리키는 것은 철학과 진리 절차의 분리를 교란시키는 이론과 실천의 다른 배치이다. 바디우는 이런 분리를 영원한 진리로 간주하지만 그것은 하나의 특정한 역사적 반복−최종적이지도 않고 가장 중요하지도 않은 반복−일 뿐이다. 그렇다면 우리는 철학이 진리 절차와 맺는 관계의 새로운 배치가 어떤 정치적 결과를 가져 오는가−그리고 바디우 추종자들에게 불교에 대한 오인을 이렇게 결정적이게 만든 것이 철학의 위치를 교란시키는 바로 이 잠재성인가− 하는 것이 궁금할 수 있다.

6.

위에서 제기된 많은 질문들은 사변적 비−불교(speculative non-Buddhism)[146]라고 불리는 기획과 관련된 일군의 미국 사상가들에 의해

---

145 Alain Badiou, *Saint Paul: The Foundation of Universalism*, trans. Ray Brassier (Stanford, CA: Stanford University Press, 2003).

146 (역주) 비−불교(non-buddhism)는 불교의 부정이 아니라 불교의 기본 전제를 급진적으로 개방하려는 시도이다. 비−불교는 철학에 대해 비−철학(non-phi-losophy)을 주장한 프랑스와 라뤼엘(Francois Laruelle)의 이론을 수용하여 불교를 새롭게 사유하고자 하는 이론적 시도이다. 라뤼엘이 볼 때, 칸트 이후 데리다와 들뢰즈에 이르기까지 모든 철학은 이전의 철학을 극복하거나 비판하

제기되어 왔다. 이들은 〈사변적 비-불교〉(*Speculative Non-Buddhism*),
〈충실한 불교도〉(*The Faithful Buddhist*), 〈비-불교도〉(*The Non-Buddhist*), 〈비불교도〉(*Der Unbuddhist*)는 물론이고 글렌 월리스

는 것처럼 보이지만 항상 동일한 전제적 상관성(presupposed correlation)을
가지고 있다. 즉 철학은 사고와 존재, 주체와 객체, 사고와 사물, 철학과 철학
아닌 것과 같은 구분을 전제로 이 구분을 어떻게 극복할 것인가를 과제로
삼아왔다는 것이다. 이런 구분에 대해 라뤼엘은 결정(decision)이라는 개념을
사용한다. 철학은 분리와 단절에 대한 결정(전제가 만들어지는 것)을 통해
이루어지기 때문에 이미 전제가 주어져 있는 것이다. 이에 반해 비-철학은
그런 전제를 받아들이지 않으면서 사고하는 것이 어떻게 가능한가를 질문한다.
따라서 비-철학은 철학의 세계를 급진적 내재성, 급진적 실재, 근본적 일자로
개방하려는 시도이다. 이런 이론을 받아들여 비-불교 또한 이런 전제된 상호관
계 없이 불교를 급진적으로 사고할 수 있는 길을 모색한다. 비-불교의 주요
이론가인 글렌 월리스(Glenn Wallis)는 불교가 만병통치의 처방처럼 일상적인
규범으로 간주되거나 불법이 모든 문제의 해법인양 제시되는 현실에서 동일한
전제와 논리의 무한변주를 재생산하는 X-불교들(X-buddhism)이 만연해 있다
고 주장한다. 그는 불교의 급진적 내재성에 저항하는 X-불교들의 불교적 결정
(buddhist decision)에 맞서 그러한 전제 없이 불교를 급진적 실재 혹은 급진적
공으로 개방하여 불교를 사유하는 것을 비-불교라고 지칭한다. 따라서 비-불교
는 불교의 부정이나 옹호의 전제 관계들을 뛰어넘어 그런 전제 없는 급진적인
불교적 사고로의 전환을 가리킨다고 할 수 있다. 글렌 월리스에 의하면, "비-불
교는 불교적 가르침의 잠재성에 관심을 가지되 그러한 가르침을 지배하는
규범들에 구속되지 않는 방식으로 관심 갖는다"(232)라고 말한다. 참고할 글은
Francois Laruelle, "A Summery of Non-Philosophy," *The Non-Philosophy
Project: Essays by Francois Laruelle*, eds. Gabriel Alkon & Boris Gunjevic
(New York: Telos Press Publishing, 2012)와 Glenn Wallis, "Nascent
Speculative Non-Buddhism," *Journal for the Study of Religions and Ideologies*
35, vol.12 (Summer 2013)를 보라.

(Glenn Wallis), 톰 페퍼(Tom Pepper), 마티아스 스타인개스(Matthias Steingass)가 쓴 책으로 자신들의 많은 핵심적 주장과 비판을 소개하는 『잔혹한 이론과 숭고한 실천: 불교의 재평가』(*Cruel Theory, Sublime Practice, toward a Revaluation of Buddhism*)를 포함하여[147] 지난 5년 동안 풍성하고 활발한 블로그 활동을 펼쳐 왔다. 이런 활동은 인터넷 블로그와 댓글 난의 혼란스런 세계에서 때로는 호전적인 어조 때문에, 때로는 유럽과 미국의 주류 불교 승가에 대한 도전 때문에 논쟁적인 것으로 판명되었다.

월리스, 페퍼, 스타인개스의 주장은 두 가지 중요한 요소를 가지고 있다. 첫째, 그들은 지젝에게서 영감을 받아 불교 수행과 공동체가 글로벌 기업자본주의 세계에 영합하는 소비자 친화적인 불교 이데올로기 속으로 통합되는 것을 비판한다. 기존 불교 공동체를 비판하면서 자신의 지식의 근거를 제대로 보여주지 못한 지젝과 달리, 이들의 비판은 종종 악의에 차기도 하고 가끔 흥미롭고 정곡을 찌르기도 하는, 명백히 불교 내부자의 것이며, 그 어조에는 이전에 열렬히 믿다가 환멸을 느끼며 돌아선 신자들에게서 종종 엿볼 수 있는 강렬함과 비통함이 묻어 있다. 〈사변적 비-불교〉에 올라온 최근 게시물 중 하나는 샌프란시스코에서 개최된 구글 직원들의 사내교육에서 제작된 유튜브 영상에 관한 것이다. 이 영상에서 기업의 마음챙김 워크숍이 갑자기 빈곤 퇴치 활동가의 난입으로 중단되는데, 그는

---

[147] Glenn Wallis, Tom Pepper & Matthias Steingass, *Cruel Theory/Sublime Practice: Toward a Revaluation of Buddhism* (Roskilde, Denmark: EyeCorner Press, 2013).

138

자본의 유입과 이로 인한 샌프란시스코 근교 지역의 젠트리피케이션 때문에 지역 사회가 파괴되고 있는 데 구글이 책임이 있다고 비난했다.[148] 마음챙김 트레이너는 일어나고 있는 사건으로부터 참석자들을 정신적으로 분리시키는 방법을 조언하는 방식으로 이 항의에 대응했다. 불교 수행의 이데올로기적 전유와 관련된 이런 사례에 대한 비판에는 마르크스, 알튀세르, 바디우, 지젝과 같은 이론가들의 이론적 어휘들이 사용되고 있다. 이런 비판이 갖는 가치는 글로벌 자본주의 경제에서 기존 불교 이론과 실천의 이용 및 오용에 관해 불교 공동체 내부에서 철학적으로 엄밀한 대화를 실행하고, 이 공동체의 일원으로 남으면서도 그런 비판이 낳는 저항에 대응하려는 시도에 있다.

두 번째 요소는 불교를 사유하고 실천하는 데 이용할 수 있는 형식적인 이론적 모델, 즉 사변적 비–불교 모델의 발전에 있다. 비–불교를 위한 틀은 사변적 철학자 프랑수아 라뤼엘(François Laruelle)의 작업, 특히 전체적으로 철학이 실재(the Real)에 관한 특정한 결정론에 의해 규정되어 왔다는 그의 철학 비판에서 유래한다. 라뤼엘이 그 대안으로 제안하는 비–철학(non-philosophy)은 이러한 결정론에 대한 전면적 거부를 바탕으로 타당한 공리와 실천(valid axioms and practices)을 생성할 가능성에 근거한다.[149] 라뤼엘 자신은 비–마르크스주의를

---

148 Glenn Wallis, "Mineful Response and the Rise of Corporatist Spirituality" (http://speculativenonbuddhism.com/2014/02/17/mineful-response-and-the-rise-of-corporatist-spirituality/, 2014년 7월 14일 접속).

149 라뤼엘 사상에 대한 탁월한 소개로는 François Laruelle, "What Can Non-Philosophy Do?," trans. Ray Brassier, *Angelaki* 8, no. 2 (2003): 169–89를

비롯해 다양한 "비-"(non-)에 관한 글을 썼다. 윌리스는 라뤼엘의 사유를 불교에 적용하여 기존 불교 공동체에 만연되어 있는 것으로 보이는 불교 결정론에 대한 거부를 특징으로 하는 사변적 "비-불교"를 주장한다. 윌리스는 기존 불교 공동체를 "불교의 교리적 믿음의 결정론에 헌신하는 모든 공동체"를 의미한다고 말하며 이를 통칭 "X-불교적"이라고 명명한다. 이런 결정론은 "이데올로기로서의 불교", 혹은 더 구어적으로는 전통의 권위에 대한 비이성적 순종과 같은 것이다. 불교적 맥락에서 이런 결정론에 대한 거부는 (무엇보다도) 불교의 이론과 실천과 연관된 이데올로기 문제를 전면적으로 끌어들이기 위한 것이다. 사실상 윌러스와 그 공저자들이 갖는 주요 한계는 불교가 이데올로기와 타협할 때 생겨나는 문제에 대한 그들의 인식이 다양한 요소들에 의해 중층적으로 결정되고 있고, 그들의 인식에 섬세함과 공감이 결여되어 있다는 것이다.

　월러스와 공저자들의 작업은 바타유와 그의 주권성과 비-지식 개념을 설명하는데, 나는 이런 개념들이 불교와 요가에 대한 바타유의 지속적인 사유에서 생겨난 것임을 이미 보여주었다. 어떤 점에서 바타유가 불교의 명상 수행과 철학을 통해 수행한 것은, 정확히 그러한 수행과 철학을 규정하던 기존 전통의 배치를 해체하고, 그런 수행과 철학을 이용하여 철학적·정치적 이론의 위치를 바꾸며, 지식의 제한 경제를 비-지식의 일반경제에 노출시키는 것이었다. 철학의 관점에서 바타유의 주요 공헌은 "비非" 또는 "무無"의 생명력과 포용성을

보라.

주장하는 것이었고 이러한 무에 노출된 삶의 가능성과 가치를 주장하
는 것이었다.

월리스와 공저자의 비-불교에 대한 자유주의적 비판은 X-불교와
비-불교 간의 분리라고 하는 것이 절대적이지 않으며, 이들에 의해
X-불교적이라고 정의된 다양한 교파들이 번창할 때, 역사적으로
비-불교였던 것이 바로 그 현실을 구성하던 교리 논쟁과 이단적 인물,
그리고 경전들과 무관할 수 없었음을 강조하면서 시작할 수 있을
것이다. 예를 들어, 티베트 불교의 역사 내에서 돌포파(Dolpopa)와
고람파(Gorampa)와 같은 인물들은 헤게모니를 쥐고 있던 게룩파의
철학에 대해 이단적이었고, 사실상 몇백 년 동안 금지 당했다가 뒤늦게
다시 받아들여지거나 겨우 용인되었다. 하지만 그들은 여전히 스스로
를 불교도라고 생각했다. 더욱이 요가 수행자—가령, 밀라레파—라는
비유는 기존 종단으로부터 일정한 자율성을 갖는 것으로 여겨졌다.

다시, 이 글의 주제로 돌아와서, 겐둔 초펠이 비-불교도인지 X-불교
도인지 질문해볼 수 있다. 만일 도널드 로페즈(Donald Lopez)가 주장하
듯이 초펠의 가장 중요한 공헌이 깨달음의 문제가 중요하게 다루어지
지 않던 상황에서 깨달음의 문제를 제기한 것이었다면, 월리스와
그 공저자들이 비-불교와 X-불교를 분리하려고 시도한 것이 전적으로
일관적이지 않았음이 명백해진다.[150] 비-불교는 그것이 유지되기 위한
최소 기준으로 깨달음의 가능성을 전제해야 한다. 이것이 전제되지
않는다면, 에어컨 설치설명서나 치과 방문조차 "비-불교적"이라고

---

150 Donald Lopez, interview in Schaedler, 239.

주장하게 될지도 모른다("선불교"의 주장도 이런 방식에 따라 제기될 수 있겠지만 이 문제는 접어두자). 더욱이 "깨달음의 가능성"은 특정한 의미를 갖는다. 즉 그것은 수행을 함축한다. 그리고 월리스가 명상 그룹(이나 자신의 웹사이트에서 말하는 것처럼 "그와 유사한 것들"[151])을 주도하고 거기에 계속 참가하고 있다는 것은 주목할 가치가 있다. 따라서 비-불교와 X-불교는 사실상 아주 중요한 것을 공유한다. "비-불교"는 명시적으로 불교적이지 않은 영역들이 깨달음의 보편적 실현과 매우 깊이 관련되어 있을 가능성을 펼치게 해준다. 그것은 역사적으로 우연적이지만 꼭 필요한 방식으로 이론을 중지시키는 이론, 이론을 중지시키는 수행, 수행을 중지시키는 이론의 필요성을 지지한다.

이 글의 주제와 관련해서 볼 때, 월리스와 그 공저자들이 말하고자 하는 것은 불교와 인지 자본주의라는 부상하는 패러다임 간의 새로운 관계이다. 후자는 "생산의 정보화" 또는 "정동적 노동"(affective labor)의 확장으로 생각해볼 수 있다.[152] 불교의 자아/무아 모델이 현대 신경과학의 발견과 서로 관련되어 있다고 주장하는 토머스 메칭거(Thomas Metzinger)와 같은 신경과학자들의 연구는 불교도들에게 매력적이다. 그러한 상호관계에 근거하는 진리 주장들이 인지 자본주의

---

151 http://www.glennwallis.com/meditation-group/ (2014년 7월 14일 접속)

152 Arne de Boever & Warren Neidich, eds., *The Psychopathologies of Cognitive Capitalism* (Berlin: Archive Books, 2013); Michael Hardt & Antonio Negri, *Empire* (Cambridge, MA: Harvard University Press, 2000), 280-303; Hardt & Negri, *Multitude* (New York: Penguin, 2004), 108ff.

시장에서 나름의 이데올로기적 가치를 갖기 때문이다.[153]

　다음과 같은 핵심 질문은 여전히 남는다. 불교와 정치 간의 관계는 무엇인가? 나는 참여불교도들의 현재 작업을 가치 있는 것으로 생각하는 만큼이나 사실상 이 질문에 대해 더 어렵고 덜 매력적인 답변을 하려는 경향이 있다. 나는 이 질문이 결국 마음의 문제라는 바타유와 초펠의 주장을 떨칠 수 없고, 신경인지적 자본주의가 유사한 결론을 향해 나아가고 있다는 점에도 놀랐다. 분명히 불교의 일부 형태들은 불교가 초연함, 순수성 등과 같은 특정 이데올로기를 통해 전 지구적 자본주의를 도와주는 역할을 하는 일종의 (비)신학적인 프로작 (Projac 우울증치료제)이 될 가능성도 있다. 그러나 불교는 꼭 필요한 집단적 내면성의 새로운 양식들을 발전시키는 데 어느 정도 도움이 되는가? 만일 가라타니가 옳다면, 즉 오늘날의 자본 구성의 세계적 지평 위에서 우리에게 손짓하는 것이 아직까지 상상할 수 없는 선물경제의 형태라고 한다면, 이때 등장하는 결정적 질문 중의 하나는 어떤 종류의 집단적 주체성의 양식이 선물경제를 실제로 지지하고 표현할 수 있는가, 그리고 많은 종교들이 환대, 평등주의, 사랑, 자비와 공감의 윤리를 제안한다는 일반적 통찰을 뛰어넘어 불교가 이 질문에 대해 제안하고 답변할 수 있는 구체적인 사회적 형태가 있는가 하는 점이다. 오늘날의 공동체 이론의 주요 개념 중 하나는 탈취(depropriation)(에스포지토) 또는 박탈(dispossession)(버틀러와 아타나시우)이다.[154] 인간 존재가 공유하는 것이 유한성, 죽음에의 노출, 고유성(소

153　Thomas Metzinger, *The Ego Tunnel: The Science of the Mind and the Myth of the Self* (New York: Basic Books, 2009).

유) 없는 존재, 욕망−불교 용어로 사성제의 진리 중 첫 번째 고품의 진리−
이라고 한다면, 그러한 노출과의 친화성과 연대를 유지하고 심화할
수 있는 특성들은 무엇인가? 상호의존(연기)에 대한 불교의 명상은
정확히 이 지점을 목표로 삼는다. 상호의존은 공통성(the Common)의
비유이며, 역으로 공통성의 본질에 대한 이론적 이해는 상호의존에
대한 명상적 이해를 심화하고, 주체와 객체를 개별적 속성(사적 소유)
으로 간주하는 뿌리 깊은 이데올로기적 구조를 해체한다. 내가 이전
에 불교(와 비−불교) 철학의 관점에서 복제(copy)의 정치학을 검토했
던 것도 이 점 때문이다.[155]

오늘날 불교에 대한 지젝의 거부를 포함하여 비평이론을 관통하는
불교적 영향 같은 것이 있다면, 그것은 실재의 담론 외적인 차원을
강조하는 한편, 실재에 대한 접근이 다양한 수행을 통해서만 가능하다
는 불교의 주장을 들 수 있다. 이는 아주 사소하거나 별로 중요하지
않은 주장처럼 보이기 때문에 오해하기 쉽다. 그렇지만 세 사상가에
게, 즉 바타유가 "비−지식"이라 부른 것, 초펠이 "상상할 수 없는
것"이라 부른 것, 그리고 바디우가 "사건"이라고 부른 것에는 결정적인
것이 관련되어 있다. 만일 홀워드와 지젝, 그리고 다른 마르크스주의
사상가들이 이 문제에 대한 불교적 입장을 비판하고자 한다면, 이들에
게도 뭔가가 위태롭기 때문이다. 바타유, 초펠, 바디우가 공유하는

---

154 Esposito, *Communitas*; Judith Butler & Athena Athanasiou, *Dispossession: The Performative in the Political* (Cambridge: Polity, 2013).

155 Marcus Boon, *In Praise of Copying* (Cambridge, MA: Harvard University Press, 2010).

것은 이른바 무의 정치에 대한 관심이다. 이것은 무 이하의 것(less than nothing), 무에 "근거하는" 무한, 무 또는 레비나스의 말로 하면 무와는 다른(other than nothing) 것인가? 바타유는 존재론적으로 무가 있다고 믿는다. 그럼에도 불구하고 그는 무에 자신을 완전히 맡기는 것은 운의 문제일 수 있다고 믿는다. 다시 말해, 우연이나 행운의 근원이 무엇이든 그것에 의해 드러나는 주이상스, 쾌락, 지식, 황홀한 비-지식과 같은 것이 결과로서 생겨나게 될 것이다. 바타유와의 차이에도 불구하고 바디우 역시 마찬가지다. 만약 사건이 진리 절차를 유지할 수 있다면, 그것은 존재(Being)에 봉합된 영 또는 무가-탈존적이든 아니든- 여전히 진리를 제공할 수 있기 때문이다.

초펠은 놀라울 정도로 유사한 문제들을 다른 방식으로 제기한다. 모든 현상, 존재에 관한 모든 개념화를 부정하는 것은 공, 비개념적인 것, "상상할 수 없는 것"의 가능성을 열어놓는다. 개념을 넘어선다는 것은 "무"를 의미하지 않는다. 오히려 그것은 공함(empty)을 의미한다. 공함은 "내재적 존재의 비어 있음"(無自性)을 의미한다. 즉 자아의 비어 있음/타자의 비어 있음 말이다. 이것이 두 가지 진리의 의미(진제와 속제)이다. 초펠이 확립한 것은 사실상 불교의 이데올로기 이론이다. 여기서 관습적 진리(속제)에 대한 모든 주장은 개념을 초월한 궁극적 진리(진제)와 관련하여 상상적이거나 허위적인 것으로 존재하는 이데올로기인 것이다. 두 가지 진리의 공존은 비모순율의 원칙을 위반하는 것이고, 이데올로기는 두 가지 차원의 진리들 사이의 모순을 너무 성급하게 해결하려고 하는 시도의 결과이다. "성급하게"라고 말한 이유는, 초펠이 말하듯이 수행의 목적이 "큰 모순"의 해결이라

할 수 있는 깨달음의 상태에 도달하는 것이기 때문이다. 그럼에도 불구하고 질문은 남는다. 무와는 다른 이 상상할 수 없는 것에 어떤 정치적 의미가 있을 수 있는가? 아니면 상상할 수 없는 것은 항상 정치적인 것이나 사회적인 것—혹은 반대로 스나이더에게서 볼 수 있던 물화된 이데올로기적 형태—의 포기로 귀결될 것인가? 바디우에게 대답은 모순을 "더욱 밀어붙여"(촉성하여) "해결"하는 것이다. 바타유에게는 적어도 두 가지의 가능성이 있다. 하나는 지식을 넘어 충동의 우연적 힘에 자기 자신을 맡김으로써 과잉을 긍정하는 것이고, 다른 하나는 "급진적 수동성"(radical passivity)(블랑쇼, 낭시, 아감벤 등이 설명하는 입장)이라 불리는 것에 전념하는 것이다. 초펠이 티베트 불교를 지배하던 정통적 입장을 비판하고 자기주장의 정치적 의미를 숨기지 않았기에 엄청난 대가를 치루게 되었지만 초펠의 대답은 명확하지 않은 편이다. 그러나 초펠이 신정 정치적 봉건제에 맞서 근대성을 옹호했을 뿐이라고 믿는 것이 틀렸듯이, 초펠의 정치를 20세기 중반 티베트에서 헤게모니를 쥐고 있던 불교 교파와 그렇지 못한 불교 교파 간의 교리 논쟁 내의 특정한 위치에 한정시키는 것도 틀린 것이 될 것이다. 냉전이 종식되고 난 오늘날에도 여전히 우리와 함께 하는 비동맹 정치의 일부로 읽을 때, 초펠의 활동은 다른 미래에 대한 욕망을 표현하고 있다고 할 수 있다.

나는 최근 "죽음정치"의 개념—즉, 주권자가 주장하는 예외상태로서뿐만 아니라 국가 및 다른 정치체의 일상적 기능의 통합적 일부로서 죽일 권리, 즉 죽음과 그 과정을 도구적으로 활용하는 것—을 통해 아감벤과 푸코의 이론을 수정한 음벰베의 시도는 물론이고, 바타유적 주권성

개념이 "벌거벗은 생명"을 행정적 관리체제 속으로 끌어들이는 근대적
인 생명정치의 전유를 간과한다고 보는 아감벤의 비판으로 돌아가고
자 한다. 오늘날의 불교 정치학을 생명정치 또는 죽음정치의 외부에서
어떻게 사고할 수 있는가? 내 친구 찰스 스타인(Charles Stein)의 말을
빌리자면, "[그러나] 도전적이고 고통스러운 "폭력"은 깨달음이 친親
생명적이지 않다는 것을 의미한다. 물론 그것은 친親죽음적이지도
않다. 예이츠가 자신의 묘비에 쓴 것처럼 "삶에도 죽음에도 / 차가운
시선을 던져라 / 말 탄 자는 그냥 지나가리니!"[156] 스타인은 오늘날
생명정치와 죽음정치가 정치적인 것의 장을 완전히 지배한다고 믿는
사람들이 불교적 세계관을 일종의 폭력으로 경험할 수 있다는 것을
보여주려고 "폭력"이라는 단어에 따옴표를 붙인다고 말한다. 수행하
는 불교도는 이 질문을 진지하게 받아들이고, 명상의 상태에서 도달하
게 되는 비개념적인 "벌거벗은 생명"의 상태와 그러한 수행을 중심으로
생성되는 것으로 보이는 사회정치적 구조 사이에 어떤 관계가 있는지
를 질문할 필요가 있다. 그러나 지젝과 같은 이론가들도 왜 자신들이
벌거벗은 생명을 두려워하고, 비-지식의 상태를 시험하고 실현하는
합의적 실천들을 회피하려고 하는지를 숙고할 필요가 있다.

그렇다면 우리는 『무 이하의 것』(Less than Nothing)에 대한 지젝의
결론, 즉 내맡김(Gelassenheit, 급진적 수동성) 대 계급투쟁의 구도에서
불교가 일반적으로 자유주의적 자본주의의 이데올로기적 조력자로
서 전자의 입장에 귀속된다는 결론보다 더 깊이 사유할 수 있게 해주는

---

156 찰스 스타인(Charles Stein)과의 개인적인 서신교환(2014년 6월).

2. 유리 집에 사는 것은 최상의 혁명적 미덕이다 **147**

이론적 성과를 얻게 되었는가? 이 글을 쓰기 위해 연구하고, 무엇보다 프롤레타리아트 독재와 다양한 공산주의 국가들이 공고해지던 시기에 불교도에게 가해진 만행들에 대한 설명을 읽으면서 나는 『문명과 그 불만』(*Civilization and Its Discontents*)에서 프로이트가 러시아 공산주의에 대해 신랄하게 말한 것을 떠올린다.[157] 프로이트는 러시아 부르주아 계급이 진압되고 평등주의 사회가 형성되면 혹은 형성될 때, 공산주의자들은 자신들의 공격 본능을 누구에게 풀게 될 것인가를 질문한다. 여기서 쟁점은 근본적으로 계급투쟁의 문제라기보다는 오히려 인간적 성향—혹은 충동—의 문제이다. 이런 의미에서 우리는 불교 정치학이 섹슈얼리티와 성적 차이와 어떤 관계를 갖는지를 제대로 질문해본 적이 거의 없었다.[158] 이 질문이 바르트, 푸코, 훅스(hooks), 이리가레(Irigaray), 크리스테바(Kristeva), 세즈윅(Sedgwick), 로넬(Ronell)과 같이 아시아 종교의 실천과 잘 어울리는 비평이론가들을 계속 따라다니듯이, 그 질문은 바타유로부터 초펠, 그리고 스나이더로 이어지는 이 글에도 계속 따라다닌다. 또한 이 질문은 수도원 생활을 섹슈얼리티와 젠더 문제를 무력화하려는 급진적인 시도로 보든, 아니면 탄트라를 깨달음을 위한 섹슈얼리티의 "은밀한" 타협으로 보든 간에 불교 공동체들에도 계속 따라다닌다.

이 질문은—역사적이든 유물론적이든, 혹은 다른 것이든— 무엇이 인간 존재를 다른 방식으로 행동하게 만드는가 하는 것이다. 이것은—바타

---

157 Sigmund Freud, *Civilization and Its Discontents* (New York: Norton, 1962).

158 Bernard Faure, *The Red Thread: Buddhist Approaches to Sexuality* (Princeton, NJ: Princeton University Press, 1998).

유, 초펠, 스나이더, 바디우가 각자 나름의 방식으로 인식하듯이 – 수행의 문제이다. 그렇다면 어떤 종류의 수행인가? 초펠은 "결국 그것은 우리의 마음으로 무엇을 할 것인가 하는 문제다"라고 말한다. 다시 말해, 우리는 우리의 마음으로 집단적으로 무엇을 할 것인가? 투쟁은 단순히 사적이거나 개인적인 것일 수 없다. 집단 현상학(collective phenomenology)에 대한 새로운 연구들이 필요하다. 즉 우리에게 필요한 것은 존재론적 모순, 즉 존재하는 것의 모순에 대한 집단 현상학이다.[159] 나는 불교적 수행이 그런 현상학의 중요한 요소이고 일 수 있다고 생각한다. 그런 수행은 상상할 수 없는 것, 혹은 로렌 베를란트(Lauren Berlant)와 리 에델먼(Lee Edelman)이 최근에 탐구한 용어를 사용하면, "참을 수 없는 것"(the unbearable)과 연결된다. 나의 불교 스승들이 말하듯이, 수행의 성공을 가늠하는 척도는 친절의 능력, 즉 자비이다. 이것이 "유리 집에 사는 것은 최상의 혁명적 미덕이다"라고 말했을 때 벤야민이 의미했던 것일지 모른다. 1928년 모스크바의 호텔에서 승려들이 행한 수행은 내면적이면서 사회적이었다.

그러나 기본적으로 내가 말하고자 하는 것은 "**명상하라**"이다. 지금 당장 실천하라.

이 글에서 제기된 질문에 대한 대답은 단순히 이론적이거나 실천적이거나 이 둘의 결합이 아니다. 여기에는 중요한 연구 질문이 있다. 즉, 20세기 아시아 사회와 비아시아 사회에서 어떤 종류의 불교적 사회주의, 불교적 마르크스주의, 혹은 불교적 아나키즘이 생성되었는

---

159 Eric Chelstrom, *Social Phenomenology: Husserl, Intersubjectivity, and Collective Intentionality* (Lanham, MD: Lexington, 2012).

가? 이것은 어려운 연구 질문이다. 그 이유는 가장 흥미로운 대답이 제도권의 아카이브가 아니라 격렬한 현실적 조건의 한 가운데에서 자신을 표현하기 위해 고군분투하던 개인적이고 집단적인 아주 여린 역사적 삶들의 디테일에서 나올 수 있기 때문이다.

3. 깨달음, 혁명, 치료
프락시스의 문제와 미래의 급진적 무[1]

에릭 캐즈딘Eric Cazdyn

프락시스의 문제

불교의 **깨달음**은 마르크스주의의 **혁명**과 유사하고, 마르크스주의의
혁명은 정신분석의 **치료**와 유사하다는 주장으로 시작해 보자. 이런
유추가 성립되면, 우리는 두 가지 방향 중 하나로 움직이고 싶어진다.
첫째는 이 세 가지 용어가 종종 어설프고 반동적으로 이용되는 것을
비판하는 것이다. 예를 들어, 깨달음은 온갖 종류의 시적 모호함,

[1] 멜론 재단의 뉴 디렉션 펠레우십(New Directions Fellowship) 지원에 감사드리고
편집과 연구에 아낌없는 도움을 준 마틴 자일링거(Martin Zeilinger), 마틴 바스타
라체(Martin Bastarache), 준 안(Juhn Ahn), 피터 피팅(Peter Fitting)에게도 감사
드린다.

감상적 형이상학, 세상에 비판적으로 참여하지 못하는 핑계를 조장하는 근원적이고 신비로운 불성(Buddha nature)으로 비판받는다. 혁명은 순진한 몽상가들로 하여금 지금-여기의 정치적 현실을 외면하게 만드는 부질없는 희망이라고 비판받는다. 그리고 치료는 정신분석 환자들이 깨어나야 하는 핵심적인 이데올로기적 환상으로 비판받는다. 두 번째 방향은 깨달음과 혁명과 치료의 보다 급진적인 차원을 강조한다. 불교에 깨달음이 없다면, 그것은 무의미한 영적 수행이나 제한된 자유주의적인 휴머니즘적 비판에 머문다. 마르크스주의에 혁명이 없다면, 그것은 관념론적 정치철학이나 급조한 사회민주주의적 개혁이 된다. 정신분석에 치료가 없다면, 그것은 무기력한 심리 치료나 정통적인 정신분석적 기술이 된다. 이처럼 보다 급진적인 방향에서 보면, 깨달음과 혁명과 치료는 도달 가능하거나 항상 이미 존재하는 계기가 아니라 **프락시스의 독특한 양식의 징후로 이해하는 것**이 더 나을 것이다.

프락시스는 오늘날 이론을 실천으로 전환하는 것, 혹은 더 환원적으로는, 단순히 행동 내지 실천 그 자체를 나타내는 암호로 통상 이해된다.[2] 프락시스가 종종 이런 방식으로 이해된다고 하더라도-불교,

---

2 예를 들어, 스티븐 하이너(Steven Heine)는 아베 마사오(Abe Masao)의 고전적 연구인 『도겐 연구』를 소개하면서 "아베는 스즈키 다이세츠(鈴木大拙)와 히사마츠 신이치(久松眞一)에게 강한 영향을 받았으며, 철학적 이론을 넘어선 종교적 실천의 한 형태로서 선에 대한 그들의 관심을 공유한다"라고 말한다. Abe Masao, *A Study of Dōgen: His Philosophy and Religion* (Albany: State University of New York Press, 1992), 3.

마르크스주의, 정신분석의 다양한 역사를 통해 (때때로 그 주요 사상가들에 의해서) 일관되게 제대로 이론화되지 않았고 잘못 이해된다고 하더라도 – 이는 프락시스가 이 세 가지 담론에서 실제로 기능하는 방식과는 아주 다르다. 따라서 우리의 첫째 임무는 프락시스를 처음부터 다시 이론화하는 것이다. 그럼으로써 프락시스라는 용어가 안이하고 혼란스럽게 활용되는 것을 거부하고, 프락시스를 하나의 문제로서, **이론과 실천 간의 관계의 문제**로서 이해할 필요가 있다.

프락시스라는 용어에는 다양한 전통들이 있으며, 아리스토텔레스가 프락시스를 **포에시스**(*poesis*)와 **테오리아**(*theoria*)와의 관계 속에서 이해했다는 것을 망각해서는 안 된다. 그러나 프락시스가 이론과 실천 간의 관계의 문제라고 주장하는 것은, 이론이 한계에 봉착했을 때 오직 토대를 바꾸는 실천을 통해서만 이론은 역사의 장벽을 헤쳐나갈 수 있고, 마찬가지로 실천이 한계에 봉착했을 때 이론적 엄밀성만이 상황을 돌파해갈 수 있다고 주장하는 것이다. 가장 중요한 것은 이론과 실천의 문제에 대한 실질적인 해답은 없으며, 실천이 이론적인 사건이듯이, 이론이 실천이라는 재치 있는 인식조차 해답이 아님을 받아들여야 한다는 것이다.[3] 이 문제의 해결에는 대체로 실패들만

---

3 여기서 우리는 질 들뢰즈가 『시네마』(*Cinema*) 제1권의 마지막 단락에서 영화가 탄생한 지 50년 만에 영화가 새로운 이미지로 변모했다는 것, 즉 새로운 이미지가 "진정으로 사유되고, 사유 그 자체"가 되어야 한다는 혁신적인 주장을 한 것을 기억하고 싶을 것이다. 즉, 영화는 단순히 사유나 영화 제작의 실천을 재현하는 것이 아니라 사유 그 자체가 되어야 한다는 것이다. Gilles Deleuze, *Cinema 1: The Movement-Image* (Minneapolis: University of Minnesota Press, 1995), 215.

존재한다. 프락시스는 이론과 실천을 통합하려는 욕망을 가리킨다. 그런 기획이 불가능할 수밖에 없다고 하더라도 말이다. 프락시스는 이런 통약 불가능성(incommensurability)을 추동하고-그것에 의해 추동되고- 있다. 프락시스는 사유, 명상, 이해, 실험, 행동, 성취, 상실, 변화 사이를 움직이는 끊임없는 운동이며, 이것들 중 어느 것도 독립적으로 존재하지 않으며, 항상 다른 것에 의해 보충되고, 항상 그것들이 작용하는 역사적 순간의 논리와 불가분하게 연결되어 있다. 이러한 긴장-이런 범주들을 구성하는 환원 불가능한 간극-은 임상실에 있는 정신분석가, 거리에 있는 마르크스주의자에게 피할 수 없듯이 사찰에 있는 불교도에게도 피할 수 없는 것이다.

그러나 프락시스가 불교, 마르크스주의, 정신분석의 중심 문제라고 말하는 것은 불교, 마르크스주의, 정신분석 그 자체가 문제틀이라고 말하는 것과 같은 것이다. 이것은 마르크스주의를 낡은 것으로, 혹은 19세기의 실패한 철학과 사회이론으로 비판하는 사람들에 대한 대응으로 프레드릭 제임슨이 펼친 탁월한 주장이다. 제임슨은 하나의 문제틀로서의 마르크스주의는 "(정치적 형태이든 경제적 형태이든 철학적 형태이든) 특정한 입장에 의해서 이해되기보다는 연구 대상(자본주의 자체)과 더불어 항상 운동 중이고 역사적 재배치와 재구조화 속에서 이론적으로 개념화되는 구체적이고 복합적인 문제들에 대한 충실한 접근을 통해 이해될 수 있다"[4]라고 썼다. 제임슨이 계속 주장하듯이, "마르크스주의적 문제틀에서 생산적인 것은 새로운 문제들을 생성할

4 Fredric Jameson, *Valences of the Dialectic* (New York: Verso, 2010), 372.

수 있는 능력이다."[5]

　우리의 현 순간을 예로 들어보면, 금융자본과 신자유주의적 착취의 전략이 지배하는 현행 체제는 자유와 민주주의에 대한 냉전의 정치적 정당화에 더 이상 의지하지 않는 이데올로기들에 의해 뒷받침된다. 외부의 적에 맞서 자유를 수호하기 위해 굶거나 죽도록 일하라는 명령 따위는 더 이상 통하지 않는다. 오히려 오늘날의 포스트 포스트-냉전(post post-Cold War)의 희생 이데올로기들은 지속 가능성과 성장의 경제 논리를 노골적으로 정당화하고 있다. 우리가 죽는 것은 자본주의적 이윤과 팽창의 논리가 우리의 생명을 구할 의약품을 제공하지 못하게 막기 때문이다. 다시 말해, 가장 취약한 사람들은 전 지구적 자본주의 체제가 적어도 자체의 모순을 관리하고자 한다면, 자신들의 생명을 구해줄 여력이 없다는 진실을 듣게 되는 것이다. 이와 같이 이데올로기를 관념론적인 정치적 사고에서 실용적인 경제적 사고로 변경하는 것은 노동과 자본의 관계, 그리고 인간 자유의 현재 가능성과 한계에 의해 영향을 받으면서 또한 거기에 영향을 끼친다. 이러한 상황으로 인해 새로운 문제가 되는 것이 바로 혁명(혁명의 조건이자 동시에 혁명을 향한 욕망)이다. 혁명이 항상 마르크스주의적 비판의 바탕에 있지 않다는 것은 아니다. 혁명은 항상 거기에 있다. 하지만 전 지구적 자본주의의 현 체제와 관련하여 이제 혁명은 다시 이론화될 필요가 있고, 그리고 이런 과정 자체가 사고와 행동의 새로운 가능성을 만들어낸다.

---

5 Ibid.

혁명 이후에 무엇이 오는가에 대해, 만일 우리가 그것을 사전에 인지하고 있다면, 그것은 혁명적이지 않을 가능성이 있다. 이는 혁명이—발전 서사의 마지막 페이지처럼— 도달해야 할 목적지가 아니라 사고와 행동을 살아있게 하는 불꽃이라고 말하는 또 다른 방식이고, 이는 근본적으로 다른 사유와 행동 방식이 근본적으로 다른 역사적 구성체 내부에서만 가능하며, 근본적으로 다른 역사적 구성체가 항상 가능하다는 것을 상기시킨다.

혁명적 욕망은 불가능한 것에 대한 일종의 초월적 또는 희망적 사고를 의미하게 되었다. 하지만 이런 의미를 받아들이는 것은 마르크스주의와 실천의 이해에서 혁명 개념의 의미를 오해하는 것이다. 만일 혁명적 욕망이 불가능한 것을 끌어들인다면, 이는 궁극적으로 가능성의 영역을 바꾸기 위한 것이다. 역사적으로 가능한 것이 역사적으로 불가능한 것에 의해 형성되고 불가능한 것을 형성하기 때문이고, 불가능한 것과의 관계가 곧장 가능한 것과의 관계가 되기 때문이다. 불가능한 것—예를 들면, 자본주의 내에서 사회적 평등을 생산하려고 하는 자유주의적 불가능성이 아니라 자본주의라는 제한적 공간에서 비자본주의적 미래를 상상하고 쟁취하기 위해 투쟁하는 급진적 불가능성—과 맞부딪힘으로써 마르크스주의는 혁명을 일종의 현실 검증의 기준으로, 즉 냉소적 이성과 무익한 이론 및 정치에 맞선 현실 검증의 기준으로 활용한다.

이와 같은 방식으로 우리는 정신분석을 20세기 초의 마음 이론 내지 심리학이라기보다는 전 지구적 자본주의의 현행 논리와 관련하여 무의식의 문제를 재정식화하려는 노력으로 볼 수 있다. 무의식은 근본적으로 다른 미래를 비추고(무의식은 실제로 바로 이 미래에서 온다),

오늘날 과거를 향하기보다는 미래를 향한다. 이런 식으로 치료는 과거의 트라우마를 들춰내기 위한 것이 아니라(이런 실천이 아무리 치료법적으로 효과적이라고 하더라도), 오히려 미래의 트라우마, 가장 중요하게는 미래 자체의 범주와 가능성을 새롭게 정의하는 트라우마를 조명하기 위한 것으로 재정식화된다. 근본적으로 다른 미래(미래-미래future-future라고 불릴 수 있는 것)보다 현재-미래를 종결짓는 것은 필연적으로 주체의 제거 내지 적어도 현재-미래(present-future)를 관리하려는 주체의 욕망에 대한 치료를 포함한다. 오늘날 정신분석적 문제들에서 가장 생산적인 것은 치료에 대한 새로운 문제–우리가 치료를 포기한 이후의 치료, 이런 치료를 욕망하는 자유주의적 휴머니즘적 주체를 포기한 이후의 치료–를 생성할 수 있는 능력이다.

지난 30년 동안 정신분석의 운명이 (심리적 증상의 치료로서든 치료 그 자체에 대한 욕망에 대한 치료로서든) 인기 있던 "대화 치료"(talking cure)에서 정신의학의 장이 숨기고 싶었던 거북한 삼촌(embarrassing uncle)으로 역전된 것은 오늘날 치료의 탈중심화, 그리고 인지적 행동 치료와 향정신성 약물처방의 엄청난 성장과 관련되어 있다. 많은 사람들은 1895년 프로이트가 요셉 브로이어(Joseph Breuer)와 함께 쓴 『히스테리 연구』(*Studies in Hysteria*)에서 치료를 "히스테리적 고통을 일상적인 불행으로 변형하는 것"[6]이라고 농담한 것을 잘 알 것이다. 그러나 종종 까먹는 것은 그 다음 구절이다. 즉 "건강을 회복한 정신생활을 통해 당신은 그러한 불행에 더 잘 대처하게 될

6 Sigmund Freud and Joseph Breuer, *Studies in Hysteria*, trans. Nicola Luckburst (New York: Penguin, 2004), 306.

것이다."[7] 실제로 일상적인 불행이 목적이 될 수는 없다. 왜냐하면 그것은 고전적 마르크스주의 테제에 대한 다음과 같은 유희, 즉 "정신분석은 주체를 단지 해석해 왔을 뿐이다. 중요한 것은 그것을 변혁하는 것이다"라는 더 근본적인 변화 대신에 단지 증상의 **관리**에 불과할 것이기 때문이다. 따라서 일상적 불행은 아주 좋은 치료법의 목적이 되어서는 안 된다. 오히려 일상적 불행은 목적을 위한 수단, 불행과의 보다 생산적인 투쟁을 하기 위한 수단, 아무리 순간적이라 하더라도 행복으로 나아가기 위한 수단일 뿐이다. 라캉에게 치료에 대한 욕망은 제한적이었음에도 불구하고 결정적이었다. "치료는 항상 행복한 부수적 효과인 것처럼 보이지만 … 분석의 목적은 치료가 아니다."[8] 여기서 이끌어낼 필요가 있는 것은 신경증적 혹은 정신병적 증상의 치료를 뛰어넘어 치료라는 근본적 범주가 갖는 더 광의적인 철학적·정치적 이해관계에 도달하는 정신분석 이론이다. 욕망, 환자와 분석가의 욕망, 나아가서 정신분석 자체의 욕망을 설명하는 치료가 없다면, 우리는 정신분석의 영역을 벗어나게 된다. 아마도 이것이 정신분석 (psychoanalysis)과 정신요법(psychotherapy)을 구분하는 또 다른 방법일 것이다. 분석은 (완전한 방식으로 성취할 수는 없다고 하더라도 실질적인 변화의 가능성을 보존하는 기능을 하는 부정적 범주로서) 치료의 활용 없이 더 이상 가능하지 않다. 반면에 요법은 치료 없이도 아주 성공적으로 관리될 수 있다.

---

7 Ibid.

8 Jacques Lacan, "Intervention," G. Favez, "Le rendez-vous avec le psychanalyste," *La Psychanalyse* 4 (1958): 305-14.

마찬가지로 우리는 불교를 고대 동양 종교 또는 영적 수행으로서보다는 깨달음의 문제에 대한 관심, 그리고 깨달음을 욕망하는 행위가 우리를 어떻게 바로 그 욕망을 자극하고 재생산하는 문화에 갇히게 하는가 하는 문제로 볼 수 있다. 핵심 질문은 깨달음을 욕망하지 (desiring) 않으면서 깨달음의 바람직함(desirability)을 유지하는 방법이다. 이것은 현재의 순간을 위해 깨달음의 문제를 재구성하는 것이다. 이 경우에 깨달음은 생각할 수 없고 꿈꿀 수 없고 알 수 없는, 오직 비-깨달음이나 미망의 상태에서만 생각하고 꿈꾸고 알 수 있는 상태를 나타낸다. 마르크스주의의 혁명과 정신분석의 치료처럼 이 깨달음의 역설은 처음부터 불교를 규정해 왔다. 여기서 우리는 "갈애" (渴愛 *tṛṣṇa*)(상주불변성에 대한 집착에서 생겨나는 한, 유해한 것으로 이해된다)와 "보리심"(菩提心 *bodhicitta*)(자비와 해탈에 기반을 둔 깨달음에 대한 욕망에서 생겨나기 때문에 유익한 것으로 이해된다) 간의 구별을 떠올리고 싶을지 모른다.[9] 하지만 하나의 문제로서 깨달음은 오늘날 전 지구적 자본주의의 현 공간 내에서 다른 식으로 기능하고-깨달음이 주류 문화에 의해 반동적 양식으로 전유됨으로써 급진적 의미를 박탈당한 채 급진적 욕망을 부추기기 위해 판촉 또는 판매되는 하나의 상품이 되어버렸다는 점을 반박하기 위한 것이긴 하지만- 초점을 새롭게 재조정할 것을 요구한다. 동시에 깨달음은 남는 것이라고는 미지의 미래의 급진적 위협을 외면하려고 "하루하루" 산다거나 "현재에" 머물게 해달라는 허약한 주문에 매달리는 욕망만큼이나 조롱과 비판의 대상이 되고 있다.

---

9 이 원고를 검토해준 익명의 심사자 중 한 분이 불교가 역사적으로 깨달음의 모순을 타협해간 방식에 대해 이런 주장을 강조해 주어 감사드린다.

지난 20년 동안 불교 내에서 가장 흥미롭고 폭발적인 논쟁 중 하나가 일본의 두 배교적인 불교학자인 하카마야 노리아키(袴谷憲昭)와 마츠모토 시로(宋本史郞)에 의해 주도된 깨달음에 관한 논쟁이었다. 하카마야와 마츠모토는 자신들이 말한 "비판불교"(Critical Buddhism)[10]의 관점에서 보면 거의 모든 일본불교가 사실상 비불교적이라고 주장한다. 그들은 특정 형태의 본각 사상(本覺思想 *hongaku shisō*) – 만물의 본질적 깨달음, 윤회(*saṃsāra*)와 열반(*nirvāṇa*)의 동일성, 조화(和 *wa*)의 토착주의적 활용, (선악을 포함한) 모든 이원성의 초월, 일본 토속신과 부처의 무차별성 등을 주장하는 잘못된 에토스 – 이 일본 역사 전반에 걸쳐 만연해 있고, 2차 대전 당시의 일본 파시즘에서 오늘날 젠더 불평등, 환경 파괴, 비판적 사고에 대한 대대적인 반감에 이르기까지 모든 역사적 오점에 책임이 있다고 주장한다.[11] 그 어느 것도 비판불교의

———

10 (역주) 비판불교批判佛教는 하카마야 노리아키(袴谷憲昭)와 마츠모토 시로(宋本史郞)가 주창한 불교운동으로서 일본사회에서 사회적 차별을 용인하는 기존 불교의 체제유지적이고 현실외면적인 보수성을 비판하는 한편, 공 사상에 대한 철저한 해석을 근거로 기존의 대승불교를 비판한 운동이다. "비판만이 불교다"라고 말한 하카야마 노리아키의 주장처럼 이들은 불성이나 본각本覺에 대한 가르침, 장소성을 강조하는 교토학파의 불교, 『유마경』에 나오는 불이不二 사상이나 진여眞如 사상, 그리고 선불교의 대부분이 불교가 아니라고 비판한다. 이들은 인도와 티베트 불교의 공과 반야의 사상에 근거하여 힌두교의 베단타 사상에 영향을 받은 불교의 기체설이나 본각 사상을 비판하고자 하는 특징을 가지고 있다. 자세한 것은 류제동, 「비판불교의 대승불교 사상 비판」, 길희성 외 공저, 『일본의 종교문화와 비판불교』(동연, 2020)와 제이미 허바드, 「서론」, 제이미 허바드·폴 L. 스완슨 편, 『보리수 가지치기』, 류제동 옮김(씨아이알, 2015)을 참조하라.

비판으로부터 자유롭지 않았으며, 이 비판은 계급 모순을 떨쳐버리기
위한 명상법으로 불교에 기대고 있는 서구 불교도뿐만 아니라 스즈키
다이세츠에서 일본 천황의 신도적 불교, 나아가서 위대한 일본 선승인
도겐(여전히 현대적 사고와 실천에 대한 비판불교의 근본적 수정을 위한
시금석으로 남아 있다)에 이르기까지 거의 모든 일본불교도들에게로
확장되었다. 이것은 특히 교토학파의 철학자를 항상 존경하면서도
그들의 불교와 잔인한 일본제국주의의 기획과의 협력 관계를 너무나
잘 인식하고 있기 때문에 그들 작업 중 일부조차 진지하게 받아들일
수 없었던 우리와 같은 일본학 연구자들에게 아주 놀라운 발전을
나타낸다. 그러나 도겐 학자인 김희진이 깨달음에 대한 하카마야와
마쓰모토의 가차 없는 비판을 "목욕물과 함께 아기를 버리는 것"이라고
비판할 때, 거기에는 중요한 뭔가가 있으며, 우리는 그 내용을 진전시

---

11 Hakamaya Noriaki, *Hongaku shisō hihan (Critique of the idea of Original
Enlightenment)* (Tokyo: Daizō Shuppan, 1989), Paul Swanson's "'Zen Is Not
Buddhism': Recent Japanese Critiques of Buddha-nature," *Numen* 40 (1993):
115-49. 또한 영어 저작으로는 다음 책들을 참조하라. *Pruning the Bodhi
Tree: The Storm over Critical Buddhism*, ed. Jamie Hubbard & Paul L. Swanson
(Honolulu: University of Hawai'i Press, 1997), Jacqueline I. Stone's *Original
Enlightenment and the Transformation of Medieval Japanese Buddhism*
(Honolulu: University of Hawai'i Press, 2003), James Shields' *Critical Buddhism*
(London: Ashgate, 2011). 일본어로 된 책으로는 Matsumoto Shirō, *Zen shisō
no hihanteki kenkyū (Critical Studies in Zen Thought)* (Tokyo: Daizō Shuppan,
1993), *Engi to kū: Nyoraizō shisō hihan* (Pratityasamutpada *and Emptiness:
Critiques of the Doctrine of* tathagata-garbha) (Tokyo: Daizō Shuppan, 1989)을
참고하라.

키기 위해 혁명과 치료에 관한 우리의 주장을 이어갈 것이다.[12]

비판불교는 깨달음의 문제보다는 역사적 시간의 인과성과 현재의 구체적 현실을 강조함으로써 전 지구적 자본주의의 현 정치적 상황을 보다 직접적으로 다루고자 한다. 나아가서 그들은 또한 부락민(추방된 공동체)에 대한 부당한 대우에서 조작된 반역죄로 승려를 제명하는 일에 이르기까지 자신들의 불교 전통인 조동종曹洞宗 내의 차별의 역사를 폭로하고자 한다.[13] 가장 보수적 제도 중 하나에서 생겨난 이러한 노골적인 정치화와 가차 없는 비판정신은 일본 사회의 주변부에서 오랫동안 싸워 왔던 (불교와 비-불교의) 많은 활동가들에게 위안과 영감을 주었다. 더욱이 이 비판은 많은 서양불교의 오리엔탈리즘적 차원 – 적어도 탈정치화와 부당한 사회체제의 재생산(아침에는 기업체의 간부로 출근했다가 저녁에는 명상 수행하는 수도승이 되는 경우)을 정당화하기 위해 희석된 불교 원칙을 사용하는 다양한 형태 – 속으로 깊이 파고든다. 이런 씁쓸한 순환 과정에 대한 슬라보예 지젝의 비판, 즉 불교 윤리가 종종 후기자본주의의 최상의 이데올로기로 변질된다는 비판은 정확한 것이다.[14] 하지만 비판불교학자들은 수십 년 동안 이를

---

12 Hee-Jin Kim, *Dōgen on Meditation and Thinking: A Reflection on His View of Zen* (Albany: State University of New York Press, 2007), 55.

13 Hubbard, *Pruning the Bodhi Tree*, x. 이 사례에 대해 더욱 상세한 설명은 William Bodiford, "Zen and the Art of Religious Prejudice: Efforts to Reform a Tradition of Social Discrimination," *Japanese Journal of Religious Studies* 23 (1996): 1-28을 보라.

14 지젝은 이런 주장을 다양한 강연과 글에서 해왔는데, 다음을 참조하라. "The Irony of Buddhism," November 26, 2012; "The Buddhist Ethic and the Spirit

계속 주장해왔다.

일본문화에 대한 엄밀한 문헌학적 고찰과 통렬한 정치적 비판과 더불어 이러한 놀라운 개입을 시도하는 과정에서 비판불교학자들은 깨달음의 순간(시작이나 끝)을 물신화하는 것에서 프락시스를 자유주의적 방식의 단일한 이슈로 제한하는 것에 이르기까지 깨달음에 대한 자신들의 비판을 과도하게 확장한다. 사실상 그들은 더 거대한 혁명적 기획을 희생시키면서 단편적인 정치개혁을 옹호하고 말았다. 일본적 상황에서 현존하는 사회적 상황에 대한 이런 실천적인 개혁은 아주 의미 있고 꼭 필요한 것이다(특히 일본의 권력제도에 대한 이러한 정치적 저항은 거의 찾아볼 수 없기 때문이다). 그러나 자본주의를 자연화하고 대안체제를 제안하고 꿈꾸며 쟁취하기 위해 투쟁하는 데 필요한 상상력을 고사시킴으로써 신자유주의 이데올로기와 잘 어울리는 것이 바로 이런 일상적 개혁주의다. 혁명, 치료, 깨달음의 급진적 차원을 유지하는 것은 마르크스주의, 정신분석, 불교의 혁명적 정신을 유지하는 것과 같다.

혁명에 대한 이러한 언급은 왜 처음부터 불교, 마르크스주의, 정신분석 사이의 관계를 탐구해야 하는가 하는 질문으로 우리를 데려간다. 이에 대한 한 가지 답변은 그럴 필요가 없다는 것이다. 그럴 경우, 세 가지 담론을 모두 축소하게 되고, 많은 개념과 원칙들을 탈맥락화하는 어리석음을 범하고 말 것이기 때문이다. 다른 답변은, 우리가

---

of Global Capitalism," August 10, 2012, at the European Graduate School; "Lacan against Buddhism," *Less Than Nothing: Hegel and the Shadow of Dialectical Materialism* (London: Verso, 2012), 127-35.

불교, 마르크스주의, 정신분석이 적어도 동시대의 관점에서 볼 때 전 지구적 자본주의의 역사적 맥락을 공유하고, 따라서 유사한 한계들과 싸우고 있다는 것을 알고 있을 때, 이 세 가지를 탐구해볼 가치가 있다는 것이다. 이는 이 세 영역들로부터 소외되거나 배제되었다고 느끼는 사람들—이런 경험은 종종 아주 정당한 것이며, 이 분야들에 열정을 쏟고 있는 사람 측에서도 진지한 관심이 필요하다—에게 이 영역들을 개방하려는 시도이기도 하다. 종종 이런 부정적인 감정들은 세 가지 담론이 생산할 수 있는 풍부하고 필수적인 분석과 존재 양식에 대한 반응이라기보다는 이 담론들이 상징한다고 생각하는 것(환원적 비판, 기회주의적 폭력, 위선적 도덕화, 유물론을 가장한 관념론, 무익하고 근거 없는 실천, 실패)에 대한 우리의 환상적 투사이다. 특히 이것은 우리의 동시대적 순간에도 사실이다. 다시 말해, 이것은 불교, 마르크스주의, 정신분석을 문제틀—한편에서는 서로 상이한 형식의 사고와 행위(그리고 비-사고와 비-행위)와 다른 한편에서는 그것들이 처한 상황으로 인해 새로운 문제들이 제기되는 역사적 맥락 사이의 분리 불가능한 관계에 초점을 두는 참여 양식—로 이해하려는 노력이다.

이제 우리는 불교, 마르크스주의, 정신분석을 연결하는 우리의 목록에 또 하나의 핵심 문제, 즉 욕망의 문제와 그 연장으로서 이런 영적·정치적·심리적 욕망의 주체가 죽어야 하는 과정에서 깨달음, 혁명, 치료에 대한 욕망이 어떻게 다시 활기를 띨 수 있는가 하는—욕망 없는 욕망— 문제를 추가할 수 있다. 불교, 마르크스주의, 정신분석의 근본적 핵심이 활용될 수 있는 것은 오직 이런 욕망 없는 욕망이 실현될 때이다. 나는 이 핵심이 개인 주체와 사회 집단 모두를 위해

도덕의 차원을 넘어선 비판과 급진적 미래를 열어준다고 주장할 것이다.

불교, 마르크스주의, 정신분석의 열렬한 신봉자들이 공유하는 충실성이 있다면, 그것은 문제틀 그 자체에 대한—이 문제틀에 대해 깨달음과 혁명과 치료의 문제들이 중심, 즉 프락시스라는 근본 문제가 자리하고 항상 자리해온 중심을 향해 나아가는— 충실성이다. 이 지난하고 해결하기 힘든 프락시스의 문제는 이 세 가지 담론의 생성에 압력을 가하고, 이 담론들을 촉발하게 만든 모순의 토대가 될 뿐만 아니라 각 담론의 역사로 돌아가서 거기에 새로운 활기를 불어넣는다.

예를 들어, 정신분석에서 프락시스는 처음부터 프로이트에게 도전적인 것이었다. 자신이 제대로 정신분석을 받아보지 않은 채 어떻게 정신분석을 이론화할 수 있는가? 다시 말해, 프로이트는 모든 분석가가 반드시 자신에 대한 분석을 경험해야 한다는 정신분석의 제1원칙을 어겼기 때문에 그의 정신분석이 어떻게 사기가 아닐 수 있는가? 하지만 정신분석가가 존재하지 않는 상황에서 프로이트는 어떻게 정신분석을 받을 수 있었을까? 프로이트가 자기 자신을 자기 분석하려고 했던 것은 『꿈의 해석』(*Interpretations of Dreams*)과 빌헬름 플라이스(Wilhelm Fleiss)와의 우정을 통해서, 그리고 자신의 분석을 환자를 통해 수행했던 방식을 통해서였다. 프로이트가 일찍부터 깨달은 것은, 분석가가 환자와 관계할 때 분석가는 이미 이론화하고 있다는 것—그리고 분석가와 환자 사이의 특별하고 장기적인 관계(바로 여기서 그들 간의 관계 자체가 분석되거나 이론화되어야 할 실천적 소재가 된다)가 이러한 프락시스의 규칙을 다루기에 이상적인 장소라는 것—이었다. 임상진료실은 실천의 장소인 만큼 이론의 장소이기도 하다. 마찬가지로 정신분석 에세이, 사례 연구, 세미나는 이론의 장소인 만큼 실천의 장소이기도 하다. 멜라니 클라인(Melanie Klein)은 정식으로 철학 훈련을 받은 적은 없으면서도 오로지 아이들과 함께 일한 경험을 바탕으로 획기적 인 대상관계 패러다임을 이론화했다. D. W. 위니코트(Winnicot)의 정신분석 에세이는 안아 주기, 놀이, 참된 자아와 거짓 자아와 같은 언어와 문제들을 사용하는 등 기만적일 정도로 단순하지만 임상진료 를 당시의 지배적인 철학적 개념들에 억지로 끼워 맞추기보다 임상진 료 자체를 통해 개념을 창조하는 방식으로 진행하였다. 더욱이 이러한 점을 자신의 스타일—예를 들어, 구두 세미나의 형식 자체가 (단순히 개념을 전달하는 세미나와 달리) 실제로 개념을 생산하는 방식—을 통해 재구축하 는 것을 자크 라캉(Jacques Lacan)보다 더 뛰어나게 한 사람이 있을까?[15] 라캉은 세미나실의 이론가도 아니고 임상진료실의 실천가도 아니다. 오히려 라캉은 두 곳 모두에서 두 가지 역할을 모두 해낸 사람이다.

마르크스에게도 프락시스의 문제는 처음부터 나타났다. 부르주아 지식인으로서의 자신의 계급적 위치가 어떻게 그의 사유를 오염시키 지 않을 수 있었을까? 독일 관념론 철학자들에게 그랬던 것처럼 마르크스 자신의 맹점이 왜 그의 이론을 허물어뜨리지 않았을까? 마르크스는 정확히 자신의 비판의 중심에—이 경우에 자본주의라고 일컫는 부재하는 존재(absent presence)로서— 이러한 맹점을 둠으로써 마르크스주의를 생산할 수 있었다. 가령 마르크스는 고전 정치경제학

---

15 이 점에 대해 Jameson, "Lacan and the Dialectic: A Fragment," *Lacan: The Silent Partners*, ed. Slavoj Žižek (London: Verso, 2006)을 보라.

자들을 뛰어넘는 수많은 진전을 이루지는 못했다. 다른 많은 주요 개념들과 더불어 그의 노동가치 이론은 그가 글을 쓸 당시 이미 존재하고 있었다. 상황이 새로워진 것은 마르크스가 개념들을 서로서로 연결짓거나 자신이 자본주의라고 부른 총체성(또는 논리)과 관련짓는 방식이다. 프로이트에게 무의식처럼 자본주의는 부재하는 존재―즉 모든 구성요소들이 맹점을 구성하는 것처럼 이 모든 요소들을 형성하는 맹점―이다. 이런 점에서 「포이어바흐에 관한 테제」의 11번째 테제에서 해석과 변혁 간의 대립은 단지 행위를 옹호하려고 철학을 공격하는 것이 아니라 오히려 현 상태를 재생산하는, 즉 자본주의라고 불리는 맹점을 재생산하는 (철학적이든 아니든) 행위에 대한 공격이다.

불교에서도 프락시스의 문제는 처음부터 존재했다. 우리는 깨달음을 욕망하는 것이 아니라 깨달음을 추구하는 싯다르타 고타마의 행위가 불교의 첫 번째 원칙, 즉 깨달음을 추구하고 욕망하는 것이 공의 진리로 나아가는 데 방해가 된다는 원칙을 위반하는 것처럼 보인다는 것을 알고 있다. 실제로 이 문제는 제자들에게 "앉아라!", "명상하라!", "좌선하라!"고 가르친 것으로 유명한 도겐에게도 마찬가지다. 도겐 자신이 가장 왕성하고 개념적으로도 정교한 불교 사상가이자 저술가 중 한 명으로 잘 알려져 있음에도 불구하고 말이다. 사회적으로 더 의식적이고 더 정치화된 불교로 나아가는 오늘날의 현실에서 실질적인 사회 변화에 필연적으로 수반되는 폭력과 유혈사태의 문제는 여전히 존재한다. 앞서 언급한 일본의 비판불교 운동과 같이 자본주의 논리의 필연적 모순에 의해 유지되는 보다 자유주의적이고 심지어 사회민주주의적인 해결뿐만 아니라 스스로 반#마르크스주의자이자

반¥불교도라고 말한 달라이 라마의 유명한 발언에 대해 이의를 제기
하는 것처럼 보이는 것도 바로 이런 폭력적 현실이다.[16] 실제로 이런
문제를 제기한 것이 달라이 라마 자신이다. 그는 자본주의 체계가
불평등과 폭력에 의해 구조화된 체제임을 충분히 인식했음에도 불구
하고 마르크스주의로부터 영감을 얻었고 자신이 몹시 소망하던 세계
를 낳을 수도 있는 혁명의 충분한 함의를 지지할 수 없었다. 달라이
라마가 오늘날 중국의 시장사회주의가 자신이 마음에 두고 있는 마르
크스주의의 모델이 아니라고 이해하고 있다는 것은 말할 필요가 없다.

달라이 라마가 오늘날의 전 지구적 자본주의 체제 내에서 반불교도,
반마르크스주의자가 될 수 없다는 것은 프락시스 문제로 다시 돌아가
야 한다는 것을 의미한다.[17] 만일 우리가 프락시스에 대한 이러한

---

16 달라이 라마의 발언은 다양한 형태로 유포되었다. 내가 이 글을 가장 먼저
본 것은 Dalai Lama, *Beyond Dogma: Dialogues and Discourses* (Berkeley:
North Atlantic Books, 1996)이다.

"모든 근대 경제이론 중에서 마르크스주의의 경제체제는 도덕적 원칙에
근거하고 있는 데 반해, 자본주의는 이윤과 수익에만 관심이 있습니다. 마르크
스주의는 평등한 토대와 생산수단의 공평한 활용에 근거한 부의 분배에
관심이 있습니다. 또한 그것은 대다수인 노동자 계급의 운명과 나아가서
소외되고 궁핍한 사람들의 운명에도 관심이 있으며 소수에 의한 착취의
희생자들의 삶을 걱정합니다. 이런 이유로 마르크스주의는 저에게 호소력이
있고 공정한 것 같습니다. … 소비에트 체제의 실패는 나에게 마르크스주의의
실패가 아니라 전체주의의 실패였습니다. 이런 이유로 나는 나 자신을 반¥마
르크스주의자이자 반¥불교도라고 생각합니다." (109)

17 Stuart Smithers, "Occupy Buddhism: Or Why the Dalai Lama is a Marxist,"
Tricycle magazine, http://www.tricycle.com/web-exclusive/occupy-buddhi

새로운 정의―이론과 행위 간의 관계의 문제를 새겨넣는 정의―를 받아들인다면, 우리는 이 문제 자체가 역사의 한 순간에서 다음 순간으로 넘어갈 때 어떻게 달라질 수 있을지를 묻지 않을 수 없다. 그리고 문제를 좀 더 복합적으로 말하면, 우리는 프락시스의 문제가 변화 그 자체의 범주에 대한 구성을 너무나 급격하게 변화시킴으로써 새로운 역사적 순간에서 보면 변화가 전혀 변화처럼 보이지 않을 수 있다는 점을 기억해야 한다.

　나의 첫 번째 주장은 불교, 마르크스주의, 정신분석의 기원이 자리하고 있는 곳이 프락시스의 문제가 각 담론의 치열한 쟁론(crucible)으로서 처음 생산되고 이론화된 곳이라는 것이다. 나의 두 번째 주장은 불교, 마르크스주의, 정신분석의 역사에서 프락시스의 문제에 다시 집중하게 되는 것이 각 담론에서 프락시스의 기원적 생산으로의 (반동적이기도 하고 급진적이기도 한) 복귀를 수반하고, 그러한 복귀의 역사적 순간을 구성하는 지배적 모순에 의해 항상 움직이게 된다는 것이다. 이러한 변화들을 추적함으로써 나의 세 번째 주장에 이르게 된다. 즉, 우리의 동시대적 상황에서 불교, 마르크스주의, 정신분석에 대한 몇몇 가장 급진적 개입들이 프락시스 문제와의 새로운 관계설정으로 나타나게 되었고, 방석(불교), 작업장(마르크스주의), 임상실 쇼파(정신분석)로부터 떨어진 곳에서 일어났으며, 이 세 가지 실천들의 근본 논리에 반드시 기반을 두면서 깨달음, 혁명, 치료의 범주들과 떼려야 뗄 수 없이 연결되어 있다는 것이다.

---

sm (2014년 6월 26일 접속).

　이 세 가지 주장과 거기서 시작하는 유추의 정당성을 뒷받침하기 위해 불교, 마르크스주의, 정신분석의 역사 속에서 프락시스에 대한 세 가지 서사들을 서로 엮어 진행해 보자. 나는 13세기 초중반 도겐의 선불교와 수행에 관한 그의 기념비적 저작인 『정법안장』(正法眼藏 *Shobōgenzō*)을 시작으로 마르크스와 그의 『공산당 선언』(*The Communist Manifesto*)과 『자본』(*Capital*)에 대한 형식 분석, 마지막으로 프로이트와 그의 역작인 『꿈의 해석』(*The Interpretation of Dream*)으로 나아갈 것이다. 이들 세 탐구 위에 각 문제틀의 향후 역사를 통틀어 "기원적 순간"으로 돌아가려는 다양한 복귀들이 그려질 것이다.

　이것은 위대한 일본 건축가 이소자키 아라타(磯崎新)의 프락시스를 향한 방향 전환을 보여주는 무대가 될 것이다. 그는 지난 50년 동안 다양한 작업 속에 "마"(*ma* 間)(일종의 부정적 시간-공간) 개념을 끌어들여 깨달음, 혁명, 치료의 문제를 새롭게 조명해 왔다. 이소자키의 "마"는 이 책을 구성하는 세 가지 탐구뿐만 아니라 우리의 세 가지 문제틀을 연결하는 무無의 범주를 이용하는 방법의 역할을 할 것이다. "마" 개념은 유물론적인 무(materialist nothing)(또는 물질성의 무 nothing of materiality)로 설명될 수 있으며, 2011년 일본의 대재난(지진, 쓰나미, 원전 붕괴)에 대한 대응으로 이소자키가 최근 수행한 프로젝트 중 하나(〈아크 노바Ark Nova〉)에 멋지게 구현되었다. 〈아크 노바〉는 500명까지 수용 가능한 이동식 예술 커뮤니티 공간이며 아직 일어나진 않았지만 현재의 우리 내부에 잠재되어 있는 미래의 재난에 대비하는 차원에서 바람을 빼고 이동할 수 있다. 〈아크 노바〉는 미래의 건축이다. 그것은 미래 건축의 모델이 아니라 근본적으로 다른

미래, 즉 현재와 다른, 미래에 대한 우리의 가장 자유분방한 생각과
다른, 그리고 미래에 대한 우리의 개념과 다른, 미래를 위한 건축적
비유이다.

이소자키의 작업과 "마"의 구현은 또한 우리에게 "비평이론"의 범주
에 의지할 수 있는 기회를 제공해 준다. 아무리 넓게 정의하더라도,
그리고 프랑크푸르트학파에서 포스트구조주의와 그 너머에 이르기
까지의 작업들과 미약하게 연결되어 있다고 하더라도, 비평이론은
불교, 마르크스주의, 정신분석의 비-도덕적 차원을 찾아낼 수 있게
해주는데, 이는 궁극적으로 불교, 마르크스주의, 정신분석의 특권적
실천 장소(사찰, 거리, 임상진료실)와 이론 공간(출판, 대학, 세미나)
밖에서 이들의 몇몇 아주 인상적인 개입들을 찾아볼 수 있다는 나의
핵심 주장으로 돌아가기 위해서다. 이소자키가 우리의 세 가지 문제틀
에 대한 탐구에 직접적인 도움이 되지는 않겠지만 그의 작업이 이
문제틀에 대한 아주 인상적인 개입 중 하나임은 확실하다.

이소자키에 관한 이런 주장에는 여기서 나의 생각의 근거가 될
마지막 주장, 즉 특정한 장의 문제를 다루는 작업은 그 특정 문제
자체가 속한 분과학문의 궤적 내에서뿐만 아니라 어떠한 장소에서
어떠한 소재를 대상으로 해서도 가능할 수 있다는 주장이 포함되어
있다. 철학 행위가 종종 철학의 고유성으로 인식되는 영역을 뛰어넘듯
이, 급진적인 정치적·심리적·정신적 행위는 우리가 알고 있는 정치
학, 심리학, 영성과는 전혀 다른 것처럼 보일 수 있다. 이는 비평이론을
정의하는 또 다른 방식이다. 비평이론을 가령 마르크스주의 철학,
라캉의 정신분석, 혹은 선불교와 구분지어 주는 것은 비평이론이

이런 분과학문들을 그것들이 통상적으로 이해되어온 이론과 실천의 외부에서 다룰 수 있다—종종 다룬다—는 인식에 있다.

비평이론은 아마도 독특하게 이러한 가능하지 않은 연결과 대상적 불일치를 낳고 추구하고 심지어 창조하기조차 한다. 그럼으로써 분과학문의 폐쇄성은 극복되고 하나의 문제를 엄격하게 다루는 것은 그대로 유지된다. 이전에 나는 비평이론의 이런 역할을 비-분과학문적 엄밀성, 즉 하나의 문제의 특수성에 주목하고 정전적인 연구를 조심스럽게 활용하면서도 개별적 장 자체의 제도화에 효과적으로 도전하는 새로운 방법이라고 부른 바 있다.[18] 비평이론은 가벼운 철학 내지 하찮은 학제 간 연구가 아니라 무엇보다 오늘날의 대학에서 고착화된 지식의 전문화에 대한 대안이다.

불교, 마르크스주의, 정신분석이 대학 강단에서 편안한 위치를 차지한 적이 없었던 것도 이런 이유 때문일 것이다. 왜냐하면 이들을 급진적으로 추구하는 것은 진리가 우리를 자유롭게 해줄 것이라는 대학의 확고한 기본 가정에 도전하는 것이기 때문이다. 아니다. 진리는 우리를 자유롭게 해주지 않을 것이다. 우리는 이것이 불교, 정신분석, 마르크스주의의 궁극적 교훈이다(그리고 이것이 세 담론이 함께 생산적으로 논의될 수 있는 또 다른 이유이다)라고 주장하는 차원까지

---

18 다음의 내 글을 참조하라. "Japanese Film without Japan: Toward a Nondisciplined Film Studies," *The Oxford Handbook of Japanese Cinema*, ed. Daisuke Miyao (Oxford: Oxford University Press, 2014), 13-14; *After Globalization*, cowritten with Imre Szeman (London: Wiley-Blackwell, 2012), 45-46.

나갈 수 있다. 이 세 담론에서 우리를 자유롭게 해줄 것은 프락시스뿐이
다. 적어도 프락시스의 문제를 다루는 것이 우선 자유롭고 싶은 욕망의
당당하고 생산적인 불가피성은 물론이고 그 욕망의 모순과 역설을
인식할 수 있는 여지를 제공해줄 수 있다. 하지만 이것이 프락시스의
특정한 형식이다. … 즉 이론과 실천(사고와 행동)의 관계라는 풀기
힘든 문제와 그 급진적 변화와의 연관성을 기획의 중심에 두는—그리고
매 순간 기획의 토대를 파괴할 위험이 있는— 형식이다.

도겐과 깨달음, 불교적 프락시스

전해지는 얘기에 따르면 13세기 선불교의 조동종曹洞宗을 탄생시킨
것은 깨달음과 수행에 대한 도겐(道元, Dōgen)의 깊은 의심이었고,
이는 현재까지 이어지는 선불교 역사의 특징이 되었다. 잘 알려져
있듯이 도겐의 유명한 질문은 이미 불성을 가지고 있다면 왜 매일
같이 엄격한 명상 수행을 실천해야 하는가 하는 것이었다. 다시 말해,
만일 이미 본래적 깨달음(original enlightenment 本覺, 불교 가르침의
핵심을 나타내며 젊은 승려 시절 도겐이 훈련받았던 천태종의 중심 원리)을
갖고 있다면, 왜 이런 능력을 얻기 위해 수행해야 하는가?[19] 바로

---

19 "수행과 깨달음이 하나가 아니라는 견해는 비불교적 견해이다. 불법에서 이
둘은 하나다. 수행이 깨달음에 근거하는 한, 초심자의 수행은 전적으로 본래적
깨달음(本覺)에 근거한 것이다. 따라서 선 수행에 대한 지침을 내릴 때, 선사는
수행 자체가 본래적 깨달음이기 때문에 제자들이 수행과 동떨어진 깨달음을
추구하지 말라고 조언해야 한다. 그것은 이미 수행의 깨달음이기 때문에 깨달음
에는 끝이 없다. 이미 깨달음의 수행이기 때문에 수행에는 시작도 없다." Kim,

174

이 역설 때문에 도겐이 해답을 찾아 송나라로 여행을 떠났고, 돌아온 후 일본불교 사상과 수행의 전통 전체를 형성하는 데 기여했다고 종종 주장되고 있다.[20] 도겐은 전체적인 새로운 형식의 가르침을 창설함으로써, 그리고 이 문제를 이원론 그 자체를 의문시하는, 이른바 "수행과 깨달음의 일체성", 즉 수증일여修證一如를 강조하는 방식으로 이 모순을 해결했다. 그러나 도겐에게 이원론을 의문시하는 것이 반드시 일원론으로 나아가거나 이원론 자체에 대한 무조건적인 비판으로 나아가지는 않았다. 오히려 도겐의 천재성이 드러나는 것은 이원론에 대한 타협(negotiation)이다. 즉 도겐은 이원론을 유지하는 동시에 해체하였고, 중세 일본의 권력 관계의 변화에 따라서 이원론의 한계와 가능성에 대한 자신의 입장을 바꾸었다. 일본의 선불교 역사를 통틀어 수정주의의 핵심적 순간을 보여주는 것은 이원론의 문제에 대한 이러한 타협이다(도겐에게 이는 궁극적으로 불교적 방식의 타협이다).

Dōgen on Meditation and Thinking, 23에서 재인용.

20 "대중적이든 밀교적이든 모든 불교는 본래적 불성(혹은 법성)과 모든 중생의 본래적 깨달음의 자각을 가르친다. 이것이 사실이라면, 모든 시대의 부처들은 왜 고행에 참여함으로써 깨달음에 대한 갈망을 일깨우고 깨달음을 추구하는 것인가?" Abe, *A Study of Dōgen*, 19에서 재인용. 일부 학자들은 도겐이 실제로 중국 여행을 했는지의 여부에 의문을 제기하며 그의 본래적 깨달음의 역설을 살펴보며 이 서사 전체를 후대의 조작으로 간주하기도 한다. Carl Bielefeldt, *Dōgen's Manuals of Zen Meditation* (Berkeley: University of California Press, 1990); Steven Heine, *Did Dōgen go to China? What He Wrote and When He Wrote It* (Oxford: Oxford University Press, 2006); William Bodiford, "Remembering Dōgen," *Journal of Japanese Studies* 32, no. 1 (2006): 1-21을 보라.

일본 선불교의 시작을 묘사하는 작업에는 논쟁, 시대착오, 이념적 이해관계로 가득 차 있다.[21] 이를 염두에 두고 다음 이야기를 시작해 보자. 영서(明菴榮西, 1131~1215)가 중국을 처음 방문한 후 임제선의 가르침을 일본에 전한 다음, 도겐은 신란(親鸞, 1173~1262), 일연(日蓮, 1222~1282)과 함께 가마쿠라 시대(1185~1333)에 이른바 가마쿠라 신불교(Kamakura New Buddhism)를 확립하는 데 공헌했다.[22] 영서의 가르침을 받던 젊은 승려 도겐은 깨달음과 수행에 관하여 당시 주류적 불교 사상들에 대한 의구심을 키워갔다. 이 시기에 도겐은 중국의 중부지역으로 여행하여 천동산天童山의 사찰에서 천동여정天童如淨 과 함께 공부한 것으로 알려져 있다. 도겐의 수행에는 좌선 명상이 주를 이루었고, 그는 곧장 사찰 생활의 엄격한 규율을 따랐다. 여정은 하루에 최대 20시간까지 좌선坐禪 수행에 매진했고, 이 모델은 도겐에 게 큰 영감을 주었다. 몇 시간 동안 좌선 수행한 후 어느 날 밤, 도겐은 여정이 잠자고 있는 동료 승려들을 꾸짖는 것을 듣게 된다. 여정은 "몸과 마음을 모두 버려야 한다"(이것은 심신탈락身心脫落으로 번역되었다)라고 말하고, "그런데 어찌 잠만 자고 있을 수 있단 말인 가?"[23]라는 질문을 던졌던 것으로 알려져 있다. 이것이 계기가 되어

---

21 이 주장을 명확히 하는 글로는 Steven Heine, *Did Dōgen go to China? What He Wrote and When He Wrote It* (Oxford: Oxford University Press, 2006)를 보라.

22 가마쿠라 신불교에 대해서는 *Re-visioning "Kamakura" Buddhism*, ed. Richard K. Payne (Honolulu: University of Hawai'i Press, 1998)을 보라.

23 "제자가 자신의 정신적 도반이자 스승이 될 분과 직접 대면하는 바로 그 순간부터 제자에게 향을 바치게 하고, 엎드려 절하게 하고, 붓다의 이름을 암송하게

도겐은 깨달음을 얻은 것으로 알려졌는데, 그는 자신의 향후 글과 가르침에서 심신탈락의 중요성을 계속 강조하였다. 1227년 일본으로 돌아오기 전에 여정은 도겐에게 깨달음을 증명하는 증서와 함께 그 뒤 일본에서 조동종의 출발점이 되는 계승 칭호를 하사하였다.

도겐이 교토에 있는 건인사建仁寺로 돌아왔을 때 일본 전역에는 파괴와 부패, 폭력이 만연해 있었다. 바로 이 중세 일본의 역사적 순간은 권력이 황실의 강력한 귀족 가문(公家)에서 사법 및 민사 업무를 담당하던 사무라이 계급(무사)으로 이양되던 시기였고, 사무라이 가문(다이묘大名)과 장군(쇼군將軍)에 의해 통치되고 있었다. 주류적 불교 교파들은 당시 권력의 역학 관계에 연루되거나 그것과 공모했지만, 젊은 도겐은 중국에서 시간을 보낸 덕분에 그런 상황으로부터 비교적 독립적인 생활을 영위할 수 있었다. 귀국 후 얼마 지나지 않아 도겐은 승려로서의 명성을 얻게 되었고, 그의 주변에는 추종자들과 비판자들이 몰려들었다. 그는 곧 교토 외곽의 후카쿠사 마을로 옮겨가서 비교적 작은 사찰인 흥성사(興聖寺 Kōshō-ji)에서 일을 시작했다. 당시 다루마슈(達磨宗 Daruma-shu)라고 불린 도겐의 추종자들은 일본 최초의 "선불교" 집단이라 할 수 있었는데, 천태종에 의해

하고, 고행과 참회를 시키며, 경전을 암송하도록 시킬 필요는 없다. 스승은 제자가 몸과 마음을 내려놓을 때(심신탈락)까지 순수하게 명상을 하게 할 뿐이다." Dōgen, *Shōbōgenzō*, trans. Hubert Nearman (Mount Shasta: Shasta Abbey Press, 2007), 4. 도겐의 중국 여행에 관해서는 Henrich Dumoulin, *Zen Buddhism: A History*, vol. 2, Japan, trans. James W. Heisg & Paul Knitter (Bloomington: World Wisdom, Inc., 2005), 56을 보라.

이단으로 몰려 활동이 금지되기도 했다.[24] 그 후 10년 동안 도겐은 홍성사에서 좌선을 수행하며 제자들을 가르쳤고 그의 걸작인『정법안장正法眼藏』을 쓰기 시작했다.[25]

『정법안장』(영어로는 *True Dharma Eye Treasure*로 번역되고 있다)은 몹시 중요한 텍스트이고, 도겐에게 영감을 받은 모든 불교 수행 및 연구를 위한 토대가 된다. 문제는『정법안장』이 하나의 텍스트가 아니고, 어떤 판본의『정법안장』이 진본인지에 대한 합의가 없으며, 도겐을 추종하는 다양한 불교도들 사이에 차이가 있는 만큼『정법안장』에 대한 해석 또한 다양하다는 점이다. 해석뿐만 아니라 도겐과 그의 저작에 대한 다양한 비판적 전유를 형성한 것은 이 텍스트를 둘러싼 이러한 담론적 투쟁, 즉 역사적 시기마다 반복된 투쟁이다.

비록 개별 텍스트에 초점을 두기보다 초기 마르크스(철학)와 후기 마르크스(경제), 혹은 초기 프로이트(지형학적 모델)와 후기 프로이트(구조적 모델)라는 정형화된 틀에 더 초점을 두고 있긴 하지만, 우리는

---

24 이 문제의 중요성을 알려준 준 안(Juhn Ahn)에게 감사드린다. 다루마슈(the Daruma-shu)에 대해서는 Bernard Faure, "The Daruma-shu, Dōgen and Sōtō Zen," *Monumenta Nipponica* 42 (1987): 25-55; Bielefeldt, *Dōgen's Manuals of Zen Meditation*을 보라. 영서榮西는 다루마슈와 거리를 두었지만 도겐은 추종자들이 필요했기 때문에 다루마슈 소속의 제자들을 자신의 제자로 받아들였다.

25 여기서 나는 도겐에게 끼친 전좌典座의 영향에 대해서는 스티븐 하이네의 주장을 따른다. 하이네는 도겐이 전좌의 영향을 강조한 것은 도겐이 중국에서 돌아온 직후 이루어진 것이 아니라 그 후에 자신의 입장을 경쟁자들과 비교하기 위한 수단으로 시작된 것이라고 주장한다. Heine, *Did Dōgen Go To China?*, 3. 유사한 주장으로는 Bielefeldt, *Dōgen's Manuals of Zen Meditation*, 28을 참조.

178

프로이트와 마르크스의 작업에 대해서도 동일한 종류의 논쟁들을 보게 될 것이다. 특정한 이해관계를 근거로 기원을 전유하는 것이 후속 사상가와 운동을 정당화해줄 것이라는 것은 전혀 놀랍지 않다. 여기서 나 자신의 전략은 각각의 반복을 그것이 출현한 역사적 순간의 징후로 읽는 것이고, 원전 텍스트에 대한 다양한 시각들이 그 내부에 후속 사상가와 운동이 지지하게 될 프락시스의 이론을 지니고 있다고 주장하는 것이다. 이런 점을 염두에 두고『정법안장』을 더 꼼꼼히 살펴보고, 텍스트의 생산 그 자체가 어떻게 이론과 실천의 문제에 대한 도겐의 해법인지에 초점을 두겠다.

『정법안장』은 권(fascicles)이라고 불리는 장을 중심으로 구성되어 있고, 각 권은 불성(佛性 Buddha Nature), 사서(嗣書 Transmission), 유시(有時 Being-Time) 등과 같은 핵심적 교리의 문제를 다룬다.[26] 도겐은 각 권을 해설, 제자들을 위한 가르침, 그리고 당대의 가장 시급한 논쟁을 다루기 위한 기회로서 작성했다. 일본판 원전 전집(도겐 선사 전집)에는 1231년에서 1253년(도겐이 사망한 해) 사이에 쓰인 95권이 수록되어 있다. 『정법안장』의 주 판본은 75권으로 구성되어 있는데, 이는 대부분 도겐 생애의 중반에 지은 구舊『정법안장』으로 간주되는 것이다. 또한 20세기 초에 발견된 새로운 판본이 있는데, 이 판본은 12권으로 구성되어 있고 도겐이 말년에 저술한 것이다. 이전 판본이 성격상 더 추상적이고 더 철학적인 것으로 이해된다면,

26『정법안장』을 둘러싼 담론 투쟁에 대해 더 자세한 것은 Steven Heine, "Critical Buddhism and Dōgen's *Shōbōgenzō*: The Debate over the 75-Fascicle and 12-Fascicle Texts," *Pruning the Bodhi Tree*, 251-85를 보라.

3. 깨달음, 혁명, 치료 179

새로운 판본은 수행을 지향하고 일반 승려들에게 올바른 명상 방법을 가르칠 목적으로 작성된 것이기 때문에 더 단순한 것으로 이해된다. 또한 주목할 만한 것은 『정법안장』이 도겐이 저술하기 전까지 대부분의 일본불교 문헌의 필수 언어였던 한문으로 작성되기보다는 한문 문장들을 일본어 음절(가나) 속에 삽입하는 식의 일본어로 쓰였다는 점이다.[27]

도겐이 언어에 주목하고 일본어로 글을 쓰기로 결정한 것은 여러 가지 이유로 의미 있다. 가장 중요한 것은 그가 잘 알려져 있지 않았던 스승 전좌(典座 주칭)에게 가르침을 받기 위해 일본 밖으로 여행한 극히 드문 승려 중 한 명이었고, 이것이 일본으로 돌아왔을 때 그에게 한문이 아닌 다른 언어로 글을 써도 되겠다는 확신을 심어주었다는 점이다. 더욱이 도겐의 한문 실력에 대한 의문이 제기되기도 했다. 도겐의 빈약한 한문 구사력은 용어와 개념에 대한 그의 급진적 전유는 물론이고 일본어로 글을 쓰기로 한 그의 결정을 설명해줄 수 있을 것이다. 더욱이 언어 그 자체는 필연적으로 매개, 의미화, 재현의 문제—조용히 정진하는 은둔 명상의 거장으로 잘못 알려져 있음에도 불구하고 도겐이 전념한 정치적이면서 미학적인 세 가지 문제—를 수반한다. 깨달음과 수행의 불가능한 통일성을 보여주는 것이 바로 그의 글쓰기에 사용된 형식적 전략이다. 도겐의 글은 항상 제자들의 가르침에 맞추어

---

27 하이네는 도겐의 문체를 서정적 심상에 들어 있는 철학적 미묘함과 언어들 간의 재치 있는 말장난과 언어유희로 가득 찬 한문 "산문시" 문체(Sino-Japanese "proetic"[prose-poetic] style)라고 부른다. Heine, *Did Dōgen Go To China?*, 2.

져 있었고, 그 글 중 많은 부분은 법문의 내용을 직접 필사한 것이었다. 예를 들어, 「변도화辨道話」("불법 수행에 관한 담론")라 불리는 권에서 도겐이 깨달음과 수행의 관계를 어떻게 표현하는지를 보자. 「변도화」 는 1231년에 그가 처음 쓴 권 중 하나였지만 17세기 후반까지 유실된 상태였다. 이 시기에 「변도화」는 『정법안장』 95권 판본의 제1권으로 받아들여졌다.

여기서 도겐은 이렇게 쓰고 있다.

수행과 깨달음이 하나가 아니라는 견해는 비불교적인 견해이다. 부처님 법에서 이 둘은 하나이다. 수행이 깨달음에 기초하는 한, 초심자의 수행은 전적으로 본각의 수행이다. 따라서 수행을 가르 칠 때 스승은 제자들에게 수행과 동떨어진 깨달음을 추구하지 말라고 충고해야 한다. 수행 그 자체가 본각이기 때문이다. 처음부 터 수행의 깨달음이기 때문에 깨달음에는 끝이 없다. 처음부터 깨달음의 수행이기 때문에 수행에는 시작도 없다.[28]

이 구절은 수행과 깨달음의 이원론을 급진적으로 비판하면서 본각 (本覺 hongaku) 사상을 고양시키고 있음을 보여준다. 이것이 정확히 도겐 학자인 아베 마사오(阿部正雄)가 이 구절을 읽는 방식이다. 아베 는 "도겐이 심신을 버리는 경험(심신탈락)을 통해 깨달았듯이, 수행과 깨달음의 성취는 둘이 아니라 하나이며 역동적 전체를 이룬다"[29]라고

---

28 여기서 나는 김희진의 번역에 의지하고 있다. Kim, *Dōgen on Meditation and Thinking*, 23.

쓰고 있다. 이어서 아베는 수행과 깨달음의 일체성에 대한 도겐의
각성이 "부정에 의해 매개된 역동성을 포함한다. 이것이 무상-불성
(impermanence-Buddha nature)에 대한 깨달음에 의해 매개된, 수행과
깨달음 간의 역동적이고 비이원론적인 동일성이다"[30]라고 주장한다.
하카마야 노리아키도 이 대목을 유사하게 읽고 있지만, 아베와 달리
「변도화」와 초기의 다른 권들의 의미를 혼란스러운 것으로, 그리고
도겐이 깨달음을 잘못된 방식으로 설명한 것으로 평가절하한다.[31]
하카야마와 비판불교 운동에 공감하는 사람들이 『정법안장』의 후기
판본에 주목하는 것은 이 때문이다. 12권만 있는 이 후기 판본은
덜 추상적이고 오독의 여지도 덜한 데 반해, 그 시대의 정치적, 정신
적 지도자들에 의한 불교의 기회주의적 수용에 대해선 훨씬 더 비판
적이다.

　그러나 도겐의 구절은 수행과 깨달음의 비이원론에 대한 급진적
비판을 제시한다. 이것은 김희진이 읽고자 한 방식이다. 그는 다음과
같이 쓴다.

　　수행과 깨달음은 동일한 실재의 상호 보완적(이고 대립적인) 두
　　측면도 아니고 주변과 중심의 관계도 아니다. 그것들은 표면과
　　본질의 관점으로 연관되어 있지도 않다. 달리 말하면, 통일성은

---

29 Abe, *A Study of Dōgen*, 25.

30 Ibid., 29.

31 Matsumoto Shirō, "The Doctrine of Tathagata-garbha Is Not Buddhist," *Pruning
　the Bodhi Tree*, 165-73.

182

둘 사이의 차이를 무효화하는 것도 아니고, 하나가 다른 것으로
변형되거나 하나가 다른 것과 융합하는 것도 아니다. 수행과 깨달
음은 다르되 둘이 아니다. 변증법적 비이원성은 둘 사이의 차이를
부정하지 않는다.[32]

김희진은 도겐이 이원론적 사고에는 어떠한 외부도 있을 수 없다는
것을 깨달았다고 주장한다. 이는 비이원론 자체가 그 부정인 이원론과
의 관계 속에서만 존재할 수 있고, 비이원론과 이원론이라는 더 근본적
이원성을 생산하기 때문이다. 여기서 문제가 되는 것은 도겐의 불교에
서 지적인 엄밀성이 어떤 역할을 하는가, 그리고 깨달음이라는 범주가
철학적 사고와 역사적 상황에 근거한 비판적 가능성을 제공해 주는가
하는 것이다.

이원론이나 비이원론에 대한 강조는 그런 주장이 행해지던 역사적
순간에 일어나고 있는 것과의 관계 속에서만 평가될 수 있다. 도겐의
작업은 황실체제에서 막부체제로의 대대적인 역사적 전환과 불가피
하게 관련되어 있다. 그러나 어떠한 역사적 변화에서도 과거가 절대적
으로 과거가 되는 그런 식의 급격한 단절은 결코 존재하지 않는다.
동시에 과거가 절대적으로 현재가 되는 근본적 연속성도 결코 존재하
지 않는다. 오히려 변화와, (개인과 더 거대한 사회구조 모두에서)
이런 변화를 구성하는 것을 다루는 역사기술적 문제는 매 순간에
구체적이고 특정적이다. 이러한 역사기술적인 역설을 풀어가는 방식

---

32 Kim, *Dōgen on Meditation and Thinking*, 24.

은 항상 미학적·심리적·정치적 근본 문제이며, 내가 수행과 깨달음의
이원론에 대한 도겐의 타협을 역사적 연속성과 불연속성의 이러한
이원론을 풀어가는 코드화된 방식으로 읽고자 하는 것은 이런 이유
때문이다. 예를 들어, 중세불교 연구자들은 1247년 강력한 쇼군 호조
토키요리(北條時賴 Hōjō Tokiyori)의 초청으로 도겐이 가마쿠라로 여행
한 것이 업(karma)과 인간 행동의 인과성에 대한 그의 달라진 견해를
어떻게 반영했는가에 주목한다. 돌아오자마자 도겐은 제자들에게
자신이 호조에게 "선을 행한 자는 흥하고 악을 행한 자 망한다"[33]고
설명했을 뿐이라고 밝혔다.

　우리가 (『정법안장』의 12권 본에 표현된) 도겐의 후기 작업에서
보는 것은 본래적 깨달음, 즉 본각에 대한 비이원론적 견해와, 그의
제자들뿐 아니라 당시의 정치지도자와 불교 선승에게도 적용되는
인과성과 업보에 초점을 두었던 자신의 관심에 대한 보다 직접적인
비판이다. 인과성과 업보(karmic retribution)에는 윤리학과 속세 문제
에 대한 관심이 포함되어 있는 데 반해, 본각의 원리는 세상을 초월하고
인과성의 부정인 근본적 깨달음을 가리킨다는 것이다. 하카마야가
볼 때, 깨달음에 대한 이런 강조는 잘못된 생각이다. 그는 "본각에
대한 지나치게 단순하고 일차원적인 개념에 의하면 진리가 일원론적
이고 근본적인 깨달음에 있다고 주장하는데, 이런 깨달음은 사회적
차별을 영속화하기 위한 배후의 힘임이 드러났다"[34]라고 쓴다. 하카마

---

33 Dōgen, *Shōbōgenzō, Zen Essays*, trans. Thomas Cleary (Honolulu: University
　　of Hawai'i Press, 1986), 5.

34 Hakamaya Noriaki, "Ideological Background of Discrimination," *Pruning the*

184

야는 "약간의 불편한 표시도 없이 사람들은 좌선한 채 단지 참된 것이 잠정적인 것이고 잠정적인 것이 참된 것이며, 차별이 평등이고 평등이 차별이라고 말한다"[35]라고 지적한다.

본각의 원리가 도겐의 사상과 글 전반에 걸쳐 지속하고 있는가, 혹은 업보에 대한 강조가 시작부터 나타나고 있는가 하는 것은 내 주장의 범위를 넘어선다.[36] 현재의 논의를 위해 우리는 이 쟁점을 다음과 같이 요약해볼 수 있다. 즉, 불교의 정치적·도덕적 의미에 관심을 갖는 연구자에게는 업의 원칙이 우선시되고 있다면, 정치적이고 구체적인 역사적 문제보다 정신적 의미에 더 초점을 두는 사람에게는 본각이 우선시된다.[37] 도겐의 작업으로 돌아가고자 하는 다양한 시도들에서 넌지시 암시되고 있는 것이 바로 깨달음과 수행 사이의 이러한 환원적이고 궁극적으로 허위적인 구분이라는 것은 의미 있다.

깨달음과 수행의 이원성, 그리고 이원성과 비이원성의 긴장을 유지함으로써 도겐은 간접적이든 무의식적이든 간에 역사철학—엘리트주의적 사회구조의 헤이안적 과거와 군사주의적 기풍의 중세적 현재에 대한 이중적 비판을 제안한 것—을 생산했다. 주목할 만한 것은 도겐이 이런 이중적 비판을, 비역사적인 퇴보 속으로 사라지게 하기보다는 오히려

Bodhi Tree, 344.

35 Ibid., 347-48.

36 Matsumoto Shirō, "Comments on Critical Buddhism," *Pruning the Bodhi Tree*, 161.

37 Jacqueline Stone, *Original Enlightenment and the Transformation of Medieval Japanese Buddhism* (Honolulu: University of Hawai'i Press, 2003).

그의 시대의 매력적인 이데올로기적 상상을 따르지 않는 참여 형식을 창조하는 방식으로 유지했다는 것이다. 메이지 시대 초기에 도겐으로 복귀하려는 최초의 근대적 시도가 있었을 때, 다양한 정치적 이유로 재활용된 것이 바로 이 역사철학이다.

1868년 메이지 유신(明治維新)에 이르기까지 불교에 대한 불만이 고조되고 있었다. 성장하는 유교와 토착 신도의 의례와 신앙을 바탕으로 한 국학國學의 출현, 그리고 (특히 오랜 족벌체제와 연관된 시골 지역의 사찰들과 연결된) 여러 불교 교파들이 저지른 부패로부터 심한 압박을 받고 있던 불교는 다시 거듭나거나 역사의 쓰레기통으로 밀려날 처지에 있었다. 조동종이 이런 쇄신을 수행할 수 있었던 하나의 방식은 도겐의 작업으로 돌아가는 것, 특히『정법안장』의 주요 가르침을 쉽게 접근할 수 있는『수정의』(修証義 Shushōgi)와 같은 책자로 번역하는 것이었다.『수정의』는『정법안장』의 권을 5개의 장으로 선별하여 평범한 독자들을 겨냥했는데, 이 독자들은 수 세기 동안 무기력한 인물로 전락했다가 새롭게 권력을 잡게 된 천황의 이름으로 국민을 형성하고 시민적 책임을 강조하던 메이지 이데올로기와 아주 잘 맞았다.

처음 볼 때,『수정의』는 출생과 죽음, 인과응보, 회개, 도덕적 행위의 문제들로 텍스트를 구성하였기 때문에 업의 정치적 함의에 초점을 둔 것으로 보인다. 따라서『수정의』는 본각의 비이원론적 원리에 대한 비판으로 읽을 수 있다. 그러나 하카마야가「사회적 차별의 이념적 배경에 관한 고찰」(Thoughts on the Ideological Background of Social Discrimination)에서 주장하듯이, 우선 도겐의『정법안

186

장』에서 업의 의미가 제시되는 방식과 그 후에 출간된 『수정의』에서 업이 제시되는 방식 사이에는 결정적인 차이가 있다.[38] 하카마야가 볼 때, 메이지 시대가 도겐으로 복귀한 것은 업을 과거의 행위들에 근거한 차별(차이)의 수용을 옹호하는 원칙으로 해석함으로써 특정한 형태의 차별뿐 아니라 사람들 간의 사회적으로 구성된 차이를 자연스럽게 받아들이는 기능을 했다. 한때 평등과 자비를 위한 왕도로 여겨졌던 것이, 이제 해로운 차이들을 강화하는 정책을 제정하는 것은 아니더라도 그런 차이를 정당화하는 일에 봉사하게 된 것이다. 텍스트의 내용이 인과응보의 업에 초점을 두고 있음에도 불구하고, 하카마야가 볼 때 『수정의』는 사실상 과거에 본각의 절대적 성격에 대한 주장이 했던 것과 동일한 이데올로기적 역할을 수행했다. 19세기 후반이라는 맥락에서 이러한 이데올로기는 전면적인 서구화의 시도가 일어나고 있던 바로 그 순간에 일본의 역사적 전통의 물신화를 부추겼던 것이다.

와츠지 테츠로(和辻哲郎)는 일본 전통으로의 이러한 복귀, 특히 전간기 동안 도겐으로의 이러한 복귀를 촉진하는 데 기여했다. 스물다섯이 되기 전에 와츠지는 이미 니체, 키르케고르, 쇼펜하우어에 대한 연구와 저술을 꾸준히 해왔고, 바이런과 다른 낭만주의 시인들에 대해서도 진지한 관심을 갖고 있었다. 그러나 일찍부터 위대한 산문 작가인 나쓰메 소세키(夏目漱石)와의 관계, 사무라이 윤리에 관한 니토베 이나조(新渡戶稻造)의 유명한 저작인 『무사도武士道: 일본의 영혼』(1900) 읽기, 오카쿠라 덴신(岡倉天心)의 아시아 미술 강의의

38 Hakamaya, "Ideological Background of Discrimination," *Pruning the Bodhi Tree*, 346-48.

청취는 와츠지에게 자신의 후기 작업의 대부분을 근대성의 문제, 나아가서 전근대적인 일본 사상으로의 복귀가 어떻게 보편적 윤리에 기여할 수 있었는가 하는 문제를 탐구하는 데 헌신하도록 영감을 불어넣어 주었다.

1920년대 후반 하이데거와 1년 남짓 공부한 뒤 와츠지는 일본으로 돌아와 도겐의 『정법안장』을 번역하기 시작했으며, 동시에 자신의 서양철학적 훈련을 일본의 맥락에 맞게 재구성하려고 시도했다. 예를 들어, 와츠지는 『존재와 시간』(*Being and Time*)에서의 하이데거의 근본적 역사성을 일본의 기후와 지리의 구체적 내용에 대한 강조로 보완하여 자신의 근본적 공간성, 즉 일종의 "존재와 공간"을 생산하려는 시도로서 자신의 걸작인 『풍토 (기후와 문화)』를 저술했다. 하이데거는 주체가 주어진 순간의 시간적 논리에 의해 총체적으로 형성되고, 이 역사적 구조의 선험적 조건들은 일상적 경험의 특이성과 일상생활의 "도구"에 거주함(dwelling)으로써 순간적으로 드러난다고 강조했다. 와츠지는 이러한 신념을 고수하면서도 지리적 특수성에 초점을 두었다. 일본적 맥락에서 이는 엄청난 취약성을 드러내는 예측 불가능한 기후 체계를 일본 계절의 시계 같은 규칙성과 그런 예측 가능성이 심어주는 확신과 결합하는 것을 의미했다. 우리가 와츠지가 도겐과 프락시스의 문제와 어떤 관계를 맺고 있는가를 물을 수 있는 것은 일본적 특수성과 세계적 보편성의 이원성뿐만 아니라 자연적 예측가능성과 예측불가능성의 이원성을 통해서이다.

도겐의 불교 사상은 와츠지가 유학을 떠나기 직전, 그리고 베를린에서 귀국한 직후 다시 도겐에게 관심을 기울일 때까지는 비교적 잘

188

알려지지 않은 상태였다. 와츠지는 도겐과 같은 전근대 일본 사상가를 더 거대한 철학사 속으로 끌어들임으로써 두 가지 목표를 달성했다. 첫째는 고전을 통속적으로 해석하고 도겐의 미묘함을 경시하던 많은 일본불교의 정통적이고 기회주의적인 측면을 비판하는 것이고, 둘째는 특별히 도겐의 사상에 다시 한 번 주목함으로써 많은 근대 일본문화의 훼손을 비판하는 것이다. 와츠지는 이러한 훼손이 자본주의적 근대성의 논리와 연결되기보다는 일본의 귀족적 과거의 독특한 지속성을 물신화함으로써 회피하고자 하였던 비양심적 태도들과 연결된 것으로 이해했다.[39]

와츠지는 도겐에 대한 초기 연구를 자기 자신을 향한 두 가지 질문으로 시작했다. 첫째, 불교 수행과 사상을 전문적으로 접하지 않았고 아직 깨달음도 얻지 못한 사람이 어떻게 도겐에 대해 내실 있는 뭔가를 주장할 수 있는가? 둘째, "무엇이 이 위대한 종교 선사의 인품과 진리의 표현을 (일본의) 문화적·역사적 이해에 도움이 되도록 만들 수 있을 것인가?"[40] 와츠지가 도겐의 사상에 대한 비판적 통찰을

---

39 Harry Harootunian, *Overcome by Modernity: History, Culture, and Community in Interwar Japan* (Princeton, NJ: Princeton University Press, 2000), 250-61.

40 "도겐 선사의 인품과 사상을 논하기 전에 나는 먼저 독자들에게 내가 선에 대해 평범한 불자일 뿐이며 도겐에 대한 존경심을 표현하고 싶다는 점을 알리고 싶다. 나는 도겐의 뛰어난 성품에 대한 나의 인상만 쓸 수 있을 뿐이다. 만일 그렇게 함으로써 내가 우리나라에서 태어난 위대한 종교적 선사 중 한 분에 대해 사람들의 관심을 불러일으킬 수 있다면, 만일 그런 인물들을 고려하지 않고서 우리 문화의 본질을 제대로 이해할 수 없다는 점을 분명히 할 수 있다면, 나는 만족할 것이다." Watsuji Tetsurō, *Purifying Zen: Watsuji Tetsuro's Shamon*

낳을 수 있다고 믿었던 것은 바로 와츠지 자신이 평신도였고, 당시의
타락한 불교 교파들과 연관되어 있지 않았기 때문이다. 이것은 와츠지
자신이 일반적으로 일본인론日本人論이라는 은밀한 기획이나 일본적
독특성의 담론의 주요 대변자로 이해되는 방식과 서로 통한다. 또한
이것은 근대 세계를 지배하는 가장 긴급한 논쟁의 중심에 있었지만
그런 논쟁에 휘말려 들어간 사상가와 민족들보다 더욱 급진적으로
사유하고 행동할 수 있는 가능성을 펼친 것이—독특하게 서양의 지적,
종교적, 정치적 경향의 바깥에 있으면서도 그런 경향을 엄밀하게 공부하고
그런 경향의 영향을 받을 수밖에 없었다는 점에서 독특하게 그런 경향의
내부에 있었던— 바로 와츠지와 같은 사상가라는 것과 공명한다.[41]
   와츠지는 절대적인 깨달음과 구체적인 수행 간의 변증법을 고수함
으로써 세계와의 비판적 관계를 유지했는데, 이것이 그를 도겐과
전근대 일본의 지속적인 전통으로 나아가게 만들었다. 그러나 와츠지
는 현재의 특수성을 과도하게 강조하면서도 특수성 자체의 구조,

   Dōgen, trans. Steve Bein (Honolulu: University of Hawai'i Press, 2011), 25.
[41] 이것은 종교의 절대적 진리와 이런 진리의 역사적 표현에 관한 와츠지의 주장으로
   이어진다. 와츠지는 자신에게 일본문화의 특수한 진리에 대한 특별한 접근
   방법을 제공해 주고, 자신이 불교의 잘못된 신비주의라고 비난한 것에 빠지지
   않도록 보호해준 것은 자신이 절대적 진리에 이르지는 못했지만 그 진리에
   대한 진정한 추구를 실천했기 때문이라고 주장한다. 여기서 와츠지는 변증법과
   헤겔의 보수적 전유에 의지한다. "도겐에게 절대정신의 창조적 자기-활동은
   단순히 변증법의 자연스러운 결과로서 나타나는 것이라기보다는 모든 불순물을
   포함하여 자신의 삶 속에 존재하는 변증법적 발전으로 나타나며, 더욱이 그러한
   발전의 각 단계는 비논리적인 이유들 때문에 움직이게 되는 어떤 것으로 나타난
   다."(111).

바로 그 역사성—깨달음과 수행의 일체성에 대한 도겐의 우아한 해법에 묘사된 귀족적 가치의 지속성을 특징으로 한 일본문화와 정체성의 심층구조가 아니라 일본 근대성, 즉 자본주의 그 자체의 독특한 역사적 구성체의 필연적인 사회화 논리—을 설명하지는 않았다.

  산업자본주의의 전 지구적 위기로 인해 지정학적으로 식민주의가 팽배하던 시기에 와츠지는 이런 역사관을 주장하고 있었다. 직접적인 군사적 우려 때문에 서구 식민주의 국가들이 아시아 시장으로부터 일시적으로 이탈한 틈을 타서 일본의 중공업이 자신의 공산품들을 이웃 국가들에게 공급했기 때문에 일본 경제는 전시 기간(1914~18) 동안 과도한 호황을 누렸다. 하지만 전쟁이 끝난 후 서구 열강이 다시 아시아 시장으로 돌아왔고, 일본의 수출 흑자의 호황은 곤두박질 치면서 심각한 경기 침체로 이어졌다. 1923년의 관동 대지진과 농업의 극심한 불황으로 악화된 이러한 역전은 10년 이상 일본 경제의 침체 원인이었다. 이 순간에 지정학적 논리가 명확해졌다. 즉 일본은 다른 아시아 국가들과 마찬가지로 서구 열강에 의해 식민지로 전락하거나, 아니면 천황과 대동아공영이라는 열망 하에 자신의 식민지적 기획을 공고히 해야 했던 것이다. 어느 한 편을 따르지 않으면서 식민자와 피식민자의 이분법을 뛰어넘는 방법을 상상하는 것은 거의 불가능해 보였다. 자본주의의 구조적 논리에 대한 비판과 일본 국가주의와 국민 형성에 대한 단호한 비판을 동시에 견지할 수 있었던 일본 사상가 들(도사카 준, 미키 기요시 등)이나 작가와 영화감독들(나카노 시게하루, 카메이 후미오 등)만이 엄청난 희생을 감수하면서 이 어려운 이원론의 공간을 열었다.[42] 와츠지는 식민화와 피식민화의 이원론을 해결하려는 자신의 시도를 "이중적 삶"이라 불렀고, 도겐, 불교 사상, 귀족적 방식처럼 오래된 것이 당대 사회의 지배 논리에 대항하는 보루 역할을 할 것이라는 미명하에 "오래된 일본"에 대한 환상을 조장했다. 따라서 와츠지가 사실상 자본주의와 식민지적 논리를 장려했던 것은 그가 그것들의 파괴적 영향을 일본의 예외성을 통해 피할 수 있다고 믿었기 때문이다. 해리 하루투니언(Harry Harootunian)은 이러한 불안한 논리를 꿰뚫어보고, 와츠지에게 "자본주의는 필연적으로 이권에 의해 움직이는 제국주의적 지배로 나아갔지만 이미 자본주의적 생산양식을 열렬히 추종하는 일본은 생존의 필연성과 국민 공동체의 통합성을 유지하려는 욕망에 의해 변화가 이루어졌기 때문에 이런 이권의 유혹을 피했다"[43]라고 주장한다.

비슷한 맥락에서 사카이 나오키(酒井直樹)는 와츠지의 윤리학이 사실상 민중들보다 기업과 국가를 더 신뢰하는 방향으로 나아가고 말았다고 비판한다.[44] 와츠지의 휴머니즘은 이방인의 우연성에 개방

---

[42] 나가노 시게하루(Nakano Shigeharu)에 대해서는 Miriam Silverberg, *Changing Song: The Marxist Manifestos of Nakano Shigeharu* (Princeton, NJ: Princeton University Press, 1990)를 보고, 도사카(Tosaka)와 미키(Miki)에 대해서는 Harootunian, *Overcome by Modernity*를 보며, 가메이(Kamei)에 대해서는 내가 쓴 *The Flash of Capital: Film and Geopolitics in Japan* (Durham, NC: Duke University Press, 2002)을 보라.

[43] Harootunian, *Overcome by Modernity*, 258.

[44] Naoki Sakai, "Return to the West/Return to the East: Watsuji Tetsurō's Anthropology and Discussions of Authenticity," *Japan in the World*, ed. Masao Miyoshi & Harry Harootunian (Durham, NC: Duke University Press, 1993), 235-70.

적이기보다는 항상 안정적인 주체 위치를 차지하고 있는 것으로 보이는 개인의 "진정성"으로 돌아간다. 이 진정성은 본각이 아니라 가장 "폭력적인 국수주의적 감정"[45]으로 쉽게 치달을 수 있는 자민족 중심적인 자아이다. 와츠지는 본각의 신비주의를 찬양하지 않으면서 깨달음과 수행의 지속적인 이원론적 성격을 강조했는데, 여기서 깨달음은 일본적 토착주의를 의미하고, 수행은 비판과 역사적 각성의 얽히고 더럽혀진, 그러나 필수적인 활동을 의미한다. 궁극적으로 이런 태도는 일본과 일본문화에 대한 정치적으로 의심스러운 고양으로 이어졌다. 서구 세계에서 선의 가장 중요한 대변자인 스즈키 다이세츠도 이런 기획을 공유했지만 이를 다른 방향에서, 즉 선불교를 직접적이고 비역사적인 "순수 경험"과 (일본 자체에 고유한 자기-오리엔탈리즘을 포함하여) 전 세계의 오리엔탈리즘적 욕망과 완벽하게 조화를 이루는 선의 비이원론적 비합리성에 대한 과도한 강조를 통해 달성하고자 했다.[46]

---

45 Ibid., 269.

46 다음을 참조하라. Robert H. Scharf, "Whose Zen? Zen Nationalism Revisited," *Rude Awakenings: Zen, the Kyoto School, and the Question of Nationalism*, ed. James W. Heisig & John C. Maraldo (Honolulu: University of Hawai'i Press, 1995), 40-51; "The Zen of Japanese Nationalism," *Curators of the Buddha: The Study of Buddhism under Colonialism*, ed. Donald S. Lopez Jr. (Chicago: University of Chicago Press, 1995), 107-60; Bernard Faure, "The Kyoto School and Reverse Orientalism," *Japan in Traditional and Postmodern Perspectives*, ed. Charles Wei-hsun Fu & Steven Heine (Buffalo: State University of New York, 1995), 245-81; Eric Cazdyn, "Uses and Abuses of the Nation: Toward a Theory of the Transnational Cultural Exchange

스즈키는 임제종의 전통에서 훈련받았고 『정법안장』은 물론이고 도겐에 관해서도 거의 글을 쓰지 않았기 때문에 통상 도겐과는 연관성이 없다. 그러나 스즈키는 선불교에 관한 수많은 저서에서 도겐에 대한 집중적이고 노골적인 공격으로 보이는 비이원론에 대한 주장으로 항상 돌아갔다. 가장 초기의 글 중 일부에서 스즈키는 다음과 같이 썼다. "만일 당신이 이원론의 규칙에 따라 논리적으로 사유하는 습관이 있다면 그것을 버려라. 그래야만 선의 관점에 어느 정도 다가갈 수 있을 것이다"[47] 그리고 "주체와 객체의 이원론을 잠재우고, 주체와 객체 모두를 잊어버리고, 이성을 초월하고, 이해로부터 떨어져서, 불심의 본질 속으로 직접 깊이 파고들어 가 보라. 이를 벗어나서는 어떠한 현실도 존재하지 않는다."[48]

와츠지처럼 스즈키도 메이지 시대에 태어나 대학 교육을 받았다. 그리고 와츠지처럼 스즈키는 불교의 급진성을 가령 꽃꽂이(生け花)나 시와 같은 다양한 일본문화의 독특성과 연결했다. 그러나 스즈키가 일본의 독특성을 주장하기 위해 가장 쉽게 의지한 것은 사무라이의 윤리였다. 스즈키는 "선禪의 수행은 단순하고 직접적이고 자립적이고 자기 부정적이며, 이런 금욕적 경향은 전투적인 정신과 잘 어울린다"[49] 라고 썼다. 여기서 우리가 보는 것은 프락시스 문제로의 복귀이다.

Industry," *Social Text* 44 (1995): 135-59.

47 D. T. Suzuki, *Introduction to Zen Buddhism* (New York: Grove, 1964), 88.

48 Ibid., 46.

49 Ibid.

이 복귀에서 깨달음과 수행의 이원론은 완전히 제거되고, 견성(見性, kenshō)은 역사나 속세적인 일의 개입에 의해 더럽혀지지 않은 절대적인 진정성에 의해서만 성취될 수 있는 목적으로 예찬된다. 따라서 프락시스 문제의 역사적 맥락은 더 이상 중요하지 않다.[50]

  단순하고 직접적이고 자립적이며 비중재적이고 비역사적이라는 말은 스즈키가 그의 절친인 니시다 기타로(西田幾多郎)로부터 전유한 "순수 경험"이라는 범주를 암시하는 단어들이다. 니시다 기타로는 1911년에 출간한 자신의 첫 저서인 『선善에 대한 탐구』(An Inquiry into the Good)에서 이 개념을 설명했다. 근대 일본의 최초이자 가장 영향력 있는 철학자이며 훗날 교토학파 사상의 시조로 간주되는 니시다는 독일 관념론(특히 헤겔, 후설, 하이데거)의 연구와 불교철학, 일본 미학, 선 수행을 통합했다. 서양철학적 사유의 절대적 한계는 철학자 자신이 행하는 정신적 실천의 생활방식에 의해서만 극복될 수 있는데, 이는 니시다로 하여금 불교적 수행으로 나아가게 했고, 언어를 넘어선 비담론성(nondiscursivity)이라는 피할 수 없는 지평과 마주하게 만들었다. 니시다의 『선에 대한 탐구』는 "순수 경험"을 "인위적인 구별이 전혀 가미되지 않은 경험의 상태"로 설명한다.[51] 니시다는 자신의

---

50 이것은 돈오頓悟와 점수漸修라는 오랜 논쟁을 제기하는데, 돈오는 자신의 진정한 본성에 대한 직접적 인식과 관련이 있는 데 반해, 점수는 수행의 수련과 관련이 있다. 도겐은 종종 후자와 연관성이 있긴 하지만, 위에서 주장했듯이 이원론의 문제를 미묘하게 타협해가듯이 이 문제와 관련해 아주 정교한 입장을 취했다. Bielefeldt, "The Sudden Practice and Ch'an Meditation Discourse," *Dōgen's Manuals of Zen Meditation*, 78-108.

51 Nishida Kitarō, *An Inquiry into the Good*, trans. Abe Masao & Christopher

첫 책을 "자신의 의식 상태를 직접 경험할 때, 아직 주체도 객체도 존재하지 않고, 앎과 그 대상이 완전히 통합된 상태이다"[52]라는 구절로 시작한다. 여기서 니시다는 빌헬름 분트(Wilhelm Wundt)의 심리학적 연구, 특히 윌리엄 제임스(William James)의 「순수 경험의 세계」(A World of Pure Experience)("경험들을 연결하는 관계는 그 자체 경험된 관계여야 하고, 경험된 어떤 종류의 관계도 체계 내의 다른 어떤 것과 마찬가지로 '실제적인' 것으로 설명되어야 한다.")[53]에 의지한다.

스즈키가 반철학적이고 반역사적인 불교에 더욱 더 전념한 데 반해, 니시다는 불교 수행에서 벗어나 보다 역사화된 경험의 이해로 나아갔으며, 그의 후기 저작 내내 윌리엄 하버(William Haver)가 최근 "생산의 존재론"(the ontology of production)이라 부른 것을 더 깊이 탐구했다.[54] 니시다가 일본 사상과 그 정치적 영향에서 담당했던 역할과 (일본 안팎의) 후속 학자와 비평가들이 니시다의 작업을 지도 그렸던 방식은 일본 근대성 자체에 대해서는 아니지만 교토학파 사상가에 대한 모든 평가에서 피뢰침과 같은 기능을 한다. 일반적으로, 비교철학의 기획이나 일본 중심적 형태의 일본학에 헌신하는 사람들은 니시다에 대해 더 많은 공감과 찬사를 보내려는 경향이 있는 데

Ives (New Haven, CT: Yale University Press, 1987), 35.

52 Ibid., 3-4.

53 Ibid., 5 (note 3).

54 William Haver, "Introduction," Nishida Kitarō, *Ontology of Production: Three Essays*, trans. William Haver (Durham, NC: Duke University Press, 2012), 1-33.

196

반해, 비판적 일본연구의 기획에 공감하고 일본의 근대성에 대한
전 지구적 분석에 헌신하는 사람들(이를테면, 앞서 언급한 하루투니언의
강력한 작업이나 마사오 미요시Masao Miyoshi의 뛰어난 상호 문화적 분석에서
볼 수 있는 일본학에 대한 예리한 비판)은 니시다를 무시하려는 경향이
있다.[55] 니시다와 교토학파에 대한 하카마야와 다른 비판불교 이론가
들의 비판도 있는데, 이들은 니시다와 교토학파의 작업을 "'본각'과
독일 관념론의 뒤죽박죽"에 지나지 않으며, 이성적 비판을 외면한다고
비난받는 많은 "포스트모던" 일본 사상에 영향을 끼친 고약한 선구자로
간주한다. 한편, 가라타니 고진(마르크스와 칸트 그리고 사변적 사고
전반을 다룬 철학자)과 같은 학자는 천황제를 상징하고 일본이 다양한
아시아 국가를 통합하여 대동아공영권을 구성해야 한다는 주장을
합리화하기 위해 니시다가 칸트의 "초월적 통각"(transcendental apper-
ception)과 하이데거의 "존재론적 차이"(ontological difference)를 새롭
게 구성한 "모순적인 자기 동일성"과 "무의 장소"와 같은 주요 관념들을
활용한 방식을 비판한다.[56]

Masao Miyoshi, *Off Center: Power and Culture Relations Between Japan
and the United States* (Cambridge, MA: Harvard University Press, 1998);
Learning Places: The Afterlives of Area Studies, ed. Masao Miyoshi & Harry
Harootunian (Durham, NC: Duke University Press, 2002).

"메이지 헌법은 천황을 최고 주권자로 지정했지만, 천황은 근본적으로 '무의
존재'이다. 마찬가지로 대동아공영권의 맥락에서 천황은 소비에트의 경우에서
처럼 위에서 모든 것을 통치하는 것이 아니라 그 기초에서 아시아의 다양한
자율적 국가를 통합하는 '초월적 통각'(transcendental apperception, 영이라는
기호)으로 존재한다." Karatani Kōjin, "Buddhism and Fascism," *History and*

우리는 현 상황과 오늘날 깨달음의 기능이라는 맥락에서 하카마야와 가라타니의 차이를 다시 다루겠지만, 우선 당장 천황제와 일본의 식민지적 기획을 지지할 때 니시다가 담당했던 역할을 무시하는 것은 불가능하다고 말해야 한다. 하지만 그보다 더 중요한 것은 오늘날 니시다의 작업이 과연 어느 정도 효과적으로 활용될 수 있는가 하는 점이다. 이를 염두에 두고 하버(Haver)는 최근에 니시다의 파시즘적 변증론을 편들거나 옹호하는 것이 아니라 니시다의 후기 글에 집중하여 니시다와 마르크스 사이에 가능할 것 같지 않은 접속을 시도함으로써 —프락시스에 대한 니시다의 견해를 우리 동시대에 맞게 사유하는 새로운 방법을 전개함으로써— 니시다 작업을 둘러싼 이러한 논쟁의 전환을 시도하기도 했다.

와츠지의 불교가 고전적인 과거를 가리켰고, 스즈키의 불교가 역사를 통해 신비적인 진정성을 가리킨 데 반해, 니시다의 불교는 미래, 즉 현재에 형상화된 주체가 전적으로 다른 어떤 것이 되는 근본적으로 다른 미래를 가리켰다. 니시다는 "과거는 미래를 완전히 부정하기 때문에 과거이고, 미래는 과거를 완전히 부정하기 때문에 미래이다"[57]라고 쓰고 있다. 이 급진적 미래는 니시다가 **프락시스**(*praxis*), **포이에시스**(*poesis*), **테오리아**(*theoria*)에 대한 아리스토텔레스의 설명에 따라 재구성한 것이다. 아리스토텔레스에게 **테오리아**는 영원하고 초역사적인 것에 대한 사색이고, **프락시스**는 역사적 상황에 따라 변화하는

Repetition, trans. Seiji Lippitt (New York: Columbia University Press, 2012), 184.

[57] Nishida, "Human Being," *Ontology of Production*, 166.

우연적인 인간 활동을 가리키며, **포이에시스**는 구체적으로 생산, 즉 인간 생산자와 구분되는 어떤 것의 의도적인 제작을 가리킨다.[58] 니시다는 이 세 용어를 하나로 통합하여 프락시스를 사색, 행위, 생산의 복합체, 즉 이 세 가지를 능동적이고 상호 구성적이며 역사적으로 우연적인 복합체로 이해하는 수준까지 나아가고 있다.

니시다는 "역사적 현실성의 세계는 제작된 것(the made)에서 제작하는 행위(the making)로 나아가는 운동의 세계, 즉 형식-창조적 활동(form-making activity)의 세계이다"[59]라고 쓴다. 니시다에게 사유하는 것과 보는 것은 행동하는 것이다. 하지만 니시다는 이것이 와츠지와 스즈키가 도겐의 깨달음과 수행의 일체성을 이해한 방식을 좇아 비이원론으로 나아갔다고 주장하지는 않는다. 대신 그는 다음과 같이 쓴다. "변증법적으로 보는 것이 행동하는 것이라고 말하는 것은 행동하는 것과 보는 것이 하나가 되었다고 말하는 것도 아니고 행동하는 것이 사라졌다고 말하는 것도 아니다. 제작된 것에서 제작하는 행위로 나아가는 운동의 형식-창조적 활동에 대해 말하는 것은 사물이 절대적으로 대립적인 것의 자기 동일성으로 만들어지고, 제작된 것이 자기모순적이기 때문에 지속적으로 파괴되고 있으며, 파괴되고 있는 것 자체가 하나의 조건이 된다. 이는 새로운 사물이 생성되고 있다고 말하는 것이다."[60] 하버에게 근본적으로 새로운 주체를 포함하는 바로

---

58 Aristotle, *Nicomachean Ethics*, trans. Robert Bartless & Susan Collins (Chicago: University of Chicago Press, 2012).

59 Ibid, 147-48.

60 Nishida, "Human Being," 148.

이 새로운 사물은 사전에 결정된 어떤 목적론적 예정을 전제하지 않는다. 이는 프락시스-포에시스-테오리아(*praxis-poiesis-theoria*)의 복합체에 대한 니시다의 새로운 모색이 "목적을 위한 수단이 아니라 목적 그 자체"가 되고, 따라서 "당위적인 것(선)을 향하는 것이 아니라 우리가 원하는 것, 즉 선의 그것보다 훨씬 더 깊고 혼란스러운 질문"[61]을 지향한다고 주장하는 것이다.

이것이 혼란스러운 것은 우리가 프락시스를 더 이상 선(도덕성) 개념으로부터 추론할 수 없고, 우리는 우리가 원하는 것이 무엇인지, 하버의 말로 하자면, "원한다고 하는 '우리'를 어떻게 구성할 것인지," 그리고 이러한 욕망 안에서 우리 자신의 방향을 어떻게 설정할 것인지를 진지하게 고려해야 하기 때문이다.[62] 그리고 이러한 프락시스의 새로운 모색과 도덕성과 욕망의 질문은 우리를 곧장 마르크스와 프로이트의 프락시스 문제로 인도할 것이고, 급진적인 마르크스주의적, 정신분석적 윤리가 그렇게 많은 정치적·심리적 작업들이 따라야 하는 도덕적·윤리적 기획 같은 것과 범주적으로 어떻게 다른가 하는 질문으로 인도할 것이다.

그러나 이러한 논의로 나아가기 전에 우리는 먼저 일본의 비판불교로 돌아가서 그들이 어떤 종류의 프락시스에 대한 이해와 연계되어 있는지, 그리고 그것이 어떤 종류의 윤리를 함축하고 있는지를 살펴봐야 한다. 비판불교의 전체 기획은 하카마야와 마츠모토가 "무비판적인 유사 불교"(uncritical pseudo-Buddhism)라고 경멸한 장소주의(topical-

---

61 Haver, "Introduction," 31.

62 Ibid., 31.

ism)와 장소적 불교(topical Buddhism)를 반대하며 제안한 "비판"에 관한 주장을 중심에 두고 있다. 하카마야가 "오직 비판적인 것만이 불교다"라고 강조할 때, 그는 18세기 초에 잠바티스타 비코(Giam-battista Vico)가 처음 구성한 "비판철학"과 "장소철학"의 양극단을 직접 언급하고 있다. 비코는 "논증의 발명이 본질적으로 논증의 타당성에 대한 판단에 앞서는 것과 마찬가지로, 장소철학(라틴어 *Doctrina*)이 비판철학보다 우선권을 부여받지 않으면 안 된다"[63]라고 썼다. 하카마야는 이를 비코가 합리적인 과학적 과정, 논리적 중립, 데카르트의 연역적 비판보다 수사학, 발명, 웅변, 상상력의 중요성을 강조했다는 의미로 받아들인다. 하지만 하카마야는 비코의 "반-철학"(anti-philosophy)이 희극적으로 받아들여진 것은 일본에서였고("우리의 고대 토착적인 '장소적' 세계관을 최신 외국 수입품과 융합하고 싶어 하는 일본 지식인들이 최신 서양의 유행사조들을 앵무새처럼 지겹게 따라 하는 것"[64]), 그리고 이것이 (교토학파에서 현대 일본의 구조주의 및 포스트구조주의 이론에 이르는) 많은 지적 활동, 정치적 정책(파시즘, 사회적 차별, 무책임한 환경적 관행들), 그리고 불교(타타타[*tathata* 眞如], 사마타[*samatha* 止寂], 기타 신비적이고 비역사적인 설익은 원리들과 같이 본각사상과 관련된 모든 것)를 오염시켰다고 주장한다.

하카마야는 동양적 사고와 서양적 사고의 차이를 본질화하는 데 역점을 두는 것이 아니라 오히려 장소(*topica*)에 헌신하느냐 아니면

---

63 Hakamaya, "Critical Philosophy versus Topical Philosophy," *Pruning the Bodhi Tree*, 57.

64 Ibid., 58.

비판(*critica*)에 헌신하느냐 하는 관점에서 차이를 보고자 한다. 장소적 비평(topical criticism)이 일본 국가에 의해 동원되어 잔혹한 폭력으로 사용되었고, 와츠지, 스즈키, 니시다와 같은 사상가를 그런 체제와 관련짓는 것이 어렵지 않다는 것은 의심의 여지가 없다. 하지만 하카마야는 하나의 본질주의를 또 다른 본질주의로 교체하고 있을 뿐이다. 이 경우에 그는 장소주의 그 자체의 본질주의에 매달린다. 비코나 노자, 혹은 하카마야가 비난하는 많은 다른 인물들을 단순히 장소주의라고 비난할 수는 없다. 마찬가지로 비판주의(criticalism)도 데카르트나 비판불교 학자들의 작업에 단순히 동의하는 것보다 훨씬 더 섬세한 것이다. 오히려 장소주의와 비판주의는 그것들이 수행하는 특정한 역사적 역할을 근거로 긍정되거나 부정되어야 하며, 매번 달라지는 상황의 맥락 속에서 재역사화되어야 한다. 토포스가 비판의 상태에 의해 형성되듯이, 비판 그 자체도 토포스에 의해 조건 지어져 있는 것이다.

모든 이원론의 항목들, 특히 도겐이 섬세하게 타협해간 수행과 깨달음의 이원론처럼 비판철학과 장소철학은 고정될 경우 세계에 대한 정당한 주장을 상실할 위험이 항상 존재한다. 가라타니는 데카르트적 자아를 다룰 때 이 점을 특히 날카롭게 지적한다. 그가 볼 때, 데카르트적 자아는 이성적 비판을 상징하고 모든 추상화를 반박하는 하카야마의 데카르트와는 전혀 닮지 않았다. 그러나 가라타니 또한 나카무라 유지로(中村雄二郎)(데카르트에 대한 포스트구조주의적 비평가이자 하카마야의 주된 표적이 된 이론가)와 같은 비평가와, 장소주의를 본질화하고 이원론을 다른 방향에서 탈역사화한 니시다의 옹호론자들을 비판한다. 다음에 보겠지만 가라타니의 비판은 깨달음의 급진적 차원을 포기하지 않으면서 다양한 종류의 이원론을 시차적 관점(parallaxical engagement)에서 다루고자 하는데, 이는 혁명에 대한 마르크스주의적 범주와 점점 더 닮아가기 시작한다.[65]

혁명과 보다 일반적인 의미의 정치적인 것에 대한 이러한 지적은 하카마야와 마츠모토가 많은 부분에서는 옳았지만 그들의 비판의 토대가 소박하고 도덕적이라는 것을 상기시킨다. 깨달음에 대한 그들의 비판은 정확한 것임에도 불구하고 깨달음의 범주를 깨달음의 정치적 효과(그 효과는 사실 파시즘적이었다)로 확대하는 것이 아니라 그것과 유사한 정치적 범주 즉 혁명 범주의 효과로 확장하는 순간 약화되기 시작한다. 이 두 가지 범주를 서로 연관 짓고 하나의 범주가 다른 범주를 긍정할 때만 우리는 각 범주에서 필수불가결한 것이 무엇인지, 불교적 깨달음을 포기하는 것이 왜 혁명적 정치학을 포기하는 것과 같은 것인지를 이해할 수 있다. 또한 이 두 개의 범주는 치료라는 세 번째 범주를 필요로 하게 될 터인데, 이것은 주체성의 정신분석적 차원에 의지하는 동시에 세 가지 문제틀 간의 보다 창조적인 긴장을 생산하게 될 것이다. 이 경우에 프락시스는 또 다시 사태의 중심에

---

65 이 글의 뒷부분에서 나는 시차(parallax)에 관한 가라타니 고진의 사상을 전개할 것이다. 이에 대한 자세한 내용은 Karatani Kōjin, *Transcritique: On Kant and Marx*, trans. Sabu Kohso (Cambridge, MA: MIT Press, 2003), 5-7과 가라타니의 트랜스크리틱에 대한 지젝의 탁월한 리뷰(*New Left Review* 25, January-February 2004, 121-34)를 보라. 이 글은 나중에 *The Parallax View*라는 동명의 책으로 출간되었다.

놓이게 되고, 프락시스에 대한 마르크스주의적 모색이 어떻게 불교의
문제들을 한층 더 풍부하게 해줄 수 있는지 살펴봐야 할 때이다.

마르크스와 혁명, 그리고 프락시스

마르크스와 엥겔스의 『공산당 선언』(*The Communist Manifesto*, 1848)
은 일반적으로 프락시스의 모범적 텍스트로 간주된다. 이 선언은
이론과 실천을 통합하려는 명확한 욕망을 담고 있으며, 극소수의
다른 빼어난 저작들과 함께 근대 인간 역사의 흐름에 거대한 변화를
일으켰다. 선언문 형식을 다룬 주목할 만한 저작인 『혁명의 시』(*Poetry
of the Revolution*)에서 마틴 푸크너(Martin Puchner)는 『공산당 선언』이
이전의 선언문 형식들과 마찬가지로 일반적인 역사, 특히 뭔가를
알리고 공개하는 행위를 공유한다는 점을 상기시킨다.[66] 그러나 마르
크스와 엥겔스는 이 장르와의 결정적인 단절을 수행하기도 했다.
자신들의 선언문이 주권자의 의지를 선언하기보다는 오히려 "주권자
가 아직 소유하지 않은 권위"[67]를 빼앗으려고 시도한 최초의 선언문이
었기 때문이다. 푸크너가 주장하듯이, 이 선언문은 미래 혁명의 시였
다. 그것은 문학형식으로서 "부름, 외침, 요구, 즉 아무리 열정적이고
효과적이더라도 선언문은 항상 실제의 혁명 자체로부터 순식간에
멀어질 수 있다는 사실에 대한 초조감 이상일 수 없기 때문이다."[68]

---

66 Martin Puchner, *Poetry of the Revolution: Marx, Manifestos, and the
    Avant-Gardes* (Princeton, NJ: Princeton University Press, 2005), 12.

67 Ibid., 12.

204

『공산당 선언』에는 "〔그러나〕 공산주의에 대한 부르주아지의 반대에 종지부를 찍자"[69]와 같은 모종의 초조감이 있다. 거기에는 불관용도 있다. "한마디로 말해, 당신은 우리가 당신의 소유를 끝장내려고 한다고 비난한다. 맞다. 그것이 우리가 의도하는 바이다."[70] 거기에는 분노도 있다. "부르주아지는 지금껏 경외심으로 명예와 존경을 누리던 모든 직업의 후광을 벗겨버렸다. 그것은 의사, 법률가, 사제, 시인, 연구자를 임금 노동자로 전락시켜 버렸다."[71]

그 다음 더 인내력 있고 더 체계적이며 더 엄밀한 텍스트인 『자본』(*Capital*, 1868)이 있다. 이 텍스트는 전혀 외치지 않으면서 자본주의가 어떻게 스스로를 재생산하는가에 대해 아주 객관적인 논리를 펼친다. 이 텍스트는 첫 부분(제1권 제1장 「상품」)에서 시작해서 끝(제3권에서 체제 전체, 제4권이 되었을 책에서는 잉여가치에 대한 더욱 정교한 이론)에 이르고 있다. 하지만 만일 우리가 이를 뒤집어서 『공산당 선언』을 하나의 비판으로 읽고, 『자본』을 하나의 선언문으로 읽는다면 어떨까? 만일 『자본』이 마르크스주의적 고전의 위대한 프락시스에 관한 텍스트라면 어떨까? 만일 처음에 헤겔의 체계를 이용하여 이 텍스트를 생성했던 것처럼 거대한 변증법적 역전을 통해 『자본』이 오늘날 우리 세대의 위대한 프락시스의 텍스트로 전환되었다면, 그리하여

68 Ibid., 22.

69 Karl Marx & Fredrich Engels, *The Communist Manifesto*, trans. L. M. Findlay (Buffalo: Broadview, 2005), 81.

70 Ibid., 77.

71 Ibid., 64.

19세기 냉정하고 과학적인 비판으로 기능했던 것이 이제 최상의 혁명적 외침이 되었다고 한다면 어떨까? 만일 현재 상업화된 언론 조직과 기업화된 대학에 의해 모든 종류의 논쟁이 무기력해질 만큼 미디어가 속속들이 침투한 상황에서 "너무 이론적"이고 "너무 체계적"이라는 측면에서 문제가 있어 보였던 『자본』의 차분하고 사려 깊은 비판이 계속해서 이론적인 엄밀성을 고수하면서 동시에 급진적 행위의 텍스트가 되었다면 어떨까? 마지막으로, 만일 지성사의 한 조각으로 변하고 정치이론의 각주가 되거나 혹은 오늘날 사람의 정서에 껄끄러운 곡이 되어버린 텍스트가 『공산당 선언』인 반면, 『자본』은 이제 불가능한 일을 시도하면서 위대한 비-도덕적인 변화의 선언문이 되었다면 어떨까?

하나의 선언문으로서 『자본』은 행위에 대한 부름—텍스트를 읽으라는 부름—이다. 우리는 『자본』이 무엇에 관한 것인지 알 수 없다. 단순히 모든 개념, 모든 등식, 토대/상부구조 도식의 온갖 다양한 해석에 초점을 맞추는 것만으로는 반마르크스주의 비평가들보다 마르크스주의적 기획에 더 가까이 갔다고 할 수 없을 것이다. 마찬가지로 만일 자본주의가 어떻게 기능하는지, 그것을 온갖 정치경제적이고 이데올로기적인 디테일을 통해 알 수 있다고 하더라도, 우리는 체제 그 자체를 변혁하는 데 더 가까이 갔다고 할 수 없을 것이다. 소설을 읽을 때 단순히 플롯의 전개보다 소설 자체를 읽어야 하는 것과 동일한 방식으로 우리는 『자본』을 읽어야 한다.

이 텍스트는 일련의 기술들, 즉 독자들에게 도덕화하지 않는 방법—즉, 불평등을 개별 행위자의 선의나 악의를 근거로 설명하지 않는 방법—을 가르치는 것을 지향하는 기술을 생산한다. 『자본』의 전체 기획은 잉여가치의 생산이 어떻게 부와 위기, 그리고 자본주의 체제의 재생산에 필수적인 사회관계의 불균등한 분할을 낳는가를 가르쳐 주도록 형식화되어 있다. 그리고 일련의 근본 원칙에 따라서 기능할 때 잉여가치가 생산되고, 계약이 준수되고 공장이 깨끗하고 안전하며 노동자들이 공정하게 대접받을 때 체제가 가장 효과적으로 작동한다는 것을 알려주도록 형식화되어 있다. 자본주의를 위협하는 것이 국가의 지도적 기업가들의 다양한 부패 및 위법 행위와 국가경찰의 노골적인 물리적 폭력인 경우가 종종 있는 것은 사실이다.

『자본』은 경제체제 자체가 부패나 무자비한 억압 행위가 아니라 상품 생산과 소비의 합리적 논리에 따라 작동하는 방식을 정교하게 드러낸다. 또한 『자본』은 자본주의가 체제의 다양한 계략을 은폐하고 대중의 어리석음을 유지하고 조장함으로써 대중을 통제하는 허위의식(false consciousness)이 아니라 자본주의의 복합성을 비판하고 이해할 수 있는 현명한 노동자 계급을 생산함으로써 핵심적 이데올로기를 어떻게 생산하는가를 밝히고 있다. 자본주의의 결정적 이데올로기는 대중으로부터 진실을 차단하는 것이 아니라, 대중이 자신의 욕망을 형성하여 자신의 진실을 생산하지만 그들이 아무리 비판적이고 분개하더라도 혁명적 기대감을 거의 갖지 못하게 하는 방식으로 진실을 생산하는 상황을 만들어내는 것이다.

이런 이데올로기적 효과는 자본주의적 생산양식에 대한 미래의 대안을 생산적으로 사고하는 것을 차단하는 (노동과정 자체 속에 구축된) 시간의 지배적 이해와 경험을 활용한다. 도겐에게 그랬던 것처럼, 마르크스에게도 프락시스의 문제는 역사의 문제, 즉 역사적 변형의 연속성과 불연속성을 타협하는 방법에 대한 문제와 떼려야 뗄 수 없이 연결되어 있다. 그리고 내가 수행과 깨달음의 이원론에 대한 도겐의 타협을 헤이안 시대적 과거와 중세적인 당대의 이원론을 타협하는 코드화된 방식으로 읽었던 것처럼, 나는 마르크스가 프락시스의 문제에 대한 자신의 생산이 시간과 역사와 혁명적 변화의 문제에 대한 자신의 관심과 불가분의 관계에 있다고 주장하는 것으로 읽을 것이다.

『자본』 제1권에서 마르크스가 프락시스와 시간의 관계에 관해 언급하는 두 가지 중요한 지점이 있다. 하나는 1장의 중간 부분에 나오는 가치형식에 대한 부분에서 마르크스가 아리스토텔레스에 의지한 것과 관련이 있다. 다른 하나는 노동일의 길이에 관해, 그리고 잉여가치가 이런 시간 길이와 관련하여 어떻게 생산되는가에 대해 당시 주류의 주장에 대한 마르크스의 비판과 관련이 있다. 우선 마르크스가 상품의 가치형식을 분석한 최초의 사상가로 존경한 아리스토텔레스를 살펴보자.

『자본』의 제1권 제1장에서 마르크스는 상품이 사용가치나 물질적 대상의 형태로 세상에 나타나지만 "그것이 유용성의 대상이자 가치의 담지자이기 때문에"[72] 상품이 된다는 핵심적 주장으로 끝을 맺는다. 프롤레타리아트와 부르주아지라는 양대 계급의 이원론에서 이론과 실천의 이원론으로, 그리고 비이원론적 특이성이 그것이 아닌 것—즉,

---

72 Karl Marx, *Capital*, vol. 1, trans. Ben Fowkes (New York: Vintage, 1977), 138.

208

헤어날 수 없는 역사적으로 특정한 이원론의 논리—과 관계하는 방식의 이원론에 이르기까지 마르크스의 다양한 이원론들을 구성하는 것은 상품 그 자체 속에 구축된 바로 이 일차적인 이원론이다. 그러나 도겐의 경우와 마찬가지로 마르크스가 자신의 작업에서 다양한 이원론을 다룬 것은 조심스럽게 바라볼 필요가 있다. 왜냐하면 마르크스 작업의 중심에는 어떠한 종류든지 간에 비역사화된 이원론의 설정에 대한 통렬한 비판이 있기 때문이다. 다양한 이원론들이 주어진 역사적 논리에 근거하지 않는다면, 혁명의 범주는 아무런 설득력도 갖지 못할 것이다.

어쨌든 마르크스는 여기서 상품가치의 등가 형식에 대한 독특한 것, 즉 상품의 가치가 다른 상품들과의 관계가 아니라 가치로서, 응결된 양의 노동으로 인정받는 대상이 됨으로써 생겨난다는 것을 강조한다. 그리고 이때 이 구체적 노동은 그 대립물의 형식, 즉 추상적인 인간 노동의 형식을 띠게 된다.[73] 그 다음 추상적 노동이 그 대립물인 사회적 노동의 형식을 띠는, 마르크스가 상품의 세 번째 독특한 형식이라 부른 것이 뒤를 잇는다. 이전의 역사적 구성체들과 달리 자본주의에서는 상품의 세 가지 독특성들이 하나로 작용한다. 그것들은 상품 내에서 구체적이고, 추상적이며, 사회적인 노동의 형식으로 동시에 존재한다. 아리스토텔레스가 텍스트에 등장하는 것은 바로 이 대목이다.

『니코마코스 윤리학』에서 아리스토텔레스는 상품의 가치형식의

73 Ibid., 150.

앞선 두 가지 독특성, 즉 구체적 노동과 추상적 노동을 언급한다. 아리스토텔레스는 다섯 개의 침대가 가치에서 집 한 채와 같다는 예를 제시하면서 이는 다섯 개의 침대가 일정량의 화폐와 어떻게 동질적인 것인가 하는 문제와 구별 불가능하다고 말한다. 아리스토텔레스는 "동질성 없이 교환은 있을 수 없고, 비교 가능성 없이 동질성은 있을 수 없다"[74]라고 쓴다. 하지만 아리스토텔레스의 분석은 여기서 끝난다. 『윤리학』에서 아리스토텔레스는 "하지만 상이한 사물들을 비교할 수 있다는 것은 사실상 불가능하다"[75]라고 강조한다. 아리스토텔레스가 더 나아갈 수 없는 이유는 그가 침대와 집 모두에서 무엇이 동질적인가를 사고할 수 없었기 때문이다. 그는 동질적인 인간노동이라는 범주를 사고할 수 없었다.

마르크스는 다음과 같이 쓴다. "아리스토텔레스 자신은 가치형식에 대한 조사를 통해 상품가치의 형식에서 모든 노동이 동질적인 인간노동으로, 동질적 성격의 노동으로 표현된다는 핵심적 사실을 끌어낼 수 없었다. 왜냐하면 그리스 사회는 노예의 노동에 근거하고 있었고, 따라서 인간과 그들의 노동력의 비동질성을 자연적 토대로 삼고 있었기 때문이다."[76] 상품의 가치형식은 인간적 동질성 개념이 이미 "여론의 확고한 항구성을 획득"[77]할 때까지는 파악될 수 없다. 그리고 마르크스는 이를 다음과 같이 끝맺는다. "아리스토텔레스의 천재성은 정확히

---

74 Ibid., 151.

75 Ibid., 151.

76 Ibid., 152.

77 Ibid., 152.

상품의 가치 표현에서 이러한 동질성의 관계를 발견한 것으로 드러난
다. 단지 그가 살았던 사회에 내재된 역사적 한계 때문에 그는 '실제로'
이 동질성의 관계가 무엇으로 구성되는지를 알지 못했다."[78]

역사적 순간을 떠나서 사고하는 것은 불가능하다. 역사적 순간을
변화시키고, 불가능한 것으로 간주되는 것을 변화시키기 위해서는
역사적 순간 내부에서 사고하고 실천할 수 있어야만 한다. 청년 헤겔주
의자들, 특히 포이어바흐는 그들의 유물론을 충분히 밀고 나가지
못했다(여기서 우리는 그 유명한 11번 테제를 보게 된다). 그러나 앞서
언급했듯이 마르크스는 모든 사고와 해석을 비판한 것이라기보다는
세계를 진보적으로 변화시키지 못하는 사고와 해석에 대해서 비판하
고 있다. 따라서 마르크스가 볼 때, 사고가 아무리 급진적이더라도,
만일 그것이 사실상 현재 상태를 재생산한다면, 그것은 궁극적으로
반동적이다. 사고의 증명은 변화에 있다. 그러나 이 지점에서 역사적
요소는 결정적인 것이 되고, 사고와 해석은 사회역사적 순간에 의해
제한된다(사실상 구성된다). 아리스토텔레스가 노동과 가치를 사고하
며 도출한 결론이 보여주듯이, 우리는 우리 자신이 해결할 수 있는
과제만 제기할 수 있을 뿐이다.[79] 다른 식으로 사고하려면 먼저 세계를

---

[78] Ibid., 152.

[79] Marx, "Preface," *A Contribution to the Critique of Political Economy*, ca. 1859.
"인류는 필연적으로 자신이 해결할 수 있는 과제만 제기한다. 왜냐하면 면밀히
검토해 보면 항상 문제는 그것을 해결하기 물질적 조건이 이미 존재하거나
적어도 형성되고 있을 때만 제기된다는 것을 보여주기 때문이다."(http://www.
marxists.org/archive/marx/works/1859/critique-pol-economy).

변화시켜야 한다. 그리고 세계를 변화시키려면 우선 우리가 다른 식으로 사고해야 한다. 이것이 프락시스 문제의—항상 다른 역사적 형태를 띠는— 시작점이다. 그리고 다른 순간들은 이 시작점을 다른 식으로 해결하기 위한 다른 시도들을 필요로 한다. 『자본』의 시도와 관련해서 보면, 그것은 개별 자본가와 개별 노동자의 선한 행위나 악한 행위가 아니라 전체 체계의 논리를 조명할 수 있는 비판 형식을 가르치려고 하는 것이다.

　사람들이 자기 자신의 사고의 역사적 한계를 인식하지 못할 때 어김없이 도덕화의 경향이 스며들기 마련이다. 이는 우리를 『자본』 제1권에서 프락시스와 시간의 두 번째 위대한 순간으로 데려가는데, 여기서 마르크스는 노동일의 길이에 관해 옥스퍼드 대학의 유명한 경제학 교수인 나소우 W. 시니어(Nassau W. Senior)를 비판한다. 시니어는 1833년 공장법에서 제안한 대로 노동시간을 1시간이라도 단축하면 순이익을 파괴할 것이고 자본주의 체제 전체를 타락시키게 될 것이라고 주장했다. 왜냐하면 시니어에게 전체 순이익은 마지막 시간에 생겨나는 것이기 때문이다. 이것은 구체적으로 아이들이 하루 14시간이나 16시간은 아니더라도 11시간 30분의 노동시간은 지켜야 한다는 것을 의미한다.[80] 하지만 마르크스는 마지막 시간이 특별한 것이 아니라 잉여가치의 추출은 매시간 이루어지며, 그리고 핵심은 여분의 시간이 아니라 시간 그 자체, 즉 노동과정 내에서 추상적으로 기능하는 시간임을 보여준다.

---

80 Marx, *Capital*, 333.

많은 해설가들은 시니어의 문체(마르크스는 그를 감상 소설가이자 역겨운 상금 사냥꾼에 비유한다)에 대한 비판을 포함하여 시니어에 대한 마르크스의 냉소적이고 감정적인 반응에 초점을 맞춘다. 이를 통해서 보면 마르크스가—연극적이고 신랄하며 가혹한— 도덕주의자처럼 보일 수도 있지만 마르크스는 사실상 시니어가 자본주의의 근본 원칙, 즉 자본가가 이윤을 창출하려고 하면 노동자의 시간을 통제해야 한다는 원칙을 알고 있다는 것을 인식한다. 마르크스가 볼 때, 문제는 시니어가 충분히 나아가지 않았다는 것이다. 마르크스는 노동시간을 10시간으로 줄이더라도 잉여가치는 여전히 추출될 수 있다는 것을 이해했다. 『자본』의 전체 주장은 시니어를 자본가들을 대신하는 타락하고 부도덕한 변호론자로 속류화하려고 하거나 그가 어떤 점에서 틀렸는가 하는 시각에서 그를 비판하려고 하는 유혹을 거부하는 것이다. 오히려 비판은 시니어가 얼마나 어리석고 틀렸으며 부도덕한가가 아니라 그가 얼마나 일관성 있는가, 그리고 그가 자본가 계급의 진정한 이익에 어떻게 봉사하는가 하는 관점에서 그가 얼마나 이성적이고 정확하며 도덕적이기까지 한가를 겨냥하는 것이다. 자본주의는 계획에 따라 작동하며, 시니어는 이 계획을 이해했고 그 논리에 맞춰 사고하고 행동했다. 이 계획이 근본적인 불평등, 회복 불가능한 생태적 파괴, 심각한 심리적 고통을 낳을 수밖에 없다는 사실이 체제 자체가 실패했음을 의미하지 않는다. 또한 그것은 다른 체제들이 더 궁핍하지는 않더라도 유사한 인간적·자연적 조건을 생산하지 않았고 생산하지 않을 것이라고 주장하는 것이 아니라, 오히려 궁핍을 덜 생산할 수 있고, 다른 이해관계에 공헌할 수 있으며, 반드시 자연환경과의 물질대사적 균열을 생산하지 않을 다른 체제들이 있다는 것을 주장하는 것이다.

　마르크스는 자본가가 노동시간을 가능한 한 늘리려고 할 때 노동의 구매자로서의 자신의 권리를 유지하고, 노동자가 노동시간을 줄이고 싶어 할 때 노동의 판매자로서 자신의 권리를 유지한다는 것을 인식했다. 이것이 자본주의의 이율배반이다. 이것은 옳음에 맞선 틀림이 아니라 "옳음에 맞선 옳음이고 둘 모두 똑같이 교환법칙의 인증을 받았다는 것"[81]이다. 그리고 마르크스는 동등한 권리들 사이에서 결정적인 것은 도덕적으로 옳은 편이 아니라 더 많은 권력을 행사하는 편, 즉 "힘이 결정한다"[82]고 주장한다. 따라서 시니어에 대한 공격을 옳음 대신에 틀림에 맞추어 공격하는 것, 그리고 노동시간의 단축을 위하여 정치적 차원의 투쟁에 초점을 두는 것은 근본적인 변형이 필요한 것이 체제 그 자체임을 인식하지 못하는 것이다. 이는 이를테면 노동시간의 길이에 관한 정치 투쟁이 필요하지 않다거나 체제 변화의 필연성을 제대로 평가하지 못한다고 주장하는 것이 아니라 그런 투쟁이 종종 실용적 개혁이라는 미명하에 혁명적 비판과 행위를 포기하는 방향으로 나아간다고 주장하는 것이다. 그리고 이것은 우리를 프락시스의 문제로 다시 돌아가게 한다.

　만일 혁명의 문제를 이론과 실천의 중심에 두는 한, 『자본』을 프락시스에 대한 마르크스의 가장 중요한 작업으로 간주한다면, 우리는 『자본』으로 복귀하려는 후속 작업들이 프락시스의 문제에 대해 어떻

81　Ibid., 344.

82　Ibid.

214

게 주장해 왔는지를 살펴볼 필요가 있다. 우리의 첫째 주장은 영국 페이비언 협회(British Fabian Society)의 점진적 개량주의와 에두아르트 베른슈타인(Eduard Bernstein)이 19세기 후반의 사회민주주의에 끼친 영향으로부터 1968년을 전후한 알튀세르적인 계기, 1980년대의 다양한 포스트마르크스주의를 거쳐, 마르크스주의적 문제틀이 전 지구적 자본주의의 가장 최근 변화 속에서 새로운 기회를 포착하려고 하는 오늘날에 이르기까지, 자본주의와 그 지배 이데올로기가 구조적 변형을 겪을 때 프락시스의 문제로 회귀하려는 가장 중요한 순간이 나타나게 된다는 것이다. 질문은 항상 두 가지 주장으로 환원된다. 급진적인 사회정치적 변화가 국가 관리의 전술적 개혁에서 출현할 수 있는가, 그리고 전면적인 경제적 변형에 대한 욕망이 사실 바로 그 체계적 논리를 재생산하는 취약한 환상인가 하는 것이다.

이 두 가지 환원 속에서 개혁 대 혁명의 논쟁이라는 해묵은 주제를 알아채는 것은 전혀 어렵지 않다. 베른슈타인이 (특히 『자본』의) 후기 마르크스의 보다 과학적인 경제 분석을 강조하기 위해 초기 마르크스의 헤겔적 영향을 반박했을 때, 그는 두 가지 길을 전개했다. 하나는 구조적 불평등이 의회제도 내에서의 경제적 수정을 통해 개선될 수 있다는 속류 사회민주주의라고 부를 수 있는 것으로 향하는 길이고(베른슈타인 자신의 입장), 다른 하나는 모든 사회적·정치적 사실들이 경제적 조건으로 환원되고 이러한 조건으로부터의 어떠한 일탈도 모두 비계급적인 접근을 지지하는 것이라고 비판하는 경제주의, 즉 속류 마르크스주의로 향하는 길이다(이것은 사실상 베른슈타인에 대한 칼 카우츠키의 비판이었다). 여기서 문제는 경제적인 것과 정치적인 것 간의 관계이며, 앞으로 보겠지만 이는 이론과 실천의 관계라는 우리의 중심 문제에 근거한다. (정치적인 것이든 경제적인 것이든) 다른 관점보다 하나의 관점에 더 많은 비평적 우위를 부여할 때 생겨나는 주요 변화를 이해하기 위해서 다음과 같은 간략한 역사를 살펴보자.

19세기 동안 산업자본주의의 경제 논리는 (시니어의 주장에 따라) 노동자를 더 오래 일하게 하거나 (더 많은 억압을 통해) 더 빨리 일하도록 만들거나, (기술 진보를 통해) 더 효율적으로 일하게 함으로써 노동자들로부터 더 많은 잉여가치를 뽑아내는 시간적 해결에 의존했기 때문에 투명한 편이었다. 19세기 말부터 제1차 세계대전까지 전 세계의 주변부로부터 값싼 노동력과 자원을 전유하는 공간적 해결이 위기관리와 자본주의적 축적의 지배 형식이 되었다. 이와 더불어 자본주의적인 정치적·문화적 이상을 위하여 토착민을 문명화하려는 식민주의 이데올로기들이 나타났다. 1920년대 말의 전 지구적 경제공황은 자본주의 체제의 경제적 현실을 또다시 폭로했다. 하지만 (소비에트 혁명의 사회주의적 욕망에서 미국 민주주의의 자본주의적 욕망에 이르기까지, 그리고 국가사회주의의 파시즘적 욕망에서 일본 제국주의의 민족적 욕망에 이르기까지) 정치적 서사들의 코드들이 최근 드러난 자본주의의 경제적 원칙들을 압도하기 시작한 것은 바로 이 시점에서였다. 자본주의의 경제 논리를 모호하게 만들고, 아시아, 아프리카, 남아메리카 전역에서 탈식민화라는 미명하에 해방 정치의 가장 강력한(이번엔 아주 진보적인) 형태를 취하면서 2차 세계대전 이후에도 지속된 것은 바로 이런 정치적 정당화이다. 1968년의 트라우마와 공산당의 의문스런 역할, 그리고 많은 좌파들(특히 전 세계의 다양한 운동에 참여한 학생들)이 느낀 배신감과 더불어 정치적인 것과 경제적인 것 간의 관계가 다시 논쟁의 중심으로 복귀했다. 이제 경제적인 것은 스탈린을 상징하거나 (노동조합에서 대학에 이르는) 많은 진보적 제도들의 위선적인 억압과 관료화를 상징했다. 경제적인 것에 대한 반발은 1970년대의 오일 위기 때문에 줄어들었고, 전 지구적 생산의 새로운 유연화 과정이 주목받게 되었다. 하지만 일촉즉발의 냉전의 지정학이 포스트포디즘에 바탕을 둔 새로운 초국적 자본주의의 냉혹한 현실을 다시 한 번 가려주었다.

루이 알튀세르는 경제적인 것이나 정치적인 것에 비평적 힘을 쏟을 때 그 사이의 균형을 유지하려고 노력했다. 지금은 악명 높아진 1973년 저작인 『존 루이스에게 보내는 답변』(*Reply to John Lewis*)에서 알튀세르는 기술관료적인 경제 이데올로기와 도덕적 인간주의 이데올로기에 의해 움직이는 당대의 지배 이데올로기를 면밀히 검토했다. 알튀세르에게 이것은 사회민주주의와 정통 마르크스주의 둘 모두에 적용되었는데, 이들은 모두 『자본』을 징후적으로—알튀세르가 볼 때 속류 경제주의와 도덕적 인간주의로는 사고할 수도 없고 재현할 수도 없는 마르크스의 텍스트의 구조적 부재(structuring absence)를 드러내는 방식으로—읽는 데 실패했다. "최종심급에서의 경제"(the economic in the last instance)(이미 10년 전 알튀세르의 「모순과 과잉결정」(Contradiction and Overdetermination)과 1968년 에티엔 발리바르Étienne Balibar를 비롯해 그의 제자들이 같이 쓴 『「자본」 읽기』(*Reading Capital*)에서도 사용된 개념)라는 유명한 주장을 통해 알튀세르는 철학을 부차적인 지위로 축소하지 않으면서—즉, 철학을 단순히 상부구조적인 효과에 예속시키지 않으면서—

자본주의의 논리를 다룰 수 있었다. 한 가지 문제는, 1년 뒤 1974년에 자크 랑시에르(Jacques Rancière)가 『알튀세르의 교훈』(*Althusser's Lesson*, 1974)에서 지적했듯이, "주체 없는 구조"로서의 자본주의에 대한 엄밀한 비판과, 이론과 정치의 분리에 대한 절대적 엄격성 때문에 알튀세르는 권력이 노동자의 일상생활 속에 어떻게 "자리하고" 있는지를 볼 수 없었다는 점이다. 랑시에르는 "부르주아지의 이데올로기적인 권력은 경제주의와 인간주의의 권력이 아니다. 그것은 노동자들의 지성을 박탈하고, 그들의 역량을 훼손하며, 그들로 하여금 생산권력을 전적으로 지지하는 과학을 받아들이게 하는 권력이다"[83]라고 쓴다.

그 10년 뒤 정치경제가 보다 유연하고 전 지구적 형태의 자본주의적 축적으로 전환함에 따라 에르네스토 라클라우(Ernesto Laclau)와 샹탈 무페(Chantal Mouffe)는 다른 방향에서 알튀세르가 "동시대 사회투쟁들의 더욱 다양한 성격"[84]을 희생시키는 대가로서 총체성 개념에 매달린다고 비판했다. 라클라우와 무페가 볼 때, 알튀세르의 "최종심급"은 사회구성체의 과잉결정을 강조하던 알튀세르 자신의 입장을 배반했고, 동질적인 혁명적 주체라는 이름으로 정치의 계기를 사실상 무의미하게 만들었다. 엄청나게 인기를 끈 그들의 저작 『헤게모니와

---

83 Jacques Rancière, *Althusser's Lesson*, trans. Emiliano Battista (London: Continuum, 2011), 99. 랑시에르는 계속해서 문제가 "노동과정 차원에서의 권력의 부재와 국가 차원에서의 권력 사이의 양립 가능성"(101)에 관한 것이라고 주장한다.

84 Ernesto Laclau & Chantal Mouffe, *Hegemony and Socialist Strategy: Towards a Radical Democratic Politics* (London: Verso, 1985), 2.

사회주의적 전략』(*Hegemony and Socialist Strategy*)의 서두에서 라클라우와 무페는 "오늘날 위기에 처한 것은 한 사회 형태에서 다른 사회 형태로 이행할 때, 근본적 계기로서 노동계급의 존재론적 중심성, 대문자 R로 시작하는 혁명의 역할에 의지하는 사회주의의 전체 개념이다"[85]라고 썼다.

레이건과 대처, 그리고 IMF와 세계은행 내의 그들의 이념적 파트너들이 주도한 신자유주의의 출현은 라클라우와 무페의 포스트마르크스주의적 대응, 즉 적대들(antagonisms)이 분출하여 자본주의 위기의 논리와 더 이상 어울리지 않는 방식으로 접합하는 포스트구조주의적 다양성의 정치와 완벽하게 조화를 이루었다. 오늘날 총체성 개념이 전적으로 불신의 대상이 되면서 차이의 정치와 다양한 사회운동의 옹호가─사물들을 연결해 주는 반半자율성이라는 알튀세르의 범주 없이─확산되었다. 하지만 이런 급진적 민주주의 정치의 계기는 9/11 이후, 그리고 자본주의 비판이 수많은 인권 위반 사례를 찾아내고 부각시키는 데 멈춰서는 안 되고 상품화 과정 자체와 생산양식의 논리, 심지어 총체성과 구조를 새롭게 이론화하는 개념들로의 엄밀한 복귀를 포함해야 하는 반세계화 운동들의 부상으로 힘을 잃게 되었다. 글로벌 남부에서 자행되는 저임금 노동착취를 비판하는 것은 중요하지만, 심지어 부패한 공장들이 폐쇄되거나 청산된 후에도 착취가 어떻게 일어나는지에 대해 더욱 체계적인 비판을 제안하는 것은 또 다른 문제였다.

---

[85] Ibid., 2.

3. 깨달음, 혁명, 치료 **219**

이 추상화된 서사에서 우리가 보는 것은 프락시스의 문제로 회귀할 때 가장 중요한 계기가 경제학과 정치학의 관계의 중요성을 주장하는 것과 관련이 있다는 것이다. 이것은 우리를 오늘날 개별적 주체, 즉 (체제의 재생산을 강화하는) 자본주의 경제에 필연적으로 종속된 주체뿐만 아니라 혁명적인 규모에서 이런 논리를 통해 개입하는 현실 정치적인 가능성을 지닌 주체의 문제로 나아가게 한다. 그리고 다시 이것은 우리를 혁명의 문제, 즉 현 순간에 우리가 혁명이라는 말을 어떻게 회복할 수 있을 것인가 하는 문제로 나아가게 한다. 가라타니 고진은 자신의 『트랜스크리틱』(*Trancritique*)에서 다음과 같은 질문을 제기한다. 즉 "주체적 개입이 전혀 일어날 것 같지 않은 세계에서 혁명은 어떻게 가능한가?"[86]

이런 모순에 대한 가라타니의 대응은 경제적 생산과 유통의 영역이 자본주의의 재생산과 잉여가치의 착취에 똑같이 중요하다고 주장하기 위해 칸트를 통해 마르크스를 읽고, 마르크스를 통해 칸트를 읽는 것이다. 노동자는 생산자와 소비자 모두의 위치에 있으며 이 두 위치는 서로 환원될 수도 없고 통합되어서도 안 된다. 내게 중요한 것은 정확히 이런 이원론이 유지되는 방식, 즉 가라타니가 시차(parallax)라고 부른 형식을 통해 유지되는 방식이다.

가라타니에게 시차는 "한 양상을 다른 양상으로 환원하려는 모든 시도를 포기해야 하고, 반대로 이율배반은 환원 불가능하다고 주장해야 한다"[87]는 칸트적 이율배반과 유사하다. 이를 통해 가라타니는

220

마르크스의 리카르도(Ricardo)와 베일리(Bailey)와의 관계를 읽어내
고, 마르크스가 이들의 차이를 종합하기보다는 그 사이를 어떻게
왕래했는지, 그리고 궁극적으로 하나를 사고하기 위해 다른 하나를
어떻게 괄호 쳤는지ー가라타니가 볼 때『자본』의 탁월성을 설명해 주는
시차적 관점ー를 강조한다.[88] 이어서 가라타니는 생산 영역과 유통
영역 간의 긴장, 즉 "가치는 생산과정에서 창조되기도 하고 창조되지
않기도 한다"[89]는 것을 이해하기 위해 이 시차적 관점을 이용한다.

　이와 같은 생산과 소비에 대한 새로운 사유는 가라타니의 기념비적
저작인『세계사의 구조』(The Structure of World History)에서 더욱 발전
되는데, 여기서 그는 다양한 고대 사회의 선물(증여)과 반-선물(반-증
여)의 상호 체계로 거슬러 올라가서 생산양식이 아니라 교환양식에
근거한 대안적 마르크스주의 역사를 구성한다.[90] 이러한 시도는 오늘
날 연합과 교환의 새로운 형식을 상상하고 지향하기 위한 창조적
방법을 펼치게 해주고, 가라타니에게 민족-국가-자본의 삼위일체에
도전하는 더욱 효과적인 방법을 사고할 수 있게 해준다. 교환양식에
대한 가라타니의 강조는 마르크스주의 정치이론의 영역 안에서 작은
논쟁들을 일으키는 원인이 된다. 그러나 생산양식의 우선성을 문제
삼는 다른 시도들과 달리 가라타니의 개입은 경제적 차원에 대한

87　Ibid., 121.

88　Ibid., 5-7.

89　Ibid., 20.

90　Karatani Kōjin, *The Structure of World History* (Durham, NC: Duke University Press, 2014).

3. 깨달음, 혁명, 치료 221

강조를 거두지 않는다. 이런 방식으로 가라타니는 경제적인 것을 정치적인 것으로 허물어뜨리지 않았고, 경제적인 것과 정치적인 것을 개별적이면서도 동등한 것이라고 생각하지도 않았다. 그는 경제적인 것과 정치적인 것 사이의 시차를 유지할 수 있었는데, 이는 자본주의에 대한 비도덕적 비판과 혁명적 변화에 대한 비도덕적 사고로 이끈다. 간혹 그의 사고들이 (『세계사의 구조』의 끝부분에 유엔을 동시적 세계 혁명을 촉발하고 세계 공화국을 실현할 수 있는 새로운 글로벌 체제로 변형시킬 것을 요구하는 것처럼) 터무니없어 보이기도 하지만, 가라타니의 사고는 순진한 환상이라기보다 정치적 상상력을 훈련하기 위한 효과적 체계로서 기능한다.[91] 다시 말해, 가라타니는 (어느 특정한 순간에는 불가능하더라도) 자본주의에 대한 급진적 대안을 (통상적인 수사적 화려함, 기회주의적 자세, 혹은 종말론적 욕망 없이) 직접적이고 엄숙하고 체계적인 방식으로 사고함으로써 우리를 위해 혁명을 하나의 형식—즉, 혁명을 구체적 내용으로서보다는 이론적으로 추구하는 참여적 실천 즉 프락시스—으로 설계하고자 한다.

예를 들어, 가라타니는 자본가와 노동자가 자본 운동의 (주체가 아니라) 대리자들일 뿐이기 때문에 자본주의를 도덕적 타락의 관점으로 비난하지 않는 『자본』의 읽기로서 『트랜스크리틱』을 시작한다. 일본의 위대한 정치경제학자인 우노 고조(宇野弘藏, 1897~1977)를 좇아서 가라타니는 마르크스의 『자본』에는 윤리적 행동이나 혁명 이론이 전혀 없으며 오직 필연적 위기의 이론이 있을 뿐임을 상기시킨

---

91 Ibid., 305-7.

다. 이를 통해 가라타니는 어떠한 종류의 이데올로기 비판이나 자유주의적 소비자 운동으로부터 거리를 두고 경제-윤리적 연합체-노동자들로 하여금 노동자와 소비자로서의 자신의 위치를 이용할 수 있게 해주고, 선과 악 혹은 행복과 이익이 아니라 자유에 바탕을 둔 윤리를 이용할 수 있게 해주는 연합체-를 통해 새로운 주체와 새로운 사회의 생산으로 나아간다. 가라타니에게 이런 자유는 "자유로워야 한다"는 칸트적 정언명령-타인을 목적임과 동시에 수단으로 대해야 한다는 명령-에 바탕을 둔다. 마르크스는 노동자에게는 자본가를 위해 잉여가치를 생산할 자유가 있거나, 아니면 굶어 죽을 자유가 있다고 냉소적으로 쓴 바 있다. 이와 달리 가라타니는 진지하게 노동자가 제3의 의미에서 자유롭다고 쓴다. 즉 이런 자유가 가능한 것은 노동자가 행위자로서 상품을 다시 사들여 자본주의적 순환을 닫아버리고, 따라서 자본주의 체제 전체에 혁명을 일으킬 잠재력을 갖는 새로운 형식의 교역에 기반을 둔 새로운 교환 공동체를 전개할 수 있을 때이다.

가라타니는 노동자들의 박탈이 구조적으로 어떻게 결정되는지를 "가르치려" 들고, 허위의식의 극복을 혁명에 이르는 왕도로 생각하는 마르크스주의자들을 비판한다. 가라타니는 심지어 (언어, 텍스트, 이데올로기, 주체성과 같은 상부구조의 특정한 물질성이 지금까지 물질적 하부구조로 특권화되어 온 것을 복잡하게 만들 뿐 아니라 혁명적 투쟁의 진정한 토대를 제안하는) 문화적 전환에 관한 제임슨의 주장을 "생산과정 중심주의"에 기반을 둔 "절망의 형식"[92]이라고 비판

---

92 Karatani, *Transcritique*, 21.

한다. 다시 말해, 가라타니는 이것이 생산양식의 "자연스런" 발전을 통해 혁명이 도래하기를 무기력하게 소망하면서 우리를 항상 시작으로 되돌려놓는 이데올로기와 정치경제적 체제의 작용을 폭로하는 기획이라고 주장한다. 그리고 가라타니가 볼 때, 이것은 자본주의적 관계에 근본적으로 도전할 수 있는 교환관계의 혁신적 형식의 가능성을 간과한다. 하지만 이러한 시각은 우리가 경제-문화적 윤리 (economico-cultural ethics)라고 부를 수 있는 것의 관점에서 제임슨의 개입이 갖는 핵심을 놓친다.

　가라타니처럼 제임슨 또한 혁명적 행위성에 관한 동일한 질문을 『자본』에 대한 자신의 읽기 속으로 통합하고, 다양한 속류 마르크스주의로 복귀하지 않으면서, 그리고 자본주의의 주체들에 의한 급진적 개입의 가능성을 포기하지 않으면서 경제적인 것의 피할 수 없는 구조적 논리를 강조하는 방법을 질문한다. 가라타니처럼 제임슨은 정치적인 것을 괄호 치고 자본주의의 경제적 논리에 초점을 두는 식으로 대응한다. 하지만 가라타니와 달리 제임슨은 윤리학(일종의 반-반-윤리학anti-anti-ethics)을 칸트에서 찾기보다는 미적 행위 - 문화를 창조하고 해석하는 행위들 - 에서, 그리고 마르크스주의적 비판과 그 기저의 혁명 개념을 적극적으로 고수하면서 다양한 형태의 사회민주주의적 개혁을 지지하는 데서 찾는다.

　그의 후기 저작 중 두 권인 『변증법의 가치』(*Valences of the Dialectic*)와 『자본』 제1권에 관한 짧은 해설인 『자본의 재현』(*Representing Capital*)에서 제임슨은 우리에게 착취와 지배에 대한 사고 실험을 숙고해볼 것을 요청한다. 만일 우리가 (전 지구적 체제의 무인 지대로

224

쫓겨난) 주변화된 사람들의 모든 착취와 궁핍을 지배의 결과가 아니라 착취의 결과로 파악한다면 어떨까?[93] 제임슨에게 착취에 대한 이러한 강조는 우리를 자본주의의 중심 논리로 데려가고, 단순히 현 체제의 개혁보다는 완전히 다른 체제에 대한 사고를 가능하게 해준다. 궁극적으로 제임슨은 지배라는 정치적 범주를 우선할 경우, 우리는 변함없이 현재 문제들을 제거하거나 개선하려는 데 멈추게 되고, 사회민주주의적이거나 아나키즘적인 양식처럼 거의 항상 현존 체제 자체를 재생산하는 기능을 하는 민주주의를 강조하게 된다고 주장한다. 반대로 착취의 경제적 범주를 우선시하는 것은 체제적 논리 그 자체(자본주의 내에서 "완전고용"은 불가능하다)를 훨씬 잘 평가할 수 있게 된다.

이것은 속류 경제학(또는 북미 대학의 경제학과에서 가르치는 사람들에게 익숙한 경제학)이 아니다. 비록 경제적인 것(사디즘적인 지배라기보다 구조적 착취에 대한 분석)에 우선성을 부여하더라도, 개인적이고 사회적인 저항은 정치-이데올로기적 영역 내에서 계속해서 실천되어야 하기 때문이다. 우리는 보다 혁명적인 경제 분석을 유지하면서도 일상적인 정치적 실천에 참여하고 온갖 종류의 단일 이슈의 개혁들을 지지한다. 제임슨이 『자본』이 정치학이나 노동에 관한 것이 아니라 실업에 관한 것이라는 문제적인 주장을 펼치고, 나아가서 실업이 오늘날 전 지구화의 특수성이 무엇이고, 무엇이 가장 효과적인 이론적·실천적 개입으로 이어질 수 있는지를 이해하는 핵심 범주라고 주장한 것도 바로 이런 이유 때문이다. 이것은 우리가 자본주의에 대한 비도덕

---

93 Fredric Jameson, *Valences of the Dialectic* (London: Verso, 2010), 565-82; *Representing Capital* (London: Verso, 2014), 150-51.

적 비판이라고 부른 것과 관련이 있다. 바로 이런 비도덕적인 비판 속에서 우리는 부패를 인격화하는 것을 거부하고, 탐욕스러운 인간들에게 "수치, 수치, 수치"를 외치면서 정의감을 느끼는 것을 거부하며, 오히려 우리는 위기와 착취가 시스템이 특별히 잘못 작동해서가 아니라 제대로 작동함으로써 일어나는 것임을 인식한다.

위기와 착취와 함께 혁명 역시 자본주의의 구조 속에 이미 구축되어 있다. 이것이 제임슨의 지속적인 이론적 개입이다(1982년 출간된 그의 『정치적 무의식』[*The Political Unconscious*]에 명확하게 주장되고 있다). 즉, 발터 벤야민의 역사철학에 관한 7번째 테제("문명의 기록치고 야만의 기록이 아닌 것이 없다")를 뒤집어서 이제 (파시즘적 정치집단에서 가장 **음흉한 문화적 표현에 이르기까지) 모든 야만의 기록은 동시적으로 그리고 그 의도와 달리 유토피아의 기록이기도 하다**는 것이다. 적어도 그 기록들은 자체 내에 스스로에 대한 파괴와 혁명적 미래를 향해 몸짓하는 진정한 급진적 차원을 지니고 있다.

그러나 정치적 무의식이라는 이 관념을 더욱 밀고 나가 보자. 주체, 문화 텍스트, 또는 집단은 단순히 억압된 이데올로기적이거나 유토피아적인 욕망만 가리키는 것이 아니라 그러한 욕망의 미래 반복을 가리킨다. 이런 의미에서 무의식은 주체로부터 해방될 뿐만 아니라(무의식은 주체 안에, 의식 아래에 "존재하면서" 발견되고 드러나고 의식화되기를 기다리는 것이 아니다) 과거와 현재로부터도 해방된다. 이제 무의식은 미래로부터 온다. 제임슨의 경제-문화적 윤리는 체제 전체의 혁명 없이 (개인적 이윤을 중심으로 조직된 노동자들의 집합체의) 자본주의의 근본적인 이율배반을 해결할 수 없는 상품 자본주의의 근본 논리에 주목하는 한편—동시에— 유토피아적 가능성을 끊임없이 주목함으로써 혁명적 의식을 키워 나간다. 주체와 연대기적 시간으로부터 무의식을 해방시키는 행위는 주체와 실증주의적 역사에 대한 불교적 비판과 서로 통한다. 이것은 또한 우리가 깨달음의 범주를 주체 또는 역사의 최종 목적지로서가 아니라 우리(와 역사)가 아직 살아있는 동안 주체와 역사의 제거(killing off)로서 해석해왔던 방식과 서로 통한다. 우리는 이것을 부정적 유물론 혹은 미래의 급진적 무라고 부를 수 있다.

프로이트와 치료, 그리고 프락시스

정치적 무의식에 대한 이런 의지는 우리를 세 번째 영역, 즉 정신분석적 프락시스와 치료의 범주, 그리고 오늘날 이 범주가 불교적 깨달음과 마르크스주의적 혁명과 더불어 어떻게 다시 주장될 수 있는가 하는 질문으로 안내한다. 정신분석의 역사 내의 모든 주요 발전은 프락시스에 대한 유사한 비판에 근거하는데, 여기서 프로이트의 임상 실험은 후대의 분석가들이 정신분석을 어떻게 사유하고 이론화하는가 하는 그 구성의 방식에 따라 비판받거나 옹호되었다. 예를 들어, 프로이트가 환자의 말을 주의 깊게 듣지 않았고, 프로이트의 임상 기술이 이론에 대한 그의 관심 때문에 무뎌졌다는 주장이 있다. 그리고 프로이트의 이론적 사고가 임상진료실에서 아주 적은 환자들을 대상으로 한 불안정한 경험 때문에 결함을 갖게 되었다는 주장도 있다. 그리고 반대 방향에서, 모범적인 실천가이자 이론가였던 것이 프로이트 자신

이었고, 프락시스 문제에 대한 그의 독창적인 모색을 극복한 척하던
사람들이 반동적 이데올로기 혹은 아버지를 살해하려는 단순한 욕망
에 따라 움직인 출세주의자들이라는 주장이 있다. 이런 비판들은
정신분석의 역사 전반에 걸쳐 반복된다. 더 젊은 정신분석가들은
선배 정신분석가들이 자신의 이론에 너무 전문적으로 매달린 나머지
환자의 말을 주의 깊게 그리고 창조적으로 경청하지 않는다고 비난한
다. 융(Jung), 클라인(Klein), 위니코트(Winnicot), 라캉(Lacan), 비온
(Bion), 프롬(Fromm), 코후트(Kohut), 미첼(Mitchell) 등과 같은 정신
분석가들은 임상 진료에서 듣기의 새로운 방식을 펼쳤을 뿐만 아니라
이런 실천을 실행하기 위한 새로운 이론적 용어와 심지어 새로운
스타일의 정신분석적 글쓰기까지도 창조하였다.

프락시스 문제에 관한 이런 투쟁은 프로이트의 초창기 친밀한
동료이자 제자 중 한 명인 산도르 페렌치(Sāndor Ferensci)로부터 시작
한다. 페렌치는 (프로이트에 의해 분석 받은) 자기 자신은 물론이고
프로이트의 다른 환자들에 대해 프로이트가 "온화함과 관대함"[94]이
부족했다고 비판했다. 페렌치의 상호 분석(mutual analysis) 개념은
분석가가 환자에게 자신의 감정(환자가 만들어내는 역전이 내용뿐만 아니
라 분석가 개인의 온갖 형태의 노출)을 자유롭게 표현함으로써 분석가와
환자가 서로의 관계에 대해 더욱 신뢰감을 가지면서 환자의 증상이
드러나는 관계적 차원에 초점을 두는 것이다. 이 개념은 종종 프로이트

---

94 Judith Dupont, ed., *The Clinical Diary of Sándor Ferenczi*, trans. Michael
   Balint & Nicola Zarday Jackson (Cambridge, MA: Harvard University Press,
   1988), xiii.

의 스타일에 대한 직접적 공격으로, 그리고 클라인적인 대상관계 (object relations)와 그 뒤를 잇는 모든 관계적이고 대인관계적인 학파의 시작으로 인식된다. 따라서 우리가 페렌치를 통해 보는 것은 정신분석의 역사 내의 각 고비(plot point)가 이론과 실천 사이의 관계를 새롭게 주장하는 패턴의 시작점이라는 것이다.

그러나 우리는 프로이트 자신에게로, 그리고 정신의학은 물론 19세기 유럽에서 정신의학과 프락시스 문제와의 관계에 대한 프로이트 자신의 비판으로 훨씬 더 거슬러 올라갈 필요가 있다. 다시 말해, 정신분석의 생성은 의사가 환자를 질병의 수동적 수용체로 보고 그에게 구체적인 생애사와 무관한 기술과 절차를 통해 치료하던 정신의학에 대한 프로이트의 비판에 의해 가능해졌다. 가령 실어증의 히스테리적 증상은 언어 치료나 심지어 뇌수술로 치료될 수도 있을지 모른다. 하지만 프로이트가 처음에는 최면 실험을 통해, 그 다음에는 "대화치료"의 지속적인 실험을 통해 일찍부터 깨달았던 것은 환자가 자신의 증상에 대해 의사보다 더 많이 알고 있으며, 가장 효과적인 치료법을 찾아낼 수 있도록 경청하는 방법을 이해하는 것이 의사의 역할이라는 것이다. 물론 환자의 말을 경청하기 위해 분석가는 자신의 말을 잘 지켜보고 자신의 권위와 확신에 의문을 제기할 필요가 있다. 만일 무의식이 정신분석의 가장 심오한 발견이라면, 이는 무의식이 새로운 학문과 분석가 자신의 무의식의 중심으로 나아가는 길을 가능하게 해주고, 현장 전문가들의 맹점과 위선적 동기를 필연적으로 드러내기 (그리고 효과적으로 활용하려고 하기) 때문이었다.

그러나 임상진료실에 이중적 무의식이 작용하고 있다는 인식은 좀 더 깊이 탐구해볼 필요가 있다. 즉 분석가(analyst)와 피분석자 (analysand)는 완전히 분리된 것이 아니라 서로를 구성한다는 것이다. 이것은 무의식을 주체 내부나 개인의식의 아래에 존재한다는 공간적 사고로부터 벗어날 뿐만 아니라 무의식이 과거로부터 떨어져 나와 이제는 미래로부터 온다는 우리의 앞선 주장과 연결되기도 한다. 이것은 무의식의 "초시간성"과 이로부터 생겨난 온갖 시시한 신비주의 에 대한 프로이트의 유명한 진술을 반복하기 위한 것이 아니라 오히려 정신분석의 기획에 가장 심오한 정치적·정신적 차원을 되돌려주는 무의식의 급진적 시간성을 주장하기 위한 것이다. 즉 이것은 "치료"의 욕망 및 개념과 관련되어 있고, 우리가 정신분석의 역사를 통해 추적할 수 있으며, "혁명"과 "깨달음"이라 불리는 욕망 및 개념과 연결될 수 있는 차원이다.

내가 정신분석의 기획으로의 "복귀"라고 쓴 것은 우리가 프로이트의 초기 저작, 즉 1899년에 출간된 『꿈의 해석』에서 이러한 무의식의 급진적 시간성을 이미 찾아볼 수 있기 때문이다. 예를 들어, 1921년에 출간된 제6판 『꿈의 해석』에는 무의식과 시간 간의 관계를 도발적으로 제기하는 두 가지 주요 계기들이 나오는데, 하나는 텍스트의 시작에, 다른 하나는 맨 끝에 나온다. 제6판 서문에서 프로이트는 본문에는 아무런 수정도 없다고 말한 후 다음과 같이 쓴다. "거의 20년의 세월이 지난 후 이 책이 제 역할을 다했다는 나의 가정은 확증되지 않았다. 반대로 나는 이 책이 수행해야 할 새로운 임무를 가지고 있다고 말할 수 있을 듯하다. 이 책의 이전 역할이 꿈의 성격에 대한 정보를 제공하는 것이었다면, 이제 이 책은 그에 못지않게 이 정보가 겪은 끈질긴

230

오해를 다루어야 하는 중요한 의무를 갖게 되었다."[95] 그러나 어떻게 동일한 텍스트가 두 번의 다른 시기에 두 가지 다른 기능을 가질 수 있는가? 어떻게 원본 텍스트가 20년 뒤 다른 임무를 수행할 수 있는가? 프로이트는 우리가 이제까지 제기할 수 없었던 과제 **또한 우리 스스로 해결할 수 있다**고 주장함으로써 역사적 한계에 대한 마르크스의 주장(우리는 우리 자신이 해결할 수 있는 과제만 제기할 수 있을 뿐이라는 주장)에 도전하고 있는 것인가? 나는 이것이 프로이트의 기획에서 관건이라고 생각한다.

『꿈의 해석』은 자체의 고유한 무의식, 즉 아직 존재하지 않는 미래와의 관계 속에서 작용하는 무의식을 다루고 있다. 이 무의식적 미래(와 미래 무의식)를 상상하는 데 텍스트와 그 주된 연구 대상인 꿈 자체의 예상적 차원을 허물어뜨리는 것보다 더 나은 방법이 있는가? 이는 우리를 『꿈의 해석』의 마지막 단락으로 데려간다. 프로이트는 다음과 같이 쓰고 있다.

우리에게 미래의 지식을 제공하는 것이 꿈의 가치인가? 물론 이 점에는 의문의 여지가 없다. 하지만 꿈이 우리에게 과거의 지식을 제공한다고 말하는 것이 진실에 더 가까울 것이다. 왜냐하면 꿈은 모든 점에서 과거로부터 오는 것이기 때문이다. 그럼에도 꿈이 미래를 예언한다는 고대의 믿음이 진실을 전적으로 결여한 것은 아니다. 우리의 소망이 달성되었다고 상상함으로써 꿈은

---

95 Sigmund Freud, *The Interpretation of Dreams*, trans. James Strachey (New York: Avon Books, 1965), xxix.

결국 우리를 미래로 이끈다. 그러나 꿈꾸는 사람에 의해 현재로서 상상되는 이 미래는 그의 파괴할 수 없는 소망 때문에 과거와 완벽하게 닮은꼴로 형상화된다.[96]

프로이트의 전체 저작에서 이 마지막 문장보다 더 풍부한 의미를 지닌 문장도 없을 것이다. 그것은 (과거, 현재, 미래가 이제 동일한 표면 위에 존재한다는) 급진적 시간성을 표현하며, 그 내부에는 (역사 자체가 공중제비 하듯 급변하게 되면 그것의 구성요소와 주체 또한 급변하게 된다는 의미에서 주체에게 급진적 변화가 가능해지는) 급진적 치료 이론이 들어 있는 (다양한 시간들로 구성된 이 표면이 질적으로 다른 논리를 가진 다른 표면에 의해 완전히 대체될 수 있는) 급진적 역사철학을 가지고 있다.

『꿈의 해석』의 제6판이 출간된 1921년이 의미 있는 것은 통상 프로이트의 기획을 나누는 쐐기처럼 읽히는 주요 저작인 『쾌락 원칙을 넘어서』(*Beyond the Pleasure Principle*)가 출간된 지 1년째 되는 해였기 때문이다. 이 텍스트에서 프로이트는 꿈을 소원성취로 다시 사유하는 한편, 충동(특히 죽음 충동), 특히 주체(피분석자)로 하여금 자신의 유해한 증상들을 계속 반복하게 함으로써 안정적 균형을 지향하는 항상성(homeostasis)의 원칙이 거짓임을 보여주는 충동의 양상에 초점을 둔다. 쾌락 원칙의 너머는 존재와 분석에 대한 우리의 현재 범주들에 의해서 이해될 수 없고 받아들일 수 없고 통합될 수 없고 심지어

---

[96] Ibid, 660.

232

관리조차 될 수 없는 그런 너머(beyond)이다. 프로이트 자신이 『쾌락
원칙을 넘어서』의 마지막 부분에서 겸손함과 오만함이 뒤섞인 그의
통상적인 태도로 "이것은 현재 우리가 대답할 수 없는 수많은 다른
질문들을 제기한다. 우리는 인내력을 갖고 새로운 방법과 연구 기회를
기다려야 한다"[97]라고 썼듯이, 우리는 항상 우리의 현재 사고와 어울리
지 않거나 이해되지 않는 일들을 수용하면서 거기에 여지를 주려고
노력해야 한다. 여기서 눈에 띄는 것은 "연구 기회"에 대한 언급이다.
왜냐하면 우리가 이런 기회들을 다른 한계와 가능성을 가진 다른
역사적 순간으로 이해할 때, 프로이트의 기획을 (오이디푸스적 갈등
을 통해 형성되거나 그 이전의 유아기적 순간에 형성되는) 주체의
생애 전체에 걸쳐 증상의 지속성을 추적함으로써 나쁜 역사주의를
실천하는 것이라기보다는 항상 증상의 거대한 단절이나 불연속성을
위한 가능성을 제공하는 급진적인 역사적 유물론으로 나아가는 것으
로 이해할 수 있기 때문이다. 실제로 이러한 유물론적 정신분석은
나중에 라캉의 작업이나 펠릭스 가타리(Félix Guattari), 특히 가타리가
질 들뢰즈(Gilles Deleuze)와 함께 쓴 『자본주의와 정신분열증』(Capital-
ism and Schizophrenia)이라는 부제를 단 2권의 저작에서 가장 도전적인
형태로 나타난다.

드디어 우리는 치료가 혁명과 깨달음과 합쳐지는 지점에 이르렀다.
우리는 각 영역에서─불교에서는 명상가와 사상가로서, 마르크스주의에서
는 행위자와 『자본』의 독자로서, 그리고 정신분석에서는 분석가와 피분석자로

---

[97] Sigmund Freud, *Beyond the Pleasure Principle* (New York: Norton, 1961),
77-78.

서 – 프락시스의 문제와 씨름하고 있다. 각 영역에서 프락시스는 우리가 여태껏 생각하지 않았고 알 수도 없는 미래와 관계하게 된다. 왜냐하면 미래의 "우리"가 미래에 이르게 될 무렵 너무나 급진적으로 달라짐으로써 우리는 이런 급진적 변화, 또는 죽음 – 우리의 새로운 자아와 시간이 생겨나기도 전에 우리의 이전 자아와 역사적 시간의 죽음 – 을 위한 여지를 열어놓을 수 있기 때문이다. 이 틈새(in-between)의 시간과 공간은 깨달음, 혁명, 치료의 기능을 이해하는 또 다른 방식을 제공해 준다. 그러나 향후의 정신분석 이론과 실천에서 사라질 위험이 있는 것 또한 바로 이 틈새적 시간과 공간 내지 급진적 시간성이다.

깨달음과 혁명처럼 치료는 "어떤 일이든 일어날 수 있다"는 가능성, 그리고 이 "어떤 일"이 과거에도 수없이 일어났을 가능성에 대한 근본적 믿음과 신뢰에 다름 아니며, 특히 이런 가능성이 우리의 현재 구조의 한계나 그 사이 시간(meantime) – 프락시스 문제와의 지속적인 관계를 필요로 하는 시간 – 에 경험한 (기쁨과 즐거움은 물론이고) 고통과 괴로움을 무시하려는 평계가 아니라는 것을 인정하는 것이다. 실제로 2차 세계대전 이후의 자아 심리학은 자아를 강화한다는 구실 하에 급진적 변화의 시간과 공간을 통제하려고 시도했다. 하인츠 코후트(Heinz Kohut)는 1984년 자신의 마지막 저서인 『분석은 어떻게 치료하는가?(*How Does Analysis Cure?*)』에서 자아-심리학이 자아의 통제와 확장에 초점을 두는 것에 대해 비판적이었다. 그러나 그의 자아-심리학 운동은 분석가의 교정적인 감정이입을 통해 환자의 나르시시즘의 건강한 차원을 키워주는 차원까지만 나아갈 수 있었다. 코후트에게 분석은 치료에 도움을 줄 수 있지만, 치료를 환자가 자신의

234

구조적 결함을 회복하여 자신의 삶을 즐겁게 경험할 수 있게 되는 순간으로 정의할 때만 가능하다. 하지만 이것은 기능성(functionality)으로서의 치료일 뿐이지 급진적 변화로서의 치료는 더 이상 보이지 않는다.

코후트는 (자아 심리학자들이 높이 평가하는 독립성과 자율성의 가치와 같이) 분석가가 치료라고 생각하는 것을 피분석자에게 강요하지 않기를 바라면서 많은 정신분석적 작업의 도덕적이고 엘리트주의적인 태도를 비판하는 데 몰두했다. 그러나 이는 새롭게 활기를 띠게된 자유주의적 휴머니즘이 철학적·정치적 사고의 한계를 조건 짓고 있던 2차 세계대전 이후의 북미의 맥락에서 행해진 것이다. 라캉 또한 자아 심리학자와 그에 수반된 자유주의적 휴머니즘에 대해 비판적이었지만 그의 도전은 코후트와는 정반대였다. 라캉은 자아 심리학자들의 치명적 결함이 정신분석의 치료로서 자율성과 독립성을 옹호한 것이라기보다는 그들이 역사의 자율성과 독립성, 즉 주체를 뛰어넘으면서 주체의 내부에 있는 것, 또는 라캉이 『세미나 XI』의 마지막 부분에서 말한 것으로 잘 알려진 "당신보다 더 많은 것이 당신 안에" 있다는 것을 인식하는 데 실패했다고 주장했다. 이것은 라캉적 실재(Racanian Real)를 말하는 또 다른 방식이며, 우리는 이제 이것이 바로 치료의 가능 조건이라고 주장할 수 있다.

1980년대 초에서 현재까지, 신자유주의 경제의 구조조정에서 본격적인 전 지구적 자본주의로 나아가면서 우리는 "어떠한 일도 가능하다"는 지구화 담론의 표어에도 불구하고 정신분석의 새로운 도전, 즉 급진적 변화가 조롱당하거나 상상할 수 없는 것으로 치부되는 순간에 실천과 치료의 문제를 어떻게 다시 다룰 수 있을까 하는 질문과 마주하고 있다. 이런 제약에 대한 하나의 도전은 관계적 정신분석(relational psychoanalysis)을 지지하는 사람들로부터 나왔다. 이른바 관계적 전환의 특징은 관계적 분석가의 새로운 역할에서 가장 잘 드러나는데, 분석가는 더 이상 피분석자가 자신을 비춰볼 수 있는 영상이나 거울, 혹은 타협해야 할 대상으로서가 아니라 당당한 주체로서 기능한다. 제시카 벤자민(Jessica Benjamin)이 멋지게 서술했듯이, "이드가 있던 곳에 자아가 있을 것이다"는 프로이트의 유명한 격언은 "자아가 있던 곳에 대상이 있을 것이다"(클라인과 위니코트와 같은 대상관계 분석가들로부터 영감을 받은 것이다)로 나아간 다음, 다시 "대상이 있던 곳에 주체가 있을 것이다"[98]로 나아간다. 이러한 주체-대-주체의 관계적 정신분석은 인정에 대한 약화된 헤겔적 범주와, 주체가 서로에 의해 구성되는 하버마스의 상호 주체성 개념에 의존한다. 이 경우에 치료는 상호 인정으로, 그리고 상호 주체적 관계성 내에서 일어나는 필연적 손상의 회복 능력으로 환원된다.[99] 또다시 치료는 기존 심리학적 체계 내에서의 치료, 즉 기존 정치경제적 체제 내의 자유주의적 혹은 사회민주주의적 개혁과 닮은 어떤 것이 된다.

오늘날 이런 제약에 대한 가장 도발적인 도전 중 일부는 라캉의 임상적 관심을 따르는 사람들에 의해 실행되고 있다. 라캉의 작업이

---

[98] Jessica Benjamin, "Recognition and Destruction: An Outline of Intersubjectivity," *Like Subjects, Love Objects: Essays on Recognition and Sexual Difference* (New Haven, CT: Yale University Press, 1995).

[99] Ibid.

236

(여전히 유럽과 남미에서 널리 실천되고 있음에도 불구하고) 북미 대학의 인문학과(특히 문학연구와 영화연구)에 갇혀버린 지 몇십 년이 지난 이제 새로운 부류의 실천적 라캉주의자들이 임상의학의 문제를 다시 도입하고 있다. 라캉의 『에크리』(*Écrit*)의 번역자인 브루스 핑크 (Bruce Fink)는 가장 잘 알려진 인물이며, 우리는 그의 입장을 제시카 벤자민의 시도를 한 단계 더 밀고 나간 것, 즉 "주체가 있던 곳에 이드가 있을 것이다"[100]라는 말로 요약해볼 수 있다. 관계론자들과 달리, 핑크는 분석가를 또 다른 주체로, 즉 피분석자와의 실제적 관계를 부각시키거나 중심에 두고 이 관계를 성공의 판단기준으로 삼는 또 다른 주체로 보지 않는다. 오히려 분석가는 여기서 피분석자의 욕망의 기능으로 간주된다. 비록 무의식적 환상이 라캉의 유명한 주장처럼 "언어처럼 구조화되어"[101] 있다고 하더라도, 해독되거나 형식화되어야 하는 언어를 제공하지 않는 자유로운 무의식적 환상을 뒤흔들어 놓기 위해서는 피분석자의 욕망은 인간화되기보다 오히려 활용되어야 한다. 어쨌든 이러한 무의식적 분출을 미지의 미래가

100 Bruce Fink, *Fundamentals of Psychoanalytic Technique: A Lacanian Approach for Practitioners* (New York: Norton, 2007); *A Clinical Introduction to Lacanian Psychoanalysis: Theory and Technique* (Cambridge, MA: Harvard University Press, 1997).

101 이 말은 라캉이 무의식이 언어처럼 구조화되어 있다고 말했을 때 의미하고자 한 것이다. 이 말은 무의식이 해석되고 해독되어야 하는 언어라는 것이 아니라 오히려 무의식적 의미작용(unconscious signification)이 완전히 임의적이지 않다는 것, 즉 무의식이 언어처럼 구성 요소들의 차이적 관계를 통해 작동하는 논리를 가지고 있다는 것을 의미한다.

아니라 피분석자의 과거와 현재와 연결 짓고자 하는 유혹은 계속 존재한다. 여기서 이러한 유혹이 우리가 일반적으로 임상진료실의 경계라고 생각하는 것과 어떻게 연결되는지를 생각해 보는 것이 생산적일지 모른다. 핑크는 임상 기술(경청하고 질문하고 해석하며 전이 및 역전이를 다루는 것)을 강조하고 라캉이 무엇보다 임상의였음을 상기시킴으로써 라캉 이론을 임상적 실천과 다시 연결하는 훌륭하고 중요한 임무를 수행하고 있다.

그러나 우리는 지금 임상적 실천을 이론적 글이나 임상의학 밖(extra-clinical)의 사고로부터 분리하는 낡은 개념의 정신분석적 프락시스를 재생산할 위험이 있다. 어쩌면 이것이 정신분석이 임상의학에 머물러 있으면서 나아갈 수 있는 급진적 형태일 수 있다. 이것은 임상의학으로부터의 또 다른 탈출을 소망하는 것이 아니라 우리가 임상의학 자체를 이해하는 통상적 방식으로부터의 탈출을 소망하는 것이다. 이로부터 두 가지 질문이 생겨난다. 임상의학은 어디에서 시작하고 어디에서 끝나는가? 그리고 만약 임상의학이 (임상의학에 남아 있는 토마스 오그덴Thomas Ogden의 "분석적 제3자analytic third"나 역사로부터 임상의학을 완전히 분리하는 융의 "집단적 무의식 collective unconscious"의 관점과는 다른 방식으로) 이항관계(dyad)를 넘어선다면, 그때 무의식을 주체와 과거로부터 해방시켰듯이, 우리는 무의식을 임상의학으로부터 해방시켜야 하는가?[102] 나의 대답은 "그렇

---

102 역사 이해에 대한 융과 프로이트의 인식 차이에 대해서는 나의 글을 참조하라. Eric Cazdyn, *The Already Dead: The New Time of Politics, Culture, and Illness* (Durham, NC: Duke University Press, 2012), 190-93.

다"이다. 그리고 이것은 새로운 정식화로, 그리고 우리를 이소자키의 작업뿐만 아니라 불교와 마르크스주의의 문제틀과 다시 연결해줄 주문呪文, 즉 "이드가 있던 곳에 미래가 있을 것이다"로 인도해줄 것이다.

미래의 급진적인 무

가장 기본적 형식에서 프락시스의 내적 모순은 다음과 같이 작용한다. (1) 불교에서는 항상 가능성으로 존재하는 깨달음에 대한 믿음과, 이 믿음 때문에 생겨난 자기만족적인 행동 및 파괴적인 이데올로기 사이의 모순이다. (2) 마르크스주의에서는 (자본주의가 봉건제 이후에 생겨났듯이) 근본적으로 다른 체제가 도래할 가능성에 대한 믿음과 이 다른 체제를 자본주의적 관계의 제약 안에서 상상하는 구조적 한계 사이의 모순이다. (3) 정신분석에서는 급진적 자유를 포함하는 무의식 자체에 대한 믿음과 이런 무자비한 성격에 의해 생겨난 주체적 파괴와 곤경 사이의 모순이다. 이러한 문제가 역사의 한 순간에서 다음 순간으로, 그리고 한 문제틀에서 다른 문제틀로 어떻게 변하는지를 추적하고, 프락시스 문제의 기원적 생산으로의 복귀와 그것을 해석하는 기념비적 텍스트들의 다시 읽기를 추적함으로써, 우리는 프락시스를 우리 시대의 가장 창조적인 정치적·심리적·정신적 문제로서 정교하게 하고 다시 중심으로 삼는 데 큰 진전을 이루어 왔다.

그러나 여기에는 여전히 빠져 있는 것―즉, 무의 범주―이 있다. (예를 들어 조동종과 라캉적 분석의 관계를 엄격하게 탐구해온 라울

몬카요Raul Moncayo의 인상적인 연구처럼) 정신분석과 불교를 직접
적으로 연결함으로써 "무"를 다루는 다양한 사상가들이나 (베르나르
스티글러Bernard Stiegler, 이안 파커Ian Parker, 콜레트 솔러Collete Soler
의 주요 연구처럼 덜 직접적이든, 혹은 앞서 언급했듯이 지젝, 제임슨,
바디우의 탁월한 불굴의 작업처럼 더 직접적이든)[103] 정신분석과 마르
크스주의를 연결함으로써 "무"를 다루는 이론가들에 의지하는 대신,
여기서 나 자신의 개입은 무의 문제에 대한 건축적 모색을 통해 우리
시대의 가장 긴급한 모순, 즉 어떠한 대안도 없고 오직 동일한 선택지만
존재하는 전 지구적 자본주의의 지배 이데올로기적 전제를 재생산하
지 않으면서 (개인으로서 그리고 집단으로서) 우리의 현 상황과의
급진적 단절을 사유하고 행동하는 방법을 깊이 조명해온 이소자키
아라타(磯崎新)의 작품에 주목하는 것이다. 이소자키는 이론과 실천
을 동시에 통합하려고 시도함으로써 지금의 현실이 보여주는 미래와
는 다른 차이의 가능성을 만들어가는 방법의 문제를 다룬다.

2011년 일본의 삼중적인 재난 이후 이소자키의 작품과 사상에 대한
관심이 새롭게 고조되고 있다. 여기에는 세 가지 직접적 이유가 있다.
첫 번째는 이소자키가 1960년대 일본의 메타볼리즘(Metabolist) 건축
운동과 맺고 있던 관계와, 이소자키를 포함한 메타볼리즘 운동의
모든 구성원들과의 인터뷰가 실린 기념비적인 역사적 시도였던 렘

---

103 특히 Bernard Stiegler, *What Makes Life Worth Living: On Pharmacology*
(Cambridge, Polity, 2013); Ian Parker, *Lacanian Psychoanalysis: Revolutions
in Subjectivity* (London: Routledge, 2010); Colette Soler, *Lacan: The
Unconscious Reinvented* (London: Karnac, 2014)를 참조하라.

쿨하우스(Rem Koolhaus)의 2011년 『프로젝트 일본』(*Project Japan*)의
출간 이후 이 아방가르드 실험에 대한 새로운 조명이 생겨났다는
것이다.[104] 두 번째 이유는 이소자키가 항상 폐허와 관련된 작업을
해왔고, 그의 이론적·비평적 글뿐만 아니라 (건축되거나 건축되지
않은) 많은 프로젝트들을 재난, 특히 과거의 재난(구체적으로 원폭
투하)과 미래의 재난 사이의 관계를 중심으로 광범위하게 조직해 왔다
는 것이다. 세 번째 이유는 그가 동북 지역의 재난 희생자들을 위해
만든 이동식 구조물인 〈아크 노바〉라는 창작물로서, 이것은 내가
이 책에서 주장하고 있는 세 가지 문제틀의 정신을 좇아 급진적 무의
건축(architecture of radical nothingness)이라고 부르는 것을 형성한다.

　이소자키의 작업에 대한 관심이 새롭게 생겨나게 된 세 가지 이유는
각각 마(*ma* 間)("부정적 시간-공간") 개념에 대한 그의 오랜 관심과
떼려야 뗄 수 없이 연결되어 있다. 그러나 이 개념을 살펴보기 전에
우선 2011년 3월 11일 대지진과 그 뒤의 쓰나미와 원전 붕괴라는
가슴 아픈 사건을 떠올리면서 맥락을 구성해 보자. 지진과 쓰나미는
일본 동북 지역의 마을과 거기에 사는 사람들에게 직접적인 영향을
끼쳤고, 생존자들은 수십만 명의 사망자들(어떤 경우에는 공동체 전체)
과 엄청난 재건 과정을 감당하지 않을 수 없었다. 원전 붕괴는 후쿠시마
원전 인근에 있는 사람들뿐만 아니라 식수 및 식량 공급의 오염 가능성
때문에 일본 전역에 영향을 끼쳤다. 더욱이 원전 재난의 시간성은
지진과 쓰나미의 시간성과는 다르다. 핵시설 붕괴로 인한 위험과

104 Rem Koolhaas & Hans Ulrich Obrist, *Project Japan: Metabolism Talks* ⋯
　　(Koln: Taschen, 2011).

피해는 즉각적인 영향은 적을지라도 훨씬 더 장기간에 걸쳐 일어나게 될 것이다. 이처럼 다르지만 중첩되는 재난의 시간성들(단기적 파괴와 장기적 위협)은 근본적인 도전을 제기한다. 예를 들면, 우리는 이런 직접적 상황에 대한 다양한 역사적·미래적·메타적 맥락에 주목하기 위해 어떻게 하면 (지진으로 인한 인명, 자연, 기반시설의 파괴와 같은) 사건의 직접성을 다루면서 동시에 구체적인 피해를 지나치게 강조하는 데서 거리를 둘 수 있을까?

2차 세계대전 이후 황폐해진 풍경과 지속적인 핵 공포에서 영감을 받았던 메타볼리즘은 그 시대에 크게 주목받았던 일본 건축가 중 한 명인 단게 겐조(丹下健三)가 모은 젊은 일본 건축가들로 구성되었다. 이 운동은 1960년에 『메타볼리즘: 새로운 도시주의를 위한 제안』(*Metabolism: The Proposals for New Urbanism*)이라는 급진적 선언문을 발표하고, 미래의 유토피아적 비전과, 거대 구조물에서 부유 도시, 그리고 인공 대지에 이르는 다양한 실천들을 펼쳤다.[105] 토착주의적 자연관으로의 복귀를 강조하는 국가주의적 경향과 모더니즘에 대한 일본의 피상적인 수입에 비판적이었던 메타볼리스트들은 변화하는 세계에 적응할 수 있는 가속화된 도시주의를 장려하는 기술 유토피아주의자들이었다. 예를 들어, 새로 건설된 공장은 모듈식으로 설계하여 지역 경제에 따라 쉽게 개조되거나 다른 장소로 옮길 수 있다. 그러므로 산업의 변화에 따라 건조물의 노후화와 쇠퇴를 지켜보는 대신 새로운 요구에 잘 적응함으로써 그것의 재생을 보장할 수 있다는

---

105 Ibid., 207–21에서 재인용.

것이다.

프랭크 로이드 라이트(Frank Lloyd Wright)의 제국 호텔(1923년 관동 대지진 이후 파손되지 않은 극소수의 건물 중 하나)이 보여준 것처럼 대재앙에도 살아남을 수 있는 건축에 대한 모더니즘적 욕망과 달리, 메타볼리스트들은 비영구성에 흥미를 가졌고, 고대 이세 신궁과 같은 건조물에서 영감을 받았다. 기원전 4세기에 처음 세워진 이세 신궁은 20년에 한 번씩(2013년 기준으로 62차례 반복해서) 의도적으로 해체되어 인근 장소에 재건축되었으며, 사실상 옛것과 새것, 원본과 모방, 연속성과 단절, 안정성과 불안정성을 혼합한다. 메타볼리스트들은 이러한 건축적 이상이 거대한 사회운동(좌파 학생운동, 베트남전 반대시위, 미일 안보 조약에 반대하는 안보 투쟁)에 의해 요동치고 더욱이 2차 세계대전의 종말론적 현실에서 여전히 헤어나지 못하는 역사적 현실에 아주 적합할 수 있다고 생각했다. 따라서 메타볼리즘, 즉 물질대사(metabolism)가 변화와 적응의 유기적 과정을 가리키기 때문에 이 그룹의 명칭에서 보이는 생물학적 제스처는 결코 우연이 아니었다.[106]

---

106 최근 건축가와 도시 계획가들이 메타볼리즘으로 다시 돌아간 이유 중 하나는 자본주의적 사회체제와 비-인간적 자연 시스템 간의 물질대사적 균열이 있다는 존 벨라미 포스터의 주장과 같이 급진적 생태학 연구에 대한 관심이 고조되는 것과 관련이 있다. 포스터가 볼 때, 마르크스는 이미 『자본』에서 자본주의가 토양의 비옥도에 대해 갖는 관계를 비판하면서 이런 균열을 알고 있었다. 마르크스주의 이론에서 영감을 받은 메타볼리스트들은 이러한 문제의식을 도시계획과 구조에 끌어들이는 데 선구적인 역할을 했다. John Bellamy Foster, *Marx's Ecology: Materialism and Nature* (New York: Monthly Review Press, 2000).

이소자키가 단게의 작업실에서 일했고 메타볼리스트들과 동반 건축가였다고 하더라도, 그는 그들의 프로젝트를 전적으로 지지하지는 않았다. 구체적으로 그들의 기술 유토피아는 물론 위기를 관리하고 역사의 거대한 단절의 문제를 앞서 차지하려고 한 그들의 근본 욕망을 받아들일 수 없었다. 이소자키는 붕괴와 폐허에 대해 보다 선진적인 의식을 갖고 있었는데, 이는 부정적인 것에 대한 이론적 관심과 자본주의 축적과 대량 생산에 대한 신랄한 비판에 의해 형성된 것이었다. 메타볼리스트들이 미래를 현재의 연장(대규모 도시 계획과 기술주의적 해결을 통해 계속해서 재생될 수 있는 연장)으로 상상한 데 반해, 이소자키는 미래를 일본적 근대성의 대재앙(히로시마)이 지울 수 없게 각인되어 있는 것으로, 그리고 과거와 현재와의 총체적인 단절로서 상상했다. 이런 차이는 무엇보다 시간과 공간에 대해 근본적으로 다른 개념 때문이었다.

이소자키는 메타볼리스트들과 함께 건축적 시간을 단순한 사건(mere occasion)으로, 현상학적 경험의 고정할 수 없고 다채로운 확산으로 이해하는 이론을 공유했다. 이소자키는 시간의 이러한 건축적 이상을 발전시킨 최초 사례 중 하나로서 도겐의 『정법안장』과 특히 「유시有時」라 불리는 권에 의지했는데, 그는 미래의 폐허조차 현재 구조의 일부임을 강조하기 위해서 이런 건축적 시간을 "시간이 날아온다"(time comes flying) ─ 이 경우에 시간이 미래에서 현재로 날아온다 ─ 로 의도적으로 재번역한다.[107] 그러나 이소자키는 한 단계 더 들어가서

---

107 Isozaki Arata, *Japan-ness in Architecture*, trans. Sabu Kohso (Cambridge, MA: MIT Press, 2006), 89.

메타볼리즘에 대한 근본적 비판을 시도한다. 즉 그는 시간뿐만 아니라 공간도 다차원적 사건으로 인식한다. 대부분의 사람이 공간을 고정되고 위치 파악이 가능한 것으로 생각하지만, 이소자키는 "공간은 인간이 지각하는 시간 내에서만 출현하고, 따라서 항상 특정하고 구체적인 찰나(flickering)이며 결코 고정적이지 않다"[108]라고 생각한다. 이제 시간과 공간은 구분되지 않으며 "마"라는 개념으로 재개념화될 필요가 있다. 마(間)는 시간時間과 공간空間이라는 단어에서 두 번째 위치의 글자로서 종종 공간, 방, 시간, 휴지, 틈새로 번역된다. 이소자키는 "간격"(間 gap) 혹은 "사물에 내재하는 근원적 차이"라는 산스크리트어 의미 때문에 '마'라는 단어를 선택한 것이다.

1996년 베니스 비엔날레에서 이소자키는 1995년 고베 지진에 응답하는 〈지진학자seismographer로서의 건축가〉라는 제목의 전시를 기획했는데, 이는 1969년 밀라노 트리엔날레를 위해 처음 제작된 〈미래에 다시 폐허가 된 히로시마(*Hiroshima Ruined Again in the Future*)〉라 불리는 이전 작품으로 되돌아가는 것이었다. 〈미래에 다시 폐허가 된 히로시마〉는 메타볼리즘에서 영감을 받아 기획된 폐허에 관한 메가프로젝트의 이미지에 첫 번째 원폭 투하 직후 촬영된 히로시마의 확대된 이미지를 덧씌운 작품이다. 이소자키는 메가구조물에 대한 메타볼리즘적 욕망을 직접적으로 언급하면서 이 이미지를 "붕괴된 도시 메가구조물의 미래 장면"[109]으로 간주했다. 그는 2차 세계대전 동안 도시의 죽음을 경험한 자기 세대의 사람들을 언급하며 "우리에게

---

108 Ibid., 89.
109 Ibid., 84-88.

지금 세워지게 되어 있던 도시는 이미 폐허가 되었다"[110]라고 쓰고 있다. 이어서 그는 "도시 붕괴의 트라우마가 일본에 있는 우리에게 너무나 심각해서 얼마 전 전시 시기의 허황되고 과장된 가짜 휴머니즘적 대동아공영권 구상안 대신에 제안된 도시 재건 안을 받아들이는데 불안감을 느꼈다"라고 쓰고 있다. 그는 "나는 트라우마 자체를 기술하기를 바랄 뿐이다"[111]라는 말로 결론지었다.

이 경우에 트라우마는 1945년의 히로시마뿐 아니라 미래에 다시 폐허가 되는 히로시마이기도 하다. 하지만 이소자키는 시간과 공간의 이원론적 긴장을 "마"라는 단일 개념으로 담아냄으로써 트라우마를 과거로부터 해방시키고, 또한 그것이 미래로부터 도래하는 것임을 인식할 수 있다. 하지만 이 미래의 트라우마는 억압된 것의 복귀(the return of the repressed)라기보다는 오히려 우리가 **복귀한 것의 억압**(*the repressed of the return*)이라고 부를 수 있는 것—이것은 차단되거나 관리될 수 없으며 우리의 현재 가능성을 넘어선 어떤 것, 즉 재현될 수 없고 항상 억압되어야만 하는 어떤 것으로서의 도래하는 미래—이다. 자유가 존재하는 것은 바로 이 억압된 미래에서이며, 따라서 우리는 이소자키의 프로젝트에서 암울한 비관주의와는 다른 어떤 것—보다 급진적이고 활력 있는 어떤 것—을 찾아낼 수 있다. **이드가 있던 곳에 미래가 있을 것이다. 마는 이런 미래의 조건이다. 그것이 깨달음과 혁명과 치료의 조건이듯이** 말이다.

그러나 미래의 트라우마로서의 폐허라는 이 관념조차 이소자키가

---

110 Ibid.

111 Ibid.

246

1960년대 시작된 자신의 작업에서 말한 하나의 역사와 관련이 있다. 그 10년 동안 미래 도시의 이미지는 2차 세계대전의 폐허에서 영감을 받았고, 이소자키에게 "폐허에 대한 믿음을 말하는 것은 미래를 계획하는 것과 같은 것이다."[112] 그러나 1968년 이후와 1970년대 내내 폐허는 영감을 제공하는 것을 멈추고 향수로서 다시 등장했다. 그러다가 1980년대 컴퓨터의 출현과 함께 미래 도시는 "폐허 내에서 나타나는 가상적 이미지로서"[113] 재부상했다. 그러나 1990년대 들어 1차 걸프전에 대해 미디어에 의해 침투된(실제로 일어난 일과 그것의 수사학적 재현이 뒤섞여버린 것 같은) 재현들이 지배하는 맥락에서 가상 이미지 자체는 현실 속에 자리잡기 어려웠다. 옳고 그름은 접어두고 승리와 패배에 대한 객관적 기준조차 더 이상 존재하지 않게 되었고, 확인할 수 있는 것이라고는 온통 파괴의 잔해뿐이었다. 이소자키는 "여기서 극적으로 드러난 것은 계속해서 숨겨져 있던 물질성(materiality), 즉 물성(thingness)이다. … 따라서 잔해는 틈새적인 마의 공간에 흩어져 있다"[114]라고 쓴다.

　이것은 우리를 1995년 6천 명의 목숨을 앗아간 고베 대지진의 잔해로 데려간다. 고베 대지진이 강타하기 전만 해도 사람들은 일본이 본격적인 경기침체에 빠졌고, 고도성장 경제의 불황이 단순히 일시적인 정체 이상이라는 사실을 전적으로 받아들이려고 하지 않았다. 따라서 1995년 지진은 즉각 일본의 경제적 몰락의 상징으로 변했다.

112 Ibid., 100.

113 Ibid.

114 Ibid.

이에 대한 대응으로 일본 지도자들은 다양한 신자유주의 정책을 적극
적으로 실시하면서 사실상 일본의 복지국가의 기반을 허물어뜨렸다
(이제 더 이상 평생 고용이나 요람에서 무덤까지의 의료 보장을 약속하지
않았고, 남녀노소를 불문하고 모두 극도로 불확실하고 유연한 노동력들을
양산했다). 2003년에 집권한 고이즈미 정부는 일본을 전 지구적 자본주
의의 경제 원칙에 맞게 전환한 것 외에도 전후 평화주의 헌법을 위반하
면서 이라크에 자위대를 파병했다. 민영화와 경제 긴축 정책을 통한
경기 회복이라는 신자유주의적 희망에도 불구하고 2010년 무렵 일본
의 빈곤율 증가는 미국의 극도로 높은 빈곤율에 거의 육박했고, 일본은
OECD 30개 회원국 중 네 번째로 높은 빈곤 국가가 되었다. 경기침체는
이제 거의 30년째 접어들고 있다.

2011년 지진과 쓰나미가 발생하고 난 5일 뒤 가라타니는 앞서의
내용과 비슷한 재난에 관한 글을 썼다.[115] 가라타니는 고베 지진과
달리 2011년 동북 지역의 지진은 경제에 놀라운 충격으로 다가오지
않았고, 신자유주의 정치인과 관료들에 의해 이용될 수도 없었다는
것을 강조한다. 오히려 최근의 재난은 이미 존재하는 경제적 쇠퇴의
경향을 강화해줄 뿐이며 이러한 가속화된 자본주의 성장이 지속될
수 없음을 확인시켜 준다. 이는 중국, 인도, 브라질도 곧 배우게
될 교훈이다.

가라타니는 자신의 글을 다음과 같이 마무리한다.

---

115 Karatani Kōjin, "Jishin to Nihon," trans. Seiji Lippit, March 16, 2011. 영어판은
　　Karatani Kōjin, "Earthquake and Japan"(http://www.kojinkaratani.com/en/
　　article/earthquake-and-japan.html)을 보라.

최근 지진이 없었더라면 일본은 강대국의 지위를 얻기 위한 허망한 투쟁을 계속 이어갔을 것임에 틀림없다. 하지만 이제 그러한 꿈은 상상할 수 없으며 포기해야 마땅하다. ⋯ 지진이 가져온 것은 일본의 붕괴가 아니라 오히려 그 재생의 가능성이다. **폐허 속에서만 사람들은 새로운 길을 뚜벅뚜벅 걸어갈 용기를 얻을 수 있을지 모른 다.** (저자 강조)[116]

이런 선언의 정신에 따라, 그리고 예술가 아니쉬 카푸어(Anish Kapoor)와의 공동 작업을 통해, 이소자키는 〈아크 노바〉−과거의 잔해 위에 부풀게 만들 수 있고, 다른 곳으로 언제든 옮길 수도 있으며, 미래의 잔해 위에 가져다 놓을 수도 있는 인간 심장 모양의 비영구적인 건조물−를 제작했다. 이 작품을 통해 이소자키는 공간이 어떻게 혁명적 주체를 형성할 것인지, 자신의 작업이 어떻게 다음 지진과 쓰나미를 견딜 것인지, 혹은 〈아크 노바〉 내부의 콘서트홀이 어떻게 삼중 재난의 트라우마를 치유할 것인지 등에 관한 도덕적인 설명을 제공하지 않는 다. 그렇다고 그가 틈새 시간과 틈새 공간에서 출현할 수 있는 것의 급진적 가능성을 포기하는 것은 아니다.

이소자키의 시각은 우리에게 이 글을 통해 나타난 다양한 쟁점들을 하나의 질문 형태로 표현할 수 있는 기회를 제공한다. 즉, 우리는 깨달음, 혁명, 치료에 대한 욕망이 세계로부터의 자기만족적인 후퇴, 비관적 인 전투성, 순진한 낙관주의, 지역적 범죄와 개인적 증상에 대한 혼란스런

---

116 Karatani Kōjin, "Jishin to Nihon."

비판으로 변질되지 않으면서 이런 욕망을 어떻게 계속 유지할 수 있을 것인가?

이소자키는 무에서 유로, 그리고 다시 무로 형태 전환하면서 미래가 갑자기 날아 들어올 것을 대비해 계속해서 시간-공간을 열어두는 일종의 터미널 건축(terminal architecture)을 제작하는 것으로 이 질문에 답한다. 이러한 시도는 불가능한 프락시스의 문제를 해결하고 우리가 처한 현재의 질식할 듯한 논리에서 탈피하는 데 보다 성공적인 실패작 중의 하나-이런 시도는 항상 실패할 수밖에 없는 운명이다-가 될 것이다.

나는 〈아크 노바〉를 불교, 마르크스주의, 정신분석에 대한 개입으로, 더 정확하게는 불교적, 마르크스주의적, 정신분석적 프락시스로 읽고 있다. 이 작품은 이 세 가지 문제틀의 알레고리나 적용이 아니다. 오히려 이 작품은 바로 이 문제틀들 내부에 있으면서, 문제틀들에 대해 각 영역에서 공인된 권위 있는 기관들이 수행하는 그 어느 것 못지않은 (의미심장한) 관계를 재현한다. 또한 〈아크 노바〉는 이 글에서 거론된 세 가지 문제틀을 어떻게 함께 사고할 수 있는지-각 문제틀이 다른 문제틀들의 맹점을 밝혀주고, 이미 다른 문제틀들의 내부에 존재하고 있다는 것-를 드러내 주는 기능을 한다. 마지막으로 이것은 우리를 "비평이론"으로, 그리고 비평이론을 다른 비판적 기획들과 구분지어 주는 것이 분과 학문적 경계와 상관없이 모든 사고와 행위와 소재를 비위계적으로 동원하는 것이라는 나의 앞선 주장으로 돌아가게 만든다. 이 글의 서두에서 나는 불교, 마르크스주의, 정신분석이 비평이론에 대한 관심, 즉 현대 대학과는 그렇게 잘 어울리지는 않는다고 하더라도 비분과학문적인 엄정함을 공유한다고 언급한 바 있다. 이렇게 말한 이유는 그것들이 진리가 우리를 자유롭게 해줄 것이라는 대학의 근본적인(반쪽자리 진실에 불과한) 가정을 따르지 않기 때문이다.

정신분석은, 비록 우리가 왜 지금처럼 행동하는지를 잘 안다고 하더라도(다시 말해, 우리가 우리의 증상이 어떻게 기능하고, 무엇이 증상을 활성화시키는지를 안다고 하더라도), 이 지식이 우리가 오래된 패턴을 반복하는 것을 막아 주지 못한다는 점을 가르쳐 준다. 사실상 우리를 유해한 증상에서 빠져나오지 못하게 하는 것이 바로 우리 자신에 관한 진실에 대한 우리의(아무리 겸손하고 우아하고 분석적이라 하더라도) 정확한 지식인 경우가 종종 있다. 이런 의미에서 우리가 유해한 증상을 근본적으로 변형하는 것과 개인적 변화를 경험하는 것을 방해할 가능성이 높은 것이 바로 자기-분석(self-analysis)의 진실이자 서사 그 자체의 힘을 통해 얻는 쾌락이다. 잘하면, 정신분석은 이러한 역설적인 현실을 이해하는 한편, 이 현실의 중심에 창조적이고 유익하며 심지어 혁명적일 수도 있는 어떤 것이 불가능한 것과의 지속적이고 일상적인 대면에서 생겨날 수 있으리라는 희망을 불어넣어 준다.

마르크스주의에 대해서도 아주 유사하게 말할 수 있다. 불평등과 폭력이 자본주의 체제에 내재해 있고, 그것들이 무자비한 팽창과, 생산수단을 소유하는 자와 그 아래에서 노동하는 자 사이의 구조적 균열을 중심으로 조직된 생산양식의 객관적 사실이라는 것을 안다고 하더라도 우리가 체제를 재생산하거나, 혹은 현재의 사물의 구성으로부터 벗어날 길이 없다는 느낌을 막아 주지는 못할 것이다. 우리가 위기(혹은 상품화나 착취)가 자본주의가 "잘못 돌아가고 있다"는 데서 생겨나는 예외적이고 피할 수 있는 효과가 아니라 자본주의가 "제대로 돌아가고 있다"는 데서 생겨난 예측 가능한 효과라는 것을 명확하게 이해한다고 하더라도, 그리고 우리가 사악한 행위자들(테러리스트, 족벌자본가, 악한 지도자)이나 우연한 사건들(자연 재해, 팬데믹, 임의적인 재앙)에 대해 도덕적으로 대응하면서 그것들이 순조롭게 나아갈 수도 있었을 우리의 평화로운 미래를 혼란시킨다고 비난하는 것이 전술적으로 반反생산적이라는 것을 인식한다고 하더라도, 우리는 여전히 체제 자체를 변화시키는 데 한 발짝도 더 나아가지 못한다. 이러한 역설에 체념하는 것은 답이 아니다. 왜냐하면 그런 식의 해결은 체제를 강화하고 우리의 비판적 예리함을 무디게 만들기 때문이 아니라 자본주의에 대한 활기찬 비도덕적인 비판을 통해 얻는 쾌감이 왕성해지고, 급진적 정치가 국가로부터 개인적 쾌락의 권리를 되찾으며, 지배 질서에서 벗어나도록 에로스의 방향을 새롭게 설정하는 기획, 즉 사랑의 또 다른 이름이라 할 수 있는 갱신(reclamation)의 기획을 필요로 하기 때문이다.

마지막으로, 불교의 맥락에서 우리가 우리 지식의 한계, 우리의 욕망과 쾌락과 좌절의 무상無常, 나아가서 이러한 욕망과 쾌락과 좌절을 경험하는 자아의 무상에 대해 아무리 많이 알고 있다고 하더라도, 그리고 우리가 사성제四聖諦에 대해, 혹은 일상적 수행이 우리 지성의 맹점을 극복하는 데 필요하다는 인식에 대해 아무리 각성하고 있다고 하더라도, 불교에 대한 이러한 통찰과 관심이 우리가 불교 자체의 근본 핵심에 다가가는 것을 차단할 가능성이 있다고 말할 수 있다. 불교 선사에 관한 모든 아름다운 일화들, 모든 놀라운 공안公

案, 모든 숭고한 침묵은, 그것이 우리에게 아무리 많은 것을 돌려준다고 하더라도, 우리를 불교적 깨달음으로부터 더욱 멀어지게 할 수 있다. 이는 불교의 힘 또는 우리 자신의 불성의 힘을 표현하는 것이 필연적으로 우리를 현혹에 빠뜨리고, 우리 자신이 여전히 깨달음에 미치지 못하다는 것을 확인시켜 준다는 간단한 이유 때문이다. 그럼에도 불구하고 불교도로 남으면서 깨달음을 포기하는 것이나 정신분석 환자로서 치료를 포기하는 것, 나아가서 마르크스주의자로서 혁명을 포기하는 것은 각 문제들의 중심적 역설을 회피하는 것으로 보일 수 있고, 우리를 더 온건하게 만들어 다른 사람들과 사교적으로 잘 어울리게 만들어 줄지도 모른다. 하지만 이것은 해답이 아니다. 우리가 과도한 논리적 극단으로 치달아 깨달음과 혁명과 치료를 포기하는 것이 우연한 부작용 때문에 그런 깨달음과 혁명과 치료를 낳을 수도 있다는 것을 인식하더라도, 이 또한 해답은 아니다. 해답은 없다. 프락시스만 있을 뿐이다.

4. 붓다공포증

무와 물에 대한 두려움

티머시 모턴 Timothy Morton

이렇게 날 생각해주니 무척 사려깊어

그리고 내가 여기 없다는 것을 명확히 해주어

난 너희가 무척 고마워

시드 바렛[1]

1962년부터 1963년까지 자크 라캉은 열 번째 세미나를 열었다. 세미나의 마지막 시간에는 불교에 대한 세밀하고 신중한 평가에 집중했다. 라캉은 당시 일본에서 막 돌아왔는데, 그곳에서 그는 불교 사찰을 방문한 적이 있었다. 라캉이 불교를 자신의 용어로 번역하는 것을

---

1 (역주) 핑크 플로이드(Pink Floyd)의 시드 바렛(Syd Barrett)이 부른 〈저그밴드 블루스〉(Jugband Blues)의 가사의 일부이다.

지켜보는 것은 아주 유용하다. 불교를 광범위하게 학습하고 수행한 사람의 관점에서 볼 때, 라캉은 적어도 관대하면서도 통찰력 있는 태도를 보였다.

라캉은 조심스런 안내자의 태도를 취한다. 그는 불교 수행자들이 어떻게 여러 단계의 학습과 수행을 경험하는가를 설명한다. 그는 공(空 emptiness)과 같은 개념을 무(無 nothingness)와 같은 서구적 오역과 구별짓는다(예를 들어, 조주趙州의 무에 대한 선불교 공안에 관한 그의 논의는 특히 주목할 만하다). 그는 불교를, 세계를 일신교와 다신교로 나누는 사고방식과도 구별짓는다. 그는 은연중에 다양한 붓다들을 깨달음의 형태들이라고 말하기도 한다—왜 이런 무한 반사(infinite mirroring)가 일어나는가? 그는 보살이 무엇인지—중생이 궁극적인 불성(Buddhahood)을 얻을 때까지 그들의 고통을 덜어주는 일을 책임지는 존재—를 잘 알고 있다. 라캉은 돈오(頓悟 sudden enlightenment)와 점수(漸修 gradual enlightenment)에 대한 자신의 동료 폴 드미에빌(Paul Demiéville)의 연구를 논하기도 한다.[2]

이어서 라캉은 불상과 관련하여 일본 사찰에서 있었던 일화를 소개한다.

불상이 있는 소실로 들어갔더니 서른에서 서른다섯 살쯤 되어 보이는 한 남자가 무릎을 꿇고 있는 것을 보았습니다. 삶에 몹시 지친 모습이라 지위가 낮은 사찰 직원이거나 직공일지 모르겠다고

2 Paul Demiéville, "Le miroir spiritual," *Sinologica* 1.2 (1947): 112-37.

생각했습니다. 그는 불상 앞에 무릎을 꿇고 기도드리고 있는 것이
분명했습니다. … 기도를 드린 후 그는 불상에 아주 가까이 다가가
더군요. 그는 내가 가늠할 수 없는 시간 동안 불상을 쳐다보았습니
다. 나는 그렇게 쳐다보는 과정이 어떻게 끝이 났는지는 보지
못했습니다. 그러한 모습이 내 자신이 바라보는 시간 위에 겹쳐졌
습니다. 그것은 명백히 충만한 표정이었고, 그 표정이 문제적으로
보였기 때문에 특별했습니다. 나는 평범한 사람에 관해 말하려는
것이 아닙니다─이런 식으로 행동하는 사람이 평범할 리 없습니다─
오히려 어깨에 짊어진 어쩔 수 없는 부담 때문인지 모르지만
이런 예술적 교감과 비슷한 것을 위해 사전에 아무것도 예정된
것이 없는 어떤 사람에 대해 말하려고 합니다.

 여러분은 불상과 불상의 표정을 보고 있습니다〔라캉은 슬라이드를
보여주고 있다〕. 이 표정이 정말로 놀라운 것은, 그것이 온전히
당신을 향하고 있는지, 혹은 온전히 내면을 향하고 있는지 그
얼굴에서는 판단할 수 없다는 점입니다. 그 당시 그것이 Ni-o-i-yin,
Kan-ze-non(관음상)이라는 것은 몰랐지만 오랫동안 관음상觀音
像에 대해 말하는 것은 들어본 적이 있었습니다. 나는 이 불상이나
다른 불상과 관련해서 "이것은 남성인가 여성인가?"라고 물었습니
다. 관음상이 일률적으로 모두 여성적 형태를 띠지 않는다는 점을
감안할 때, 일본에서 의미심장한 이 질문을 두고 무슨 일이 있었는
가 하는 논쟁과 논의는 뛰어넘겠습니다. 그리고 여기서 내가 수집
한 것이 다소 킨제이 보고서의 조사와 비슷하다고도 말할 수
있습니다. 중요한 것은 내가 이 수련한 젊은이에게서 … 이런

불상 앞에서 그것이 남성이냐 여성이냐 하는 질문이 결코 떠오르지
않았을 것이라는 확신을 갖게 되었다는 점입니다.[3]

이것은 미의 경험이 갖는 의미, 불상의 시선과 불상을 바라보는
사람의 시선, 특히 라캉의 비스듬하고 뒤틀린(왜상적인anamorphic)
위치에서 보이는, 불상을 바라보는 사람을 바라보는 사람의 관음증
과, 관음증자가 무대 안에 있는가, 밖에 있는가 하는 역설 등에 대한
아주 풍부한 서사이다. 서사 형식은 필연적으로 동일시, 환상, 예기豫
期와 기억의 미끄러짐, 다시 말해, 욕망의 유희를 촉발한다. 그리고
이것은 언표행위의 주체와 언표 내용의 주체 사이의 특정한 간극,
즉 라캉이 "이 문장은 거짓이다"(*This sentence is false*)[4]라는 거짓말쟁이
문장(liar sentence)으로 알려진 것에서 읽어낸 간극이다.

특히 주목할 것은 불상의 응시(gaze)에 대한 라캉의 놀라움이다.
즉 그것이 안을 향하는가, 밖을 향하는가? 더 세밀하게 말하자면,
그것은 "당신을 향하고" 있는가, 아니면 "완전히 안을 향하고" 있는가?
더욱이 이것은 여성적인가, 아니면 남성적인가? 흔들리는 애매성,
심지어 모순이 있는 것처럼 보인다. 라캉은 불상을 로르샤흐 테스트
(Rorschach test)[5]나 젠더에 관한 킨제이 보고서와 비슷한 것으로 생각한

3 Jacques Lacan, *The Seminar of Jacques Lacan, Book X: Anxiety* (1962-1963), trans. Cormac Gallagher (n.p., n.d.), 208-9.

4 Jacques Lacan, "Analysis and Truth or the Closure of the Unconscious," *The Four Fundamental Concepts of Psychoanalysis: The Seminar of Jacques Lacan XI*, trans. Alan Sheridan (New York: Norton, 1998), 136-48.

5 (역주) 로르샤흐 검사(Rorschach test)는 스위스의 정신과 의사 헤르만 로르샤흐가

다. 이러한 킨제이 보고서식 참조가 불상에서 남성을 보느냐 여성을 보느냐−혹은 동성애자를 보느냐 이성애자를 보느냐− 하는 것을 퀴어성 (queerness)[6]에 대한 테스트로 바꾸어놓는 것을 주목하라. 그리고 라캉의 끈질긴 질문에도 불구하고 어느 누구도 거기에 관심을 갖고 있지 않는 것 같다는 점에 주목하라. 불상에는 애매한 것, 퀴어적인 것−불안을 야기할 수 있지만 불상을 바라보는 불교적 맥락에서 보면 어느 누구도 불안해하는 것 같지 않은 것−이 있다. 앞으로 주장하겠지만, 이 퀴어성은 불교에 대한 비이성적인 두려움과 서로 관련되어 있다.

실제로 여기서 붓다공포증(Buddhaphobia)이라 불리는 것의 좌표들 중 많은 것은 내밀함에 대한 두려움, 애매성에 대한 두려움, 내면성과 내향성에 대한 두려움, 프락시스보다 이론에 대한 두려움 등 동성애공 포증(homophobia)의 그것들과 중첩되어 있다.[7] 이 두려움은 궁극적으로 이론과 프락시스의 연관성을 몹시 강조해온 마르크스주의 학파들에게도 영향을 끼쳤다. 소위 "X-불교"(X-buddhism)와 연관된 특정

1921년에 개발한 성격검사 방법으로 좌우 대칭의 잉크 얼룩이 있는 카드를 보여주며 생각나는 것을 자유롭게 말하게 함으로써 피검사자의 성격을 검사하는 방식이다.

6 (역주) 'queer'는 "이상한", "괴상한"이라는 의미와 "동성애적"이라는 의미를 동시에 가지고 있으며 최근 들어 남성과 여성처럼 젠더 구분의 불확실성이나 젠더를 횡단하는 성의 불명확성을 나타내기 위해 사용되고 있다. 후자의 경우에 'queerness', 'queer'를 "퀴어성" 혹은 "퀴어적"으로 번역하고, 그렇지 않은 경우에는 맥락에 따라 "괴상한," "기이한" 등으로 번역했다.

7 Roger Corless, "Towards a Queer Dharmology of Sex," *Culture and Religion* 5, no. 2 (2004): 229-43.

교파주의(sectarianism)보다 자신들이 우위에 있다고 주장하는 지성주의적이고 과학주의적인 "비-불교"(non-Buddhism)에도 어떤 종류의 공포증이 작용하는 것 같다.[8] 사실 비-불교의 입장 또한 무의식적이긴 하지만 교파적이다. 왜냐하면 비-불교의 그런 주장은 일부 밀교에서 가장 중요한 인식 상태인 종교적 헌신(devotion)을 무시하는 것을 의미하기 때문이다. 이런 교파들에서 헌신은 가르침을 전수하는 특정한 (인간) 존재에게서 시작할 수 있지만 거기에만 그치는 것은 아니다. 헌신은 마음이 마음 그 자체에 대해 갖는 비개념적 내밀성이다. 비개념적 내밀성을 갖는 것은 불가능하지 않는가! 그것은 지적 우위를 망쳐놓을 테니 말이다.

앞으로 진행하면서 우리는 여기에서 예로 든 종류의 증상들이 우연적이지 않음을 알게 될 것이다. 실제로 비-불교의 대표적 이론가로 통하는 프랑수아 라뤼엘(François Laruelle)은 자신의 주장이 철학적이지 않음(비-철학non-philosophy)을 강조하는 방식, 즉 라캉 자신이 메타언어에 대한 비판을 통해 제거하고자 한 그런 종류의 역설을 주장한다. 비-철학은 비-불교에 불교를 넘어서는 (메타적) 방법을 제공하면서도 자신들이 이른바 X-불교보다 더 정확하다고 주장하는 불교적 논리를 펼칠 수 있는 방식을 제안한다. 이것이 어떻게 "결정"(decision)(사실상 철학적 진리주장)일 수 없는가 하는 질문은 라뤼엘에게 제기되지 않는다. 결정에 대한 이런 판단이 불법佛法을 이즘 중의 하나의 이즘(ism)으로 받아들이는 서구적 형태의 전유방식을

---

8 (역주) 비-불교와 X-불교, 그리고 결정 개념에 대한 자세한 논의는 2장의 각주 146번을 참조하라.

무비판적으로 수용하고, 그 어떤 불교든지 간에 그것을 사유의 스타일
(이즘)로 환원한다는 것은 명백하다. 그럼으로써 비-불교에게 소비주
의를 부인하고 이즘을 넘어선 이즘을 발견하려고 하는 전형적인 현대
적 소비주의의 몸짓을 용인한다. 아무것도 결정하지 않는 이런 결정은
명상 체험과 제도화 사이의 공생 관계, 즉 요가 수행자들과 그들이
수행해온 동굴 및 작은 사찰들 주변에 생겨난 사원들 간의 공생 관계를
무시한다. 싯다르타 고타마가 힌두교의 이단적인 요가 수행자였음을
꼭 기억할 필요가 있다.

   (주체가 현상학적 체계 밖으로 도약할 수 있다는 생각을 차단하기
때문에) 중독적인 언어에 대해 매혹-분노(fascination-anger)를 느끼면
서도 "당신이 할 수 있는 것은 무엇이든 뛰어넘을 수(meta) 있다"는
비-불교의 증상적 주장은 마음챙김(mindfulness)에 대한 노골적인
비판이다. 비-불교는 오늘날의 서양적인 마음챙김의 수행을 "이완주
의"(relax-ationism)라고 무시하는데, 이런 이완주의를 지젝은 "서양불
교"라고 폄하한다. 물론 마음챙김에 대한 비판은 "X-불교도"에게도
놀라운 일은 아니다. 불교경전에는 마음챙김에 대한 비판들로 가득
차 있기 때문이다. 더욱이 마음챙김, 이런저런 사태(호흡, 불상, 사람이
살해하는 닭)에 대한 고요한 집중은 사실 불교적인 것이 아니라 수많은
영적 수행에 공통적인 것이다. 불교, 심지어 뉴에이지 불교를 "이완주
의"로 환원하는 어리석은 시도는 바람직한 태도가 아니다. … 불교는
어떠한 형태로든 고요한 집중을 핵심이라고 주장하지 않는다. 불교의
핵심, 특히 하나의 핵심은 **깨달음**일 것이다. 하지만 진정한 핵심은
깨닫고자 하는 것, 즉 무상無常, 고苦, 공空이다. 마음챙김은 깨달음에

도달하는 길일 수도 있고 아닐 수도 있다.

　마음챙김을 비판하는 것이 불교도가 되는 것이라고 말할 수 있을
정도로 마음챙김에 대한 비판은 불교에 근본적이다. 불교적 비판은
소리지르고 뛰어다니며 서로 때리는 것이 깨달음의 길(이런 일이 어떻게
가능하겠는가?)이나 되는 듯이 마음챙김이 악하다거나 억압과 공모한
다고 주장하는 것이 아니라 훨씬 더 탐구적이고 주도면밀한 것이다.
오히려 불교는 마음챙김이 대부분의 사람들이 몇 가지 기본 사실을
알아차리는 데 필요한 이완된 집중(relaxed attentiveness)의 상태를
유도하는 데 유용한 방법에 불과하다고 주장한다.

　어쨌든 붓다공포증에서 **퀴어성**(queerness)은 19세기 후반 이 용어가
생긴 이래 오랫동안 동성애와 연관되어온 페티시즘(fetishism) 개념이
환기하는 사물 혹은 사물성의 특정 속성에 대한 두려움에 근거한다.
다시 말해, 퀴어성은 주디스 핼버스탬(Judith Halberstam)이 "생매장
됨"(being buried alive)의 역전된 형태―어떤 것이나 어떤 사물이 내 안에
묻혀 있다는 것―에 대한 두려움과 관련이 있다.[9] 나의 내부에 내가
아닌 존재가 있다는 것 말이다. 앞으로 살펴보겠지만 이러한 생각은
불성에 대한 대승불교의 중심 교리―내 안에 나보다 더 큰 존재가 있다는
것―를 압축적으로 보여준다. 서양적 사고의 특정 형태에서 이런
존재는 참을 수 없는 대상(객체) 같은 성질을 지니고 있다. 붓다공포증

---

9 Judith Halberstam, "An Introduction to Gothic Monstrosity" Robert Louis
　Stevenson, *The Strange Case of Dr. Jekyll and Mr. Hyde: An Authoritative
　Text, Backgrounds and Contexts, Performance Adaptations, Criticism*, ed.
　Katherine Linehan (New York: Norton, 2003), 128-31.

은 이런 성질에 대한 거부 반응의 형태를 띠고 있다. 이런 거부 반응은 불교, 나아가서 서양적 사고 내에서 무라고 불리는 것의 항상-이미 있음과 무관하지 않다.

무 대對 공에 대한 라캉의 세심한 분석에도 불구하고 여기서 나는 이를 무無라고 부르겠다. 무라는 용어는 곳곳에 퍼져 있다. 더욱이 이 용어는 문제의 핵심으로 직진한다. 이 용어는 서양적 사고와 동양적 사고 모두에 공통적이다. 실제로 불교와 서양철학에서 똑같이 영감을 받은 니시타니 케이지(西谷啓治)와 같은 철학자도 이 용어를 사용한 바 있다. 가장 의미 있는 것은 무가 허무주의라는 유령, 즉 근대성에 출몰하는 유령을 환기시킨다는 점이다.

다음에서 나는 마하무드라(Mahamudra) 밀교에서 이른바 "판디타 (pandita)[10]의 분석적 명상"[11]의 관점을 따를 것이다. 나는 티베트 불교의 드룹카 카규파(Drupka Kagyü sect)의 자랑스러운 "X-불교도"로서 이 접근법을 잘 알기에 이 관점을 따를 것이다. 이 교파는 마하무드라 (大印 Great Symbol)와 족첸(大圓滿 Great Perfection)의 가르침을 동일한 것으로 간주한다. 이 가르침에서 불성은 사람들의 일반적인 정신작용 (철학적 사고, 주장, 사랑, 소망, 증오, 두려움, 욕망 등)의 바깥에서 찾아서

---

10 (역주) 판디타(pandita)는 인도불교에서 다섯 가지 학문을 터득한 대학자에게 붙여주는 칭호이다. 그 다섯 가지 학문은 언어학(śabdavidyā), 논리학 (hetuvidyā), 의술학(cikitsāvidyā), 예술학(śilakarmasthānavidyā), 영성학 (adhyātmavidyā)이다.

11 Thrangu Rinpoche, *Vivid Awareness: The Mind Instructions of Khenpo Gangshar* (Boston: Shambhala, 2011), 43-109.

는 안 된다. 그것은 바깥에서 획득해야 할 것이 아니라 이미 있는 그대로-마음의 본질로- 느껴져야 할 것이다. 그럼에도 불구하고 그러한 혼란스러운 정신작용들과 불심(Buddha mind)의 제반 양상을 나타나게 하는 근본 바탕의 상태-변하지 않고 열려 있고 투명하고 자비로우며 절제와 헌신으로 가득 찬 상태- 사이에는 뚜렷한 차이가 있다. 즉 불심은 마음 그 자체의 근본 바탕임이 드러난다. 판디타의 분석적 명상은 개념을 생산하기 위한 것이 아니라 사람들에게 근본 바탕(default state)을 느낄 수 있게 해주는 것이다.

하지만 개념을 숙고하는 것은 학술적 글에서 필요한 일이다. 여기서 내가 채택하는 지적인 방법은 마하무드라와 족첸의 방식, 즉 찬드라키르티(Chandrakīrti 月稱. 600~650)가 중심이 된 귀류논증 중관학파(Prāsaṅgika-Mādhyamika 歸謬論證中觀學派)의 방법이다.[12] 이 방법은 하이데거와 데리다에게 공통적으로 엿볼 수 있는 사고의 해체(destructuring)와 아주 유사하다. 이 사고에서는 (사물화되든 개념적이든) 아무것도 전제되어 있지 않다. 오히려 모든 사물화된 입장들은 그 고유한 역설과 아포리아가 풀릴 때까지 해체된다. 따라서 귀류논증(Prāsaṅgika)은 개념적 사고를 철저히 파헤쳐서 근본 바탕(족첸에서는 릭파rigpa로 불린다)이 드러날 수 있게 하는 도구로 사용된다. 이 근본 바탕은 스스로를 존재의 가능조건으로 인식한다. 우리는 자기-인식을 외부나 "메타"로서가 아니라 마음 그 자체에 내재적인 것으로

---

12 영어로 쓰인 가장 포괄적인 설명으로는 C. W. Huntington, Jr. & Geshe Namgyal Wangchen, *The Emptiness of Emptiness: An Introduction to Early Indian Madhyamika* (Honolulu: University of Hawai'i Press, 1989)를 보라.

간주하는 사고로 돌아갈 것이다. 이것이 내가 볼 때 붓다공포증이 아주 불편하게 생각하는 근본 바탕의 기본적 특징인 이유이다.

요컨대 목표는 공리를 생산하는 것(비-불교의 해석에 따르면 X-불교가 행하고 있는 것으로 보이는 것)이라기보다는 이미 사실인 것(불심)을 감상하는 것이다. 감상(appreciation)은 서양철학에서 미적 경험으로 알려진 것이며, 티베트어로 **명상**을 뜻하는 **곰**(*gom*)에 대해 내가 생각할 수 있는 최상의 번역이다. 그것은 미리 만들어진 기술을 적용하는 것이 아니라 말 그대로 "서서히 익숙해짐"을 의미한다. 비-불교에는 실례지만 이것이 마하무드라와 족첸에 의해 **비-명상**(*non-meditation*)으로 간주되는 이유이다. 붓다공포증을 이해하는 열쇠가 되는 것이 미적인 것의 역할이다. 붓다공포증은 미적인 것을 종종 선택해도 되고 안 해도 되는 불쾌한 여분(optional extra)으로 간주하는 것으로 보인다.

이런 경우에 명상을 통한 감상은 **있는 그 자체**(*of itself*), 즉 진여眞如 -밀교적 견해는 "넘어서, 넘어서"라는 메타성(meta-ness)의 무한 퇴행 없이 있는 그 자체에 대한 깨달음이 있다고 주장한다-에 관한 것이다. 이 점에서 이런 명상적 감상이 "은밀한" 이유는 이런 명상의 가르침이 특별한 상황에서 구두로 전수되어야 하기 때문이고, 그것이 구체적인 실현에 대한 감상에 의존하기 때문이며, 나아가서 감상되는 것이 생생하지만 말할 수 없는 것이기 때문이다. 명상이 무엇에 관한 것인지를 미리 이해할 수 있는 방법은 없다. 행동하는 것이나 제작하는 것(라투르 Latour가 말했듯이 조합하는 것assembling)은 사고하는 것이나 이해하는 것보다 존재론적 우선성을 갖는다. 이것이 카르마파(Karmapas)가

이끄는 불교의 계통(종종 수행적 계통practice lineage이라 불린다)을 달라이 라마가 주도하는 게룩파와 같은 보다 교학적 전통과 구분지어 주는 것이다.

마하무드라와 족첸을 이용하는 가장 중요한 이유는 그것들이 환기하는 자기-감상(self-appreciation)이 붓다공포증을 일으키는 주요 자극제이기 때문이다. 하지만 여기에 제안된 이해하는 것과 실현하는 것 사이의 역설적 단절은 비평이론에서 이론과 실천 사이의 역설적 차이를 환기시킨다.

무와 불안

수줍어하는 듯한 내면성과 짝을 이루는 불상의 성적 애매성은 라캉 세미나의 주제인 불안을 불러낸다. 라캉이 많은 것을 배운 바 있는 하이데거처럼 불안은 결코 거짓말을 하지 않는 유일한 감정이다.[13] 불안은 대상이 없는 두려움-두려움 그 자체, 즉 시간성 속에서, 가변적이고 흐릿한 그림자 지대에서 펼쳐지는, 열려지고 열리는 인간의 내면공간으로서의 두려움-이다.[14] 불안은 무의 혼란스러움을 일깨운다. 서양불교-가령 티베트 망명 승려인 초걈 트룽파(Chögyam Trungpa)가 주장한 불교-는 이러한 실존적 통찰을 자신의 관점 속에 끌어들인다. 트룽파는 명상의 핵심은 감정의 혼란을 뚫고 들어가 근본적 정동, 즉 존재의 근간이

---

13 Heidegger, *Being and Time*, trans. Joan Stambaugh (Albany, NY: State University of New York Press, 1996), 316.

14 Ibid., 304-6, 310-11, 312, 321-22.

되는 "근본 불안"에 이르는 것이라고 주장한다.[15] 따라서 명상은 정신분석적 기획의 특정한 형태, 그리고 하이데거가 메다드 보스(Medard Boss)와 함께 선구적으로 주창한 "현존재 분석"(Daseinanalysis)과 서로 관련되어 있다.[16] 라캉은 불안을 전복하는—말 그대로, 불안의 밑을 관통하는— 불교적 접근법이 있을 수 있다는 것을 직관한 것 같다.

라캉은 마치 이 불상을 만지던 비구니들이 상상의 눈물을 닦아주고 있기라도 하는 것처럼 수 세기 동안 이 불상이 어떻게 만져져왔는가를 이야기한다. "이 불상은 광채 속에서 믿을 수 없는 뭔가를 나타내는데, 이를 찍은 사진은 수 세기 동안 은둔 수행자들이 심리학적으로 미결정적인 성의 신성함에 대해 품고 있던 오래된 욕망과 같은 것으로 인식할 수밖에 없는 것이 복사역전輻射逆轉[17]되어 희미하게

---

15 Chögyam Trungpa, *The Path Is the Goal: A Basic Handbook of Buddhist Meditation* (Boston: Shambhala 1995), 56–57, 106–7; "Basic Anxiety Is Happening All the Time" Shambhala Times April 3, 2009 (http://shambhala times.org/2009/04/03/basic-anxiety-is-happening-all-the-time-by-chogyam-trungpa/, 2013년 4월 28일 접속); *The Truth of Suffering and the Path of Liberation*, ed. Judith Lief (Boston: Shambhala, 2010), 9–10.

16 Martin Heidegger, *The Zollikon Seminars: Protocols-Conversations-Letters*, trans. Franz Mayr (Evanston, IL: Northwestern University Press, 2001).

17 (역주) 복사역전 혹은 역전된 복사(inverted radiation)는 낮에 태양열에 의해 가열된 공기가 야간에는 지표면과 동시에 냉각될 때 지표면은 공기보다 빠르게 냉각되는 데 반해 그 위의 공기는 상대적으로 적게 냉각됨으로써 지표면에서 위로 올라갈수록 기온이 높아지는 현상을 가리킨다. 여기서는 열 대신에 빛이 지표면에 반사되어 올라오면서 사라지지 않고 어른거리는 현상을 설명하기 위해 이 용어가 사용되는 것으로 보인다.

266

반사된 것을 보여줄 뿐이다."[18] 이 대상은 페티시, 기이한 비-행위성으로 어른거리는 사물, "역전된 복사"(inverted radiation)가 되었다.

라캉이 말하는 왜상歪像—어느 쪽도 바라보지 않고 자신조차 바라보지 않는 불상을 바라보는 어떤 사람을 옆으로 바라보는 것—을 생각해 보라. 그리고 슬라이드에서 "불상에 복사역전"되어 생기는 "페티시즘적 접촉의 반짝이는 흔적"을 바라보는 것을 생각해 보라. 『블레이드 러너』(Blade Runner)에서 영상 이미지를 회전하고 확대함으로써, 그리고 그것을 스크린의 평면과 비스듬한 각도의 불가능한 관점에서 바라봄으로써 이식된 기억을 찾아내려고 하는 데커드(Deckard)처럼 산문의 숨 가쁘고 마침표 없이 이어지는 종속문(hypotaxis) 또한 왜상적인 뭔가를 수행하고 있다. 이런 페티시즘적 응시는 메타언어처럼 불교도의 헌신(devotion)이 미치는 중력장에서 성공적으로 벗어나는가? 아니면 그것은 그런 헌신의 기이하고 낯선 **이중화**(uncanny *doubling*), 즉 임상적 초연함은 접어두고 그런 헌신이 기이한 논리에 사로잡혀 있음을 보여주는 사진적이고 문법적인 번역(photographic and grammatical rendering)인가? 이런 불확실성은 일부 철학자들을 불안하게 만들 것이다.

붓다공포증의 본질적 요소를 구성하는 것은 사실 페티시즘에 대한 반발이다. 라캉 이론에서 페티시즘의 이면 혹은 너머에 있는 주체를 사유하는 것의 불가능성과 역설에도 불구하고, 그리고 그것이 페티시즘에 대한 라캉의 사유가 보여주는 칸트 이후의 계보에 빚지고 있음에

---

18 Lacan, *The Seminar Book X*, 210.

도 불구하고 말이다. 불교의 문제에서 붓다공포증은 페티시의 밖에서 사유하려고 한다. 스스로 탈신비화의 자세를 취하려고 하는 것이다.

라캉에게 불안은 "기표의 미끄러짐"과 관련이 있다. 즉 내가 하나는 "숙녀용"이라고 쓰여 있고 다른 하나는 "신사용"이라 쓰여 있는 두 개의 문 앞에 섰을 때 어느 문으로 들어가야 할지 모르는 근본적 불안을, 나는 저 문이 아닌 바로 이 문으로 들어가야 하는 그런 사람이라는 환상으로 대체한다는 사실과 서로 관련이 있다.[19] 어떤 점에서 푯말이 붙어 있는 문은 불상과 기이하게 닮지 않은가? 그것은 기호학적 존재들이 위에서 부유하는 물리적인 존재이다. 마찬가지로 불상은 응시하는 것 같으면서 여성처럼 보이기도 하고 남성처럼 보이기도 하는 도자기 내지 돌 조각이다. 불상과 화장실 문이 환기하는 것은 환상의 무, 즉 환상이 사물들의 주위에서 흘러나와 사물을 채우면서, 그렇게 사물을 보충함으로써 사물을 훼손하는 방식이다. 어떤 의미에서 붓다공포증은 환상 그 자체에 대한 두려움이다.

라캉은 자신이 본 불상의 성별에 관해 불교 수행자에게 제기한 자신의 질문에 대한 비유로서 킨제이 보고서를 끌어들인다. 킨제이 보고서를 끌어들이는 이유는 이 보고서의 형식이 정확히 이 역설을 반복한다는 것이다. 개인 인터뷰들에서 나는 가능한 정체성과 환상의 다양한 형태들을 발견한다. 나는 내가 그것들에 쏟는 관심에 따라 대답한다. 그것은 소비자 조사의 논리이자 『코즈모폴리턴』(*Cosmopolitan*)지의 퀴즈의 논리("당신은 x인가? 퀴즈를 풀고 맞춰 보라")이다. 이

---

19 Jacques Lacan, "The Agency of the Letter in the Unconscious," *Écrits: A Selection*, trans. Alan Sheridan (London: Tavistock, 1977), 146-78 (151-52).

논리에 대해서는 붓다공포증이 정말로 소비주의에 대한 두려움인가를 자세히 검토할 때 다시 살펴볼 생각이다. 환상에 대한 그런 보고서는 무한 퇴행의 유령을 불러내기도 한다. 그 이유는 내가 어떤 종류의 환상을 가지고 있는가에 관한 환상을 가지고 있기 때문이다. 더 정확히 말하자면, 나의 환상이 나의 환상의 대상이 되는 무한 루프(loop)의 유령 같은 것이다. 이런 루프에서 벗어날 수 있는 방법은 없을지 모른다. 우리는 루프에 대한 모종의 두려움이 어떻게 붓다공포증의 본질적 요소인가를 보게 될 것이다.

왜 불상인가? 왜 사람처럼 보이는 대상에 이렇게 집착하는가? 아니면 그것은 돌이나 금속으로 변한 사람인가? 그것이 실제로 핵심인가? 즉 불교가 모든 지각 있는 존재(중생)―그들을 지각 있게 만들어주는 것―의 심장에서 뛰는 것이 대상 같은 존재(object-like presence)임을 보여준다는 것 말이다. 그런 사물들 위에 있다는 항변에도 불구하고 (비개념적인) 물질성에 대한 두려움이 붓다공포증의 핵심인가?

이 대상의 루프 같은 자기-울타리(loop-like self-enclosure)는 그 애매한 응시와 더불어 붓다공포증의 또 다른 구성 요소인 나르시시즘의 문제를 제기한다. 나르시시즘은 세계를 자신의 거울이라고 생각한다. 이것은 근대철학의 핵심에 있는 불교와의 또 다른 내밀성이 아닌가? 왜냐하면 헤겔과 칸트에게 실재(reality)는 주체를 위해서 나타나기 때문이다. 즉, 내가 냉장고를 열어야만 그 안에 불이 켜져 있다는 것을 알듯이, 내가 실재를 볼 때까지 실재는 불투명하다. 우리는 여기서 불안한 이중성을 본다. 즉 한 사물의 어둡고 수동적인 불투명성과 내가 그것을 파악할 때 그 사물이 나를 반영한다는 사실 말이다.

물 자체는 사라지면서도 "거기에" 기이하고 낯설게 존재한다. 이 역설
은 거울반사라는 주제를 이용하는 대승불교의 공 이론의 고유한 문제
이기도 하다.

나르시시즘적 인격—즉 나르시시즘에 상처 입은 사람—의 궁극적 도피처
는 다른 사람을 나르시시즘적이라고 비난하는 것이다. "나는 사람을
괴롭히는 사람을 좋아하지 않아요"라고 말하면서 상대방을 괴롭히려
고 하는 사람처럼, 상처 입은 나르시시스트는 다른 사람의 나르시시즘
을 지적하는 데 집착한다. 불교에 대해 헤겔이 갖는 악몽은 그가
아주 나르시시즘적이라고 생각한 이미지, 즉 자신의 발가락을 빨고
있는 아기의 조상彫像이다. 사실 이 조상은 힌두교 성전인 『마르칸데
야 푸라나』(*Markandeya Purana*)에 나오는 크리슈나 나라얀(Krishna
Narayan)의 힌두교 상이다. 이는 헤겔 시대의 오리엔탈리즘 연구의
상황, 나아가서 불교를 특정한 방식으로 보려는—쉽게 얻을 수 있는
인도의 조상에 붓다공포증을 투영하고자 하는— 헤겔의 의도를 보여준다.
헤겔이 발가락-빠는(toe-sucking) 크리슈나에 매혹을 느낀 것은 "아시
아인들"은 "이해할 수 없다"는 아주 흔한 오리엔탈리즘적 인종주의를
보여준다.

저 불상이 어떻게 나를 똑바로 바라보지 않는 것인가? 어떻게
불상이 마치 안을 향하듯이 눈을 아래로 향하고 있는 것인가? 그것은
은밀하게 나에게 음모를 꾸미고 있는 것인가? 그것은 얼굴도 없고
욕망도 없는 자동기계인가? 불상이 멜빌(Melville)의 필경사 바틀비
(Bartleby the Scrivener)처럼 수동적인 한 불길하다. 바틀비는 생명권력
으로부터 정치투쟁에 이르기까지 오늘날의 이론에서 많은 쟁점을

사고하기 위한 중요한 상징이다. 그러나 이론이 불교에 분개하는 것은 거의 정확하게 멜빌의 소설 속 등장인물인 바틀비에 분개하는 것처럼 읽힌다. 그는 그냥 앉아 아무것도 하지 않기를 원한다(preferring not to). 하지만 다른 장들에서 (토마스 칼 월Thomas Carl Wall이 보여주듯이) 레비나스, 블랑쇼, 아감벤에서부터 〈트리오스 TRIOS 시리즈〉에 기고한 지젝에 이르기까지 이론은 바틀비에 대해 아주 우호적이다.[20] 사실, 이론은 불교도로서의 바틀비를 다룰 수 있는 가능성을 여태껏 거의 갖지 못한 것 같다. 수동적인 바틀비 같은 조상을 공격할 때, 나는 사물의 존재(실재)와 사물의 현상 사이의 간극을 메우려고 하면서 내면 공간 자체를 공격하고 있는 것이 명확해 보인다. (이 책에 실린 에릭 캐즈딘의 글은 이소자키의 "마" 개념을 유사한 방식으로 검토한다.)

나는 이제 지젝을 오늘날의 붓다공포증의 형태를 살펴볼 시금석으로 사용하고자 한다. 내가 이렇게 하는 것은 지젝의 철학적 견해를 약화시키려는 것이 아니라 그의 사고를 형성하는 감정구조의 좌표들을 탐구하려는 것 때문이다. 이 감정구조는 근대철학과 사회공간에 깊게 만연된 경향들과 관련이 있다. 특히 지젝이 (헤겔주의적·마르크스주의적·라캉주의적) 이론을 불교와 명확하게 대립시킨 것은 여기서 검토되어야 할 것이다.[21] 이때 나타나는 것이 불교와 이론을 함께

---

20 Thomas Carl Wall, *Radical Passivity: Levinas, Blanchot, and Agamben* (Albany: State University of New York Press, 1999).

21 가장 최근 글로는 "Lacan against Buddhism," *Less than Nothing: Hegel and the Shadow of Dialectical Materialism* (London: Verso, 2012), 127-35를 보라.

사유해야 할 필요성이다.

라캉과 관련해서 이런 사유는 라울 몬카요(Raul Moncayo)의 작업이 풍부하게 증명하듯이 라캉주의 내부에서 진행 중이다.[22] 몬카요의 저작이 세계의 가장 대표적인 정신분석 관련 출판사 중의 하나에서 출판되었다고 하더라도, 그것이 "영성"(선)과 "종교"(악)를 분리하는 소위 "포스트모던적인" 접근법을 선호하기 때문에 지젝식의 사고로부터 인정받지 못할 것이라고 생각하는 이들도 있다. 이런 식의 사고방식이 몬카요가 인용하듯이 프랑크푸르트학파에 기원을 두고 있다는 것은 이 학파가 특정한 헤겔주의에 빚지고 있음을 생각하면 아이러니한 일이다.

정적인 이미지에 대한 헤겔의 분노에는─"적어도 이슬람교도들은 자신의 믿음을 고수하고 있다"[23]라는 지젝의 구절에서처럼─ 바미얀(Bamiyan) 동굴의 불상에 대한 탈레반의 공격과 기이할 정도로 유사한 뭔가가 있다. 이러한 공격은 붓다공포증에 대해 매우 징후적이다. 지젝이 『이데올로기의 숭고한 대상』(The Sublime Object of Ideology)에서 주장하듯이, 사디스트는 타자를 아무런 이유 없이 두들겨 패도 상관없는 유순하고 무표정한 풍자만화의 대상으로 축소시킨다.[24] 불상처럼 말이다. 불상은 화를 낼 수 없다. 하지만 만약 불상이 화를 낼 수 있다면

---

22 Raul Moncayo, *The Signifier Pointing at the Moon: Psychoanalysis and Zen Buddhism* (London: Karnac, 2012).

23 Slavoj Žižek, "Passion in the Era of Decaffeinated Belief" (http://www.lacan.com/passion.htm, 2013년 1월 2일 접속).

24 Slavoj Žižek, *The Sublime Object of Ideology* (London: Verso, 1991), 134.

어떨까? 불교를 자본주의적 공모와 동일시하는 지젝의 태도-나는 매트릭스(Matrix) 같은 행복의 가상공간에서 흡족해하면서 초연하게 명상도 하고 쇼핑도 하고 돈에도 탐닉할 수 있다-는 어떤 종류의 대상, 즉 기이한 행위성을 가지고 있는 것처럼 보이는 불상과 같은 대상에 대한 두려움과 관련이 있다. 그리고 우리는 (소비주의적) 대상의 미적 유혹에서도 이런 행위성을 알아챌 수 없는가? 불교와 자본주의를 동일시하면서 지젝은 라캉 세미나의 이 대목을 아주 진지하고도 적절하게 다루지 않는 것처럼 보인다. 왜 그의 이론적 부친이라고 할 수 있는 라캉을 부인하는가? 무를 직접적으로 구현하는 존재, 즉 붓다의 가능성에 대해 오직 매혹적인 공포만 표현한 조부 헤겔로 돌아간 이유는 무엇인가?[25]

지젝이 자신의 붓다공포증의 근거를 본 것은 헤겔에서다. 불교를 별로 대수롭지 않게 다룬 자신의 논의에서 라캉은 헤겔이 논했던 또 다른 불상에 대한 논의를 섬뜩하게 되풀이한다. "발과 팔이 뒤엉켜 있고 발가락이 입속까지 뻗어 있는 사유하는 자세의 붓다 이미지-이는 자아로의 후퇴이자 자기 자신으로의 흡수이다."[26] 이 이미지는

25 불교에 대한 지젝의 반감은 여러 곳에서 나타난다. 예를 들어 다음 글을 참조하라. "I Plead Guilty-But Where Is the Judgment?," *Nepantla: Views from South 3*, no. 3 (2002): 579-83; "Nobody Has to Be Vile," *London Review of Books* 28, no. 7 (April 6, 2006), 10; "Self-Deceptions: On Being Tolerant and Smug," *Die Gazette Israel* (August 27, 2001); "Revenge of Global Finance," *In These Times*, May 21, 2005 (http://www.inthesetimes.com/article/2122/).

26 Georg Wilhelm Friedrich Hegel, *Lectures on the Philosophy of Religion*, ed. Peter C. Hodgson; trans. R. F. Brown, P. C. Hodgson & J. M. Stewart,

일반적으로 미적인 것을 연상시키는 자기-울타리(self-enclosure)를 도발적으로 비추어 준다. 사실 칸트의 『판단력 비판』(*Critique of Judgement*)은 미적인 사물이 분석될 수 없는 한에서 미의 경험은 자신의 경험적 "내면" 공간에서 발견되는 대상 같은 존재(object-like entity) 중 하나라고 규정했다. 즉 그것은 거기에 존재할 뿐 파악할 수 없는 것이다.[27]

칸트는 분명히 라캉과 같은 계통에 속해 있기 때문에 나는 칸트를 대화 속으로 끌어들인다. 라캉은 불상과 관련해서 일본 사찰에서 본 남자의 "시선"에 대한 자신의 불안을 이야기하며 "예술적 교감"의 경험을 말한다.

그것은 명백히 넘쳐흐르는 시선이며 그 성격이 아주 특별했던 것은 거기에서 그 시선이 문제였기 때문이다. 또한 나는 평범한 사람에 관해서 말하려고 하는 것이 아니라—이런 식으로 행동하는 사람은 그럴 수 없기 때문이다— 오히려 나는 자신의 일을 짊어진 분명한 부담 때문이긴 하겠지만 이런 종류의 예술적 교감을 위해 아무것도 미리 정해진 것이 없어 보이는 어떤 사람에 관해 말하고 싶다.

이 남자의 내면 상태는 라캉에게 비친 그의 외모와는 다르다. 이것은

---

3 vols. (Oxford: Clarendon, 2007), 2:252.

27 Immanuel Kant, *Critique of Judgment: Including the First Introduction*, trans. Werner Pluhar (Indianapolis: Hackett, 1987), §4 (49), §22 (90, 92), §58 (221-22).

274

마치 라캉이 이 남자에게서 현상과 사물의 간극(phenomenon-thing gap)을 주목하고 있는 것처럼 보이고, 의심의 여지없이 이것은 이 남자의 경험이 칸트적인 렌즈를 통해 보여지고 있음을 강조한다. 칸트에게 미는 내가 나의 내면 공간에서 발견하는 "물", 즉 나 또는 (불상과 같이) 나의 경험 획득의 근거와는 무관해 보이는 물이다. 비개념적인 미의 경험은 칸트가 『순수이성비판』(*Critique of Pure Reason*)을 시작하는 초월론적 미학을 뒷받침한다. 빗방울이 존재하지만 나는 그것을 직접적으로 파악할 수 없다. 나는 빗방울 현상, 즉 내 머리에 빗방울이 튀어 젖는 것(칸트 자신의 사례)만 지각할 수 있을 뿐이다.[28] 빗방울은 빗방울이다. 빗방울은 껌방울적(gumdroppy)이지 않고 빗방울적(raindroppy)이다. 하지만 나는 빗방울 현상의 끝이 어디이고, "실재적인" 빗방울이라는 물의 시작이 어디인지 미리 구분할 수 없다. 나는 현상과 사물을 결정적으로 분리하는 형이상학적 구분선을 미리 규정할 수 없다. 여기서 주체가 항상-이미 대상과의 어떤 종류의 관계 속에 이미 "거기에" 있는 기이한 루프 같은 방식을 참조하지 않으면서 존재론적 진술을 할 수 있다는 스콜라주의의 사고는 더 이상 유용하지 않다. 빗방울의 자기-울타리는 현상으로서의 빗방울과 사물로서의 빗방울 사이의 혼란스런 간극에 의존하며, 이 간극의 위치는 존재적으로 주어진 현상적 공간에서 미리 파악될 수 없다.

　헤겔은 주체인 내가 현상과 사물의 간극을 인식할 수 있기 때문에

---

28 Immanuel Kant, *Critique of Pure Reason*, trans. Norman Kemp Smith (Boston & New York: Bedford/St. Martin's, 1965), §8 (84-85).

(실제적인) 간극은 존재하지 않는다고 주장함으로써 이러한 긴장을 해결한다. 칸트의 정교한 "상관주의"(correlationism)[29]는 헤겔의 관념론으로 붕괴된다.[30] 여기서 헤겔이 피하려고 하는 것은 정확히 무(*nothingness*), 즉 절대 무가 아닌 무이다. 폴 틸리히(Paul Tillich)는 이것을 **절대적인 무**(*oukontic* nothing)라고 부르지만 사실 이것은 그가 **비존재적인 깜박임**(*meontic* flickering)이라 부른 것, 즉 어디에 있는지 알 수 없지만 실재하며 만질 수 있는 어떤 성질(a-ness)에 가깝다.

---

29 (역주) 프랑스 철학자 퀑탱 메이야수(Quentin Meillassoux)는 칸트 이후의 근대철학을 비판하기 위해서 상관주의라는 용어를 사용한다. 그는 근대철학이 주체와 의미 중심의 사유에만 초점을 두었고 주체와의 상관관계를 갖지 않는 사물과 객체는 칸트처럼 물 자체로서 인식의 대상에서 제외되거나 헤겔처럼 의식과 정신에 의해 통합되어야 할 대상으로 간주된다고 비판한다. 그는 '상관관계'를 "우리의 사유와 존재의 상관관계에서만 접근할 수 있을 뿐이며, 그것들에서 따로 추출해낸 어느 하나의 항목에는 절대로 접근할 수 없다는 의미"(18)로 이해한다. 그러면서 그는 이렇게 이해된 상관관계를 뛰어넘을 수 없는 특징을 주장하는 사유의 모든 흐름을 '상관주의'라고 명명한다. 상관주의의 핵심은 존재가 주체, 언어, 권력과 분리되어서는 사고될 수 없다는 것이다. 이렇게 볼 때, 상관주의는 주체 중심의 근대철학과 그것을 비판하면서도 실은 여전히 상관관계에 의존하는 (포스트)구조주의를 동일한 연장선상에서 비판하는 개념으로 이용된다. 퀑탱 메이야수, 정지은 옮김, 『유한성 이후: 우연성의 필연성에 관한 시론』(도서출판b, 2010), 17-18. 메이야수는 물 자체를 부정하지 않지만 그것을 우리의 인식 대상으로 삼지 않았던 칸트와 후설을 약한 상관주의(weak correlationism)로, 그리고 비트겐슈타인과 헤겔처럼 물 자체의 실재성을 인정하지 않고 그것을 의미와 주체(정신)의 세계 속으로 통합시키는 것을 강한 상관주의(strong correlationism)로 규정한다.

30 Quentin Meillassoux, *After Finitude: An Essay on the Necessity of Contingency*, trans. Ray Brassier (New York: Continuum, 2009), 5, 119-21.

이 무를 헤겔은 피히테적인 나(Fichtean I)와 A=A, 즉 변증법의 외부에 혼란스럽게 한 발 또는 한 발가락을 내밀고 있는 것 같은 논리와 연관 짓는다. 헤겔은 초월적인 나(I)와 A=A 둘 모두를 의식의 원시적 형식, 즉 그가 **불교**라고 부른 형식과 연관 짓는다.[31] 다시 말해, 붓다공 포증은 사유를 위한 조건이다. 즉 논리를 갖기 위해서는 거부되어야 하는 것이 불교인 것이다.

헤겔이 피하고자 하는 것은 근대성의 철학을 괴롭히는 바로 이 무이다. 우리는 철학 전체(자기-지시self-reference와 같은 현상에 맞선 분석철학의 불안한 감시 활동이 아니라면 적어도 유럽철학)를 비존재적인 무(meontic nothing)에 대한 일군의 입장으로 상상해볼 수 있다. 그리고 우리는 이런 입장을 불교, 즉 "무의 종교"[32]에 관한 사유들과 즉시 연관 지어볼 수 있다. 예를 들어, 칸트에게는 매우 우호적이었고 헤겔에게는 몹시 적대적이었던 쇼펜하우어는 『의지와 표상으로서의 세계』(*The World as Will and Representation*)를 무라는 단어로 끝맺는다. 이 단어는 무(공 *sunyatā*)에 관한 위대한 대승불교경전인 『반야바라밀 다심경』(*Prajñāpāramitā Sūtra*)을 참조한 것처럼 보이는 단어이다. 니체 는 불교에서 발견한 부드럽고 수동적인 허무주의에 명백히 관심을 가졌다. 하이데거는 공과 무의 연관성에 매혹을 느꼈고, 이를 근대성 을 벗어나는 여정에서 꼭 필요한 단계로 간주하였는데, 그가 교토학파

---

31 Georg Wilhelm Friedrich Hegel, *Hegel's Logic*, trans. William Wallace, fore- word by J. N. Findlay (Oxford: Oxford University Press, 1975), 119–20.
32 이에 대한 폭넓은 설명은 Roger-Pol Droit, *The Cult of Nothingness* (Chapel Hill: University of North Carolina Press, 2003)를 보라.

(니시다, 니시타니를 비롯한 다른 철학자들)와 나눈 대화가 이를 방증한다.

공과 무의 차이에 대한 라캉의 민감함에도 불구하고 유사성을 찾아보는 것도 유용할 수 있다. 그러한 유사성이야말로 라캉이 이 둘을 따로 분리할 필요가 있다고 생각한 하나의 이유일 것이다. 이 글의 기본 주장은 무가 서양철학 안에 항상 이미 내재해 있다는 것이다. 일부 철학자들이 거부 반응을 보이는 것은 바로 무가 서양적 사유와 갖는 이러한 내밀성이다. 무는 예수회가 티베트에서 불교를 오인하게 된 근거이며 이 오인은 헤겔에게 강력한 영향을 미쳤다.

> 그들은 단순한 무(Nothingness)가 만물의 기초이고, 만물이 바로 이 무에서, 그리고 원소들의 뒤섞임에서 생성되며 다시 무로 돌아가야 한다고 말한다. 살아있든 그렇지 않든 모든 현상들은 형식과 표면적 속성에서만 서로 다를 뿐이다. 현상이나 기본 원소를 검토해 보면 오직 무만 남아 있다.[33]

"무"는 분명히 「창세기」 1장 2절("혼돈하고 공허하며 without form and void")과 무한한 허공(infinite void)에 대한 신플라톤주의적 기독교 교리와 분명히 서로 통한다. 이 교리는 1277년에 의무화되었고, 뉴턴적이고 데카르트적인 합의에서 묘하게 반복된다.[34] 하지만 여기서

---

[33] *Allgemeine Historie der Reisen zu Wasser und zu Lande; oder, Sammlung aller Reisebeschreibungen* (Leipzig, 1750), vol. 6, 368.

[34] Edward Casey, *The Fate of Place: A Philosophical History* (Berkeley: University of California Press, 1997), 106-16.

278

그것은 혼란스러운 것으로 표현된다. 사회 전체가 어떻게 그와 같이 사고할 수 있는가? 알렉산더 대왕 덕분에 피론(Pyrrho)의 급진적 회의주의는 대승불교의 공 사상에 의해 영향 받았다. 혹은 그 반대는 아닐까? 전달의 방향을 결정할 수 없는 것은 많은 서구 철학자들이 혼란스럽다고 생각하는 철학적 혼종을 말하는 것이다. 특히 칸트와 헤겔과 함께 근대에 도달할 무렵에 철학은 결정적으로 종교가 아닌 것으로 여겨지게 되었다. 칸트는 철학을 형이상학 너머의 안전한 곳에 두었던 것 같다. 그러나 여기서 우리는 서양철학이 종교적 DNA – 특히 비서양적인 종교의 DNA – 를 가지고 있을 가능성을 보게 된다.

　피론적 회의주의는 실증적인 진술을 삼가는 한에서 귀류논증 중 관학파(Prāsaṅgika Madhyamaka)와 유사하다. 무는 말할 수 없는 것과 관련된다. 즉, 산, 나무, 돌은 개념 너머에 존재한다 – 실재한다고 말하는 것과 실재하는 것 사이에는 환원할 수 없는 간극이 있다. 하지만 이것이 바로 칸트주의가 아닌가? 초조한 헤겔주의자는 경악할지 모른다. 서양적 사고의 깊은 곳에 무가 내재되어 있다는 것은 붓다공포증적 상상력에서는 거부되어야 할 생각이다. 예를 들어, 백과사전에서 항목들의 루프 같은 성격을 생각해 보라. "그들은 단순한 무가 만물의 기초이고, 만물이 바로 이 무에서, 그리고 원소들의 뒤섞임에서 생성되며 다시 무로 돌아가야 한다고 말한다." 자기–지시에 관한 깊은 불안은 헤겔로부터 러셀에 이르기까지 근대성 전체에 퍼져 있다. 그러나 이 언어는 「창세기」 3장 19절("너는 흙이니 흙으로 돌아갈 것이니라")과 영국 성공회의 장례의식에서 "재는 재로"와 "먼지는 먼지로"의 루프 같은 액어법轍語法[35]을 떠올리지 않는가?

그러나 무에서 왔다가 무로 돌아가는 루프 형식은 예수회 선교사들
―이런 백과사전식 항목의 원천―이 의심스러운 눈으로 살펴보려고 했
던 것이다.

무와 물질적인 것

비존재적인 무는 만질 수 있기 때문에―절대 무가 아니기 때문에― 혼란스
럽다. 스피노자(Spinoza)를 좇아서 실체와 독립된 절대 무가 있는
우주를 상상해 보라. 혹은 결여가 전혀 없는, 그런 세계에서 심지어
무조차 없는 들뢰즈적 세계를 상상해 보라. 다른 한편, 무가 존재하는
세계는 사물이 그 외양과 같지 않다는 것을 간파할 수 있는 세계이다.
그리고 이것이 갖는 문제는 라캉이 가장(pretense)에 관해 말한 것과
유사하다. "가장을 이루는 것은 결국 당신이 그것이 가장인지 아닌지
를 알지 못한다는 것이다."[36]

---

35 (역주) 액어법(軛語法 zeugma)은 복합문이나 병렬문에서 한 가지 이상의 뜻을
가진 단어가 문장의 여러 곳에 동시에 사용될 때, 즉 문장의 한 부분에서 하나의
의미로 사용되고, 다른 부분에서는 또 다른 의미로 사용되는 언어용법을 의미하
며 일반적으로 익살스러운 효과를 내기 위해 사용된다. 영문을 예로 인용하면,
"She filed her nails and then she filed a complaint against her boss"라는
문장에서 'file'이 두 군데에서 사용되고 있는데 앞 문장에서 file이 "정리하다(다듬
다)"는 의미로 사용된다면, 뒤 문장에서 file은 "[고소를] 준비하다"는 뜻으로
사용된다. 이를 액어법이라 칭한다. (https://dictionary.cambridge.org 참조)
36 Jacques Lacan, *Le seminaire, Livre III: Les psychoses* (Paris: Editions de
Seuil, 1981), 48.

이것이 의미하는 바는 무가 이상하게 **물질적**이라는 것이다. 그것은 형이상학, 특히 현존의 형이상학이 규정하는 방식으로 물질적이지 않다. 나는 빗방울 자체를 파악할 수 없는 데 반해, 표준적인 아리스토 텔레스적 존재론에서 보면 나는 그것을 절대적으로 파악할 수 있다. 칸트 이후의 제거적 유물론(eliminative materialism)에서도 나는 빗방울 을 파악할 수 있다. 즉 현상을 벗겨내면 물에 도달할 수 있는 것이다. 아리스토텔레스와 제거적 유물론에서 사물이 존재하는 방식은 그것 이 사물의 (환상적이거나 우연적인) 현상과 지속적으로 대응관계를 이루는 현존으로서 존재한다는 것이다. 따라서 우리는 제거적 유물론 을, 현상과 사물의 간극에 대한 불안을 부인하는 한에서 헤겔의 관념론 과 뭔가를 공유함으로써 칸트로부터의 이탈, 칸트에 대한 또 다른 반발로 볼 수 있을 것이다.

우리가 여기서 다루는 것은 우리가 익히 현존의 형이상학(the metaphysics of presence)으로 알고 있는 것이다. 어떤 것이 실재적이기 위해서 그것은 항상 현존해야 한다는 것이다. 현존의 형이상학은 현상들 아래에 단일하고 독립적이며 지속적인 실체(혹은 실체들)가 존재한다는, 대승불교("거대한 수레")에서 말하는 **상주불변**(常住不變 eternalism) 개념과 놀랍도록 닮았다. 또한 이는 대승불교가 허무주의 (nihilism)라고 부른 것, 즉 현상의 기저에 절대 무가 있다는 개념과 묘하게 유사하다. 상주불변과 허무주의라는 두 가지 견해는 대승불교 가 잘못된 극단으로 간주하는 것이다. 올바른 견해는 이 두 견해 "사이"의 타협으로서가 아니라 둘의 급진적인 초월로서 존재한다. 그것이 이른바 공이며 이 글에서 비존재적 무라고 불리는 것이다.

서양철학이 칸트적 간극을 회피하고자 하는 것은 무를 배제하기 위한 방식이라는 점을 생각해 보자. 예를 들어, 마음이 전적으로 뇌로 환원될 수 있다는 과학주의적 관념을 생각해 보자. 나는 이를 **과학주의적**(scientistic)이라 부르고자 한다. 엄밀히 말해, 과학은 실재적인 것에 대해 형이상학적인 주장을 할 수 없기 때문이다. 과학주의는 과학과 엄격하게 구분되어야 하며, 모든 과학자가 과학주의적인 것은 아니다. 실제로, 과학주의는 일부를 제외하면 과학 관련 학과의 밖에서 가장 크게 환영받고 있다. 이론 물리학과 달리, 심리학은 현재 과학주의의 경향을 띠고 있다. 마음을 뇌로 환원하는 것은 윌프리드 셀러스(Wilfrid Sellars)와 같은 심리학자들과 불교를 이론적 근거로 삼는 일부 학자들 사이에서 지지받고 있다. 이를테면 『아무도 아닌 존재』(*Being No One*)에서 토마스 메칭거(Thomas Metzinger)는 마음은 뇌의 부수 현상일 뿐이라고 주장한다.[37] 이런 주장은 상좌부 불교의 "원자론"의 일부 형태와 아주 유사하고, 지지가 절실히 필요한 망명한

---

[37] Thomas Metzinger, *Being No-One: The Self-Model Theory of Subjectivity* (Cambridge, MA: MIT Press, 2004). 또한 다음의 글을 참조하라. Michael Kurak, "The Relevance of the Buddhist Theory of Dependent Co-origination to Cognitive Science," *Brain and Mind: A Transdisciplinary Journal of Neuroscience and Neurophilosophy* 4, no. 3 (December, 2003): 341-51; "Buddhism and Brain Science," *Journal of Consciousness Studies* 8, no. 11 (November 2001): 17-26. 이와 대립적인 견해로는 다음의 글을 참조하라. Graham Harman, "The Problem with Metzinger" *Cosmos and History* 7, no. 1 (2011), 7-36; Eleanor Rosch, "Reclaiming Concepts," *Journal of Consciousness Studies* 6, nos. 11-12 (November-December 1999): 61-77; "Is Wisdom in the Brain?," *Psychological Science* 10, no. 3 (1999), 222-24.

달라이 라마(티베트 불교의 게룩파의 수장)는 거북하게도 스톡홀름 증후군처럼 보이는 열정을 간혹 드러내며 이를 지지하려는 경향이 있다. 그럼에도 불구하고 불교도라면 메칭거의 것과 같은 그런 견해에 불교적인 "원자"(atom)가 현상학적이라는 의미가 들어 있지 않다는 것을 주목할 것이다. 불교의 "다르마들"(여기서는 "원자들")은 주체와 대상(객체)의 정교한 상호관계이다. 빗방울이 있으려면, 비의 방울, 그것을 볼 수 있는 눈(안眼), 시력(안식眼識)과 시력장("안식계眼識界"), 그것이 빗방울임을 파악하는 마음 등이 있어야 한다. 이는 각각의 다른 감각기관에도 적용된다. 이런 견해에서 빗방울은 무지개와 아주 닮았다. 즉 보는 사람이 거기에 내재해 있는 것이다.

하지만 제거적 유물론에는 주체가 없고, 감각(根), 감각의 계(境), 의식(識)이 전혀 필요하지 않다. 마치 과학주의가 그 자체로 충분하지 않은 것처럼, 혹은 과학주의가 과학보다 종교와 훨씬 더 많은 공통점을 가지고 있는 것처럼—둘 모두 참인 진술이다— 불교적 개념은 진열장의 장식처럼 사용되고 있다.

유물론적 환원론에 따르면 마음에 관한 모든 것을 뇌의 관점에서 말할 수 있기 때문에, 마음과 같은 것은 존재하지 않는다. 그것의 가장 극단적 유형이 제거적 유물론으로 알려지게 된 이유이다. 이러한 방식은 마음이 뇌보다 덜 실재적인 것으로 간주되기 때문에 현상과 사물의 간극을 축소하거나 제거한다. 마음은 뇌가 현상하는 방식에 불과한 것이다. 여기에 특별히 고민할 것은 없다. 즉 뇌가 마음보다 더 실재적이거나, 아니면 마음은 완전히 비실재적이다. 뇌가 마음과 대응관계를 이룬다는 것은 현존의 형이상학을 칸트 이후의 변형을 통해 새로 갱신한 주장이다. 그러나 빗방울 현상이 빗방울보다 덜 실재적인 것은 아니다. 빗방울이 나에게 튀었을 때 나는 껌방울 (gumdrop)이 아니라 빗방울이라는 것을 안다. 제거적 심리학이 불교를 받아들이는 데 열정을 보이는 것은, 상좌부 불교조차 받아들이기를 꺼리는 유물론의 한 형식에 불교를 적응시킴으로써 무의 도깨비를 다시 병 속에 집어넣으려고 하는 무의식적인 시도라고 생각해볼 수도 있다. 마음 따위는 전혀 존재하지 않고 뉴런만 존재한다고 말하는 것은 존재들이 현상학적 구성물이라 말하는 것—이는 초기 불교교파들이 주장한 것과 아주 닮았다—과 같은 것이 아니다.

뭔가가 "거기에" 있다. 빗방울이 있다. 마음이 있다. 하지만 어떻게 있는가? 무에 대한 두려움은 특정한 **물질성**(*physicality*)에 대한 두려움, 즉 내가 그 현상과 실재를 사전 예측을 통해 구별할 수 없는 물질성에 대한 두려움이다. 따라서 우리는 이 물질성이 **소여성** (*givenness*)—이것은 그냥 "거기에" 있되 개념적으로 파악할 수 없는 방식으로 있다—을 가지고 있다고 추측할 수 있다. 레비나스가 주장하듯이, 무는 소여성의 "그저 있음"(there is)[38]과 관련이 있다.[39] 그것은 나의

---

38 (역주) "그저 있음"(there is)은 레비나스가 불어로 "il y a"라고 말한 것이다. 레비나스는 『존재에서 존재자로』(*Existence and Existents*)에서 "il y a"를 통해 존재의 상태를 설명하고자 한다. 레비나스의 "il y a"는 하이데거의 Es gibt와 전혀 다른 의미를 갖는다. 하이데거에게 존재는 Es, 즉 무언가를 주고 선사하는 주어를 의미하는 데 반해 레비나스에게 존재는 알 수 없는 익명의 그저 있음에 불과하다. 즉 그는 이를 통해 존재의 익명적이고 비인격적인 상태를 설명하고자 한다. 그에게 존재는 특정한 존재자라는 형태를 갖지 않으며 오히려 나에게 다가와 나를 숨막히게 하고 속박한다. 레비나스는 존재를 "어두운 밤 속에서

현상적 경험의 혼란스런 토대를 형성한다. 그것이 혼란스러운 까닭은 정확히 그것이 "단순한 물체"나 내가 뽐내며 걷거나 초조하게 내 차례를 기다리는 어떤 중립적인 무대 세트가 아니기 때문이다. 현상과 사물 사이에는 간극이 존재하기 때문에, 나는 그런 소여성을 나의 현상적 세계의 왜곡으로 경험한다.[40] 어떤 것이 뒤틀려 있고, 탈구되어 있고, 눈가를 통해 힐긋 보이며, 희미하게 어른거린다. 현상학적 신학에 들어 있는 이런 개념과 불교의 『반야바라밀다심경』(*Buddhist Prajñāpāramitā Sūtra*)의 공 개념, 즉 "색즉시공色卽是空 공즉시색空卽是色"[41] 사이에는 어떤 상관관계가 있는 것 같다. 제거적 유물론과 관념론은 첫 번째 표현(색즉시공 *form is emptiness*)을 이해하는 데는 별로

형태를 상실한 것"으로, 그리고 "모든 사물이 사라지고 자아가 사라진 뒤에는 사라질 수 없는 것이 남는" 것으로 설명한다. 레비나스에 의하면 존재의 익명성은 "다가오는 밤의 어둠 자체"이고 "유령"과 같은 것이며 "존재의 카오스"를 의미한다. 그는 밤, 유령, 카오스가 만들어내는 가벼운 소리를 "공포"라고 말한다. 이 용어에 대한 설명은 최상욱, 『하이데거 vs 레비나스』(세창출판사, 2019), 58-59를 참조하고 레비나스, 서동욱 역, 『존재에서 존재자로』(민음사, 2003), 94-101을 참조하라.

39 Immanuel Levinas, "There Is: Existence without Existents," *The Levinas Reader*, ed. Seán Hand (Oxford: Blackwell, 1989), 29-36.

40 Jean-Luc Marion, *In Excess: Studies of Saturated Phenomena*, trans. Robyn Horner and Vincent Berraud (New York: Fordham University Press, 2002), 37-40.

41 내가 인용한 판본은 승려인 린첸 데(Rinchen De)가 인도의 판디타(대학자) 비말라미트라(Vimalamitra)와 함께 티베트어로 번역한 25줄로 된 『반야경』 판본이며, 이것은 나란다 역경 위원회(Nallanda Translation Committee)가 몇 가지 산스크리트어 판본을 참고하여 영어로 번역한 것이다.

어려움이 없다. 과학주의는 이 구절에 대해 그것이 입증되었다는 의미로 받아들인다. 혼란스러운 것은 두 번째 표현인 공즉시색(*emptiness is form*)이다.

이 문제는 또한 아이러니하게도 불교 명상가의 경험적 병인학(experiential etiology)에 일반적이다. 트룽파의 말처럼, "형태(색)는 돌아온다."[42] 환원주의와 제거는 사람들에게 현명하다고 느끼게 해주지만 명상가가 이런 느낌에 대한 집착을 내려놓으면 무슨 일이 일어날까? 조동종의 선사 도겐의 언설 중에 자주 반복되는 "애초에 산이 있다, 산이 없다, 다시 산이 있다"는 말을 생각해 보라. 제거적 심리학 내에서 불교를 전유할 때 피하고자 하는 것이 바로 이 세 번째 진술(다시 산이 있다)이라는 것은 사실이 아닌가? 이것은 도대체 무엇을 의미할 수 있는가?

무는 결코 아무것도 아닌 것(절대적 무)이 아니다. 무는 물질적이되 항상적인 현존이라는 의미에서 물질적이지는 않다. 무는 혼란스러운 것이다. 그것은 마음으로부터 독립되어 있다는 의미에서 거기에 있고, 주어진 것의 일부이다. 하지만 나는 그것을 직접 볼 수 없다. 나의 세계에는 기이한 균열이 있다. 아마도 하나의 균열─주체와 비-주체 사이의 균열─만이 있을지 모른다. 이것이 칸트주의자들(과 하이데거를 포함한 다른 사람들)이 이 균열에 대한 저작권을 가지고 있다고 주장함으로써 균열을 통제하고 검열하는 방식일 것이다. 어쩌면 사물들이 있는 만큼, 그리고 사물들 간의 관계가 있는 만큼의 많은 간극이

42 Chögyam Trungpa, *Cutting Through Spiritual Materialism* (Boston: Shambhala, 1987), 189.

286

있을지 모른다. 이것이 객체 지향적 존재론(object-oriented ontology)[43]
이 현상과 사물의 간극에 관해 사유하고자 하는 것이다.

이 무를―1277년 파리 주교가 주장했고, 교황의 칙령에 의해 승인받았으며,
아인슈타인의 시공간 개념이 등장할 때까지 물리학에서 도전받은 적이 없는―
신플라톤주의적 허공(void)과 구분하도록 하자. 시간-공간은 **형식**
(form), 즉 텅 비고 매끄러운 사물의 용기가 아니라 사물로부터 발산되
는 (확장된 의미에서) 미적인 파장이기 때문에 무와 아주 잘 어울린다.
13세기에 신에게 뭔가를 만들어내는 능력이 없다고 생각하는 것은

---

43 (역주) 객체 지향적 존재론은 퀭탱 메이야수의 상관주의 비판을 이어받아 그레이
   엄 하먼(Graham Harman)이 주도로 주창한 이론이다. 그는 주체와 객체, 인간과
   사물, 의미와 세계, 존재와 의식 등의 상관관계를 벗어나서 사물 즉 객체의
   대상성을 있는 그대로 보여주는 이론이다. 이것은 "인간과 사물의 관계를 벗어나
   서 인간과 무관계하게 성립하는 객체와 객체의 관계"를 사고하는 철학이다.
   하먼에 따르면 사물만이 아니라 이론적 대상, 집합적 대상, 자기모순적 대상,
   이념적 대상, 상상적 대상 등 넓은 의미에서의 대상이 객체 지향적 존재론의
   객체에 포함된다. 객체 지향적 존재론의 근간에는 사변적 실재론(speculative
   realism)이 자리하고 있다. 사변적 실재론은 2007년 런던 대학 골드스미스
   칼리지에서 열린 세미나에서 시작되었는데, 여기에 퀭탱 메이야수, 그레이엄
   하먼, 레이 브래시어, 이언 해밀턴 크랜드 등이 참석했다. 이들의 논문집인
   『사변적 전환』(*The Speculative Turn*)에서 사변적 실재론은 "사유로부터 독립
   한, 또는 좀 더 일반적으로 인간으로부터 독립한 방식으로 실재성의 본성에
   대해 다시 한 번 사변적으로 생각하기 시작했다"는 공통점을 갖고 있다고 주장한
   다. 즉 사변적 실재론은 인간의 사유(인식)로부터 독립한 존재(대상과 객체)에
   대해 사변적으로 사고한다는 점을 근간으로 하는 이론이다. 자세한 것은 이와우
   치 쇼타로, 이신철 옮김, 『새로운 철학 교과서―현대 실재론 입문』(도서출판b,
   2020), 43-180 참조.

이단적인 것으로 여겨졌다. 따라서 신은 무한한 허공을 만들어 낼 수 있었을 것이고 실제로 그러했다.[44] 신플라톤주의적 허공은 형이상학적으로 현존하는 어떤 것이며 항상 거기에 있고 사물들을 감싸고 있다. 반면에 무는 중세신학에서 정체를 알 수 없는 구름이나 영혼의 암울한 밤과 같은 비의적祕儀的인 개념에 훨씬 가깝다.[45] 이런 개념들은 정기적으로 불교의 형태들이라고 비난받아왔다.

쇼펜하우어는 현상 또는 자신이 말한 "표상"의 이면에 있는 거대한 대양 같은 의지를 설정함으로써 칸트의 무를 명확히 했다. 빗방울, 꽃, 불상, 그리고 인간들은 모두 의지의 표상들이다. 의지는 현상 뒤에서 요동치는 작용이며, 따라서 상대방이 나를 치면, 그것은 의지가 의지를 치는 것이다.[46] 모든 행위에서 의지는 자기 자신에게로 돌아가는 루프를 이루고 있다. 이렇듯 루프처럼 자아를 삼키는 존재는 단순히 텅 비어 있고 변함없는 불투명성이 아니다. 오히려 의지는 해양적 소용돌이(oceanic whirl)와 아주 흡사한데, 이는 우주의 경계를 이루는 많은 자기지시적인 존재자들(ouroboric beings)의 근대적 형태이다. 이런 소용돌이는 『의지와 표상으로서의 세계』의 역사적 계기와 무관하지 않다. 19세기에는 현상과 사물 간의 간극이 나타나고 쇼펜하

---

44 Casey, *The Fate of Place*, 106-16.

45 익명의 저자가 쓴 *The Cloud of Unknowing and Other Works*, trans. A. C. Spearing (London: Penguin, 2002); St. John of the Cross, *The Dark Night of the Soul* (New York: Dover, 2003)을 보라.

46 Arthur Schopenhauer, *The World as Will and Representation*, trans. E. F. J. Payne, 2 vols. (New York: Dover, 1969), 93-165.

288

우어가 이 간극의 배후에서 작동하는 의지를 엿보았던 조건들이 드러 날 만큼 충분한 규모의 (진화와 같은) 실체들이 발견되고 형성되는 일이 목격되었다.

쇼펜하우어를 읽는 것은 과학이 지질학적 시간과 같은 거대한 작용을 발견한 바로 그 순간에 이런 사유가 생겨났다는 점을 명확히 해준다. 쇼펜하우어가 인간 주체를 그 당시까지의 가장 완벽한 표상으로 간주했다고 하더라도 의지는 인간 주체를 훨씬 능가한다. 쇼펜하우어는 싹을 틔우기 위해 적절한 조건을 기다리며 수천 년 동안 잠자고 있는 씨앗에 관해 말한다.[47] 타성적으로 보이는 사물들이 기이한 생명력을 띠는데, 여기서 생명이 기이한 까닭은 그것이 우리가 형이상학적으로 "살아있는" 것으로 가정하는 존재들의 영역 밖에서 작용하기 때문이다. 이 경우에 "생명"은 죽지 않은 것(the undead)과 많은 공통점을 갖는다. 현상과 사물의 간극이 사유되기 시작하면서 이것은 생명과 비생명 간의 엄격한 경계를 허물어뜨리고, 그 결과 더 많은 존재들이 생명과 비생명이라는 오래된 범주들 사이의 유령적 영역에 거주하게 된다. 다윈의 주장을 축약하면, 그것은 종 자체는 존재하지 않지만 그럼에도 오리와 벌레는 존재한다는 것, 그리고 원原-오리(proto-duck)가 언제 오리로 진화했는지를 구체적으로 규정하는 것은 거의 불가능에 가깝다는 것이다. 진화는 사방으로 증식하는 기이하고 낯선 간극들에 의해 내부로부터 뻗어 나오며 무와 함께 요동친다. 마찬가지로 마르크스의 자본은 직접 볼 수도 만질 수도 없고 오히려 견고해

47 Arthur Schopenhauer, *The World as Will and Representation*, trans. E. F. J. Payne, 2 vols. (New York: Dover Publications, 1969), 1:137n13; §26.

보이는 세계를 침식해 들어가는 유령적 "뱀파이어"이다. 즉 "견고한 모든 것이 녹아 대기 속으로 사라진다."[48] 진화론과 자본주의에서 무는 혼란스러운 현실성을 획득한다. 그것은 신나고, 상쾌하고, 에로틱하고, 무시무시하며, 이상하기도 하다. 이 기이한 존재들을 나타내는 데리다적인 용어가 **유령학**(*hauntology*)이다. 이 용어가 언어 내에서 무를 실행함으로써 자기 자신과의 은밀한 차이를 포함하는 한, 유령학은 **차연**(*différance*)과 유사하다.[49] 프로이트의 꿈 작업으로부터 데리다의 차연에 이르기까지 무는 언어, 의미, 사고가 상호작용하는 방식에 관한 이론들에 널리 퍼져 있다.

따라서 무는 사회적·생태적 공간의 사건들과 사유의 영역에서의 사건들이 합류하는 덕택에 오늘날의 서양철학 내에 확고하게 자리하고 있다. 불교에 대한 반발, 즉 알레르기적 반응을 보이는 반발―사고가 내부에 이미 현존하는 어떤 것과의 자기파괴적인 루프 속으로 들어가는 자가면역 반응―을 일으키는 것은 항상 이미 내장되어 있는 바로 이 무이다.

무와 향락

무엇이 헤겔로 하여금 크리슈나 나라얀(Krishna Narayan)의 이미지에

---

48 Karl Marx, *The Communist Manifesto, Selected Writings*, ed. David McLellan (Oxford: Oxford University Press, 1977, 1987), 12; William Shakespeare, *Macbeth* (New York: Washington Square Press, 1992), 19.

49 데리다(Jacques Derrida)는 『마르크스의 유령』(*Specters of Marx: The State of the Debt, the Work of Mourning, and the New International*, trans. Peggy Kamuf, London: Routledge, 1994)에서 유령론(hauntology)을 상세히 설명한다.

끌리게 만들었는가? 결가부좌를 하고 명상하는 붓다의 고전적 이미지가 자기-쾌락, 즉 자기-정동(auto-affection)이라는 결정적 요소를 결여하고 있는 것처럼 보였기 때문인가? 크리슈나-비슈누(Krishna-Vishnu)는 실제로 자신의 엄지발가락을 빨면서 그것과 닿은 액체가 아주 달콤한 맛이 나는 이유가 궁금했다. 이 이미지가 불교에 편입되는 방식은 정확히 헤겔이 "발과 팔"에 적용된다고 말한 "얽힘"(inter-twining)의 방식이다.[50] 크리슈나-비슈누는 한 손으로 한 발을 잡고 있다. 만일 얽힌 팔과 얽힌 발을 보고 싶다면, 붓다의 고전적 이미지를 보라. 이것은 마치 헤겔이 불교 이미지의 얽힘과 힌두교적 이미지의 자기-쾌락을 결합한 것처럼 보인다.

붓다 이미지에는 향락(enjoyment) 같은 것이 있다. 불교가 고통과 쾌락의 초월에 관한 것이라는 만연된 편견은 적어도 상좌부 불교와 관련해서는 대체로 맞는 지적이다. 하지만 고전적인 이미지의 붓다는 향락의 결여를 즐기고 있는 것인가? 그의 불가사의한 모나리자 같은 미소는 크림을 먹는 고양이나 발가락 끝에서 달콤함을 얻는 힌두교 신처럼 붓다 자신이 쾌락을 완전히 내려놓지 못한 비뚤어진 내면 상태와 같은 것을 보여주는 것일지 모른다.[51] 빨기(sucking)는 마치

---

50 Hegel, *Lectures on the Philosophy of Religion*, 2:252.

51 불상의 수수께끼 같은 성격에 대해서 에즈라 파운드가 『칸토스』(*Cantos*)에서 관음상을 언급하는 부분을 보라. Britton Gildersleeve, "'Enigma' at the Heart of Paradise: Buddhism, Kuanon, and the Feminine Ideogram in the Cantos," *Ezra Pound and China*, ed. Zhaoming Qian (Ann Arbor: Michigan University Press, 2003), 193-212. 윌리엄 엠슨 또한 불상에 감동을 받았다. William Empson, "Faces of Buddha," William Empson & J. Haffenden, ed., *Argufying:*

명상가가 단순히 호흡하는 것이 아니라 삼키는–공기가 아니라 살을 흡입하는– 것처럼 고양된 형태의 호흡이다. 헤겔은 유아적 쾌락, 즉 싯다르타 고타마처럼 평범한 존재들이 누릴 수 있는 행복한 쾌락의 경험에 매혹되기도 하고 두려움을 느끼기도 했다. 이것은 십자가에 못 박힌 그리스도(고통을 겪으며 죽어가는 신)와는 정반대이다. 이 이미지는 이미지 그 자체로서보다 헤겔의 눈에 훨씬 더 놀랍게 보인다. 즉, 아기들은 자신의 발가락을 늘 행복하게 빠는데, 실제로도 크리슈나 나라얀은 발가락을 빠는 아기의 모습이다.

이 이미지가 힌두교적인 것이라고 하더라도, 그것은 일부 비불교도들이 성적 합일에 대한 탄트라 불교의 이미지(티베트어로 얍윰*yab-yum*)에서 혼란스럽다고 느끼는 뭔가를 포착한다. 이 이미지에서 여성 붓다는 남성 붓다와 성교를 하고 있다. 하지만 이 둘은 분리할 수 없는 합일(산스크리트어로 요가*yoga*)로 존재하는 "동일한" 것의 양상들–깨닫는 자와 깨달음의 대상–이다. 이 지점에서 우리는 하나의 존재(여성)가 하나로 환원될 수도 없고, 둘로 나누어질 수도 없다는 명백히 반反-헤겔적인 주장을 펼친 루스 이리가레(Luce Irigaray)에 기댈 수

Essays on Literature and Culture (Iowa City: University of Iowa Press, 1987), 573-76. 이 책은 최근 원고가 발견되었다는 소문이 돌았지만 아직까지 세상에 나오지 않았다. 이와 관련하여 Richard Pollott, "The Poet's Response: William Empson and the Faces of Buddha," *PN Review* 167 (2006): 54-56을 참조하라. 노스럽 프라이 또한 불교에 관심을 갖고 있었다. Robert D. Denham, "Frye and the East: Buddhist and Hindu Translations," Jean O'Grady & Wang Ning eds. *Northrop Frye: Eastern and Western Prespectives* (London: Toronto University Press, 2003), 3-18을 보라.

있다.[52] 이리가레가 묘사하는 것은 어떤 의미에서 **프랙털** 존재(*fractal entity*), 즉 1과 2 사이의 초한적超限的 공간에 있는 존재이다. 프랙털 사물은 자기 자신으로 되먹임 됨으로써 기능들이 반복되는 루프에 의해 만들어진다.

발가락 빠는 자에 대한 헤겔의 이미지는 현상과 본질의 통합(과 이원성)의 이미지를 놀랍게 변형시키는데, 이를 완벽한 조화로 보는 것은 매우 안이하다. 조화는 조화가 일어날 수 있는 어떤 매개체를 필요로 할 터인데, 사실 그런 매개체는 존재하지 않는다. 왜냐하면 현상과 "본질"만 존재하기 때문이다. 헤겔은 합일(*yab-yum*)을 음경 모양의 발가락이 질 모양의 입을 관통하고, 질 모양의 입이 음경 모양의 발가락을 흡입하는 관능적 수동성의 혼란스러운 이중체로 형상화한다. 크리슈나-비슈누가 발가락을 빨면서 사물들이 얼마나 달콤한 맛을 내는지를 알려고 했기 때문에 발가락은 젖꼭지이기도 하다. 따라서 헤겔에게는 억누를 수 없다고 생각되는 다형적이고 퀴어적인 섹슈얼리티가 있다. 헤겔의 산문은 마치 윤활유를 바른 것처럼 비문법적으로 반복하며 루프적인 혼란을 실행한다. "이것은 자아로의 후퇴[이며] 자기 자신으로의 흡수[이다]."[53]

"얽힌" 팔과 발을 잊지 말자. 발과 팔이 서로 얽혀 있기 **때문에 그러므로**(*so that*) "발가락이 입속으로 뻗어간다"는 것은 기이하다. 왜 **있기 때문에 그러므로**인가? 발가락이 입속으로 들어가기 전에 왜

---

52 Luce Irigaray, *This Sex Which Is Not One*, trans. Catherine Porter & Carolyn Burke (Ithaca, NY: Cornell University Press, 1985).

53 Hegel, *Lectures on the Philosophy of Religion*, 2:252.

얽힘이 먼저 일어나야 할까? 이것은 마치 몸이 이미 또 다른 몸으로서의 자기 자신에 의해 감싸여지고 있는 것처럼 보인다. 더욱이 마치 "있기 때문에 그러므로"에서 발가락은 그 자체의 무시무시한 생명력을 띠면서 총체화하는 정신으로부터 빠져나오려고 몸부림치는 것처럼 보인다. 발가락은 "뻗어나가서" 성기처럼, 혹은 열쇠 구멍이나 세면대 속으로 사라지는 프랜시스 베이컨(Francis Bacon)의 형상들처럼[54] 목구멍 속으로 밀고 들어가고 싶어 한다. 만약 입이 발가락을 (능동적으로) 삼키려고 했다면 덜 불안스러웠을까? 이런 식의 해석은 물질을 순수한 "연장"으로 보는 데카르트적 관점과 같은 것을 포착함으로써 발가락이 입안의 축축한 구멍 속으로 내려갈 때 그 "배후"에 의지하는 주체(willing subject)가 있는지 없는지를 우리 자신은 알 수 없다. 발가락의 연장(의지된 것인가 아닌가? 마음에 의해 의지된 것인가? 발가락 자체에 의지된 것인가?)은 정확히 자기-무화적(self-annihilating)이며 그것도 유쾌하게 자기-무화적이다. 여기서 섹슈얼리티와 죽음의 혼합을 간과하는 것은 거의 불가능에 가깝다. 그것은 무無성애적인(asexual) 쾌락인가? 아니면 전前성애적인(presexual) 쾌락인가?

사유하는 자세

발가락 빠는 자는 신체적으로 내향적이다. 몸은 몸 그 자체를 중심으로 선회하고 자신의 구멍 중 하나를 따라 아래로 내려간다. "붓다의

---

54 Gilles Deleuze, *Francis Bacon: The Logic of Sensation* (Minneapolis: University of Minnesota Press, 2005), 18-19, 50, 146-47.

이미지 … 그것은 자아로의 물러남이다"라는 헤겔의 강력한 말처럼, 존재는 자신의 정신적·이념적 양상을 잃고 사실상 바로 그 이미지가 **된다**. 헤겔은 마치 자신이 매혹적이고 빨아들이는 루프에서 벗어날 수 없다는 듯이, "자기 자신으로의 이런 흡수"를 반복해서 덧붙인다. 즉 헤겔은 자신의 언어를 빨고 있다. 거기에는 향락의 소용돌이, 즉 정지된 상태가 아니라 완전히 다른 존재의 질서인 빨아들이는 역류가 있다. 이 불교적 존재는 헤겔의 세계에서는 단지 비일관적인 왜곡으로, 즉 너무나 비실체적이면서 동시에 너무나 견고한 뒤틀림으로 인식될 수 있을 뿐이다. 불교는 진동하듯 떨리는 기이함을 가진 무이다. 발가락 빠는 자의 원환(circle)은 텅 빈 영이며, 그것은 절대 무가 아니라 무겁고 밀집되어 있어 변증법적 기어로는 변속될 수 없다. 몸은―발가락과 입뿐 아니라 팔과 발 등등― 자신이 닿는 곳은 어디든 돌아다닌다.

명상은 몸을 무시무시한 타성태(inertia), 즉 들뢰즈와 가타리의 용어로 **기관 없는 신체**(*a body without organs*)로 변화시키는 것과 같은 것이다.[55] 이것과 가장 가까운 모습은 어떠한 정보도 새나갈 수 없을 정도로 강력한 물질성을 가진 블랙홀이다. 다른 한편 이 이미지는 하나의 독립적인 신체라기보다는 기관들로 구성된다. 헤겔이 몸의 내부가 움직이는 사지의 모든 흔적들을 삼켜버릴 듯이 명상하는 고행

[55] Gilles Deleuze & Félix Guattari, "November 28, 1947: How Do You Make Yourself a Body Without Organs?," *A Thousand Plateaus: Capitalism and Schizophrenia*, trans. Brian Massumi (Minneapolis: University of Minnesota Press, 1987), 149-66.

자의 정적인 기관 없는 신체에 공포심을 느낀다면, 이런 묘사는 **신체 없는 기관**의 가능성에 대해서는 훨씬 큰 공포심을 불러일으킬지도 모른다. 이 이미지를 검토하기 시작하면, 무는 구멍들의 참다운 바다로 퍼져 나간다. 열린 입의 영(0)은 그 입이 일부를 이루는 몸으로 가득 채워져 있는 한편, 몸은 도넛처럼 거대하고 살찐 영의 형태로 말려들어가 있다. 이것은 변화무쌍하고 강렬한 이미지이며 헤겔의 집착의 매혹적인 핵심이다.[56] (요가를 하는 것이 입안에 넣는 프레첼처럼 몸을 휘는 것이라는 말을 얼마나 자주 듣는가?)

불교는 신체적인 자세가 명상을 뒷받침할 뿐만 아니라 요가와 무드라(손동작)[57]에서처럼 명상을 직접 몸으로 체현한다고 주장한다. 여기서 자세들은 상징적 차원에만 멈추지 않고 곧 깨달음의 형식을 실행한다. 경전에 따르면 이런 자세들은 기의 통로(*nadi*)를 곧게 펴고 에너지(*prana*)가 루프의 형태로 부드럽게 흘러가게 한다. 에너지는 약하게도 강하게도 할 수 있는 온갖 종류의 루프들, 즉 첩첩이 쌓인

---

56 이것은 라캉의 고유한 용어로서 징환(sinthome)이라 불리며, 예수 그리스도가 자신의 존재를 확신시키기 위해 부활했을 때 그리스도의 옆구리에 난 벌어진 상처에 손가락을 집어넣어야 했던 사도 토마스에 대한 말장난(pun)이다. 라캉에게 징환은 증상이나 환상이 아니라 "주체 안에 '자기 자신을 넘어서는 것', 그리고 '자신이 자신보다 더 사랑하는 것'의 차원을 나타내는 지점"이다. Žižek, *Looking Awry: An Introduction to Jacques Lacan through Popular Culture* (Cambridge, MA: MIT Press, 1991, 1992), 132.

57 (역주) 산스크리트어의 무드라(*mudra*)는 모든 불·보살의 서원을 나타내는 손 모양, 또는 수행자가 손이나 손가락으로 맺는 인印이라는 의미를 지니며 수인手印으로 번역되고 있다. 한국학중앙연구원, 『한국민족문화대백과』 참조.

루프들을 순환하면서 헤겔이 더 이상의 발전을 멈춘 믿음(stunted belief)이라는 병리적 증상으로 생각한 것을 다양화하기 때문이다. 불교 명상가라면 누구나 헤겔에게 말할 수 있듯이, 명상은 고도로 육체적인 과정이다. "자세"라는 이 관념은 혼란스럽게도 마음과 몸이라는 범주들 사이에 존재한다. 그것은 "미묘한 몸"을 부드럽고 유연해지도록 유도하는 자세들, 즉 요가의 좌법(asana)과 닮았다. 요가, 특히 프라나에 관한 이리가레의 작업이 어떻게 받아들여지는지(혹은 받아들여지지 않는지)를 잠시 보면, (현대 대학에서) 청결하고 추상적이거나, 스포츠를 닮은 것으로 보이는 한에서만 명상을 수용하면서 에너지의 통로와 루프에는 관심두지 않으려는 오리엔탈리즘과 지성주의가 여전히 작동하고 있음을 알 수 있다.[58] 이 미묘한 몸에 관해 혼란스러운 것 중의 하나는, 그것이 육체와 정신, 더 정확히는, 영혼과 그 연장이라는 데카르트적인 이원론에 동의하는 논리적 원칙인 배중률(Law of the Excluded Middle)에 노골적으로 도전하는 것이다. 서양철학은 이런 이원론에 대해 너무 안주하고 있다. 배중률은 비모순율(Law of Noncontradiction)에서 유래한 것으로 앞으로 이 원칙이 어떻게 위반되는지를 보게 될 것이다.

헤겔의 말을 사용하자면 요가로서의 명상은 "사유하는 자세"(thinking postures)이다. 이 말의 텍스트적 애매성은 **자세가 사유할 수 있다는** 생각에 대한 헤겔의 불안을 멋지게 (우연히도?) 드러낸다. 붓다공포증은 철학적 명제를 **제기하는 것**(posing), 개념적으로 **설정하는 것**

---

58 Luce Irigaray, *Between East and West*, trans. Stephen Pluháček (New York: Columbia University Press, 2002).

(*positing*), **자세를 잡는 사유**(*posturing* thought) −자세를 취하는 사유와 사유를 행하는 자세− 사이에 무한한 거리가 있기를 원한다. 하이데거로 하여금 "인식하는 태도"(cogitating attitude)를 "사유하는 태도"(thinking comportment)로 바꾸고 싶다고 주장하게 만든 것은 자세의 기이한 신체성(물질성)에 저항하려는 경화증(sclerosis)일지 모른다.[59] 이런 견해에서 볼 때, 사유는 이미 일종의 몸짓 내지 자세이다. 왜냐하면 그것은 앞서 존재하는 도구의 세계, 발가락과 입을 비롯해 신체적 사물들에 대한 지향이기 때문이다.

사유하는 자세의 프리첼 논리란 무엇인가? 들뢰즈와 가타리는 기관 없는 신체를 닫힌 용기 안에서 순환하는 에너지의 흐름, 즉 특정한 에로티시즘과 다르지 않는 흐름으로 상상한다.

기관 없는 신체(BwO). 그것은 신체가 충분한 기관들을 가지고 있으면서 그것들을 벗어버리거나 잃어버리기를 원하는 순간 이미 작동한다. 몸들의 긴 행렬을 보라. **우울증적 몸**(*hypochondriac body*)에서 기관들은 파괴되고, 이미 손상을 입음으로써 더 이상 어떠한 일도 일어나지 않는다. … **편집증적 몸**(*paranoiac body*)에서 기관들은 외부 세력들에 의해 계속해서 공격당하기도 하지만 외부 에너지에 의해 회복되기도 한다. … **분열증적 몸**(*schizo body*)은 긴장병을 앓는 대가로 기관들에 맞서 적극적인 내부 투쟁을 벌인다. 그리고 **약물 중독된 몸**(*drugged body*)은 실험적인 분열증자이다. 마조히즘적

---

59 Martin Heidegger, *Contributions to Philosophy (From Enowning)*, trans. Parvis Emad & Kenneth Maly (Bloomington: Indiana University Press, 1999), 65.

인 몸(*masochist body*)은 고통의 관점에서는 잘 이해되지 않지만
근본적으로는 BwO의 문제이다. 이 몸은 사디스트나 창녀로 하여
금 모든 것이 잘 봉합되어 있는지 확인하기 위해 자신의 몸을
꿰매게 한다. …
BwO가 경쾌함, 황홀함, 춤으로 가득 차 있는데도, 메마르고
긴장병에 걸리고 유리질로 변하며 꿰매져 있는 몸들의 음산한
행렬은 도대체 왜 일어나는 것일까? … 눈으로 보고, 폐로 숨쉬고,
입으로 삼키고, 혀로 말하고, 뇌로 생각하고, 항문과 후두, 머리와
다리를 갖는 것에 진절머리 나는 것이 그렇게 슬프고 위험한
것인가? 물구나무서서 걷고 두개골 속의 숭숭 난 구멍으로 노래하
고, 피부를 통해 보고, 배로 숨을 쉬는 것은 어떤가? 단순한 물,
실체, 충만한 몸, 움직이지 않는 항해, 거식증, 피부의 시선,
요가, 크리슈나, 사랑, 실험처럼 말이다. 정신분석이 "멈추어 서서
다시 너의 자아를 발견하라"고 말한다면, 우리는 "계속해서 더
나아가자, 우리는 아직 우리의 BwO를 발견하지 못했다. 우리는
우리의 자아를 충분히 해체하지 못했다"라고 말해야 할 것이다.[60]

자아 개념의 너머에는 이런 존재, 이런 기이한 신체적 형태들이
존재한다. "요가, 크리슈나, 사랑, 실험." 이런 관점에서 볼 때, 의미화,
화장실의 표지판, 불상의 시선, 킨제이 보고서의 질문은 루프를 형성

60 Gilles Deleuze & Félix Guattari, *A Thousand Plateaus: Capitalism and Schizophrenia*, trans. Brian Massumi (Minneapolis: University of Minnesota Press, 1987), 150-51.

하게 되고—논리학에서 괴델이 러셀과 화이트헤드에게 한 것처럼— 다시 대상적(객체적) 지위와 연결된다. 이와 같이 구멍들을 꿰매는 것, 몸 자체에 몸을 밀어붙이는 것은 놀랍게도 탄트라 경전의 "중심잡기"(Centering)와 닮지 않은가?

4. 숨을 모두 (위로) 내쉬고 멈추거나 안으로(속으로) 다 들이쉬어 멈출 때, 바로 그런 우주적 멈춤 속에서 우리의 작은 자아는 **사라진다.** …

12. 머리의 일곱 개 열린 구멍을 손으로 막으면, 두 눈 사이의 간격이 모든 것을 받아들인다. …

14. 끊임없는 폭포소리처럼 소리의 한가운데에서 목욕하라. 혹은 손가락을 귀에 대고 **소리의 소리를** 들어보라.[61]

소리의 소리는 산스크리트어로 아나하타 나다(*anahata nada*)이다. 이것은 "울리지 않는 소리", 무가 스며든 소리, 다른 모든 소리의 바탕이 되는 소리를 의미한다. 이 **소리의 소리**의 루프 같은 반복은 기이하고 초월적이면서도 물질적인 실체를 보여준다.

불교에 대한 헤겔의 해석은 당혹스러울 정도로 여성적일 뿐 아니라 유아적이다. 헤겔에게 불교는 항상 형식을 단순한 우연, 그 자체 "무분별한" 하찮은 것("indifferent" nothing)과 동일시한다. "인간의 신성함은 이것을 부정함으로써 자기 자신을 무, 신, 절대적인 것과 일체화

---

61 "Centering," Paul Reps, Paul Reps & Nyogen Senzaki, eds., *Zen Flesh, Zen Bones* (Harmondsworth, UK: Penguin, 1980), 153-54.

하는 데 있다."⁶² 신과의 합일은 자기-삼킴(self-swallowing)이라는
불가능하고 환상적인 행위처럼 자신의 발가락을 입안으로 밀어 뻗는
것으로 구현된다. 이런 행위는 (헤겔에게) "무를 의지[하고] … [무
를] 소망[하고], 그리고 … 무를 행하는"(생략부호의 점선들 사이에서
비웃음 소리가 거의 들리는 듯하다) 역설적인 불가능성을 정확히 형상화
한 것이다. 다시 말해, **무를 의지하는**(*willing nothing*) 이미지는 공허할
정도로 부정적이며 혼란스러울 정도로 긍정적이다.

무를 의지한다는 생각은 헤겔에게는 불가능한 것처럼 보였을지
모르지만 이것은 바로 쇼펜하우어가 칸트를 불교식으로 번역하며
옹호한 것이다. 의지가 물 자체이기 때문에 그것은 파괴될 수 없다.
파괴함은 그 자체 의지의 행위이기 때문이다. 의지는 중지될 수 있을
뿐이다. 중지(suspension)는 진화와 자본, 혹은 꿈 작업이 무를 이용하
는 것과 동일하게 보이는 방식으로 무를 이용한다. 이 개념들이 예증하
는 이상한 사이와 틈새(in-betweenness)가 있는데, 여기서 개념들은
이런 사물 저런 사물을 가리키기보다는 단단하고 안정적인 항구성의
중지를 가리킨다. 이런 중지의 또 다른 용어가 **미적인 것**(*the aesthetic*),
즉 음악과 같은 현상에서 의지를 중지할 수 있는 표상의 세계이다.
이런 생각은 중세 부정신학(apophatic theology)의 "어둠의 신비주
의"(darkness mysticism)에서 선례를 찾아볼 수 있다. 이런 신비주의는
사고와 언어가 스스로를 부정할 수 있다는 생각을 이용했다.⁶³ 명상적

---

62 Hegel, *Lectures on the Philosophy of Religion*, 254.

63 Eugene Thacker, *After Life* (Chicago: University of Chicago Press, 2010), 264.

기독교가 신적인 것과의 조화를 이루기 위한 수단으로 강제한 궁핍과 감각적 훈련은 소비주의의 형태 속에서 그것의 대량 복제된 기이하고 낯선 형태를 발견한다. 예를 들어, 17세기 후반 신적인 것에 대한 신비적 접근의 한 형식이었던 채식주의는 19세기 초에 이르러 누구나 쉽게 이용할 수 있는 생활방식의 선택사항이 되었다.[64] 이런 현상을 검토하며 나아가 보자.

의지의 중지는 빅토리아 시대에 대량생산되어 사람들에게 소비 상품의 형태로 판매되기 시작한 다양한 중지들을 상기시킬 수 있다.[65] 왜냐하면 소비주의는 욕구의 충족을 넘어 표상들(스타일)을 적당히 이용하는 것과 관련이 있기 때문이다. 따라서 궁극적인 소비 상품은 그러한 중지 그 자체이다. 이것이 고상해 보이는 미적 상태와 마약에 취한 행복이 소비주의의 기준이 된 이유이다. 그리고 소비주의의 가장 세련된 형태가 소비를 소비함으로써 자기반영적인 성격을 띠는 낭만주의적, 또는 보헤미안적인 형태인 이유이다. 따라서 소비주의에는 무와 향락이 곳곳에 스며들어 있다. 그리고 소비주의는 우리가 연구해오던 철학의 몇몇 결과들을 사회공간에 어지럽게 펼쳐놓는다. 따라서 붓다공포증의 일부가 소비주의에 대한 두려움이라는 것은 별로 놀라운 일은 아니다.

---

64 Timothy Morton, *Shelley and the Revolution in Taste: The Body and the Natural World* (Cambridge: Cambridge University Press, 1994), 13-56.

65 Timothy Morton, *Ecology without Nature: Rethinking Environmental Aesthetics* (Cambridge, MA: Harvard University Press, 2007), 111-13.

302

소비주의에 대한 두려움

이제 붓다공포증의 구성요소들, 즉 소비주의에 대한 두려움, 나르시
시즘에 대한 두려움, 수동성에 대한 두려움, 루프에 대한 두려움,
사물에 대한 두려움에 관해 더 자세히 살펴보겠다. 이것은 두려움의
발전적 연쇄라기보다는 오히려 묵주에 꿰어진 염주 알처럼 두려움들
의 매듭이다. 이런 매듭을 통해 독자들은 의도적으로 반복적인 스타
일, 염주에 대고 "말하는" 사람처럼 순환적 모습, 염주의 작은 구형球形
단면의 내용과 무관하지 않은 셈하기 혹은 계산하기−자동화된 과정−
로서의 말하기에 주목할 것이다. 만일 명상이 항상 (매개적 실천
*mediation practice*이라는 통상적 말에서처럼) "수행"−가정법에서 "만약
에"가 전제하는 성취의 중지와 같은 행위−이라면, 명상은 루프의 형식을
띨 수밖에 없기 때문이다. 명상은 반복해서 명상 자체와의 만남이다.
이것은 벤야민이 말하는 정지 상태의 변증법이 아니다. 다시 말해,
이것은 루프의 변증법이다. 루프는 무를 사유하는 근본적인 어려움을
−반드시 줄여주지 않으면서− 횡단한다. 에릭 캐즈딘이 이 책에서 주장
하듯이, 불교와의 관계는 이론과 실천의 개념들을 쇄신하는 작업을
피할 수 없게 만든다.

　소비주의는 두 가지 점에서 "잘못된" 것으로 보인다. 첫째, 소비주의
가 기이하고 대중적인 영성을 가지고 있다는 사실이 있다. 어떤 이는
뉴에이지를 소비상품으로서의 영성(spirituality-as-consumer-product)
이라는 반복적 형식으로 간주할 수 있다. 이 반복은 뉴에이지 형식에서
수정체, 염주, 향, 식이요법 및 다른 물리적 사물들의 역할과 무관하지

않다. 이런 "무용한" 소비 대상들은 영성의 징표로, 그리고 치유력과 활력을 갖는 것으로 간주된다. 둘째, 무의미하고 무용한 향락의 전유가 있다. 이는 거칠지만 명상적이다. 그것은 상품과 쇼핑으로 반항하는 한편 사회적 행동으로부터 후퇴한다. 서양에서 오늘날의 불교 사상은 스스로를 **영적 물질주의**(spiritual materialism)라고 불리는 것과 구분지으려고 한다. 영적 물질주의는 종교에 대한 소비주의적 태도로서 내가 좋아하는 것을 자유롭게 선택함으로써 내밀성과 결속으로서의 종교라는 관념은 평가절하된다.[66]

하지만 소비주의와 특정한 종교성을 구분하는 것은 쉽지 않다. 이런 어려움 때문에 이 둘을 구분하는 데 엄청난 힘을 쏟게 되는 것이다. 다시 크리슈나가 자신의 발가락을 무심하게 입에 넣는 모습, 그리고 이것과 무와의 관계를 생각해 보자. 무가 위협적인 것은 그것이 텅 비어 있을 뿐만 아니라 타성적 상태, 즉 육체를 영적 세계로 고양시키는 것에 대한 "무관심한" 거부 때문이다. 그것이 위협적인 것은 발가락이 입안으로 사라지는 동안, 감각들이 몸의 표면 위에서 사방으로 퍼져나가는 일이 일어나기 때문이다. 물론 발가락이 실제로 사라지는 것은 아니다. 발가락은 부드럽게 입안에 중지의 상태로 존재한다. 이 상태는 의지를 예술(특히 음악)을 통해 반복적 루프 속에 두는 것과 같은 의지의 작용에 대한 쇼펜하우어의 해결과 다르지 않다.

실제로 발을 입안에 넣는 것은 헤겔이 상상하는 것 같은 갑작스러운 (공격적인?) "뻗기"와 빨기가 아니라 다양한 종류의 섬세한 밀침과

---

66 Trungpa, *Cutting Through Spiritual Materialism*을 참조하라. 영적 물질주의 (spiritual materialism)라는 단어는 트룽파가 명명한 것이다.

구슬림과 관련되어 있을 것이다. 이런 이미지는 붓다공포증적인 것이다. 왜냐하면 그것이 몸이 몸 자체에 대해 갖는 내밀성을 폭력적이고 자기무화적인 행위로 상상하기 때문이다. 다른 곳에서 헤겔은 순수한 주체성을 "피 흘리는 머리"와 "하얗고 창백한 유령"이 떠다니는 "세계의 밤"으로 묘사한다.[67]

이와 대조적으로 발가락 빠는 자는 순환적 형식에 통합된 몸이며 얽힘과 빨기의 지속적인 주기적 파동을 보인다. 세계의 밤에 출현하는 폭력과 갑작스러운 섬광은 훨씬 더 위협적인 비-폭력과 변함없는 리듬을 숨기고 있다. 즉 진동하듯 떨리는 타성적인 생명 말이다. 이는 붓다공포증이 두려워하는 것이 어떤 미지의 타자에게로 휩쓸려 들어가는 것이 아니라는 것을 보여준다. 정말로 두려운 것은 **생명의 내밀성**(*the intimacy of life*)-어느 순간이든 자신의 발가락을 입속에 넣을 수 있는 점-이다. 따라서 붓다공포증은 종교에 대한 바타유의 주장을 잘 보여주는데, 그가 볼 때 종교는 잃어버린 내밀성에 대한 탐구이다.[68]

---

67 Georg Wilhelm Friedrich Hegel, "Jenaer Realphilosophie" *Frühe politische Systeme*, ed. Gerhard Göhler (Frankfurt: Ullstein, 1974) 201-89 (204).

68 Georges Bataille, *Theory of Religion*, trans. Robert Hurley (Cambridge, MA: MIT Press, 1992), 57. 종교가 내밀성에 관한 것이라는 견해는 종교가 "더 거대한 것의 일부를 느끼는 것"이라는 일반적 가정과 대조를 이룬다. "더 거대한 것"이라는 주제에 대해서는 William James, *The Varieties of Religious Experience* (London: Penguin, 1985), 525를 보고, 특히 제임스가 이 책의 결론에서 종교에 관해 말하는 거의 마지막 내용을 보라. 데이비드 우드는 이와 반대 견해를 말한다. David Wood & J. Aaron Simmons, "Moments of Intense Presence: A Conversation with David Wood," *Journal For Cultural and Religious Theory* 10, no. 1 (Winter 2009): 81-101.

이 점에서 19세기 영문학에서 찬미의 대상이던 열반(*nirvāṇa*)의 시적 이미지-"대양에 흡수된 물방울"-는 무화적일 뿐만 아니라 적절히 물질적이다.[69] 이 모든 작은 물방울이 합쳐진 것을 생각해 보라.[70] 물방울들은 대양에 의해 "마셔져" 버린다. 물방울은 그 자체이면서도 그 자체가 아니다. 니체는 이런 자기무화적인 존재의 환희를 디오니소스적인 것의 개념에서 찾았다.[71]

"대양에 흡수된 물방울"이라는 비유는 타자의 소비주의적 흡수, 즉 유행의 명령에 굴복하고, 뇌에 이상한 신경화학적 액체로 가득 채우게 하는 향정신성 물질을 복용하는 등 대중적 스타일의 의례에 참가하는 것과 연결된다. 라캉은 불상이 이성애 규범적 남성성(heteronormative masculinity)에 대해 불러일으키는 위협을 정확히 인식한다. 불상의 수동성은 여성적인 것 혹은 퀴어적인 것으로 코드화된다. 헤겔은 이런 공포증적 반응을 잘 보여주었는데, 지젝은 이를 반복하고

---

69 예를 들어 Edwin Arnold, *The Light of Asia* (http://www.gutenberg.org/cache/epub/8920/pg8920.html, accessed May 7, 2013)를 참조하고, 마지막 행이 "이슬방울이 반짝이는 바다로 미끄러져 가네!"("The Dewdrop Slips into The Shining Sea!")이다.

70 물질적 형태의 기초로서의 물방울에 대한 소로우식의 사상(Thoreavian idea)을 통해 "생동하는" 물질을 사유하려고 하는 제인 베넷(Jane Bennett)의 최근 시도에 대해 여기서 충분히 다룰 여유는 없다. 2013년 5월 3일 〈식물의 은밀한 삶〉(The Secret Life of Plants)이라는 주제의 학회에서 발표한 「우리가 항상 돌아가는 것은 식물이다」("It Is to the Vegetable that We Always Come Back")라는 발표문을 보라.

71 Friedrich Nietzsche, *The Birth of Tragedy: Out of the Spirit of Music*, trans. Shaun Whiteside, ed. Michael Tanner (London: Penguin, 1994).

있을 뿐이다. 지젝이 도전적이라고 생각한 것은 주체에 대한 불교적 견해에 내재하는 혼란스러운 어떤 것이다. 특히 그것은 다가가면 뒤로 물러나는 대상(객체) 같은 존재이다. 불교는 이를 불성佛性이라 부른다. 이런 대상(객체) 같은 존재에 대한 두려움은 동성애공포증과 유사하다. 이것은 공포와 매혹이 뒤섞인 것으로 그 저자가 밀실에 있는 불교도라면 특히 첨예해진다. 지젝이 "주체적 결여"(subjective destitution)와 같은 라캉적 개념을 즐겨 사용하고 공백(void)의 필요성을 강조한 것은 공에 관한 불교적 개념과 아주 유사하다.[72] 지젝이 주체가 객체와 서로 뒤얽혀 있는 루프와 같은 현상에 관심을 가진 것도 불교적인 사유 양식에 아주 가깝다. 『지젝과의 대화』(Conversation with Žižek)에서 지젝이 대담자 글린 데일리(Glyn Daly)에게 자신의 견해가 불교의 대표적인 공 철학자인 나가르주나(용수)의 그것과 매우 닮았음을 인정한 데서 일부 증거를 엿볼 수 있다.

그럼에도 불구하고 이런 주장에서 지젝은 나가르주나를 헤겔식의 관점주의의 한 형태로 변형시킨다. 즉 "객관적으로 무는 존재하고, 존재들은 그것을 바라보는 관점적 차별화(perspectival differentiation)의 결과로서만 출현하며 모든 차별화는 부분적 왜곡이라 할 수 있다."[73] 여기서 언어의 시각성(visuality)과 흡수되는 물방울의 촉감적 향략(haptic enjoyment)의 비교를 주목하라. 이런 시각성 안에 소비주의에

---

72 Slavoj Žižek, "Love Beyond Law" (http://www.lacan.com/zizlola.htm, accessed May 7, 2013).

73 Glyn Daly & Slavoj Žižek, *Conversations with Žižek* (Malden, MA: Polity, 2004), 96.

대한 저항이 있을 수 있는가? 혹은 칸트에 대한 저항은? 이런 견해에는 현상과 사물 간의 급진적 간극은 전혀 존재하지 않고, 오직 "부분적" 또는 "관점적" 견해의 필연적인 왜곡만 있을 뿐이다. 내가 그 간극을 사유할 수 있기 때문에 실질적인 간극은 존재하지 않으며 ─ 이것이 칸트에 대한 헤겔식의 해결이다 ─ 남은 것은 나의 주체성, 나의 총체적 태도가 현실을 특정한 방식으로 왜곡한다는 점이다. 따라서 철학은 필연적으로 철학의 역사다. 왜냐하면 관념과 그 관념의 소유자는 분리될 수 없기 때문이다. 여기에서 현상학적 사유의 스타일(회의주의, 불행한 의식, 아름다운 영혼 등)에 대한 헤겔의 서사가 나타났다. 그러나 불교의 공은 그 이상의 것을 의미한다. 상좌부 불교의 공은 (단일하고 지속적이며 독립적인) 자아의 결여이다. 대승불교의 공은 (단일하고 지속적이며 독립적인) 존재 그 자체의 부재이다. 빗방울, 인간, 심지어 불성조차 공에서 생겨난다.

분명히 불교가 마르크스주의자가 되지 말아야 할 그럴듯한 이유를 제공해주는 한, 지젝은 불교를 좋아하지 않을 것이다. 마르크스주의자는 소비주의 속에 중지되는 것을 용인하지 않는다. 그런 중지야말로 불교가 나타나는 방식이다. 사회주의적 희생이라는 개념은 필히 향락의 지연을 명령한다. 이 개념에 따르면 소비주의는 최악의 방식에 따라 사람을 하나의 대상으로, 즉 타성적이고 수동적이며 머릿속이 상품으로 채워진 대상으로 전환한다. 예를 들어, 아도르노가 진정한 자기반성, 즉 불교적인 명상과 반대되는 "실제적인 속박"을 명상하는 주체를 기술할 때 그가 헤겔의 주장을 또다시 승인하고 있다는 점을 생각해 보라. 아도르노는 헤겔적인 "관계성"(involve-

ment) 개념을 지지하면서도 자아-내-루프적 존재(loopy being-within
-self), 즉 자기 내 존재(*Insichsein*)와의 연관성을 억압하는데, 헤겔에
게 이것이 불교이다.[74] 또는 아도르노가 아주 쉽게 접할 수 있는 선불
교의 형태에 대한 물질주의적 소비를 "진부한(corny) 이국주의", 즉
장식처럼 공허하고 무비판적인 근대적 주체성의 형식이라고 비난한
점을 생각해 보라.[75] 이 진부함에는 확실히 소비주의적인 울림이 있
다. **진부한 것은 키치를 진정으로 비판적인 근대 고급 예술작품과
구별 지어주는 것이다.**[76] 진부함은 낡고 닳은 형태의 향락, 많이 사용
해서 완결성에 흠이 생긴 물건, 가치 없는 것을 환기시킨다. 그럼에
도 불구하고 진부함은 옥수수, 즉 달콤하고 버터 같은 물질(*sub-
stance*)을 먹고 자란 기이한 존재를 암시하기도 한다. 불교는 상품
페티시즘(commodity fetishism)이다. 한동안 불교를 믿어온 문화들에
는 정말로 진부함이 있다. 대만의 불교 사찰에는 불상들-사회적 결속
을 위해 감상적인 것을 이용하는 분위기 속에서 작고 귀여운 불상-뿐만
아니라 스누피, 헬로 키티 및 기타 귀여운 판타지 캐릭터로 장식되어
있다는 사실을 한번 생각해 보라. 많은 불교문화의 부드러움, 달콤
함, "부자연스러움"은 붓다공포증의 눈으로 볼 때 가장 위협적인 것
중의 하나이다.

만일 정치경제학이 초월적 기의(transcendental signified)라고 한다

[74] Theodor Adorno, *Negative Dialectics*, trans. E. B. Ashton (New York:
Continuum, 1973), 68.

[75] Ibid., 68.

[76] *Oxford English Dictionary*, "corny" adj. 1.c (2013년 5월 4일 접속).

면, 불교는 승리할 수 없을 것 같다. 왕리숑(Wang Lixiong 王力雄)의 마르크스주의 비평에서 봉건적 구조를 공격할 때 그는 마치 불교가 바로 이 구조의 산물인 듯이 비판한다.[77] 마찬가지로 아도르노와 호르크하이머는 "고귀한 가문의 아들"(son of a noble family)(불교경전에서 종종 듣는 문구)을 "귀족계급"을 뜻하는 것으로 받아들일 때 유치하고 초보적인 실수를 범한다.[78] "고귀한 가문의 아들"이란 "보살", 즉 모든 중생의 해탈을 책임지는 사람을 나타내는 용어이며 문제의 "고귀한 가족"이란—심지어 벌레까지 포함하는— 불가佛家를 의미한다.

하지만 마르크스주의를 뒷받침하는 헤겔주의가 칸트가 열어놓은 무를 은폐한 것임을 기억하자. 정신, (대문자) 역사, (인간적) 생산관계, 권력 의지, 혹은 현존재(Dasein) 등은 물 자체를 (인간의) 검토를 위해 개방하는 "결정자"이다. 형이상학적으로 현존하는 존재들(정신, 주체, 생산)은 현상과 사물의 간극과 대립을 이루면서 그런 간극의 혼란스런 어른거림을 축소하고자 한다. 그 결과는 프로이트적인 "빌린

---

[77] Wang Lixiong, "Reflections on Tibet," *New Left Review* 14 (March–April, 2002): 79-111. 이에 대한 반박으로는 Tsering Shakya, "Blood in the Snows: Reply to Wang Lixiong," *New Left Review* 15 (May–June, 2002): 39-60을 보라. 불교에 대한 마르크스주의적 지지에 대해서는 다음 글들을 참조하라. Kevin M. Brien, "Marx and the Spiritual Dimension," *Topoi: An International Review of Philosophy* 15, no. 2 (September 1996): 211-23; Nathan Katz, "Buddhism and Marxism on Alienation and Suffering," *Indian Philosophical Quarterly: Journal of the Department of Philosophy*, University of Poona 10 (April 1983): 255-62.

[78] Theodor W. Adorno & Max Horkheimer, *Dialectic of Enlightenment*, trans. John Cumming (London: Verso, 1979), 214.

주전자"(borrowed kettle)[79]의 논리와 비슷하다. 즉, 불교는 너무 많은 위계구조를 가지고 있기도 하고 너무 적은 위계구조를 가지고 있기도 하며, 또 근본적으로 자본주의적이기도 하고 근본적으로 봉건적이기도 하며, 등등…

소비주의와 불교의 상관관계는 19세기로 거슬러 올라갈 만큼 오래되고 깊은 것이다. 소비주의는 사람을 기계로 변형시키는 기계라고 비난받는다. 불교에 대한 서구적 불안은 특히 티베트 전경통轉經筒에서 볼 수 있는 불교의 기계 같은 비인간적인 성격과 관련이 있다. 나는 태도를 바꿀 필요도 없이 전경통을 돌릴 수 있다. 나의 주체적인 힘이 투입될 필요가 없다면, 전경통은 이미 녹음된 웃음소리(canned laughter)와 유사하다. 인터넷을 나타내는 지젝의 멋진 용어를 빌리자면, 그것은 **상호 수동적**(*interpassive*)이다.[80] 이런 대상들은 서양적 사고를 혼란스럽게 하는 방식으로 종교를 자동화하는 것 같다. 하지만 더욱 혼란스러운 의미에서 우리는 이런 대상들이 단순히 인간적 의미에 딸린 부속물이 아니라 그 나름의 고유한 존재라는 것을 알 수 있다. 즉, 전경륜이 스스로 기도하는 것이다. 불교는 비인간들이 동등한 참여자로 받아들여지는 엄청나게 확장된 사회적·정신적·철학적 공간을 약속한다. 하지만 이런 약속에 수반되는 자동화는 산업자

---

79 (역주) 빌린 주전자(borrowed kettle)는 하나의 수사적 장치로서 하나의 논증을 옹호하기 위해 다양한 주장들이 사용될 때 이 주장들이 서로 앞뒤가 맞지 않는 상황을 가리킨다. 이 용어는 프로이트의 『꿈의 해석』(1900)과 「농담과 무의식의 관계」(1905)에서 사용되었다.

80 Slavoj Žižek, *The Plague of Fantasies* (London: Verso, 1997), 111-13, 113-16.

본주의의 독특한 특징과 연관되어 있다. 여기에는 자신의 불교 연구를 일련의 자동화된 기도 형식으로 마무리한 산스크리트 학자 모니어 모니어-윌리엄스(Monier Monier-Williams)를 필두로 한 세기에 걸친 연관성의 계보가 있다. 그것은 오늘날에도 계속된다.[81] 마커스 분이 보여주었듯이, 불교는 복제(copying)와 같은 현상들, 즉 소유, 저작권, 진본성과 같은 개념들을 장려할 때조차 그것들을 약화시키는 현상들에서 자동화의 기이함을 사유하는 데 강력한 도움을 준다.[82] 자동화는 파시즘적 전쟁기구들과도 연관되어 있다. 크리스토퍼 히친스(Christopher Hitchens)는 일본 제국주의가 비행기를 자살 폭탄용으로 삼았던 가미카제 특공대의 훈련에 선禪을 이용했다는, 종종 인용되는 (아이러니하게도 자동화된) 이야기를 되풀이했다.[83] 만일 최소화된 크기와 작은 후미 날개를 가진 가미카제 비행기를 아주 가까이에서 본 적이 있다면, 사람을 한 장소에서 다른 장소로 이송한다고는 믿기 어려울 정도로 조종사가 어떤 물체의 조향 장치에 불과한 것이 되는 정말로 무시무시한 느낌이 든다. 심지어 여기에서도 소비주의적 포기

---

81 Monier Monier-Williams, *Buddhism, in Its Connexion with Brahmanism and Hinduism, and in Its Contrast with Christianity* (London: John Murray, 1890), 340–86; Slavoj Žižek, "The Interpassive Subject: Lacan Turns a Prayer Wheel," *How to Read Lacan* (http://www.lacan.com/zizprayer.html, accessed April 3, 2013).

82 Marcus Boon, *In Praise of Copying* (Cambridge, MA: Harvard University Press, 2010).

83 Christopher Hitchens, *God Is Not Great: How Religion Poisons Everything* (New York: Twelve, 2009), 202–4.

312

의 형태가 드러난다. 어떤 관점에서 보면, 대양에 떨어지는 물방울은
자살적인 물방울인 것이다.

이 이미지와 관련해서 혼란스런 것은 바로 표정 없는 파시즘적
로봇 군대, 생명을 말살하려는 하나의 목적만 가진 복제 인간이라는
생각이다. 여기서 오리엔탈리즘적인 붓다공포증을 찾아내는 것은
어렵지 않다. 그러나 이것을 넘어서 마르크스주의적 비판은 자동화
자체보다는 자동화된 이데올로기, 즉 자본주의적 이데올로기가 사람
이 아니라 사물에 내재하는 한 그것은 마치 전경통처럼 기능한다는
생각과 관련이 있다. 자동화와 복제에 대한 비판들이 갖는 문제는
이런 비판들이 인간중심적 근대성 내에서만 타당한 것 같다는 점에
국한되지 않는다. 이것이 문제가 되는 것은 이런 비판들이 기대고
있는 마르크스주의가 소비주의적 기계 시대로부터의 퇴행적인 탈출
구, 가령, 파시즘처럼 보일 수 있는 "자연으로의 복귀"라는 탈출구를
엄격하게 차단하고 있다는 점을 사고하지 못한다는 것이다. 지젝은
상품 페티시즘 내에서 소외로부터 탈출하는 여행은 이러한 페티시즘
을 거부하거나 거기에서 벗어나는 것이 아니라 이런 페티시즘을 **통과**
하는 여행이어야 한다고 주장한다.[84]

이 여행은 허무주의와 무를 거부하는 것보다는 허무주의와 무를
통과하는 길과 긴밀하게 관련되어 있다. 상품화는 사물의 존재(마르크
스주의적 용어로 사용가치)와 그것의 현상(교환가치) 간의 환원 불가능한
간극을 초래한다. 소비주의는 무로 가득 차 있다. 내가 저것보다

---

84 Slavoj Žižek, *Tarrying with the Negative: Kant, Hegel, and the Critique of Ideology* (Durham, NC: Duke University Press, 1993), 26.

이것을 소비하기로 선택해야 할 합당한 이유는 없다. 다시 말해, 이것은 미리 주어진 정체성보다 수행적 정체성의 문제이다.[85] 나는 다른 인간들(왕, 교황)에 의해서 명령받기보다는 오히려 사물과 광고의 강력한 힘에 의해 지시받는다. 그리고 나는 소비주의자로서 사물의 사용가치에 관심이 있지 않다. 심지어 나는 그런 사용가치가 존재하는 지조차 의심한다. 오히려 나는 사물의 소비가 나를 특별한 형태의 소비자로 구성하는 방식에 관심이 있다. 나는 맥(Mac) 사용자이다. 나는 피시(PC) 사용자이다. 나는 채식주의자다. 나는 식도락가다. 절제와 불매운동도 이 점에서 소비주의의 형태들이다. 노예무역에 맞선 항의로서 나는 모피를 보이콧하고, 당신은 설탕을 보이콧한다. 예측컨대, 마약 문화는 이것의 최종적 표현이다. **나는 아편 중독자다. 나는 마약 상용자다.**

마음을 변화시키는 물질을 소비하는 이러한 문화는 콜린 캠벨(Colin Cambell)이 보헤미안적 소비라고 부른 것—우리가 현재 윈도우 쇼핑으로 알고 있는 자기반영적인 **소비의 소비**—과 서로 관련이 있다.[86] 이는 낭만주의 내에서 출현한 양식이다. 런던의 이스트엔드 노동자들 사이에서 아편쟁이로 지낸 드 퀸시(de Quincy)뿐만 아니라 다른 이들의 목가적

85 Timothy Morton, "Consumption as Performance: The Emergence of the Consumer in the Romantic Period," *Cultures of Taste / Theories of Appetite*, ed. Timothy Morton (New York: Palgrave, 2004), 1-17.
86 Colin Campbell, *The Romantic Ethic and the Spirit of Modern Consumerism* (Oxford: Basil Blackwell, 1987); "Understanding Traditional and Modern Patterns of Consumption in Eighteenth-Century England," *Consumption and the World of Goods*, ed. John Brewer & Roy Porter, 40-57 (52-55).

경험을 대리로 "즐기는" 워즈워스를 생각해 보라. 보헤미안 또는 낭만
주의적 소비활동 스타일은 경쟁적이지 않다. 그런 소비활동을 할
때 나는 더 높은 지위의 사람을 쳐다보지 않는다. 에드워드 버네이스
(Bernays)[87] 같은 사람의 프로이트식 홍보(Freudian PR) 전술에서 보게
되듯이, 민주주의는 나의 스타일이 좋은 스타일이라는 보장이 없다는
것을 의미한다. 따라서 민주주의는 모종의 가장假裝에 사로잡혀 있는
데, 여기서 라캉의 구절이 다시 유용하다. 즉 "가장을 구성하는 것은
결국 그것이 가장인지 아닌지를 모른다는 것이다."[88] 다시 말해, 민주
주의는 미적인 것과 무에 사로잡혀 있다. 불교에는 "생활방식의 선택"
이라는 경멸적인 언어와 유사한 혼란스러운 것이 있다. (종교와 반대
될 뿐 아니라 환원주의적 과학주의와도 반대되는) "영성"이라는 무서
운 용어가 그 추한 머리를 들기 시작한다. 19세기에 한 기독교인이
불교로 개종할 수 있다는 것은 실제적인 위협이었다. 쇼펜하우어만
생각해 보라.[89] 일면 이는 사람들이 더 최신 종교를 위해 기존 종교를

---

87 (역주) 에드워드 버네이스(Edward Bernays, 1891~1995)는 정신분석학자인
   지그문트 프로이트의 조카이며 오스트리아 빈에서 태어나 미국으로 이주하였
   고, 대중심리학에 프로이트의 정신분석을 결합하여 최초로 선전과 홍보에 이용
   했고 홍보를 과학과 산업으로 수립한 인물이다.

88 Lacan, *Le seminaire, Livre III*, 48.

89 J. Jeffrey Franklin, "The Counter-Invasion of Britain by Buddhism in Marie
   Corelli's A Romance of Two Worlds and H. Rider Haggard's Ayesha: the
   Return of She," *Victorian Literature and Culture* 31, no. 1 (2003): 19-42.
   프랭클린은 최근에 이 획기적인 연구를 확장했다. *The Lotus and the Lion:
   Buddhism and the British Empire* (Ithaca, NY: Cornell University Press, 2009),
   10-24.

완전히 포기할 수도 있다는 위협을 의미했다. **불교**(*Buddhism*)의 마지막 두 음절을 이루는 "이즘"(ism)이라는 단어는 소비자의 시대에 서양 문화에서 불법佛法의 출현을 나타내는 경멸적인 표시이다.[90] 이 이름은 낭만주의 시대에 생겨났다. 이 단어가 『옥스퍼드 영어사전』에 처음 등재된 것은 1801년이다.[91] 나의 주장은 이 "이즘"이 불법을 왜곡하기는커녕 불법에 내재하는 뭔가를 드러내 주며, 이는 붓다공포증에게는 실례지만 좋은 일이라는 것이다.

불교의 현상학과 소비주의의 현상학은 실제로 대체로 겹친다.[92] 소비주의적 정체성이 이미 단일하고 단단한 자아의 혼란, 즉 루프의 형태를 띠는 혼란임은 사실이 아닌가? 이 루프에서 나는 어떤 대상과 관련하여 라캉이 그의 간결한 수학소(matheme)로 썼듯이, $\$ \diamond a$의 형태로 나 자신을 구성한다. 여기서 a는 작은 타자(*petit autre*), 즉 내가 아닌 작은 "물적"(thingy) 대상을 나타내며, 광고는 이를 **구매할 이유**라고 부르고 정신분석은 **욕망의 대상-원인**(the object-cause of

---

90 이와 관련된 철저한 분석으로는 Donald Lopez, ed., *Curators of the Buddha: The Study of Buddhism under Colonialism* (Chicago: University of Chicago Press, 1995); *Prisoners of Shangri-La: Tibetan Buddhism and the West* (Chicago: University of Chicago Press, 1999)를 보라.

91 *Oxford English Dictionary* (oed.com), "Buddhism," n.; "Buddhist," n. and adj; Jonathan A. Silk, "The Victorian Creation of Buddhism," *Journal of Indian Philosophy* 22, no. 2 (June 1994): 171-96.

92 알폰소 링기스의 연구는 영성과 소비주의의 중첩에 대한 최근 탐구 중 최고 수준의 것이다. 예를 들어 Alphonso Lingis, *The Imperative* (Bloomington: Indiana University Press, 1998)를 보라.

desire)이라 부른다. 나아가서 ◇은 "~와 관계 속에서 구성된다"(is constituted in relation to)는 것을 의미한다. 나는 욕망의 대상-원인과의 관계 속에서 구성된다. 나는 루프 속에 존재한다. 나는 자기충족적인 존재가 아니라 내가 욕망하고 있는 것 그 자체이다. 즉 나는 어떤 대상의 주위를 도는 순환이며, 정신분석적 관점에서 **충동의 주위를** 돌고 있는 리비도의 물질적 순환에 근거한다. 따라서 근대성의 역사 초기에 "**무엇을 먹는지를 말해 주면, 당신이 어떤 사람인지 알려주겠다**"[93]라 는 브리야 사바랭(Brillat-Savarin)의 달콤한 역설이 생겨났다. "**인간이 란 바로 그가 먹는 것이다**"라는 포이어바흐의 표현 또한 브리야 사바랭과 거의 동시에 생겨난 것이다.[94] 우리는 이렇게 욕망과 충동이 완전히 포개지지 않는 관계 속에서 무의 혼란스런 이중성을 보게 된다. 그것은 무이며 만족(욕망) 없이 그저 순환할 뿐이다. 그리고 그것은 입술이 발가락을 삼키듯이, 충동이 항상 그 대상을 획득하는 한에서 기이한 어떤 것이다.

소비주의에서 나는 나 자신의 페티시(fetish)가 된다―어떤 의미에 서 비구니에 대한 라캉의 설명에서처럼 **나는 내 자신의 불상이 되어** 나 자신의 상상적 눈물을 닦아 낸다.

이러한 루프 속에서 간극과 무를 알아채는 것은 어렵지 않다. 이와 관련된 간극이 현대 경제학의 이상적 주체인 "소비자"와 물건을 먹고

---

93 Jean-Antheleme Brillat-Savarin, *The Physiology of Taste*, trans. Anne Drayton (Harmondsworth, UK: Penguin, 1970), 13.

94 Ludwig Feuerbach, *Gesammelte Werke II, Kleinere Schriften*, ed. Werner Schuffenhauer (Berlin: Akadamie-Verlag, 1972), 4.27.

입는 인간인 실제 소비자 사이에 존재한다. 나 자신이 어떤 사람이라고 생각하는 "나", 소비주체로서의 "나", 그리고 "소비자"의 실례로서의 "나"가 있는 것이다. 본래의 자연적인 나는 속임수이거나 덧칠된 것인가? 이것은 실제로 자본주의의 문제점 ─ 자본주의가 자연에 반하는 범죄라는 것인가? 아니면 자본주의가 실재에 관한 진실, 즉 자연은 존재하지 않는다, 자연은 내가 새로운 종류의 사회공간에 있다는 것을 깨닫고 난 뒤 사후적으로 사물들에 적용되는 퇴행적인 구성물이라는 것을 보여주는 것인가?

그리고 자연이 존재하지 않는다는 이런 관념은 아무것도 존재하지 않는다는 것 ─ 모든 현상은 환영일 뿐이라는 것 ─ 을 의미하는가? 아니면 그것은 (희미하게 어른거리다shimmer를 타동사적으로 사용하여) 존재를 희미하게 어른거리게 하는 비존재적인 무와 유사한 것을 의미하는가? 그것은 향락과 관련된 희미한 어른거림인가? 크리슈나 나라얀의 이미지로 돌아가 보자. 아기 크리슈나는 우유 바다(Milk Ocean)에 담갔던 자신의 발가락을 입안에 넣는다. 그는 자신의 발가락이 얼마나 달콤한지 알고 놀란다. 소비 상품에서 "어떤 것이든 상관없다"(anything goes)는 것 ─ 당신을 흥분시키는 것이든 당신을 자극하는 "작은 타자"(작은 대상a)가 무엇이든 간에 그 어떤 것 ─ 이 좋은 것이다. 이것 때문에 지젝이 동성애에 대해 달라이 라마의 유연성보다는 교황 요한 바오로 2세의 무뚝뚝한 단호함에 더 매달리는 것이 아닌가?[95] 지젝이 볼

---

95 Slavoj Žižek, "Melancholy and the Act," *Critical Inquiry* 26, no. 4 (Summer 2000): 657-81, esp. 674-77; *The Fragile Absolute: Or, Why is the Christian Legacy Worth Fighting For?* (London: Verso, 2000), 23, 27-40, 128, 166-67.

318

때, 달라이 라마의 유연성은 적극적 관심의 부재, 즉 탁월한 키친타월이자 소비주의적 주체의 특징인 부드러움을 보여준다. 나를 흥분시키는 것은 무엇이든 좋은 것이다. 이 격언에서 붓다공포증의 계보에서 경멸의 대상인 섬뜩한 나르시시즘을 보게 되는 것은 어렵지 않다. 이제 나르시시즘에 대해 살펴봐야 할 것 같다.

나르시시즘에 대한 두려움

정신분석적 사고와 불상 사이에는 일련의 연관성이 있으며, 그런 점에서 불상에 대한 라캉의 관심은 이해가 간다. 15세 때 쇼펜하우어는 상점 창가에 진열된 도자기 불상의 표정을 즐기면서 "그 미소가 너무 다정하다"라고 생각한 적이 있다. 1856년에는 석가모니 부처의 형상인 티베트 루파(*rupa*는 *form, body*를 의미하는 산스크리트어)를 구입해서 거기에 금박을 입혔다.[96] 그는 불상을 자신이 사는 지역 사제의 아파트로 가져가 마치 자신을 위협하거나 도발이라도 하는 것처럼 그것의 반짝이는 모습을 즐겼다.[97] 프로이트는 몇 개의 불상을 소유했는데, 그중 상당수를 런던의 메어스필드 가든즈(Maresfield Gardens) 20번가에 있는 자신의 상담실에 멋지게 전시하였다. 1931년 10월 6일 일기에 그중 하나에 관한 이야기가 나온다. 그 불상은 19세기에 제작되었으며 작은 옥으로 된 일본의 관음상이었다.[98] 관음보살은 라캉이 열 번째

---

96 Droit, *The Cult of Nothingness*, 93-95 (p. 95에서 인용).

97 David E. Cartwright, *Schopenhauer: A Biography* (Cambridge: Cambridge University Press, 2010), 274.

세미나에서 사유한 바로 그 부처이다. 더욱이 프로이트는 1909년 티파니 상점에서 생일 선물로 구입한 청동 불상을 포함해 다른 관음상들을 구입하기도 했다.[99] 생일 기념을 위해 손수 불상을 구입하다니 얼마나 보헤미안적이고 나르시시즘적인가! 프로이트는 그것을 자신의 상담실 창가에 전시했다.

지젝이 주로 공격한 것은 "서양불교"이지만 이 공격은 불교의 "고유한" 영역으로 스며들어 붓다공포증의 핵심을 드러낸다.[100] 타락한 형태의 불교가 문제인가? 아니면 불교 자체가 타락한 것인가? 지젝은 이 질문에 대해 판단하지 못하며, 무조건적이고 나르시시즘적인 쾌락의 형태, 즉 자기 위안적인 쾌락을 혼란스럽게 강조할 뿐이다. 1970년대 미국의 무기력한 자아실현의 문화에 대한 온정주의적 탄식이 떠오르며, 이 탄식의 무한 재생산은 거의 쾌락적인 반복 충동처럼 보인다. 만일 70년대 영성적 처방들과 특히 가장 주목받은 에셀런(Esalen) 방법[101]이 불교의 진리였다면 어떨까? 정말로 불교가 흥미로운 이유가

---

98 Sigmund Freud, *The Diary of Sigmund Freud, 1929-1939: A Record of the Final Decade* (New York: Maxwell Macmillan International, 1992), 10, 107 ("Kannon and Tang Figure bought.")과 xxii ("Earth-touching Buddha."); xxv ("penitent, walking Buddha."); 17, 143 ("Iron Buddha."); 153 ("Buddha head."); 22, 171 ("Ivory Buddha and stone Dog of Fo."); 26, 190 ("Large Kannon.")을 보라.

99 Freud, *Diary*, 140.

100 Eske Møllgaard, "Slavoj Žižek's Critique of Western Buddhism," *Contemporary Buddhism* 9, no. 2 (2008): 167-80.

101 (역주) 에셀런 방법은 미국 캘리포니아의 에셀런 연구소(Esalen Institute)에서 개발된 방법으로 심리극과 집단 요법을 이용하여 환자를 치료하는 심리적·물리

그것이 1945년 이후 나르시시즘의 점증하는 수용과 관련이 있다면 어떨까? 나르시시즘에서 벗어나려고 할 때의 문제는 언어에서 벗어나려고 할 때의 문제와 같은 것이다. 우리는 나르시시즘에 대한 공격 자체가 일종의 나르시시즘임을 알 수 있다.[102] 우리는 사실상 **상처 입은 나르시시즘**—자신의 루프에 한두 군데 꼬여 있음—을 겪고 있는 사람을 나르시시스트라고 부를 가능성이 크다. 어떤 의미에서 상처 입은 나르시시스트는 충분히 나르시시즘적이지 않다. 그가 타자 혹은 타자의 루프를 공격하거나 그것으로부터 후퇴하는 이유는 정확히 타자의 루프가 약 오를 정도로 효율적이고 완결적이기 때문이다. 상처 입은 나르시시즘은 세계로 투영되어 종종 나르시시즘 자체에 대한 공격적 태도를 취한다. "나르시시즘적"이란 말은 상처 입은 나르시시스트가 타자에게 푸는 화풀이다. 불교도는 고상한 비판은 커녕 지젝이 불교적 자기 위안에 적대감을 갖는 근본적인 이유를 알 수 있을 것이다. 즉, 나르시시즘적 상처가 너무 고통스러운 나머지 자신의 상처 난 부분을 면밀히 살펴보기보다는 세계 전체를 원색적으로 비난하는 것이 더 나을 것 같다는 것이다.

　지젝에게 자기 위안이나 자기 쾌락처럼 보이는 것은 무엇이든 의심스럽다. (잘못된 종류의) 의미로 가득 찬 의례보다 텅 빈 의례가 더 낫다. 왜냐하면 텅 빈 의례는 그 의미에 관해 "나르시시즘적인" 뭔가를 보여줄 것이기 때문이다. 자기 촉발(autoaffection)[103]에 대한

적 방법이다.

102 Elizabeth Lunbeck, *The Americanziation of Narcissism* (Cambridge, MA: Harvard University Press, 2014), 271.

이런 공격은 실제 불교도들을 너무나 섬뜩하게 만들기 때문에 거기에
맞서 "그래요, 나는 불교도입니다만 그렇다고 뉴에이지 서양불교도는
아닙니다"라는 식으로 자신을 방어하는 태도를 취하는 것이 일반적이
다. 따라서 헤겔주의에 맞선 불교도의 굳건한 방어는 이 무시무시한
나르시시즘적 위치를 뻔뻔하게 점유하는 데서 시작되어야 한다. 헤겔
이후의 서양철학 내에 이런 점유를 설명하기 위해 우리가 사용할
수 있는 명제들은 수없이 많다. 예를 들어, "너의 이웃을 너 자신처럼
사랑하라, 하지만 먼저 너 자신을 사랑하라"는 짜라투스트라의 말을
생각해 보라. 이 말은 자비(*maitri*)에 관한 불교 안내서에서 가져온
것처럼 들리거나 "심한" 경우에는 자기 계발서에 나오는 말처럼 들리기
도 한다.[104] 다음은 데리다의 말이다.

---

103 (역주) 프랑스 철학자 미셸 앙리(Michel Henry)는 자신의 『물질 현상학』
(*Phénoménologie materiélle*)에서 정감성(정동성 affectivity)과 자기 촉발(자
기 정동 autoaffection)을 물질 현상학의 핵심 개념으로 설명하면서 정감성이
외적인 세계에 의한 촉발이든 내적 감각에 의한 시간적 촉발이든 이것은
촉발이 아니라고 주장하며, 바로 자기 자신을 느끼고 자기 자신에 의해서만
촉발되는 자기 촉발을 강조한다. 그는 자기 촉발을 "어떤 매개도 없이−그것이
내감이든, 외감이든, 지각에 의한 의미의 본질직관이든−지평 없이 일어나는
것으로 모든 '촉발의 원초적 형식'이다"라고 주장한다. 모턴의 자기 촉발도
이런 주장과 유사하다. 그는 자기 촉발의 낯설고 기이한 성격에 대한 거부감이
붓다공포증의 근원과 연결되어 있음을 강조한다. 박영옥, 「역자 후기−물질
현상학과 삶의 철학」, 미셸 앙리, 『물질 현상학』(자음과 모음, 2012), 261-62
참조.
104 Friedrich Nietzsche, *Thus Spoke Zarathustra*, trans. and intro. R. J. Hollingdale
(London: Penguin, 2003), 192.

나르시시즘! 나르시시즘과 비-나르시시즘이 있는 것이 아니라 대개 포용적이고 관대하고 개방적이며 확장된 나르시시즘이 존재한다. 이 확장된 나르시시즘에서 비-나르시시즘이라 불리는 것은 일반적으로 환영과 환대에 더욱 열린 나르시시즘, 즉 타자를 타자로서 경험하는 더욱 개방적인 나르시시즘의 경제에 지나지 않는다. 나는 나르시시즘적 재전유의 운동이 없다면 타자와의 관계는 완전히 파괴될 것이며, 그것도 미리 파괴될 것이라고 믿는다.[105]

붓다공포증은 무에 대한 두려움이다. 그것은 기이하고 낯선 현존, 즉 헤겔주의 그 자체의 출발점인 A=A라는 현존에 대한 두려움이다. 현존이 곧 나이지만 나는 그 현존을 부인한다. 즉 나는 "〔그 현존을〕 미리 파괴한다."(데리다). 헤겔이 자신의 발가락을 빠는 크리슈나의 이미지를 펼친 데는 동성애공포증적인 뭔가가 있다. 헤겔은 라마승들(환생한 티베트 스승들)이 여성적이고 수동적인 방식으로 양성된다는 사실을 한탄한다. 그것은 마치 피해야 할 것이 19세기의 성애학과 섭생법에서 인기 있었던 바로 그 공포증적인 연쇄, 즉 나르시시즘 → 자위행위 → 과잉 에너지 → 더 많은 자위행위 → 동성애로 이어지는 연쇄인 것처럼 말이다. 이것이 콘플레이크(Comflakes)가 발명된 이유이기도 하다. 당시 고기를 너무 많이 먹는 어린이들은 정신적 에너지가 과잉 생성되는 경향이 있고 이것이 병리학적인 나르시시즘적 루프를

---

105 Jacques Derrida, "There Is No One Narcissism: Autobiophotographies," *Points: Interviews 1974-1994*, ed. Elisabeth Weber, trans. Peggy Kamuf et al. (Stanford, CA: Stanford University Press, 1995), 196-215 (199).

낳는다는 믿음이 있었다. 중세신학에서 동성애는 자기애(self-love)로 불렸는데, 콘플레이크의 발명가인 켈로그(Kellogg) 또한 그렇게 불렀다. 콘플레이크는 소년들이 자기 쾌락적 루프에 빠지는 것을 막기 위해 고안된 동성애공포증적인 시리얼이자, 먹을 경우 아이들을 침대에 묶어두는 것보다 훨씬 더 효과적일 수 있는 일종의 약이었다.

섬세한 몸은 꼬임과 매듭으로 이루어진 루프들의 연쇄이다. 명상은 이러한 매듭들을 느슨하게 하는 요가이다. 만일 불교를 "이론" 내부에서 방어해야 한다면, 핵심으로 간주되어야 하는 것은 바로 이 가장 "악마적인" 양상, 즉 뉴에이지적이고 영적-소비주의적인 "나르시시즘적" 형태이다. 이것은 지젝이 곳곳에서 주장하듯이 소비주의적 불교가 불교에 관한 깊고 의미 있는 뭔가를 드러내 준다는 것을 의미한다. 그것은 불교의 본질과는 아무런 관련이 없는 불쾌한 현상이라서 불교에서 벗겨내야 하는 것이 아니다. 오히려 그것은 불교에 관한 이론을 혼란스럽게 만드는 것을 환기시킨다. 이러한 혼란은 소비주의, 자동화, 나르시시즘, 무 사이의 합류가 낳은 결과이다.

상처 입은 나르시시즘은 손상된 루프이다. 자기 자신의 내부에서 울리는 루프의 공명 때문에 혼란스러워하는 상처 입은 나르시시스트는 타자를 나르시시즘이라고 비난한다. 철학은 그것이 타자의 귀에 어떻게 들리는가에 대해서는 나르시시즘적으로 외면할 수 있다. 이것의 한 가지 증상은 자신과 반대되는 견해를 설명할 때 "나르시시즘적"이라는 용어를 남발하는 것이다. 나르시시즘적 자기도취의 공포는 미완결적이고 분열되어 있으면서도 자신의 반영을 마치 완전한 것처럼 바라보는―그리하여 수수께끼 같은 미소, 모나리자로서의 붓다, 타자가 나에 대해 관심을 가질 수 있지만 관심이 없음을 보여주는 낮게 드리워진 눈꺼풀에 투영되는- 나르시시즘의 공포이다. 이와 같이 붓다공포증은 그 자체로 상처 입은 나르시시즘의 철학적 형식이다.

수동성에 대한 두려움

불교에 대한 좌파적 비판에는 이상한 과잉결정이 있다. 한편으로 불교는 불길하게도 당신을 자본주의적 노동에 적합하게 그리고 유연하게 만든다. 다른 한편으로 불교는 당신을 노동하기에 부적합하게 만든다. 이 후자의 불안은 불교에 대한 자본주의 비판에서 볼 수 있다.[106] 혼란을 야기하는 것처럼 보이는 것은 무용한 어떤 것, 수동적으로 코드화된 어떤 것이다. 미소는 수동적인 한에서 도발적이다. 미소는 단지 표면상의 곡선에 불과하지만 풍부한 의미를 갖는다. 그것은 붓다공포증에서 흔히 볼 수 있는 미적인 것에 대한 거부반응을 보다 깊이 숙고하게 만든다. 쇼펜하우어의 불상이 약간 심술궂게 반짝이는 것을 생각해 보라. 물질적인 사물에 불과하지만 거기에는 표정이나 희미한 빛 같은 것이 있다. 이 미적 효과는 행위성(agency)과 같은 어떤 것과 그것과 전혀 닮지 않은 어떤 것을 지닌다. 불상은 나에게 어떤 것을 행한다-그렇다고 특별한 어떤 것을 행하는 것은 아니다. 정말로 그것은 나에게 반짝이는데, 이 반짝임은 정신분석적

---

106 불교와 경제에 대한 논의로는 Richard A. Garnett & Natalya Makushkina, "Does Buddhism Really Discourage Economic Development? A Reassessment," *Southern Sociological Society* (2003): n.p.를 보라.

용어로 말하면 응시(gaze), 즉 나를 본다기보다는 나를 멍하게 응시하
는 대상(객체) 같은 존재이다. 그것은 마치 불상이 **기독교와는 다른
비-기독교적 종교가 있을 뿐만 아니라 또 다른 비-효율적인 인과적 영역이
있다고** 말하고 있는 것 같다. 모나리자의 수수께끼 같은 미소처럼
불상의 반짝임은 나에게 영향을 미치되 비개념적인 방식으로 미친다.
불상은 우주에 적어도 하나의 다른 사물(one other thing)이 존재한다
는 직접적이고 경험적인 증거로서 나를 자극한다. 따라서 우리가
나르시시즘과 그것을 회복하려는 이글의 시도에 관해 어떻게 생각하
든, 유아론(solipsism)과 다르고, 유아론을 반박하기 위한 한 가지 이유
를 명상이나 미와 같이 자아도취적인 미적 경험의 결과에서 찾아볼
수 있을 것처럼 보인다. 왜냐하면 아이러니하게도 내가 혼자가 아니라
는 가장 내밀한 증거를 바로 이러한 경험에서 발견하게 되기 때문이
다. 그 증거는 내가 그것을 더 깊이 분석할 수 없다는 점에서 혼란스럽
다. 즉 그것은 양자(quantum)이고, 세분화할 수 없는 하나의 조각인
것이다.

불상의 놓인 상태는-창을 통해 비칠 때 불상이 수도승을 향해 무례한
몸짓을 하는 듯한- 제스처를 취한다. 그러나 이 제스처는 움직임도
행위도 없이 이루어진다. 쇼펜하우어가 불상을 바라보는 각도를 조정
하면서 환희를 느낀 것은 오늘날 **수동적 공격성**(*passive aggressive*)이라
고 부를 수 있는 어떤 것 때문이다. 뛰어난 칸트주의자인 쇼펜하우어는
인과성은 본체적인 것(the noumenal)이 아니라 현상적 영역(phenom-
enal realm)에 속한다고 생각한다. 즉 인과성은 소위 미적인 차원을
포함하는 가능성의 공간에 있다는 것이다.[107] 이런 견해에서 회화나

326

불상이 나의 정동을 촉발하는 방식은 발차기가 나의 정동을 촉발하는 방식과 놀라울 만큼 유사하며 그 반대 역시 마찬가지다. 우리가 인과성이라고 생각하는 것은 사물의 뒤 혹은 밑에서 생겨난다기보다는 오히려 사물의 앞, 즉 예술이 발생하는 곳에서 나타난다. 불상의 효과가 갖는 문제는 일반적인 서양철학적 개념의 관점에서 볼 때 예술 일반의 문제이다. 예술은 나를 건드리지 않으면서도 나의 정동을 불러일으키기 때문에, 즉, 나를 움직이지 않게 하면서도 다른 의미에서 나를 움직이게 하기 때문에 이상하고 불길하다. 이것은 적어도 플라톤의 『이온』(Ion)까지 거슬러 올라가는 철학적 사고이다.[108] 그것은 나를 유혹하고, 나의 의지와 상관없이 나를 사로잡는다. 어떤 설명에서 그것은 나의 의도나 의지에 앞서 존재하거나 이미-항상 주어져 있다.[109] 쇼펜하우어에게 미적인 것의 이런 특징은 의지를 중지할 수 있게 해준다. 자동차의 클러치가 맞물려 있던 기어들을 풀어버림으로써 기어들이 계속 돌아가되 상호 작용하지 않는 것처럼 말이다. 음악에서 나는 순수한 의지를 경험하는데, 여기서 하나의 음이 다른 음으로, 하나의 악구가 다른 악구로 나아가되 이를 따라잡으려고 더 빨리 들으려고 하는 것은 좋은 방법이라고 할 수 없다.[110] 왜냐하면 중요한

107 Arthur Schopenhauer, *The World as Will and Representation*, trans. E. F. J. Payne, 2 vols. (New York: Dover, 1969), 7-8, 8-10, 14-16.

108 Plato, *Ion*, trans. Benjamin Jowett (Cambridge, MA: Harvard University Press), http://classics.mit.edu/Plato/ion.html (2013년 4월 27일 접속).

109 Marion, *In Excess*, chap. 3 (54-81).

110 Schopenhauer, *Will*, §34 (178-81), §39 (200-207), §52 (255-67).

것은 가능한 한 능숙하게 종결부에 도달하는 것이 아니기 때문이다. 음악은 나를 중지된 활성화(suspended animation)의 상태에 둔다.

붓다공포증이 두려워하는 것처럼 보이는 것은 전면적이고 불투명한 타성태(inertia)가 아니다. 만약 그것을 불투명성이라고 한다면, 그것은 이상한 유백색 불투명성, 즉 원석이 반짝이거나 불상이 빛나는 방식을 가리킨다. 그것은 프로이트가 처음 **열반 원칙**(*the nirvāṇa principle*)이라고 불렀고, 다른 경우에 죽음 충동−단세포 유기체(프로이트의 경우)와 그 이하의 생명체가 비일관적 존재로서 자신의 비일관성을 완전히 절멸하려고 하는 방식−으로 알려진 것과 아주 닮았다. 이러한 자기무화의 시도(**니르바나**는 **절멸***extinction*을 의미한다)는 아이러니하게도 루프를 생성하는데, 여기서 생명체는 더 많은 생명체를 생산한다. 예를 들어, 자신과 외부세계 사이에 더 많은 벽을 쌓거나 더 많은 단순 복제나 더 많은 후손들을 낳는다. 다음 부분에서 루프에 대해 살펴보겠지만 일단 논리적으로는 붓다공포증에 표현된 수동성에 관한 불안을 사고하는 것이 다음 단계일 것이다.

제임스 스트래치(James Strachey)가 아주 유려하게 번역한 『쾌락 원칙을 넘어서』(*Beyond the Pleasure Principle*)에서 프로이트는 수동성을 **정지상태**(*quiescence*)로 설명한다. 비모순율의 원칙을 위반하지 않으면서 어떻게 생명의 목적이 죽음이 될 수 있는가? 물론 인간 존재의 핵심에는 대상(객체) 같은 존재, 정확히 반反인간적(inhuman)이고 부不인간적(a-human)이기 때문에 대상으로 느껴지는 존재, 다시 말해, 불교의 조상 속에 우아하게 체현된 **불성**(*Buddha nature*)이라 불리는 것이 있다. 그것은 죽은 것인가 아니면 단순히 잠자고

328

있는 "정지상태"인가? 생명체는 "비유기체적 세계의 정지상태"로 돌아가서 불상처럼 되기를 갈망한다.[111]

그 역은 훨씬 더 혼란스럽다. 비非인간적인(non-human) 존재들과 심지어 "무생물적인" 사물들조차 기계적인 밀침 없이도 자신의 생명으로 자체적으로 진동한다는 것은 양자이론의 발상이자 현재 일반적인 인식이다. 만약 이에 대한 존재론적 이유가 있다면, 그것은 사물의 현상 차원(미적 차원)이 특징 없는 연장 덩어리 위에 뿌려진 사탕 같은 것이라기보다는 사물의 존재와 분리 불가능하게 결합되어 있기 때문이다. 하지만 이런 존재론은 서양철학이 대체로 회피해 왔던 것이다. 서양철학이 일반적으로 예술에 대해 갖는 두려움은 비인간적이고 비생명적인 행위성에 대한 두려움이다. 미적 차원은 정지상태적이다. 즉 그것은 이상한 행위성으로 진동하면서도 행동하지 않는다. "그대 아직 더럽혀지지 않은 고요의 신부여!"처럼 키츠는 고대 그리스 항아리(Grecian urn)라는 도자기의 불투명성과 기이한 비밀에 대한 도발적인 경이로움을 표현한 바 있다. 이 항아리는 키츠가 이 시를 쓰기 전에 제작된 웨지우드(Wedgwood) 복제품의 원조이고 최초의 공장 규모의 분업적 생산방식을 통해 제작되었으며 키츠 자신이 쉽게 접할 수 있었던 포틀랜드 화병(Portland Vase)이었을 것이다. 이 화병은 지금도 여전히 소비품으로 남아 있다.[112] 키츠의 시에서 항아리는

111 Sigmund Freud, *Beyond the Pleasure Principle* in *The Standard Edition of the Complete Psychological Works of Sigmund Freud*, ed. & trans. James Strachey, 24 vols. (London: Hogarth, 1953), 18.62.

112 John Keats, *The Complete Poems*, ed. Barnard, John, 2nd ed. (London:

회전하는 것 같다. 그것은 조용한 선율로 연주하는 음악가, 도래하지
않을 것 같은 희생제물 등 거기에 그려진 이미지들처럼 선회하면서
계속해서 움직이고 있다. 항아리의 도발은 정지된 활성화의 도발이
고, 비합리적인 쾌락, 비합리적인 행복, 비합리적인 존재와 같이
매우 혼란스러운 모습을 한 미적인 것이다. 정지상태는 기이한 삶,
즉 죽음으로서의 삶이다. 그것은 주체로서의 생명이라기보다 대상으
로서의 생명이다. 더욱이 칸트적 의미에서의 미는, 그것이 나와 접촉
하고, 내가 나의 내면 공간에서, 나의 내부에서 발견하는 사물들의
정지된 세계에 속한다는 점에서, 죽음의 영역에서 발신하는 신호처럼
보인다. 정지상태는 충동의 희미하게 어른거리는 "침묵", 내 안의
이 사물이 항상 자신의 목표물을 찾아내 빨아들이는 방식을 환기한다.
혹은 붓다가 자신의 깨달음을 언급하며 말했다는 이야기처럼,

깊고 평화롭고 아주 순수하며
빛나고 단순하고 꿀과 같은 것이
내가 얻은 법이다.
설사 내가 그것을 가르치려 해도
사람들은 알기 어렵다.

Penguin, 1987). Jeffrey Cox, *Poetry and Politics in the Cockney School: Keats, Shelley, Hunt and their Circle* (Cambridge: Cambridge University Press, 1998), 146-61. 웨지우드 복제품에 대한 설명은 http://na.wwrd.com/ae/us/black-jasper/wedgwood+bentley-black-jasper-ls-portl+-vase/invt/091574188225 (2013년 5월 5일 접속)을 보라.

나는 숲속에 조용히 있어야 한다. (『방광대장엄경』)[113]

족첸의 밀교는 이렇게 말한다. 말하지 못하는 벙어리가 설탕 맛을 어떻게 설명할까?

실체성(substantiality)이 무의 바탕에 있다. 희미하게 어른거리는 행위성이 실체성의 바탕에 있다. 지젝은 "안 돼"라는 초자아의 명령이 즐기라는 훨씬 더 근원적이고 혼란스런 명령, 즉 "해도 돼"(yes)라는 명령을 숨기고 있다는 것을 탁월하게 그리고 빈번하게 언급한다.[114] 그는 즐기라는 이 명령이 오늘날 자본주의 이데올로기를 부추긴다고 말한다. 진정해(take it easy)라는 명령은 현대문화에 만연되어 있으며, 사람들은 이 명령에 대해 쉽게 의심을 품을지도 모른다. 실제로 진정해(chill out)[115]라는 용어는 아편, 대마초, 엑스터시 등의 마약 문화에서 유래한 것이다. 1920년대 뉴욕의 아편굴에서 정지된 활성화가 일상적인 일이 되고, 생명이 이상한 꿈으로 일렁이는 정지(stasis), 즉 들뢰즈적인 기관 없는 신체로 변하는 공간에서 식힌 과일이 대접되었다. 이는 정지상태로 얼린 얼음과자(quiescently frozen popsicles)에 대해 말하는 것이 아닌가? 하지만 아도르노가 말했듯이, 완전한 평화란 유토피아의 강력한 환기제다. "더 이상의 정의와 실현이 필요 없는

---

113 *The Lalitavistara Sūtra: The Voice of the Buddha, the Beauty of Compassion*, trans. Gwendolyn Bays, 2 vols. (Berkeley: Dharma, 1983), 2:594.

114 Slavoj Žižek, *The Metastases of Enjoyment: Six Essays on Woman and Causality* (London: Verso, 1994), 20을 보라.

115 (역주) 광란의 파티가 끝난 뒤 마음을 가라앉혀라(식혀라)는 의미에서 유래.

상태, 그 어떤 추상적 개념도 영원한 평화 개념보다 실현된 유토피아에 더 가까운 개념은 없다."[116] 여기서 아도르노는 멍하게 앞을 응시하는 소진된 의식을 상상하는데, 이는 불교의 명상교육에서 볼 수 있는 제스처와 비슷한 것이다. 여기서 명상가는 억지로 노력하기보다 경험이 방해받지 않고 자연스럽게 일어나게 하라는 가르침을 받는다. 어떤 이는 광적으로 반복되는 "진정해"라는 명령을, 정반대의 명령, 가령 지젝이 코카콜라 캔에서 유래한다고 말한 명령(즐겨라!)이 삶을 짜증스럽게 만들듯이, 사람들이 일하지 않는 순간조차 불안을 느끼라는 명령이라고 비난할 수도 있다.

그러나 수동적이어야 한다는 상품의 명령과 유토피아적인 정지상태에 대한 요청을 구분하는 명확한 선은 존재하지 않는다. 그러한 구분선이 있을 수 없는 것은 두 가지 명령과 요청 모두 미적인 것의 양상들이기 때문이다. 미적인 것은 아주 애매하다. 그런 점에서 근대 철학자들은 여전히 예술을 두려워하는 플라톤주의자들이다. 종국적으로 예술은 우리에게 좋은 것이어야 하고, 이 좋음은 우리가 무엇을 어떻게 생각하고 행동해야 할지를 알려주는 데 있어야 한다. 코카콜라 병이 말하는 것과 아도르노가 말하는 것 사이에 명확한 차이가 없다는 것은 불안을 촉발하는 원인이 된다. 정확히 우리가 언제 이완해야 할지를 어떻게 알 수 있을까? 내가 속고 있는 것일까? 내가 어떻게 미리 알 수 있을까? "속지 않는 자 방황한다"(*les non-dupes errent*)라는 라캉의 또 다른 표어가 생각난다. 속임수를 꿰뚫어보았다고 생각하는

---

116 Theodor Adorno, "Sur l'Eau," *Minima Moralia: Reflections from Damaged Life*, trans. E. F. N. Jephcott (New York: Verso, 1978), 155-57(157).

332

사람이 바로 그 속임수에 완전히 얽매이게 되는 것이다.

수동성에 대한 두려움은 니체가 붓다공포증에 얼마나 민감했는지를 보여준다. 니체는 다른 측면에서는 그의 시대의 어느 누구보다 불교에 호의적이었을 것이다. 니체가 볼 때, 의지의 중지라는 쇼펜하우어의 개념은 노예 도덕의 세련된 형태와 유사했다. 그것은 "선악을 넘어"에 대해선 긍정적이면서도 필연적인 것에 대해선 체념했다.[117] 니체는 불교에서 환희도 표정도 없는 최후의 인간들(clones), 즉 19세기에 출현하던 대중들의 종교를 보았다. 이에 맞서 그는 생성의 흐름을 열렬히 수용할 것을 강조했다. 하지만 하이데거가 주장하듯이, 이런 흐름은 형이상학적으로 현존하는 항구성(불변성)의 또 다른 형태에 불과하다.[118] 니체적인 "생명"은 이성의 내부에 열린, 즉 물리학, 생물학, 사회과학 내에 열린 무의 바다에 잠겨 버린 현존의 형이상학의 마지막 숨소리일지 모른다.[119] 하지만 사람들이 성촉절(聖燭節 Groundhog Day)에 불멸의 방식으로 존재의 필연성과 함께 즐겁게 춤추는 법을 배우고자 하는 니체의 영원회귀 이론에는 불교의 흔적 이상의 것이 있다.[120] 이것은 불교 자체가 서양철학 내에서 이상한

---

117 Friedrich Nietzsche, *The Anti-Christ in Twilight of the Idols and The Anti-Christ*, trans. R. J. Hollingdale, intro. Michael Tanner (London: Penguin, 2003), §20(141-42), §21(142-43), §22(143-44), §23(144-45); *Beyond Good and Evil: Prelude to a Philosophy of the Future*, trans. R. J. Hollingdale, intro. Michael Tanner (London: Penguin, 2003), §56(82). 불교가 "선악의 너머"에 있다는 말은 §20(141)에 나온다.

118 Heidegger, *Contributions*, 127, 135-36, 150, 189, 259.

119 Nietzsche, *Twilight of the Idols*, §24(92-93); *The Anti-Christ* §7(130-31).

루프를 이루어 이 루프에서 벗어나려고 하면 할수록 그것을 더 반복하게 되는 방식을 보여주는 증거일 수 있다. 우리의 다음 주제는 이것이다.

루프에 대한 두려움

무엇을 두려워해야 하는가? 그것은 절대 무(absolutely nothing), 예를 들어, 스피노자의 무, 즉 **절대적인**(*oukontic*) 무가 아니다. 이 무는 "무가 아니다." 스피노자에게는 실체와 별개로 절대 무가 존재한다. 이와 달리 두려워해야 할 것은 절대 무가 아니라 오히려 보이지 않는 것의 유령적이고 변화하는 존재인 **비존재적**(*meontic*) 무, 즉 희미하게 어른거리는 실체성(shimmering substantiality)이다.[121] 후자가 무(*nothingness*)로 간주되어야 한다. 이를 무화(nihiliation) 또는 "무-화"(nothing-ing)라고 부를 수 있을 것이다. 절대 무는 절대적으로 존재하지 않는 것이기 때문에 혼란스럽지 않다. 하지만 무가 특별한 것은, 존재하기 위해서 항상적으로 현존해야 한다고 주장하는 현존의 형이상학에 도전하기 때문이다. 하지만 무는 역설적인 방식으로 "존재한다." 무는 아리스토텔레스가 『형이상학』(*Metaphysics*)의 제4장 감마 장에서 직접 설명한 (형식적으로 결코 증명된 바 없는) 비모순율의 원칙에 도전한다.[122]

---

120 Harold Ramis, dir., *Groundhog Day* (Columbia Pictures, 1993).

121 Paul Tillich, *Systematic Theology* (Chicago: University of Chicago Press, 1951), 1:188.

334

비모순율의 원칙(Law of Noncontradiction, LNC)은 서양철학의 시금
석이었다. 게오르그 칸토어(Georg Cantor)와 19세기 수학자들이 이
법칙에 도전하는 온갖 종류의 실체들을 발견할 때까지는 말이다.
이런 발견들이 한 사물의 실재와 그것의 현상 간의 간극을 명확하게
가리키는 한, 그것들은 진화와 자본, 그리고 그 시대에 발견된 다른
실체들과 조화를 이루었다. 무한수의 집합은 그 집합에 합해지지
않는 요소들을 포함할 수 있다. 바로 이것이 러셀(Russell)의 무서운
역설이다. 따라서 사람도 단일하고 항상적으로 현존하는 자아에 합해
지지 않는 사물들의 집합일 수 있다. 그럼에도 불구하고 우리는 사람과
연필처럼 여기저기 흩어져 있는 사물들을 본다. 우리는 목초지와
구름을 본다. 하지만 우리가 "존재한다"를 가장자리가 "흐릿한 역설적
집합"(fuzzy paradoxical set)이라는 의미로 받아들일 수 없다면, 목초지
와 구름은 정말로 존재할 수 없다.[123] 이는 목초지와 구름이 흐릿한
사물들로 이루어져 있기 때문이고, 만일 우리가 그런 사물들을 계속
제거하게 되면, 우리에게 아무것도 남지 않게 되기 때문이다(더미의
역설 Sorites paradox).[124] 실재가 논리적이지 않거나, 비모순율의 원칙이

122 비모순율의 원칙에 대한 엄격한 증명의 부재에 대해서는 Graham Priest &
 Francesco Berto, "Dialetheism," *The Stanford Encyclopedia of Philosophy*
 (Spring 2013 Edition), ed. Edward N. Zalta (http://plato.stanford.edu/ar-
 chives/spr2013/entries/dialetheism/, 2013년 4월 28일 접속)을 보라.

123 Peter Unger, "The Problem of the Many," *Midwest Studies in Philosophy*
 5 (1980): 411-67.

124 (역주) 더미의 역설(the sorites paradox, the paradox of the heap)의 가장
 잘 알려진 사례는 모래 더미에서 모래알을 하나씩 제거하는 과정과 관련이

실재와 일치하지 않기에 **충분히 논리적이지 않다.** 극소수의 서양철학자들과 함께 불교가 지지하는 것은 비모순율이 실재와 일치하지 않는다는 두 번째 견해이다. 예를 들어, 족첸에서 실재는 아무것도 아닌 것이 아니라 모든 것의 현상들과 함께 반짝인다.

러셀과 알프레드 타르스키(Alfred Tarski)가 세상에서 **이 문장은 거짓이다**(*This sentence is false*)와 같은 문장, 즉 참이면서 동시에 거짓일 수 있는(양진주의적 *dialethetic*) 문장의 형식으로 자기 지시, 즉 루프들을 제거하려고 시도할 때 이들은 비모순율의 법칙에 의지한다. 메타언어라는 개념은 타르스키가 이런 문장을 검열하기 위해, 이를테면 "**이 문장은 거짓이다는 문장이 아니다**"(*This sentence is false* is not a sentence)라고 규정함으로써 이런 문장들을 검열하기 위해 특별히 고안한 것이다. 우리는 이미 언어 외부의 위치가 있다는 관념이 갖는 문제가 나르시시즘 외부의 위치가 있다는 관념이 갖는 문제와 어떻게 같은 것인지에 대한 단서를 보았다. 자기 지시적 루프에 대한 전쟁은 이 두 주제를 하나로 결합한다. 루프를 제어하기 위해 메타언어를 사용하는 논리 검열(logic police)의 문제점은, 모든 메타언어 규칙에 대해 우리가 그 규칙을 허물어뜨리는 바이러스 문장을 발명해낼 수

있다. 하나의 모래알을 제거하는 것이 더미를 비-더미로 만들지 않는다는 전제하에 이 역설은 이 과정을 수없이 반복할 경우에 무슨 일이 일어나는가를 사고한다. 단 하나의 모래알이 남는 경우도 더미인가? 더미가 아니라면 하나의 더미에서 비-더미로 변하는 것은 언제인가? 이러한 질문을 통해 더미의 본성 혹은 더미를 더미로 파악하게 하는 조건과 같은 형이상학적이고 논리적인 문제를 제기한다.

있다는 것이다. 예를 들어, 하나의 문장("참인 문장은 이 문장은 거짓이다 와 같지 않다" A true sentence is not like *This sentence is false*)으로 간주되는 것과 관련된 규칙의 경우, 나는 이 규칙 자체를 루프 속에 밀어 넣음으로써 다음과 같은 바이러스, 즉 **이것은 문장이 아니다**(*This is not a sentence*)와 같은 바이러스를 발명할 수 있다. 어떤 점에서 나는 이 자기 지시를 더욱 더 바이러스적인 것으로 만들어 왔다. 왜냐하면 나는 더 이상 참과 거짓을 가리키려고 하는 것이 아니라 문장 그 자체의 존재를 가리키려고 했기 때문이다. 다시 내가 규칙을 휘어 루프로 만들고, 그것을―결가부좌한 명상가나 발가락을 입에 넣은 크리슈나처럼, 혹은 나를 바라볼 수도 있고 보지 않을 수도 있는, 남성일 수도 있고 아닐 수도 있는 불상처럼― 프레첼 형태로 접음으로써 그렇게 할 수 있다는 점을 주목하라.

나는 메타언어를 대상(객체) 언어로 바꿀 수 있다. 괴델은 논리학의 검열기구의 역할을 담당해온 러셀과 화이트헤드의 『수학 원리』(*Principia Mathematica*)와 대결한다. 『수학 원리』는 자기 지시 없는 수학과 논리학을 약속한다. 이 책이 너무나 성공적이었기 때문에 괴델은 이 책에게 이 책이 말하려고 하지 않는 것, 즉 자기 지시적 문장과 그에 대한 바이러스적인 문장(이 문장은 증명될 수 없다 *This sentence cannot be proved*)을 말하게 만든다. 『수학 원리』는 정확히 이런 문장들을 배제하기 위해 구상된 것이었다. 괴델은 러셀과 화이트헤드를 루프 속으로 밀어 넣는다. 그 이유는 기이하게도 그들의 작업이 수학의 논리적 기반을 너무 논리정연하게 제공하려고 하기 때문이다. 『수학 원리』는 수학적 진술을 논리적 명제를 통해 정의할 수 있게 해주기 때문에, 그 반대 또한 가능할 수 있다. 우리는 어떠한 진술에 특정한 수(괴델 수)를 부여할 수 있다. 그리하여 나는 일련의 수이면서 동시에 일련의 진술인 어떤 것을 만들 수 있다. 이런 특징 때문에 나는 그 책의 논리를 루프 속으로 밀어 넣을 수 있다. 그 책은 이미 스스로에 관해 말하기 시작하기 때문이다.[125] 이것이 헤겔이 "불교적" 이고 반-논리적인(a-logical) A=A에 대해 참을 수 없었던 이유이다. A=A는 이미 루프를 이루고 있다. 이것은 변증법적 운동을 완강히 거부하지만 움직이고 있다.

라캉은 칸토어에서 괴델에 이르는 전통 전체와 현상학의 계보를 "어떠한 메타언어도 말할 수 없다"라는 문장으로 압축한다.[126] 이것은 하나의 문장이 바로 그 맥락 속으로 해체되는 것이 아니라 오히려 그 반대가 사실임을 잘 보여준다. 즉, 의미를 제공해줄 수 있는 맥락을 찾고자 할 때, 내가 발견하는 것은 일군의 다른 문장들뿐이라는 것이다. 바로 이 일군의 다른 문장들에 문장들이 만들어지는 규칙들이 포함되어 있다. 혹은 하이데거가 A=A를 언급하며 말하듯이, "언어는 -언어다."[127] 하이데거의 이 말 속에는 신비라는 빙산의 일각뿐만 아니라 필연적인 분노가 들어 있다. 하나의 원이 미친 듯이 닫히면서

---

125 설명의 필수조건은 Douglas Hofstadter, *Gödel, Escher, Bach: An Eternal Golden Braid* (New York: Basic Books, 1999)를 보라.

126 Jacques Lacan, *Écrits: A Selection*, trans. Alan Sheridan (London: Tavistock, 1977), 311.

127 Martin Heidegger, "Language," *Poetry, Language, Thought*, trans. Albert Hofstadter (New York: Harper and Row, 1971), 187-210 (191).

동시에 미친 듯이 자신을 삼킨다. 언어로 하여금 더 많이 말하게 하지 않고서는 언어에 대해 말할 수 없다는 아주 포괄적인 방식으로 언어를 정의하려는 나의 시도 자체가 언어의 한 사례이다. (하이데거에게 언어는 단어뿐만 아니라 자동차 지시등과 같은 사물을 의미하며 어디에나 존재한다는 점을 상기하자.)[128] 이 말이 이상한 것은 우리가 언어가 사물을 지시하기 위한 유용한 도구라고 생각하고 있기 때문이다. 그러나 내가 사물에 관해 말하려고 입을 열자마자 또 다른 사물이 뛰어나온다. 말하는 것은 듣는 것에 의존하기 때문에 말의 바탕에는 정지상태가 있다. 따라서 언어의 기반은 어떤 의미에서 침묵이다. 하이데거가 주장하듯이, 수사학은 사실상 듣기의 기예(art)이다. 이것이 아리스토텔레스의 『수사학』(Rhetoric)의 두 번째 부분이 청중이 느낄 수 있는 다양한 분위기에 대한 자세한 설명인 이유이다.[129] 의미를 갖는 것은 언어의 선을 따라 내려가는 기나긴 과정이다. 이 선에는 신체성, 고요함, 듣기가 포함되어 있다.

마찬가지로 나는 명상함으로써 나의 마음을 루프로 만들 수 있다. 괴델이 『수학 원리』를 이용한 것과 마찬가지로 나는 개념들의 엄청난 생성기구인 내 마음을 이용할 수 있다. 나는 그러한 모든 생성을

128 Martin Heidegger, *Being and Time*, trans. Joan Stambaugh (Albany: State University of New York Press, 1996), 1.3.17 (71-77; 73-74).

129 Heidegger, *Being and Time* 1.5.29 (130); *Phenomenological Interpretations of Aristotle: Initiation into Phenomenological Research*, trans. Richard Rojcewicz (Bloomington: Indiana University Press, 2009); Aristotle, *Rhetoric*, bk. 2 (http://classics.mit.edu/Aristotle/rhetoric.2.ii.html, 2013년 4월 29일 접속).

일종의 대상(객체)으로, 즉 키츠적이거나 칸트적인 의미에서 만지려 하면 물러나고, 흐릿하지만 빛나며, 정지상태의 "아직 더럽혀지지 않은 고요의 신부"로 전환할 수 있다. "언어는-언어다"라는 말과 동일한 의미에서 내가 생각할 때마다 거기에는 내 마음이 존재한다. 사람의 마음을 루프로 만드는 것은 그 마음을 사물-미처럼 (개념적인 마음에는) 당혹스러울 정도로 파악 불가능한 물-로서 경험하는 것을 의미 한다.

명상, 괴델의 불완전성의 정리, 루프적인 자기 지시는 모두 무를 떠올린다. 명상하는 마음은 사유이면서 동시에 비-사유(not-thinking) 이다. 일관적인 논리적 체계는 그 자체로 참이 되기 위해서 무의미 (nonsense)를 말할 수 있어야 한다. 하나의 문장은 두 가지 대립적인 것을 동시에 말할 수 있다. 각각의 경우에-마음과 사유 사이, 일관성과 무의미 사이, 그리고 p와 비-p 사이에- 간극이 있는 것으로 보인다. 하지만 이 간극을 특별히 어느 지점에서 찾아내는 것은 엄격히 말해 불가능하다. **이 문장은 거짓이다**(*This sentence is false*)라는 문장이 거짓 말을 하기 시작하는 지점은 존재하지 않는다. 『수학 원리』에는 흐릿하 고 애매한 부분이 전혀 없다. 전통적 불교의 비유를 사용하자면, 바다와 파도 사이에 차이가 없듯이, 사유와 마음 사이에 어떠한 분리도 없다. 위상학의 언어로 말하면, 루프는 **방향성을 갖지 않는다**. 뫼비우스 띠는 특별히 어느 지점에서 꼬이기 "시작"하는 것이 아니다.

서구의 대륙철학에서는 모순을 논리적 방식으로 사고한 전례들이 있다. 셸링은 사물의 중심에 모순이 있다고 선언하기도 했다. 아이러 니하게도 헤겔 자신도 비모순율의 원칙이라 생각되는 것으로부터 종종 벗어나기도 했다. 그가 운동에 관해 말한 것을 떠올려 보라. 하나의 객체가 움직일 수 있는 것은 그것이 여기에 있으면서(here) 동시에 여기에 있지 않기(not-here) 때문이다. 그레이엄 프리스트 (Graham Priest)는 헤겔의 이런 관념을 분석한다. 하나의 객체가 실제로 자기 자신으로부터 일정 길이만큼 이동했다고 가정해 보자. 양자 세계의 놀라운 특징을 감안하면, 그 길이가 경험적으로 측정 가능한 지, 혹은 그것이 플랑크 길이(Planck length)[130]와 관련될 수 있는지가 궁금하다. 하지만 이것은 지금의 논의와는 무관하다.[131] 운동이 "특정한 이행의 마디 점에서 모순이 발생한다"는 사실로 구성된다고 생각해 볼 수 있다. 따라서 "운동은 모순의 연속적인 상태"이다. 내가 방을 떠나려고 하는 순간 나는 방안에 있으면서 동시에 방 밖에 있다. 컵이 깨지는 바로 그 순간 그것은 "컵이면서 컵이 아니다."[132] 하나의 물이 존재한다는 것은 배중률의 원칙과 그것을 뒷받침하는 비모순율의 원칙을 위반하는 것이다.

---

[130] (역주) 플랑크 단위로 알려진 기본 단위 중 하나. 1899년 독일 물리학자 막스 플랑크는 시간과 길이의 단위인 초와 미터는 인간이 자신의 편리를 위해 채택한 단위라고 보고, 자연의 기본 상수만을 이용해 "자연 단위"를 만들자는 제안했다. 기본 상수로는 물질의 한계 속력인 빛의 속력, 물질의 입자성과 파동성을 연결하는 플랑크 상수, 물질과 시공간을 연결하는 중력 상수 등이 있다. 이들을 조합해 만든 단위가 플랑크 단위이다(참조한 사이트는 https://www.munhwa. com/news/view.html?no=2020120101031412000001이다).

[131] Graham Priest, *In Contradiction: A Study of the Transconsistent* (Oxford: Oxford University Press, 2006), 160.

[132] Ibid., 170-71.

헤겔은 사물이 근본적으로 불안정한 것은 사물의 실재가 사물에 대한 주체의 이해에서 생겨나기 때문이라고 주장한다. 여기서 이해는, 이해가 사물을 수정하고 그 수정이 다시 이해를 수정하는 나선형의 변증법적 방식으로 전개된다. 이것을 파악하지 못하는 마음 상태는 헤겔이 A＝A의 허위적 직접성(false immediacy)으로 간주하는 것에 매달린다. 그러나 더욱 아이러니한 것은 헤겔의 무시에도 불구하고 불교적 분석에 따르면 이러한 "직접성" 자체가 모순적이라는 것이다. A＝A는 붓다공포증의 급소이다. 비록 헤겔이 운동 때문에 모순이 생겨난다고 생각하더라도, 그는 A＝A라는 정지-내-모순(contradiction-in-stasis)을 인정할 수 없었던 것 같다. 주체 없이도 객체는 희미하게 어른거린다. 객체 없이도 주체는 부유한다. 그런 의미에서 주체는 (헤겔에게) 또 다른 객체로 "환원된다." A＝A는 주체 없는 객체들의 혼란스러운 우주를 가리킨다. 어쨌든 실체들은 자신들을 실재할 수 있게 해줄 결정자와 같은 존재들(주체, 역사, 의지, 경제관계, 권력 의지, 현존재) 없이도 존재한다.

헤겔은 A＝A가 자신의 철학이 칸트가 펼친 현상과 사물의 간극을 설명하는 방식을 모독하기 때문에 당혹스러워한다. 칸트는 우리가 안다고 생각하는 것과 우리의 이성 사이에 환원 불가능한 간극이 어떻게 존재하는지를 보여주었다. 예를 들어, 나는 셈을 할 수는 있지만 (가령 손가락으로) 셈하기에 의지하지 않고서 수가 무엇인지를 보여줄 수 없다. 하지만 수는 셈하기의 가능성의 조건이다. 따라서 현상과 물 사이에는 간극이 있다. 하지만 내가 간극을 사유할 수 있기 때문에 간극은 존재하지 않는다는 것, 바로 이것이 헤겔의 추론이

342

다. 만일 현상과 사물 사이의 간극을 정말로 하나의 간극으로 생각한다면, 당신은 진정한 헤겔주의자가 되는 것을 목표로 하는 경기에서 넘어야 할 첫 번째 장애물에 걸려 넘어지고 마는 것이다. 헤겔주의자로서 당신이 결국 맞이하게 되는 것은 A＝A라는 혼란스러운 "나르시시즘," 즉 모든 소가 검은 밤이라는 너무나 유명한 헤겔적 조건이다.[133] 다시 말해, 당신이 결국 맞이하는 것은 절대자에 대한 탐구가 시작조차 되지 못하는 순간이다.

A＝A는 그 근본에서 "넘어서지 못함", "첫 번째 장애물에 걸려 넘어짐"–혹은 심지어 장애물을 뛰어넘으려는 시도조차 하지 않음–을 의미한다. 그것은 그냥 주저앉아 경기장을 "차지해버리는 것", 사전에 프로그램화된 지루한 경기에 맞서 농성을 벌이는 것을 의미한다. 헤겔은 A＝A를 자신이 불교라고 부르는 의식의 원시적 형태에서 숙주를 찾는 기생체(parasite)라고 무시한다.[134] 변증법은 A＝A를 부정하라는 명령에 의해 움직이고 있고, 컵 안의 작은 공처럼 A＝A는 절대자의 자기실현으로 나아가는 서사를 추진하는 변증법 속에 항상 이미 갇혀 있어야 한다. 따라서 A＝A는 헤겔적 사유의 내부에 있으면서 동시에 외부에 있다. 즉 그것은 헤겔적 숙주에 잘 정착하지 못하는

133 Georg Wilhelm Friedrich Hegel, *Hegel's Phenomenology of Spirit*, trans. A. V. Miller, analysis & foreword by J. N. Findlay (Oxford: Oxford University Press, 1977), §16 (9).

134 Georg Wilhelm Friedrich Hegel, *Hegel's Logic*, trans. William Wallace, foreword by J. N. Findlay, 3rd ed. (Oxford: Oxford University Press, 1975), 119-20, 125, 127.

기생체인 것이다.

헤겔은 A=A를 발전이 정지된 공백(stultifying blank)으로 그린다.

절대자에 대한 두 번째 정의, 즉 절대자가 무라는 정의는 여기에서 생겨났다. 사실 이 정의는 물-자체가 형식도 없고 내용도 없는 미결정적인 것이라고 말하거나, 또는 신은 최고 존재일 뿐 그 이상은 아니라고 말하는 데 함축되어 있다. 왜냐하면 이것은 사실 상 신을 앞서와 같은 부정성이라고 선언하는 것이기 때문이다. 불교가 만물의 최종 목적과 목표일 뿐 아니라 보편적 원리로 삼는 무도 동일한 추상이다.[135]

만일 우리가 프로이트처럼 모든 철학을 편집증의 형태, 즉 어떤 것에 맞서 세계를 지켜내야 할 것으로 설명하려는 시도라고 생각한다 면, 헤겔이 A=A에서 두려워하는 것은 무엇인가? 그것은 간극, 공백, 현상과 물 사이의 칸트적 간극이다. 특히 변증법의 발생을 차단하는 간극이다. 더 기이한 것은 그것이 – 예를 들어 알고리즘이 사고할 수 있을 것처럼 보이기 위해 – 사물이 스스로 활동할 수 있게 해주는 간극이 라는 것이다. A=A로 돌아가는 것은 헤겔주의가 무엇인지, 즉 헤겔주 의에서는 A=A가 부정 혹은 지양되어야 한다는 것과 그러한 부정과 지양의 정확한 절차들을 미리 알고 있는 사전 프로그램화된 계략이라 는 것을 드러내 주는 것이다. A=A는 내가 없는 사물의 기이하고 낯선 "살아있음"(livelihood)의 논리이다.

---

135 Hegel, *Logic*, 127.

현상과 물의 간극은 절대 무가 아니다. 헤겔은 이런저런 사물을 자신이 경멸하는 불투명성으로 단순화시킨다. 왜 그럴까? 무 내부에, 그리고 무로서의 기이한 **현존**(*presence*)에 대한 보다 근본적인 두려움이 있기 때문이다. 다시 말해, 주체 없이 일어나는 자동화된 변증법, 즉 루프 형태의 변증법에 대한 두려움 말이다. 변증법이 무의 타성태에 의해 작동하지 않을 것이라는 두려움 이면에는 **변증법이 나 없이 이미 시작되었다**는 보다 근본적인 두려움이 자리하고 있다. A=A는 이미 그 자체로서 충분하다. 앞서 보았듯이, 어떤 것이 나의 투입 없이 기능한다는 생각은 자본주의 이데올로기의 기본적 특징으로서 두려움의 대상이다. 지젝은 여러 곳에서 자본주의 이데올로기가 사람들의 머릿속이 아니라 상품과 그 교환관계 속에 존재한다는 것, 즉 그것이 우리 없이, 우리가 믿을 필요도 없이 기능한다고 주장한다.

A=A라는 것은 뭔가를 포함한다. "A와 같다"(equaling A)는 "A"에 어떤 일이 일어난다는 것이다. 바로 이 공식 안에는 약간의 왜곡 내지 흔적의 이동, 즉 어떤 일의 일어남이 있다.[136] A=A는 이미 현존하는 모순, 이상한 루프, 혹은 유령적이고 유동적인 존재와 같은 것을 내포한다. 다시 말해, A=A가 이러한 모순과 관련하여 나의 내부에 있는 불투명한 맹목이 아니라 오히려 **A=A가 이미 모순**이라는 것, 즉 참인 동시에 거짓인 양진주의적 진리(double-truth, *dialetheia*)라 는 것을 미리 아는 한, 이것은 물에 대한 헤겔적 모순과는 다른 것이다.

---

136 Jacques Derrida, "Supplement of Copula: Philosophy before Linguistics," trans. James Creech & Josué Harari, *Georgia Review* 30, no. 3 (Fall 1976): 527-64, esp. 555-64.

이것은 헤겔적 서사가 배제하는 것이다.

루프는 하나의 원이며, 원은 반드시 조화의 이미지만 갖는 것은 아니다. 원은 정수와 분수의 세계, 즉 유리수의 세계와 딱 맞아떨어지지 않는 실재에 대한 명백한 증거이기 때문에 근본적으로 편안함을 주기보다는 본질적으로 충격적이다. 원의 전체적인 매끄러움에는 혼란스러운 뭔가가 있는데, 이 매끄러움은 사고될 수 있을 뿐 알고리즘적 구성이나 목탄 같은 것으로 결코 재현될 수 없다. 원은 내가 사고할 수 있지만 보거나 만질 수는 없는 차원에 존재한다. 파이(pi)와 가장 가까운 유리수 사이를 매끄럽게 이어주는 다리는 존재하지 않는다. 실수(유리수와 무리수)의 집합을 역설로 전환하는 간극이 있다. 루프들은 이런 사고를 "더 악화시키는"데, 그것은 돌고 도는 원들이기 때문이다. 즉 루프는 **둥글게 일주한다**(*encircle*). 그것은 행위하고 순환한다. 루프는 항상 자기 자신에게로 돌아가려 하지만 결코 돌아가지 않는다. 인디언들이 영(0) — 복식 부기를 위해 필요했던 이단적인 숫자였고 초기 상업자본주의 시대 유대인 게토의 창조물이었다 — 을 재현하기 위해 원을 선택했다는 것은 전혀 놀랍지 않다.[137] 이 책에 실린 마커스 분의 글에서 보여주듯이, 영은 불교적 계보와 같이하는 숫자이다.

특정한 종류의 논리를 위한 이 이미지에 혼란스러운 것은 무엇인가? 그것은 순환하는 루프의 완벽한 동일성 내에 미세한 차이, 즉 순환이 있다는 것이다. 그것은 단순히 A가 아니라 A＝A이다. 즉, 청명한 푸른 하늘에 날아가는 새의 궤적이나 캄캄한 밤에 나를 떠미는 검은

---

137 Robert Kaplan, *The Nothing That Is: A Natural History of Zero* (Oxford: Oxford University Press, 2000).

소처럼 어떤 보이지 않는 운동이 일어나고 있다. 이것은 자기모순이다. 루프는 동일한 상태로 남아 있으면서도 자기 자신과 달라지는 것이다. 그것은 자신을 삼키는 뱀인 우로보로스(Ouroboros)이다. 따라서 모순의 미세한 이미지는 돌고 있는 원인데, 아마도 이것이 피타고라스학파가 파이와 같은 무리수를 주장했다고 해서 히파수스(Hippasus)를 목 졸라 죽였던 이유일지 모른다. 원은 자기 자신으로부터 벗어나지만 바로 이 벗어남이 바로 원이다.

모든 소가 검은 밤에도 여전히 소들은 존재한다. 만약 우리가 이 이미지를 그 표면에 뭔가를 노골적으로 숨기는 것으로 받아들인다면 말이다. 이것은 절대 무가 아니다. 도처에 이런 소들이, 즉 파악 불가능한 소들이 존재한다. 이것은 실체들의 우주이다. 나는 그것들을 사고할 수 있지만 직접적으로 볼 수는 없다. 그럼에도 그것들은 (물질적으로) 실재적이다. 이것이 빗방울 떨어지는 빗방울(raindrops that are raindroppy)이 있는 칸트적 우주이다. 나는 그것들, 즉 그것들이 아이스캔디가 아니라는 것을 사유할 수 있지만 빗방울 그 자체에는 다가갈 수 없다.

불교를 사유하는 것은 동일성에 관한 필연적 역설을 이해하는 데 도움이 될 수 있는데, 이 역설을 인정하는 것은 "이론"과 아주 유사한 것처럼 보이는 방향에서 보면, 서양철학 내에서 불교를 전유하는 기존 방식과는 다른 것이다. 자아와 같은 것을 제거함으로써 역설을 제거하는 것이 그동안 추구해온 방식이었다. 방사능과 오염의 영향과 관련된 거대한 시간적 척도를 지향하는 인간들의 필연적 성향을 사고하기 위해 공리주의 내에서 윤리학에 대한 자기-이익(self-interest)

이론을 해체하는 실험을 시도한 데릭 파핏(Derek Parfit)을 생각해 보라. 『이성과 인격』(*Reasons and Persons*)의 핵심에서 파핏이 무아관 (無我觀 no-self view)이 자신의 내면 상태에 얼마나 유익한지에 대해 솔직히 인정한 것은 주목할 만하다. 자기-이익 이론을 초월할 때, 우리는 내밀성이라는 아기를 자아라는 목욕물과 함께 버릴 필요는 없다. 사실상 정반대이다. 자기-이익 이론을 포기함으로써 우리는 파핏이 다른 생명 형태들과 미래의 자아와의 더욱 내밀한 접촉이라고 생각하는 것에 관심을 갖게 된다. 파핏은 스티븐 콜린스(Steven Collins)의 사상과의 만남을 통해 불교와 유사한 것을 받아들인다.[138]

『이성과 인격』의 한 가운데에 있는 감동적인 구절, 즉 그의 저작이

---

[138] 파핏이 불교에 대한 자신의 견해를 형성하기 위해 참고한 책은 Steven Collins, *Selfless Persons: Imagery and Thought in Theravada Buddhism* (Cambridge: Cambridge University Press, 1982)이다. 관련해서 참고할 책으로는 다음과 같다. Steven Collins, "A Buddhist Debate About the Self; and Remarks on Buddhism in the Work of Derek Parfit and Galen Strawson," *Journal of Indian Philosophy* 25, no. 5 (October 1997): 467-93; Mark Siderits, *Personal Identity and Buddhist Philosophy: Empty Persons* (Aldershot: Ashgate, 2003). 분석철학과 불교의 만남에 대해 참조할 글로는 다음을 보라. Roy W. Perrett, "Personal Identity, Minimalism, and Madhyamaka," *Philosophy East and West* 52, no. 3 (July 2002): 373-85; James D. Sellmann & Hans Julius Schneider, "Liberating Language in Linji and Wittgenstein," *Asian Philosophy* 13, nos. 2-3 (July-November 2003): 103-13; Derek Parfit, "Experiences, Subjects, and Conceptual Schemes," *Philosophical Topics* 26, nos. 1-2 (Spring and Fall 1999): 217-70. Derek Parfit, *Reasons and Persons* (Oxford: Oxford University Press, 1984), 347.

보여주는 옥스브리지 공리주의의 지나치게 이성적인 양식에 비하면
놀라울 정도로 개인적인 구절에서 파핏은 다음과 같이 쓰고 있다.

〔무아의〕 진실은 우울하게 하는가? 그렇다고 생각하는 사람도
있을 것이다. 하지만 나는 그 진실이 해방감과 위안을 준다고
생각한다. 내 존재가 〔"육체적·심리적 연속성과 구별되는 또 다른
깊은 사실과 전부-아니면-전무여야 한다는 사실〕이라고 믿었을
때, 나는 내 자신 속에 갇혀 있는 것 같았다. 나의 삶은 유리
터널처럼 보였다. 그 터널을 통과하면서 나는 매년 더 바쁘게
움직이고 있었고 그 끝은 어둠이었다. 내 생각을 바꾸자 유리
터널의 벽이 사라졌다. 이제 나는 탁 트인 곳에서 산다. 내 삶과
다른 사람들의 삶 사이에는 여전히 차이가 있다. 하지만 그 차이는
훨씬 적어진다. 다른 사람들은 더 가까워진다. 나는 나 자신의
남은 삶보다는 다른 사람들의 삶을 더 염려한다.[139]

이것은 단순화(simplification)의 수사이다. 뭔가를 내려놓으니 더
큰 내밀성과 배려가 생겨난다는 것이다. 따라서 분석철학은 우리가
연구해 왔던 유럽 대륙의 철학적 계보보다 불교에 더 우호적이었던
것 같다. 파핏의 말은 무아관이 제공하는 내밀성과 미래에 대한 열림을

---

139 Ibid., 281; Ananyo Basu, "Reducing Concern with Self: Parfit and the Ancient
Buddhist Schools," *Culture and Self*, ed. Douglas Allen (Boulder: Westview,
2007), 83-93; Jim Stone, "Parfit and the Buddha: Why There Are No People,"
Philosophy and Phenomenological Research 48 (March 1988): 519-32.

잘 보여준다. 그의 산문은 아주 명확하고 절제되어 있다.

나는 진실이 해방감과 위안을 제공한다고 생각한다. 그것은 나에게 나의 미래, 나의 죽음보다 다른 사람들을 더 걱정하게 한다. 나는 내 관심의 이런 확장을 환영한다.[140]

파핏은 명확한 입장을 선택한다. 그는 힘들게-예를 들어, 수도원에서 동료의 압박이나 상황적 검증 없이 혼자 서재에서 상황을 생각함으로써- 터득한 생각이 사람들에게 유익할 수 있다고 말하고 있다. 파핏이 자기 자신을 불교도라고 말하는 것은 주저할지 몰라도, 이러한 자아 없는 내밀성이 바로 불교의 관심사이다. 이런 부드러운 언어가 순간적이긴 하지만 극도로 강경한 옥스퍼드 철학에서 나타났다는 사실은 주목할 만하다. 그런 언어는 전기적인 여담이 아니라 엄밀한 논증에서는 파괴적인 계기가 될 수 있다. 정확히 행복과 같은 말인 유용성(utility)은 자기-이익이 아니라 정반대의 충동에서 생겨난다. 실제로 파핏의 계획은 윤리학의 자기-이익 이론이 얼마나 자기 패배적인지, 특히 이 이론을 거대한 시간적 스케일로 사유하는 스트레스 테스트[141]를 거쳤을 때 얼마나 자기 패배적인지를 보여주는 것이다. 분석철학을 잠시 대륙철학으로 번역해 보면, 쇼펜하우어의 의지가 스스로를 실현

---

140 Parfit, *Reasons and Persons*, 347.
141 (역주) 주어진 시스템이나 실체의 안정성을 결정하기 위해 진행되는 테스트로서 결과를 관찰하기 위해 한계점에 이를 정도로 시스템의 일반적인 운용능력을 넘어서는 테스트를 실시하는데, 이를 스트레스 테스트(stress testing)라고 한다.

하려고 할 때 스스로를 샅샅이 훑어보듯이, 자기-이익 이론은 자가-면역적(auto-immune)이다.

파핏의 언어가 놓치는 것은 자아 개념을 내려놓는 것이 자신을 루프에 밀어 넣는 것일 수 있다는 점이다. 이 루프는 "자기 자신"과의 더욱 내밀한 관계를 의미할 것이다. 단순히 자아 개념을 버려야 한다고 주장하는 것은 마치 문제를 높은 고도에서 바라보는 것처럼 상당히 도식적이다. 명상가의 보다 "인격적인"(personal) 관점에서 볼 때, 『정법안장正法眼藏』의 시작 부분에 나오는 도겐의 말은 적절해 보인다. "불도佛道를 배운다는 것은 자기를 잊어버리는 것이다. 자기를 배운다는 것은 자기를 잊어버리는 것이다. 자기를 잊어버린다는 것은 우주 만물萬法에 대한 깨달음을 얻는 것이다."[142][143] 여기서 배운다(*study*)는 말은 도식적인 검토보다는 티베트어로 곰(*gom* 명상)이라고 불리는 것과 같은 의미로 **익숙해짐**(*becoming familiar with*), 즉 필연적으로 미적 감상을 의미한다.

도겐에게 자기를 내려놓는 것이 **사물**과 공존하는 것임을 주목하라. 이를 구체적으로 설명해 보자.

존재하는 것은 당신 자신과 조금이라도 달라지는 것인데, 이것이 "나르시시즘"의 비밀이다 — 결국 자기 촉발(autoaffection)은 타자 촉발(heteroaffection)과 같다. A=A에 대한 헤겔의 공포증적 이미지는 여러 가지 점에서 루프의 이미지이다. 헤겔은 이 루프를 "자아로의

---

142 Hee-Jin Kim, *Eihei Dōgen, Mystical Realist* (Somerville, MA: Wisdom Publications, 2004), 125.

143 (역주) 『정법안장』의 「현성공안」에서 나오는 대목이다.

물러남"이라고 부르는데, 이는 하이데거가 말한 대상의 물러남과 기이하고 낯설게 공명하는 말이다. 즉 사물이 기능할 때, 그것은 그 자체-로의-물러남(withdrawn-into-itself, *Entzug*)이다.[144] 그리고 불교는 바로 이 "자기-내-존재"(being-within-self, *Insichsein*)의 종교이다. 이 물러남은 특정한 사물성(thingliness)과 무관하지 않다. 내가 명상하고 "수행"할 때, 나는 내 마음을 내 마음으로 에워싸서 루프로 만든다. 그 속에서 내 마음의 기호적·이념적·정신적 성질들(현상들)은 그 사물성의 바다 속에 떨어진 물방울처럼 포개진다. 여기서 우리의 주장은 사물에 대한 두려움으로 나아간다.

사물에 대한 두려움

관념론이 사물의 지위에 대해 불안해하는 것은 나름 명백하다. 사물에 대한 또 다른 종류의 불안, 즉 제거적 유물론(eliminative materialism)에 표현된 불안으로 잠시 돌아가 보자. 이 불안은 현상과 실재 간의 환원 불가능한 간극을 징후로서 보여주는 무에 몰두하는 것인데, 이 간극의 위치가 실재의 어디에 있는지 알 수는 없다. 이 간극을 제거하는 것은 불안을 줄여줄 것이며, 특정 형태의 유물론은 이런 방법 중의 하나이다. 하지만 제거에는 그것이 없애고자 하는 바로 그 자기 지시와 애매성이 계속해서 따라다닌다. 제거적 심리학은 사고가 사실상 뇌의 촉발(brain firings)이라고 주장한다. 그러나 후설이

---

144 Martin Heidegger, *Being and Time*, §15 (62-67).

주장하듯이 이는 무한 퇴행을 의미한다. 모든 사고가 뇌의 촉발이라는 관념 자체도 뇌의 촉발이기 때문에 진실을 체크할 방법은 없다. 이러한 통찰은 현상학의 토대를 이룬다.[145] 말하자면, 사고는 그 사고를 사유하는 마음, 특히 사람의 두뇌(wetware)와는 독립된 논리적 DNA와 같은 것을 가지고 있다. 관념들은 숙주(박테리아, 마음)를 떠나서는 존재할 수 없지만, 그렇다고 숙주로 환원될 수도 없는 바이러스와 같은 기생체와 닮았다. 이런 의미에서 관념은 사물이다. 바이러스가 (DNA 또는 RNA) 코드의 서열이듯이 말이다.

따라서 나의 마음은 내가 아닌 실체들(사고들)로 가득 차 있다. 나의 뇌가 내가 아닌 실체들 혹은 심지어 나의 뇌가 아닌 실체들, 예를 들어, 톡소플라스마 곤디(Toxoplasma gondii), 클루지적인 속성을 가진 DNA, 파충류 및 포유류의 뇌 조각들과 같은 공생체로 채워져 있듯이 말이다. 이데올로기 이론이 증명하듯이, 관념들은 모종의 행위성을 갖고 있다. 즉 인간 주체가 관념을 위한 벡터(vector)가 되는 것이다. 내가 아닌 사물들, 심지어 관념들조차 나를 감응시키거나, 나를 죽이거나, 나를 미치게 하거나, 나를 더 내향적이게 만드는 행위자인 것이다.[146] 생태적 각성은 불교적 해석에 아주 적절한 것 같다. 세계는 밀폐공포증을 느낄 정도로 가득 차 있다.

---

145 Edmund Husserl, "Prolegomena to All Logic," *Logical Investigations*, trans. J. N. Findlay, ed. Dermot Moran (London: Routledge, 2006), 1:1-161; *Logical Investigations*, 1:276.

146 Jaroslav Flegr, "Effects of Toxoplasma on Human Behavior," *Schizophrenia Bulletin* 33, no. 3 (2007): 757-60.

그러나 이 가득 차 있는 세계를 받쳐주는 것은 무이다. 나(me)와 나-아닌 것(not-me)의 사이 또는 그 내부에 있는 차이가 세계를 움직일 수 있는 연료를 제공해 준다. 무의 문제는 텅 빈 타성적 공백의 문제가 아니라 단적으로 사물의 문제이다. 사물들은 여기에도 있고 안에도 있고 밖에도 있다. 사물은 사고이다. 사물은 불상이다.

이 문제에 대해 불상보다 더 잘 환기시켜 주는 것이 있을까? 달리 말해, 서양적 사고에서 사물에 대한 두려움을 데카르트의 유명한 지성(*res intellectus*), 즉 사유하는 사물(thinking thing)―지젝은 이를 충분히 활용하는데, 이런 활용은 우리 분석의 현 순간에서 보면 아이러니한 것처럼 보일 수 있다―보다 더 잘 환기시켜 주는 것이 있을까?[147] 데카르트적 코기토는 내가 꼭두각시나 생명이 있는 불상, 즉 나-아닌 것이고 나의 통제를 받지 않는다면 악마적인 힘에 의해 조종당하는 사물일지도 모른다는 모종의 편집증에 의존하기 때문이다. 내가 꼭두각시일지도 모른다는 관념은 내가 나라는 존재를 발견하는 데 매개가 되는 관념이다. 우리는 이 표현에서 이 글 전체에서 마주친, 이상하고 차원-교차적(level-crossing)이며 자기 지시적인 루프, 즉 일부 서양철학이 필사적으로 제거하려고 한 루프와 조우하는 것이 아닌가?

그리고 이 고리를 제거하기보다는 오히려 그것을 고리 그 자체에 대한 바로크적이고 더욱 혼란스런 형태로 확장한 것은 라캉이 아닌가? "내가 나의 사고의 놀잇감(plaything)이 되는 곳은 어디든 나는 그곳에 존재하지 않는다. 그리고 나는 내가 생각한다는 것을 생각하지 못하는

147 Slavoj Žižek, *Tarrying with the Negative: Kant, Hegel, and the Critique of Ideology* (Durham, NC: Duke University Press, 1993), 9-18.

곳에서 나의 존재에 대해 생각한다."[148] 내가 나 자신과 일치하지
않는 한에서 나는 나이다—하지만 여기 인용한 글에서 라캉이 거짓말
쟁이(이 문장은 거짓이다)의 사용을 통해 증명하듯이, 나는 나 자신이
다. 더글러스 호프스태터(Douglas Hofstadter)의 용어로 말하면, **나는
이상한 루프이다**.[149] 적어도 하나의 사물, 즉 (인간) 주체가 되는 것은
동시에 그 사물이 아닌 것—(어떤 이에게는) 참을 수 없는 비일관성이나
애매성, 혹은 적나라한 모순—이 되는 것이다. 이것은 라캉이 놀잇감을
이용할 때 잘 드러나는데, 여기서 놀잇감은 사물성의 문제, 그리고
부정과 애매성의 문제인 놀이의 문제를 멋지게 요약한다. 이런 문제는
깨물기가 깨물기가 아닌 베이트슨적 문제(Batesonian bite)[150]와 유사하
다.[151] 이러한 놀이의 의미는 "이것은 생각에 대한 생각하기(thinking

---

148 Lacan, "Agency of the Letter," 166.

149 Douglas Hofstadter, *I Am a Strange Loop* (New York: Basic Books, 2008).

150 (역주) 베이트슨은 인간과 동물의 놀이, 공상, 위협 등의 맥락에서 교환되는
신호는 이중적이고 역설적인 의미를 갖는다고 말한다. 그에 의하면 가령 "장난
스러운 물어뜯기는 물어뜯기가 의미하는 것으로 표시되는 것을 표시하지 않을
뿐만 아니라 물어뜯기 자체가 허구다." 이를 통해 베이트슨은 놀이하는 동물은
자신들이 말하는 것을 의미하지 않을 뿐만 아니라 일반적으로 존재하지 않는
것에 대해 의사소통을 하고 있다고 주장한다. 모턴이 깨물기가 깨물기가 아닌
베이트슨적 문제(Batesonian bite)라고 말하는 것은 깨물기가 깨물기를 의미하
지 않는 신호 교환의 역설적 이중성을 염두에 둔 말이다. 자세한 것은 그레고리
베이트슨, 『마음의 생태학』, 박대식 옮김(책세상, 2017), 306-7을 참조하라.

151 Gregory Bateson, "A Theory of Play and Fantasy," *Steps to an Ecology
of Mind*, foreword by Mary Catherine Bateson (Chicago: University of Chicago
Press, 2000), 177-93.

of a thought)이며, 따라서 적어도 어떤 생각하기는 계속 된다"라고 말하며 공리주의 내에서 코기토의 모순을 완화하려는, 불교의 영감을 받은 파핏의 유쾌한 시도보다 불교의 기이함에 더 가까운 것일지 모른다.[152]

이런 의미에서 바디우는 라캉주의자가 아니다. 왜냐하면 그에게 존재하는 것이란 일관적인 것이기 때문이다. 바디우는 칸토어주의자 또한 아니다. 오히려 그는 칸토어에 대한 체르멜로-프렝켈(Zermelo-Fraenkel)의 해석을 고수한다. 이 해석은 집합의 원소가 아닌 원소를 포함하는 집합과 같은 그런 비일관성의 주름들을 제거하는 것이다. 러셀의 악명 높은 집합 역설은 초한수의 집합(transfinite sets)이라는 관념에 함축된 자기 지시의 뚜렷한 예이다. 이 집합들은 그것들 사이에 부드러운 연속성을 갖지 않은 무한들, 원들이 의존하는 무한들, 실재적 원을 픽셀이나 연필로 그린 원과 다르게 만드는 무한들을 포함하는 집합이다. 실수의 집합은 유리수들의 집합을 포함하지만 이 집합들 사이를 이어줄 다리는 없다. 놀라운 역설이다.

나를 "나-아닌 것"으로 간주하는 것 – 이것은 **주체**(*subject*)와 현상학적 상황에 있는 **자아**(*self*)에 대한 칸트의 구분에서 이미 생겨난 사고이다 – 에서 산을 산-아닌 것(도겐), 사물의 집합을 사물의 집합-아닌 것(집합 자체의 원소가 아닌 것) 등으로 간주하는 것으로 나아가는 것은 한달음이다. 이런 견해에서 하나의 사물이라는 것은 참을 수 없고 불가능한 모순이다. 그리고 모순은 하나의 관념 – 말하자면, 여전히 유해성을 갖고

---

152 Parfit, *Reasons and Persons*, 81.

있는 관념-바이러스(idea-virus), 즉 아리스토텔레스적인 비모순율의 원칙 — 에 따르면 제거되어야 한다. 칸트 이후 스콜라주의라고 경멸적으로 불린 실체적 존재론, 다윈 이후 죽은 목적론과 같이 아리스토텔레스의 많은 부분은 근대 들어 폐기되었다. 하지만 비모순율의 원칙은 칸토어와 괴델의 수학적 계보에도 불구하고 여전히 존속하고 있다. 사물이 존재하기 위해 일관적이어야 한다고 주장할 때, 바디우 자신이 이런 바이러스에 의해 쉽게 영향받고 있음을 보여준다.

하지만 불교 명상가는 오직 불법의 정진을 위한 것이긴 하지만 산은 산이 아닐 수 있다고 주장할 수 있다. 실제로 명상가는 산을 산-아닌 것(not-mountain)으로 **보게** 되어 있다. 그렇지 않다면 그는 산은 단지 산(에 대한 자신의 개념)일 뿐이라는 원점 1로 돌아가거나, 산은 존재하지 않는다(오직 원자나 산에 대한 생각mountain-thoughts과 같은 것만 존재한다)는 원점 2로 돌아가고 말 것이다. 공은 형태(색)이다 (空卽是色). 사물이라는 것이 일관적이어야 한다는 관점에서 보면 불교 명상가는 완전히 비논리적인 일을 하는 셈이다. 하지만 사물이 존재하기 위해 일관적이어야 한다는 이런 생각은 칸토어 이후의 수학과 칸트 이후의 존재론과 정면으로 배치된다. 다시 말해, 그것은 근대성에 도전하는 것이다. 무에 대한 조주趙州의 유명한 공안公案에서처럼 사물이 비-사물임이 드러나는 한, 불교에 대한 두려움은 사물에 대한 두려움이다. 개에게 불성佛性이 있느냐는 질문에 조주는 없다 (無)라고 답했다. 여기서 무는 아님, 즉 부不나 비非(not or no-thing)를 의미할 수도 있고 의미하지 않을 수도 있지만 근본적으로는 없음, 즉 무無(non- or un-)를 뜻하는 결성접두사(privative prefix)를 뜻한다.[153]

문장 내지 단어를 기다려야 하는 접두사. 이것은 신체 없는 기관, 숙주를 기다리는 아주 작은 비트의 바이러스 코드이다.

더욱이 『반야바라밀다심경』의 근거가 된 대승불교의 관점에서 볼 때, 불교의 명상 수행자는 이미 사실인 것―즉 수행자 자신이 지금의 자기 자신, 즉 혼란스러운 존재가 아니라 부처라는 것―을 환기하거나 실현하고자 노력한다. 수행자가 불법에 정진할 때 이것을 주장하는 훨씬 더 역설적인 방법이 존재한다. 예를 들어, 족첸의 탄트라적인 관점에서 수행자는 스스로를 혼란스런 중생으로 지각하면서도 바로 이 불성으로부터 한치도 벗어나지 않는다. 비모순율의 원칙을 고수한다면, 이것은 명백히 불합리한 논리이다. 중생과 부처 사이에는 명확한 구분이 있고, 이 구분은 족첸에서 본질적이다. 혼란은 깨달음이 아니다. 하지만 혼란스러운 마음의 근본적 성격은 항상-이미 완전히 깨달았다는 것이다. 마음의 이런 성격(티베트어로 *ngowo*)과 그것이 혼란으로 나타나는 방식 사이에는 혼란스런 간극이 있다. 이 간극이 혼란스러운 것은 그것이 아주 절대적인 것으로 보이기 때문이다. 하지만 동시에 나는 이 간극이 어디에 위치하는지를 알 수 없다. 왜냐하면 혼란스런 마음의 본질은 완전히 깨달은 상태이기 때문이다.

불성(산스크리트어로 *Thatāgatagharba*)은 내 안에 있는 나-아닌 것(not-me)이다. 사실 이 나-아닌 것은 혼란스러운 지각에 불과한 나 자신보다 "나" 자신에 훨씬 더 가깝다. 이런 관점에서 보면 불도를 따라 나아가는 것은 하나의 존재―사물의 최소 정의가 그것이 나-아닌

---

153 Reps and Senzaki, eds., *Zen Flesh, Zen Bones*, 95.

것임을 의미하는 한에서의 **사물**(thing)-에 대한 믿음의 문제이다. 이것을 깨닫는 것은 "나 자신"이 사물-같은 구성물, 즉 자신의 고유한 논리적 게놈이나 기이한 결정성을 가진 관념인 한에서 나 자신이 하나의 사물이라는 것을 이해하는 것이기도 하다. 나는 양측으로부터 영향받는다. 즉 나-아닌 것(혼란에 빠진 중생)은 그것이 나-아닌 것(완전히 깨달은 부처)이기도 하다는 것을 깨닫는다.

우리는 이러한 깨달음을 과정(process)이라고 부를 수 있다. 하지만 시간 "안"에서 일어나는 과정 그 자체가 유동적이라고 하더라도 일종의 항구적인 사물로 받아들여진다면, 그것은 아주 유행하고 개선된 것이라고 하더라도 존재와 같은 것을 보존하기 위한 방법이 될 것이다. 그리고 불교적 깨달음을 이해하는 이런 통상적인 과정철학적 방식은 지금 이 순간에 혼란 그 자체가 바로 부처의 마음(佛心)에 다름 아니라는 생각을 제대로 이해하지 못한다. 과정적 사유(process thinking)는 이런 생각의 깊은 모순성을 길들여서 아리스토텔레스적 바이러스라고 할 수 있는 비모순율의 원칙의 지배 속으로 끌어들이는 방식이다. 과정철학의 시조인 화이트헤드(Whitehead)는 결국 루프-억압적인 『수학 원리』에 관해 러셀의 협력자였다고 할 수 있다.

내가 DNA, 기억과 같은 다른 사물들로 이루어져 있을 뿐만 아니라 나와 불성이라는 현실성 사이의 환원 불가능한 간극-내가 되는 데 본질적이면서 나의 내부공간에서 내 "안"에 자리하는 간극-이 있는 한에서 나는 무에서 생겨난 것이다. 이것은 유가행파 대승불교(Yogacharin Mahāyāna)에서 상대적 진리(티베트어로 *kundzop*)와 절대적 진리(티베트어로 *döndam*) 사이의 간극이며, 이 간극은 "혼란스런" 상대적 진리와

"실제적인" 상대적 진리 사이의 또 다른 간극이다. 이 간극은 불성이 아무것도 아닌 것이 아니라 오히려 불성과 분리될 수 없는 온갖 종류의 현상들(자비와 평정심 등)을 가지고 있다는 사실에 근거한다. 하지만 이 현상들은 수정 구슬과 그 속에서 나타나는 형형색색이 분리 불가능한 것과 동일한 방식으로 분리 불가능하다. 족첸에서 *ngowo*(본성)와 *salwa*(외양, 투명함)라고 불리는 것 사이에도 간극이 존재한다. 가장 혼란스러운 것으로부터 가장 각성된 것에 이르기까지 모든 현상들(*nangwa*)은 공이다. 이 공은 현상들이 존재할 수 없는 이유가 아니라 **현상들이 존재하는 이유**라 할 수 있다.

따라서 각성된 상태를 비롯해 어떠한 현상적, 경험적 "상태"도 잠정적이고 흔들리는 비일관성, 즉 경전이나 탄트라 전통에서 칭송받는 환상 같은 성질을 가지고 있음에 틀림없다. 다시 말해, 혼란스런 현상과 각성된 현상 모두 이 글에서 무라고 불리는 것으로 채워져 있다. 예를 들어, 나가르주나의 전통적 유비를 생각해 보자. 삶은 신기루, 거울 속의 이미지, 메아리, 꿈, 그림자, 텅 빈 공간, 마법적 펼침, 물에 비친 달, 간다르바(*gandharvas*, 신들의 음악가)의 천상도시와 같다.

또한 이것은 근대성의 출발점에서 창조된 윌리엄 블레이크의 인물 텔(Thel)에 대한 묘사와 기이하게 닮지 않은가? 텔은 자살 충동과 자기 몰입에 빠져 있으며 존재의 생사 순환에 잘 대처하지 못하는 십대 소녀이다. 다시 말해, 그녀는 적어도 붓다공포증의 눈으로 보면 불교도와 유사한 인물이다. 텔은 자기 자신을 자연환경에 비춰진 왜상적歪像的 모습의 다양한 마술적 형태로 묘사한다.

360

오, 봄날의 삶이여! 물 위의 연꽃은 왜 지는가?

이 봄의 아이들은 왜 스러지는가? 태어나서 웃다가 쓰러질 존재.

아! 텔은 물가의 무지개 같고, 떠나가는 조각구름 같아.

거울에 비친 영상, 물 위에 비친 그림자 같아,

어린애의 꿈, 어린애 얼굴에 핀 웃음 같아,

비둘기의 울음소리, 사라지는 하루, 허공의 선율 같아.[154]

이것은 마치 텔이 나가르주나의 공의 유비들(영상, 꿈, 환각 등)에 대해 들어본 적이 있는 것처럼 보인다. 이 유사성은 친숙하면서도 낯설다. 텔은 자신의 세계 속의 현상들과 더불어 자신이 왜 그렇게 덧없고 환상적인지를 이해하지 못하고, 자신과 대화하는 존재들(꽃, 구름, 벌레, 흙덩이)의 도덕적 교훈을 거부한다. 이 존재들은 다시 순환하는 것을 기뻐하는 차원에 멈추는 것 같지 않다. 텔은 마치 순환의 수레에서 내리고 싶어 하는 것처럼 보인다. 텔이 말하는 존재들의 도덕적 교훈은 그 어조에서 기독교적이다. 사람은 죽지만 그것은 영광스럽게도 하나님의 계획의 일부라는 것이다. 텔에게 이것은 형이상학이며, 그녀는 자신과 대화하는 것들보다 더 퇴행적으로 보이는 한에서 그녀는 그것들보다 더 진보적이다. 이것은 아도르노가 진정한 진보에 대해 말한 것을 떠올릴 수 있을 것이다. 그에 의하면 진정한

154 William Blake, *The Book of Thel, in The Complete Poetry and Prose of William Blake*, ed. David V. Erdman (New York: Doubleday, 1988). 우리말 번역은 서강목 옮김, 「텔의 서書」, 『블레이크 시선』(지식을 만드는 지식, 2012), 9를 참조.

진보는 정확히 그것이 주변의 패러다임과 어울리지 않기 때문에 퇴행처럼 보일 수도 있다. 아도르노는 사례로서 채찍질 당하는 말을 보고 눈물짓던 니체를 들었다.[155] 여기에는 고통이 신의 뜻의 일부라는 도덕적 의미보다 다른 중생의 고통에 대한 절대적인 자비가 표현되어 있다.

텔은 헤겔의 현상학적 스타일의 역사에서 아름다운 영혼(Beautiful Soul)의 단계를 닮았는데, 헤겔은 이 단계의 확실성을 "소멸하는 소리로 즉시 바뀌었다"—이 구절은 우리가 살펴보고 있는 불교에 대한 헤겔의 경멸과 서로 통한다[156]—라고 멋지게 묘사한다. 헤겔의 불교를 연구하는 것은 붓다에 대한 매혹적이면서 혐오적인 이미지를 설명하고자 하는 헤겔 미학의 쟁점에 대한 재검토를 요청하는 것이다. 한편으로 "동양의 원시적인 예술적 범신론"은 예술, 자연, 관념의 두 반쪽을 서로 "부적합하고" 서로 불투명한 것으로 보고 그것들을 억지로 끼워 맞추려고 하는 것처럼 보인다. 그 결과 내용을 적절하게 담을 수 없는 형식들이 생산되면서 (힌두교의 증식하는 꿈에 대한 헤겔의 견해처럼) "기괴하고 그로테스크하며 무미건조한" 것이 되거나, 불교에 대한 그의 견해처럼 "실체적 이념(substantive Idea)의 무한하지만 추상적인 자유를, 무가치하고 일시적인 것으로 여겨지는 모든 현상적 존재와 경멸적으로 대립시키기도" 한다.[157] 헤겔은 『미학 강의 입문』(*Introductory*

155 Theodor Adorno, "Progress," *Philosophical Forum* 15, nos. 1-2 (Fall-Winter 1983-1984), 55-70.

156 Georg Wilhelm Freidrich Hegel, *Phenomenology*, 399.

157 George Friedrich Hegel, *Introductory Lectures on Aesthetics*, trans. Bernard

Lectures on Aesthetics)에서 단지 "일자, 최상의 존재"로서의 신이라는 관념을 비판하는 데 열중한다. 이런 구조에서 "우리는 단지 비이성적인 지성의 생명 없는 추상을 말할 뿐이다."[158] 다른 한편으로 낭만주의적 예술형식의 내향성은 "객관성과 주관성의 구별이 사라진 신에 대한" 순수 "의식"[159]과 유사하다. 헤겔이 불교의 특징으로 규정한 내향성은 이런 의식과 관련될 수 있는가, 아니면 그것은 단순히 헤겔의 사고에서 주변적인 것으로 해석되어야 하는가? 헤겔은 아이러니 개념, 즉―"내적 조화를 포기하는 것이 두려워서 행동하거나, 그 어떤 것과도 접촉하고 싶어 하지 않는― 정지상태와 허약함"의 "병적인" 형태를 생겨나게 하는 "객관적인 모든 것의 무"에 대한 의식에 혼란스러워 하는 것처럼 보인다. 여기서 헤겔은 나중에 쇼펜하우어에 대한 비판으로 이용될 수 있는 것을 제안한다. 쇼펜하우어가 불교와 미적인 것을 융합한 것은 "(마음의) 추상적 내향성", "자신으로의 후퇴"에 근거하는 "병적인 성스러움과 갈망"을 보여주었기 때문이다.[160] 확실히 자기 내 존재(*Insichsein*)의 불교에는 이것의 반향이 있다. 그리고 수사 중에서 가장 낭만적인 수사인 아이러니에 대해 헤겔이 말하는 것과 불교와 불교 명상 수행에 대한 그의 견해는 동일한 판단기준에 근거하고 있는 것인가?

Bosanquet, ed. and intro. Michael Inwood (Harmdondsworth, UK: Penguin, 1993), 83.

158 Ibid., 77.

159 Ibid., 90.

160 Ibid., 73.

텔은 옷을 차려입었지만 가야 할 곳이 없다. 그리고 『텔의 서書』(*The Book of Thel*)가 종종 블레이크 자신이 원하지 않던 방식으로, 즉 어린 소녀가 나르시시즘적으로 도취된 상태를 중단하고 가능하면 빨리 남자와 성관계를 맺어야 한다는 전도된 "도덕적 찬송가"로 읽히는 한, 텔 자신은 모종의 나르시시즘으로 비난받고 있는 것이 아닌가? 다시 말해, 텔은 **이론의 비유**가 아닌가?[161] 불교와 이론은 텔이라는 인물 속에서 그렇게 멀리 떨어져 있지 않은 것이다.

"영상처럼" "허공의 선율처럼." 어떤 것과 닮은 어떤 것처럼. 텔의 자기 묘사는 루프를 이룬다. 이런 루프적인 특성은 텔을 불교와 연결해 준다. 불교에서 실재는 환상과 **닮았다**. 만약 하레 크리슈나(Hare Krishna)처럼 그것이 완벽한 환상이라는 것을 알았더라면, 우리는 어떤 의미에서 환상에 관한 혼란스러운 것으로부터 보호받을 수 있었을 것이다. 왜냐하면 라캉이 주장했듯이(그리고 이 글에서 이미 인용했듯이) "가장을 구성하는 것은 그것이 가장인지 아닌지를 모른다는 것이기" 때문이다. 환상에 관한 이야기는 곧 현상에 관한 이야기이다. 사물의 현상은 사물이 있다는 증거이지만, 흄과 칸트 이후 서양철학이 현상으로부터의 사물의 이상한 물러남을 사유하지 않고서 사물을 사유하는 것은 불가능할지 모른다.

한 문장으로 압축된 관념(알튀세주의에서 **이데올로기소**_ideologeme_)이나 DNA의 한 가닥에 압축된 코드는 물질적이면서 동시에 기호적인

---

161 내가 이 풍부한 암시성을 가진 용어를 가져온 글은 Gerda Norvig, "Female Subjectivity and the Desire of Reading in(to) Blake's Book of Thel," *Studies in Romanticism* 34, no. 2 (1995): 255-71이다.

성격을 띤 기이한 루프이다. 만약 이 기이한 루프적 성격이 사물과 그 현상들이 분리되어 있으면서도 환원 불가능하게 서로 결합된, 더 깊고 더 퍼져 있는 루프적 성격 때문에 생겨난 것이라면 어떨까? 사물은 사물의 현상이 아니다. 하지만 사물은 바로 이런 식으로 현상한다. 현상을 따라간다고 해서 사물을 발견하지는 못한다. 사물은 있다. 그것은 앞과 뒤, 안쪽과 바깥쪽을 명확하게 구분하는 것이 불가능한 뫼비우스 띠, 즉 방향성이 없는 표면을 따라가는 것과 같은 것이다. 뫼비우스 띠의 꼬임은 그 형태의 특정 부분에 한정될 수 없다. 하지만 띠를 따라가다 보면 띠의 한 면이 다른 면과 마술적으로 연결되는 차원-교차적인 기이한 루프가 있는 것처럼 보인다. 이것은 우리가 이제 막 살펴본 **중생**과 **부처** 사이의 기이한 고리를 연상시키지 않는가?

적어도 이런 시각에서 보면 지젝이 루프와 뫼비우스 띠에 흥미를 가졌다는 것은 특이하다. 어떤 관념이 뫼비우스 띠의 형태를 취한다는 것은 지젝이 가장 좋아하는 표현 중의 하나이다.[162] 자기 지시적 루프에 대한 두려움이 붓다공포증을 활성화하는 것이기 때문에 이것은 마치 지젝의 철학이 자신과 가장 내밀한 것을 두려워하는 것처럼 보인다.

조각상, 특히 불상은 내가 여기서 설명하는 기이한 사물성(weird thingliness)을 잘 보여준다. 나는 **운명의 꼬임**(*a twist of fate*), 흥미로운

---

162 Slavoj Žižek, *Everything You Always Wanted to Know about Lacan (But Were Afraid to Ask Hitchcock)* (New York: Verso, 1992), 227; *The Parallax View* (New York: Verso, 2005), 4, 29, 83, 122, 152, 213, 320; "Do We Still Live in a World?" (http://www.lacan.com/zizrattlesnakeshake.html, 2013년 4월 29일 접속).

전환(*a funny turn*), **이상한 출현**(*strange turn-up for the book*) 등 **꼬임** 혹은 **전환**을 의미하는 고대 노르웨이어 우르스(*urth*)에서 유래하는 어원적 울림을 생각해서 **기이한**(*weird*)이라는 단어를 사용한다.[163] 조각상은 사물이면서 현상이기도 하고, 사물과 분리될 수 없는 현상이기도 하다. 또한 그것은—재현과 시뮬레이션 사이를 불확실하게(그리고 위협적으로) 배회하는— 어떤 사람의 구현이기도 하다. 응시가 (라캉적이고 지젝적인 의미에서) 나를 중력장에 묶어두는 일종의 대상인 한에서 그것은 나를 바라보고 있다. 조각상과 관련하여 불안한 것은 그것이 나를 바라보고 있을지 모른다는 것이 아니라 **나 또한 조각상의 하나일지 모른다**는 것이다. 나는 대상들 중의 하나의 대상일 수 있다. 그러나 이것은 적어도 헤겔에서 후설로, 이어서 하이데거와 그 추종자들로, 그리고 라캉에서 알튀세르로 이어지는 현상학적 계보의 부분적인 교훈이 아닌가? 조각상은 텔처럼 이론의 비유이다. 즉 그것은—기이한 행위성을 간직하고 "나를 응시하며" 자연스러워 보이는 사물의 질서에서 나의 위치를 뒤흔드는— 타성적이고 수동적으로 보이는 텍스트들과 사고들의 집합이다. 그것은 타성적이지만 바로 이 타성태는 이상한 매력을 지니고 있다.

수동적이고 이상한 경이로움. 하지만 이 수동성은 불안하게 하는 활동, 행동과 사유 간의 차이를 허물어뜨리는 활동, 즉 이론을 가지고 있다. "경이로움, 가장 철학적인 정동"(*thaumazein mala philosophikon pathos*, 플라톤, 『테아이테토스』). 이론은 무와 함께 깜박인다. 불교를

---

[163] *Oxford English Dictionary*, "weird" adj.

사유하는 것은 이론을 특정한 교착상태 너머에서 사유하는 방법이다. 마치 동양철학을 사유하거나 실제로 실천하는 것뿐만 아니라 동양철학에 관해 말하는 것조차 항상 일종의 제국주의적 오리엔탈리즘이나 되는 듯이, 일부 이론이 동양과 서양 사이에 치고 있는 방화벽을 생각해 보라. 이러한 방화벽은 붓다공포증에 의해 작동하게 되는데, 여기서 근대성의 가장 흥미로운 발견인 무가 비서양적 철학과 실천에 투사되고 있다. 공포증을 덜 느끼면서 무와 만나는 것은 공포증을 덜 느끼면서 불교와 만나는 것이다. 철학적 거부반응을 완화함으로써 가능해진 이런 만남은 근대성의 외부에서 이론의 미래를 상상하는 방법이다.

이것은 "자연으로의 복귀"라는 퇴행적 출구를 봉쇄하는 마르크스주의적 태도를 진지하게 수용하는 만남이 될 것이다. 환상적이고 좋았던 옛 시절을 동경하기보다 "열악하더라도 새로운 것"과 함께 시작하는 것이 브레히트가 추천하는 제안이다.[164] 아도르노는 니체의 철저한 빛보다 쇼펜하우어와 바그너의 어둠을 더 좋아했다. 하지만 이것은 불교의 사성제(苦集滅道) 중 첫 번째 진리인 고제苦諦와 놀라울 정도로 유사하게 들린다. 삶은 고통이고, 이 진리를 부인하는 형식 또한 고통의 형식이라는 것이다. 이 만남은 불교와 서양 이론의 달콤한 종합을 위한 것은 아닐 것이다. 그러한 상황은 만남이라기보다는 오히려 두 흐름이 변하지 않고 섞이지 않는 물과 기름과 같은 상태일 것이다. 이런 가능성 대신에 혼란스럽고 때로 무시무시하며 확실히

---

164 Walter Benjamin, "Conversations with Brecht," *Understanding Brecht*, trans. Anna Bostock, intro. Stanley Mitchell (London: Verso, 1998), 105-121 (121).

기이한 만남이 있을지 모른다. 불교가 이론을 완성한다거나 이론이 불교를 완성한다는 것은 사실이 아닐 것이다. 하지만 사유(thinking)가 비-사유(un-thinking)를 할 수 없다는 것, 그리고 이런 의미에서 사고에는 후진기어가 없다는 것—이는 진보가 필연적이라고 말하는 것과 같은 것이 아니다—은 확실히 사실이다. 이것은 단지 서양 이론과 그것의 불교적 형태 사이의 기이한 만남이—1750년 예수회가 무에 대한 공포를 환기시킨 이후— 일어나고 있음을 인정하는 것이다. 지젝으로부터 오큐파이 운동에 이르기까지 "나는 하지 않기를 원한다"(I would prefer not to)는 바틀비의 말을 정치적 실천의 영도로 받아들이기 때문에 이론은 이미 수동성이 근본적으로 비정치적이지 않다는 것을 알고 있다.[165] 하지만 불상처럼 앉아서 자신의 몸을 루프처럼 이루고 있는 수백 명의 "수동적인" 사람들의 유령이 마르크스주의를 뒷받침하는 헤겔주의에 어른거리고 있다. 그것은 불교라는 유령이다. 이 유령과의 관계는 상품과 소비주의, 그리고 우리가 대상(객체*objects*)이라 부르는 불편한 사물들과의 의미있는 만남을 동반하게 될 것이다.

좌파 이론 내에는 내면적 삶이라는 개념에 대한 금기 같은 것이 있는데, 이 금기는 감정의 관리(자립 self-help)에 대한 기술정치적 접근 방법이 생긴다고 해서 사라지지 않는다.[166] 주체성에 관한 현재의

---

165 Slavoj Žižek, "Neighbors and Other Monsters: A Plea for Ethical Violence," *The Neighbor: Three Inquiries in Political Theology*, by Slavoj Žižek, Eric Santner & Kenneth Reinhard (Chicago: University of Chicago Press, 2006), 134-90.

166 B. Alan Wallace, *Contemplative Science: Where Buddhism and Neuroscience*

불안은 붓다공포증적이다. 이런 우아한 말은 다른 설명들이 있을 가능성을 배제하지는 않지만 그런 설명들이 너무 간결한 것은 아닌지 이의를 제기한다. 예를 들어, 우리는 문화계와 학계에서 "대상(객체)"과 "결과"에 집착하는 기술정치적인 공리주의의 부상을 지적할 수 있다. 또는 우리는 반인간주의(라캉, 푸코, 데리다와 같은 하이데거의 제자들)가 지금 많은 사람들의 귀에 부조리하게 들리는 내면적 삶과 같은 말과의 보다 근본적인 단절을 지지하는 다양한 형태의 포스트휴머니즘으로 변형되는 과정을 추적할 수 있다. 우리는 아도르노가 그랬듯이, 2차 세계대전이 시작될 무렵 부르주아 문화가 내면적 삶을 포기하고 사치품에 집착하는 새로운 소비주의에 몰두하게 된 과정을 설명할 수 있다. 낭만주의 시와 미술과 음악은 사람들에게 내면 공간을 혼란스럽게 상기시켰기 때문에 시들고 말았다.[167] 인문학이 단순한 구성물로서의 주체성, 더욱이 위험한 구성물로서의 주체성에 대한 경멸감을 지속적으로 표현해 왔다는 것은 스톡홀름 신드롬(Stockholm Syndrome)의 고전적 사례일지 모른다.

붓다공포증은 우리 내부에 뭔가가 있다는 것, 즉 우리는 아니지만 우리와 극도로 내밀한, 어쩌면 우리 자신에 대한 우리의 의식보다 훨씬 더 내밀한 뭔가가 있다는 것을 두려워하는 것을 의미한다. 신학자 조지 모리슨(George Morrison)이 신에 대해 말했듯이, 이 뭔가는 "숨쉬는 것보다 더 가깝고, 손발보다 더 가까운"[168] 것이다. 미국 자동차의

Converge (New York: Columbia University Press, 2009), 65-93.

167 Theodor Adorno, *Mahler: A Musical Physiognomy* (Chicago: University of Chicago Press, 1996).

사이드미러에 쓰여 있듯이, 거울 속의 물체는 보이는 것보다 더 가깝다.
붓다공포증은 주체성 그 자체에 대한 두려움에 다름 아니다. 하지만
이 두려움은 우리가 우리 자신이라고 생각하는 사람이 우리가 아니다
ㅡ주체성의 핵심은 사실상 **대상(객체)**이다ㅡ라는 깨달음에 근거한다.[169]
이러한 깨달음은, 그것이 나르시시즘적으로 상처 입은 근대성의 주체
로부터의 저항과 마주치는 한에서 혼란스럽다. 그럴 때 필요한 것은
데리다가 주장하듯이 "서양"의 이론적 담론 내에서 이른바 나르시시즘
을 재전유하는 것이다. 프루스트에 대해 아도르노가 말한 것ㅡ그가
귀족계급을 "철저한 부드러움"(remorseless gentleness)으로 무너뜨렸다ㅡ에
서 단서를 얻어서 비판 이론은 다르게 보이고 다르게 느껴질 수 있으며,
적어도 어떤 이의 눈에는 쇠퇴하는 것으로 보일지도 모른다.[170] 하지만
이런 태도는 정확히 우리의 주장을 공격과 두려움에 두는 것보다
훨씬 더 효과적인 뭔가를 낳을 수도 있다. 앞에서 전개한 내용이
많은 독자의 불쾌한 시선과 어떻게 만나게 될 것인지가 그 내용의
진실을 가늠하는 지표이다.

---

168 George Morrison, "The Reawakening of Mysticism," *The Weaving of Glory*
(Grand Rapids, MI: Kregel, 1994), 103-10 (106).

169 Keiji Nishitani, *On Buddhism*, trans. Seisaku Yamamoto & Robert E. Carter
(Albany: State University of New York Press, 2006), 79.

170 Theodor Adorno, "Valéry Proust Museum," *Prisms*, trans. Samuel and Shierry
Weber (Cambridge, MA: MIT Press, 1997), 173-186 (180).

용어설명

가마쿠라 시대 Kamakura period (鎌倉時代)： 12세기 후반에서 1333년까지 막부(명목상으로 천황에게 복종하는 군사체제)의 시대가 시작되고 (선의 영향을 받은) 사무라이 문화가 번성하던 시기.

게룩파 Gelugpa： 티베트 불교의 4대 주요 교파 중 최근의 가장 교학적인 교파로서 서기 15세기에 총카파에 의해 구축되었다.

견성 *kenshō* (見性)： 실재에 대한 비개념적 인식의 순간을 나타내는 선불교 용어이며 이는 수행을 통해 더욱 깊어진다. 사토리(*satori* 覺)와 구분할 때 견성은 그 첫 순간을 나타낸다.

공 emptiness (空)： 일체의 현상과 사람의 무자성無自性. 팔리어 불교경전에 뿌리를 둔 대승불교의 교리인 공은 사람(과 사물 등)이 자체의 원인(부모, 음식, 전생의 삶 등)에 의존할 뿐만 아니라, 그 원인과 요소를 분석하면 그 내부에 그 어떤 상주불변하는 요소도 찾아볼 수 없다고 주장한다. 예를 들어, 대승불교 철학자에 따르면 찰나의 인식처럼 보이는 것조차 끝없이 더 작은 찰나로 세분화될 수 있으므로 의식의 항상적이고 자성적인 요소는 존재할 수 없다. 마찬가지로 모든 물리적 대상은 다양한 요소로 이루어져 있으며, 그러한 요소 중 어느 것도 그 대상의 본성과 일치하지 않는다. 따라서 공은 세계의 존재를 부정하는 것이 아니라 사람과 현상이 상주불변하는 본질을 가지고 있다는 가정에 대한 근본적 비판이다. (연기 interdependence 참조)

공안 *kōan* (公案)： 수행자에게 지성으로 해결 불가능한 질문을 던짐으로써 개념적 성향의 마음을 잠시 멈추게 하거나 비개념적인 지혜를 전달하고 자 하는 아주 간결한 언어 퍼즐 같은 것. (조주의 무 Joshu's Mu 참조)

관세음보살 Avalokiteśvara (觀世音菩薩): 동아시아 예술을 제외하면 전통적 으로 남성으로 그려지는 자비의 보살 혹은 부처이며 『반야심경』(*Heart Sūtra*)의 화자이다. (관음과 관음보살 참조)

관음 Kuan-yin (觀音): 아발로키테스바라(Avalokiteśvara)의 중국어 역어로 서 중생의 고통을 덜어주기 위해 세상을 굽어보고 있는 자비의 보살 혹은 부처. 이 부처의 인도적 형상은 원래 중국의 회화와 마찬가지로 남성이었지만 서기 1000년경부터 중국 회화에서 관음보살이 여성으로 그려지기 시작했는데, 이는 동아시아의 표준적 도상이 되었다. 관음은 중생을 돕기 위해 자신의 가장 유용한 모습을 자유롭게 취할 수 있다. (관세음보살 Avalokiteśvara; 보살 Bodhisattva; 부처 Buddha 참조)

관음 Nio-i-yin (觀音)

귀류논증 중관학파 Prāsaṅgika Madhyamaka (歸謬論證 中觀學派): 티베트인들 이 정교하게 구분하고 발전시킨 중관학파의 하위학파. 이 학파는 자신의 철학을 독자적으로 주장하는 것을 거부하는 특징을 갖고 있으며, 찬드라 키르티(Candrakīrti)의 연구에 큰 영향을 받았다. 귀류논증학파는 자신 의 주장을 직접 펼치기보다 다른 학파의 교리의 불합리한 결과(*prasaṅga*) 를 논파하고자 한다. 이 학파의 주창자들은 **절대적 실재**(absolute reality) 는 지성을 완전히 초월한다고 주장한다.

본래적 깨달음 original enlightenment (本覺)(*hongaku* 참조)

금강승 불교 Vajrayāna Buddhism (金剛乘, **티베트 밀교**): "번개" 또는 "다이아몬 드"(*vajra*) 수레(*yāna*)를 뜻하며 대승불교의 이 분파는 인도에서 불교의 마지막 발전이었고 불성과 그러한 불성을 한 번의 생애에 (상대적으로 말하면, 번개의 속도로) 실현하는 테크닉을 강조했다. 금강승 전통은 티베트, 네팔, 기타 히말라야 지역에서 지배적이었으며 일본에서도 번성했다. (탄트라 불교 Tantric Buddhism 참조)

깨달음 enlightenment (覺性): 대부분의 불교 전통은 수행자가 깨달음 혹은 각성의 순간을 경험하고, 이를 명상 수행의 정진을 통해 더욱 심화할 수 있다고 믿는다. 대부분의 교파들은 완전한 깨달음의 상태를, 수행자가 궁극적 실재의 본질을 깨달아서 고통과 미망을 영원히 멸하는 것이라고 정의한다.

꽃꽂이 *ikebana* (生け花): 수행자가 꽃의 우아한 선과 화병, 나뭇잎, 가지 등과 같은 요소들에 주목하면서 인간의 영역과 자연의 영역을 조화시키려고 하는 일본 예술.

나가르주나 Nāgārjuna (龍樹): 대승불교의 체계를 세운 중요한 철학자로서 공空에 관한 그의 저술은 중관학파 사상의 토대를 마련했다. 그의 논서들은 여전히 널리 읽히고 있고, 여러 중관학파들에 의해 다양하게 해석되고 있다. (중론 Mūlamadhyamakakārikā 참조).

니치렌 Nichiren (日蓮, 1222~1282): 현재 일련日蓮이라는 이름을 딴 여러 학파의 창시자이며 이들은 모두 『법화경法華經』을 부처님 가르침의 핵심으로 간주하고 이 제목의 암송을 타락한 시대에 깨달음을 얻기 위한 최고의 수행이라고 주장한다. 현존하는 일련종日蓮宗은 니치렌을 부처로 숭배하고, 신도들은 그가 문자로 만든 만다라(gohonzon 御本尊)를 집안 사당에 모시고 있다.

닝마 Nyingma: 8세기경 창시된 티베트 불교의 가장 오래된 교단으로 요가행의 중요성을 강조하며 족첸(Dzogchen)을 가장 높은 수행법으로 삼고 있다.

달라이 라마 Dalai Lama: 17세기부터 티베트의 정신적·세습적 수장으로서 환생한 혈통을 계승하며 현재 달라이 라마는 14대 화신이다. (라마

lama 참조)

대승불교 Mahāyāna (大乘佛敎): "큰 수레"(Greater Vehicle)를 의미하며 서력기
원의 초기에 팔리어 불교에서 분리되어 나왔으며 보살이 되기 위한
수행을 강조하는 운동이다. 중앙아시아와 동아시아에서 가장 널리
퍼진 불교 형태이다.

도겐 선사 Dōgen Zenji (道元, 1200~1253): 중국에서 수행 도중 깨달음을
얻은 조동종 선사로서, 명상할 때 "지관타자"(只管打座, 오로지 좌선하라)
를 불성(*buddha nature*)의 표현으로 강조했다.

드레풍 사원 Drepung Monastery: 티베트의 3대 게룩파 사원 중 하나로서
드레풍 사원은 학문적 엄격함으로 유명하다. 원래 라사에서 약 5km
떨어진 곳에 위치하던 드레풍 사원은 다른 주요 교육 사원들과 마찬가지
로 티베트의 사원시설 파괴와 다른 불리한 여건 때문에 인도 남부에서
재건되었다.

라마 lama: 티베트어로 "구루"를 뜻하는 이 용어는 다양한 의미를 갖는다.
때로는 모든 승려를 라마라고 부르기도 하지만 일반적으로는 적어도
3년 이상의 안거를 한 번 이상 수행했거나, 어렸을 때 죽은 스승의
환생으로 인정받은 사람(남녀 모두)을 지칭한다. 후자의 범주는 종종
"린포체"(Rinpoche)("소중한 사람")라는 호칭으로 불리기도 한다.

라마승, 라마교 Lamaist, Lamaism: 지금은 대부분 폄칭으로 사용되고 있고,
18세기에 티베트 불교를 접한 유럽인들이 이 단어를 부처님의 근원적
가르침의 타락으로 간주한 데서 시작되었다.

로종 Lojong: 수행자가 마음챙김, 자비, 활기찬 수행, 겸손함 등과 같은
영적 능력을 훈련하는 것을 돕기 위해 고안된 경구를 기반으로 한
티베트의 마음 수련 기법. 이런 유형의 훈련은 티베트에 불교의 가르침
을 전한 인도 승려 아티사(10세기)에 의해 처음 사용되었고, 현재 가장

일반적으로 사용되고 있는 경구들은 12세기에 게쉐 체카와(Geshe Chekhawa)에 의해 작성된 것이다.

마디야마카 Madhyamaka (中論): 나가르주나에 의해 체계화되고 대승불교 교파들에 의해 다양한 방향으로 발전된 "중도" 철학. 이름에서 알 수 있듯이 중론은 허무주의(근본적으로 존재하는 것은 아무것도 없기 때문에 중요한 것은 아무것도 없다)와 영원주의(사물이 존재하기 위해서 본질적으로 존재해야 한다)의 양 극단을 피하고자 한다. 그 대신 모든 존재와 현상은 원인에 의존하여 존재하고, 조건은 무상(*impermanent*)하고 변화한다고 주장한다. 중생들이 지각하는 모든 것은 실재하는 것처럼 보이지만 사실은 단순한 현상에 불과하다. 이어서 연기(십이연기설 Twelve Links of [Inter]dependent Origination 참조)가 작용한다는 점에서 **상대적 진리의** 차원은 비실재적이지 않다.

마야 Māyā: (즉, 실재하지만 우리의 지각에 의해 심하게 왜곡된) 환상 또는 꿈으로서의 세계.

만다라 *maṇḍala* (曼荼羅): 부처의 신성한 영역을 표현하고 상징하는 이미지 이며, 보통 중앙에 부처의 형상을 두고 그 주변에 대칭적으로 배열되어 있다.

무상 impermanence (無常): 가장 섬세한 차원에서 모든 현상과 존재의 순간순간의 변화, 심지어 아주 미세하여 찰나적 차이를 알아차릴 수 없을 때에도 일어나는 변화, 통상적 차원에서 견고하게 실재하고 변화하지 않는 것(상주불변)처럼 보이는 사람과 상황과 구조 등의 궁극적인 해체를 의미한다. 존재와 현상의 변화 가능성이 그 자체로 안정적이고 근본적인 본질을 결여함으로써 일어나는 것이기 때문에 무상은 공과 연결되어 있다. 이것은 존재와 현상들이 해체되도록 하고, 그 요소로부터 새로운 것이 생겨날 수 있게 하며, 미몽에서 각성으로 존재의 전환이 일어나게 한다.

무형식의 명상 formless meditation (無色界 瞑想): 수행자가 명상의 대상으로 무한한 공간, 무한한 의식, 무한한 무, 지각도 비지각도 아닌 것을 받아들이는 고도로 발달된 집중력의 수준을 말하며, 이어지는 대상들은 점점 더 섬세한 마음 상태로 이어진다.

무아 no-self (無我): 사람에게 안정적이고 영원한 본질은 없으며, 대신 각 개인은 인연에 의존하고 인연에 의해 형성된다고 주장하는 불교의 핵심 교리. (공emptiness; 무상impermanence; 연기interdependence 참조)

미묘한 신체 subtle body: 마음을 지탱하는 아주 섬세한 물질로 간주되는 몸의 통로와 에너지와 "근원적인 물방울들"(극히 미묘한 에너지). 탄트라 수행의 대부분은 일상적인 미묘한 신체를 각성된 상태로 변화시키도록 구성되어 있고, 탄트라적이지도 않고 미묘한 신체와도 관련이 없는 수행도 일반적으로 미묘한 신체의 에너지 상태의 변화와 관련이 있다.

밀라레파 Milarepa (1052~1135경): 가장 존경받는 티베트 성자 중 한 명으로 밀라레파는 젊은 시절 마법으로 수십 명의 사람을 죽인 후 자신의 행동이 낳을 결과(업보)가 두려워서 불교의 가르침으로 돌아섰다고 전해진다. 그의 스승이었던 역경사 마르파의 지도 아래 수년간의 고행 끝에 밀라레파는 완전한 깨달음을 얻었다고 한다. 그는 영감에 찬 인물이자 헌신적이고 활기찬 요가 수행자의 원형으로 남아 있다.

반야바라밀다경 Prajñāpāramitā Sūtras (般若波羅密多經): 종종 "반야(지혜)의 완성"을 다룬 경으로 대승불교의 핵심 개념인 공을 상세하게 설명하는 내용으로 구성되어 있다.

반야심경 Heart Sūtra (般若心經): 『반야바라밀다심경』(般若波羅蜜多心經 *Heart of the Perfection of Wisdom* [Prajñāpāramitā] *Sūtra*)의 줄인 제목으로 이 짧은 경은 공즉시색空卽是色 색즉시공色卽是空이라는 유명한 격언

과 초월적 지혜의 진언을 포함하여 공에 대한 대승불교의 가르침의 정수가 들어 있다. 전통에 따르면 이 경은 아발로키테스바라(관세음보살 Avalokiteśvara)가 사리푸트라(사리불 Śāriputra)에게 전하는 형식을 취하며 부처의 인정을 받았다.

법 dharma (法): 붓다가 가르친 교리와 진리. 법이라는 용어는 "현상", "존재의 요소", "규범" 등과 같은 광범위한 이차적·기술적 의미를 갖는다.

보살 bodhisattva (菩薩): 팔리어 불교경전에 따르면 보살은 깨달았으면서도 오랜 세월 잊혀진 불법을 되살리기 위해 당대의 붓다 앞에서 열반에 드는 것을 미루겠다고 맹세한 사람이다. 대승불교에서 보살은 일체중생을 고통에서 해방시키기 위해 깨달음을 얻고자 서원한 수행자이다.

본각 *hongaku* (本覺): 모든 살아있는 존재는 이미 부처라는 교리(따라서 "본래적 깨달음〔本覺〕")이며, 완성된 불성이란 수행을 통해 실현되는 "현실화된 깨달음"(actualized enlightenment)이라는 것과 대비를 이룬다. 중세 일본인들은 이 교리를 내면화하고 재해석하여 수행자를 일상적 현실에서 벗어나도록 하는 독립적인 존재상태가 아니라 일상생활에서 생겨나는 깨달음의 생활을 강조했다.

붓다 Buddha (佛陀): 법을 가르칠 수 있는 완전히 깨달은 자. 상좌부 불교에서 붓다는 이전의 붓다의 가르침(법)이 사라진 후에야 나타나며, 완전한 해탈을 얻은 사람은 대체로 붓다와 동일한 깨달음을 얻는다. 대승불교에서는 중생을 돕기 위해 무수한 붓다들이 존재하며, 수행자의 최고 목표는 완전한 해탈을 이룩하여 영겁의 시간 동안 다른 중생들이 완전히 해탈하도록 돕는 데 있다. (전통적 기록에 따르면) 싯다르타 왕자는 보리수("깨달음") 아래에서 궁극적 진리를 완전히 경험한 후 현세의 붓다가 되었다고 한다. 인도인의 시각에서 볼 때 붓다는 신이 아니다. 왜냐하면 신들조차 생로병사의 끝없는 순환인 윤회에서 자유롭지 못하

기 때문이다. 반면 붓다는 윤회에서 자유롭다. (전통 불교는 전능한 창조주
로서의 신이라는 개념을 받아들이지 않는다.)

불법 Buddhadharma (佛法): 부처의 가르침(법).

불성 Buddha nature (佛性): 후기 대승불교의 경전에서 강조되고 있는
모든 살아있는 존재의 본성으로서의 붓다. 평상심의 기초로서 완전히
깨어 있는 상태.

사리불 Śāriputra (舍利弗): 팔리어 불교경전에 따르면 붓다의 10대 제자
중 한 명으로 열반에 들었고 지혜로 명성이 자자했다.

사성제 four noble truths (四聖諦): 깨달음을 얻지 못한 삶은 필히 고통스럽다
는 진리(苦聖諦), 불만과 고통은 잘못된 세계관에서 비롯된 쾌락에
집착하기 때문에 발생한다는 진리(集聖諦), 모든 불만과 고통의 소멸이
가능하다는 진리(滅聖諦), 깨달음을 얻지 못한 존재에서 완전한 깨달음
으로 나아가는 고귀한 팔정도八正道의 진리(道聖諦)가 있다. 팔정도는
정견(正見 right view), 정사(正思 right intent), 정어(正語 right speech),
정업(正業 right action), 정명(正命 right livelihood), 정정진(正精進 right
effort), 정념(正念 right mindfulness), 정정(正定 right concentration)이다.
부처님의 삶과 가르침에 대한 전통적 기록에 따르면, 사성제는 붓다의
첫 번째 법문의 주제였다.

사토리 satori (覚): 실재에 대한 비개념적 깨달음의 순간으로 수행을 통해
깊어져야 한다는 의미를 갖는다.

상대적 진리 relative truth (속제俗諦): 글자 그대로 "모호한 〔마음〕의 진리."
우리가 일반적으로 파악하는, 존재와 현상이 안정적이고 자족적인
실체처럼 보이는 실재의 차원이다. (중관철학에 따르면) 모든 현상들은
절대적 진리(眞諦)를 파악하지 못한다는 점에서 오류이지만, 일부 중관학
파에서는 지각된 현상이 익숙한 기능을 수행할 수 있느냐 없느냐에

따라 상대적 진리를 혼란스러운 상대적 진리와 "실제적인" 상대적 진리로 나눈다. 예를 들어, 여행자가 신기루를 보고 물로 착각하지만, 정작 물이라고 생각한 장소에 도착했을 때 마실 물이 없는 것과 같은 것이다.

상좌부 불교 Theravāda (上座部): 역사적 부처 이후 수세기 동안 형성된 18개의 부파불교 중 유일하게 남은 부파이며 현재 동남아시아와 스리랑카에 존재한다.

샤크티 *shakti*: 힌두교 사상의 원초적 창조력이며 여성적 원리와 종종 연관된다.

선 Zen (禪): 불성을 깨닫기 위한 수단으로 명상을 강조하는 대승불교에 속하며 중국 선종에서 생겨나서 일본에서 발전했으며 현재 전 세계로 퍼져 있다. (대승불교 Mahāyāna; 임제선 Rinzai Zen; 조동선 Sōtō Zen 참조)

성적 합일 sexual union: 밀교(Vajrayāna) 또는 탄트라 불교 예술에서 종종 묘사되는 자세로 남성 붓다와 여성 붓다가 성적으로 합일한 상태로 앉거나 서 있는 자세. 이 자세는 현상(남성)과 공(여성), 혹은 숙련된 수단(남성)과 지혜(여성)의 행복한 결합, 즉 존재들의 마음이 드러나는 궁극적 실재를 상징한다.

셸와 selwa: 사물이나 마음의 현상과 현시. 투명성.

소승불교 Hīnayāna Buddhism (小乘佛敎): "작은 수레"(Lesser Vehicle)라는 의미이며 부파불교에 대한 대승불교의 폄칭으로서 대승불교가 독립된 전통으로 출현하기 이전에 형성된 모든 불교 부파를 가리킨다. 대승불교 등장 이전에 있던 18개 부파 중 상좌부 전통만 살아남았다.

수인 *mudrā* (手印): 일반적으로 회화나 조각에서 볼 수 있는 부처의 손동작. 각 손동작은 특정한 마음 상태를 의미할 뿐만 아니라 (일부 교파에 따르면) 그런 자세를 수행하면 수행자에게 그러한 마음 상태가 생겨난다고 말한다.

스즈키 다이세츠 Suzuki, D. T. (1870~1966): 독학으로 공부한 재가불자로서 1950년대와 60년대에 미국에서 선불교의 초기 전파에 핵심적 역할을 한 인물. 그는 대승불교와 선에 대해 저술하고 여러 대학에서 강의했으며 많은 비트족들과 초기 미국 선수행자들에게 영감을 주었다.

승가 sangha (僧伽): 부처의 가르침(법)을 함께 실천하는 부처님 추종자들의 교단. 특정 승가는 일반적으로 특정 스승의 제자나 특정 사찰의 거주자 및 지지자들로 구성된다.

신지학협회 Theosophical Society: 미국에서 아시아 종교의 초기 대중화에 앞장선 협회로서 1875년 헬레나 블라바츠키 부인(Madame Helena Blavatsky)과 몇몇 동료들에 의해 창설되었다. 이 협회는 특정 교파에 근거하지 않으며 힌두교와 불교의 영향을 받은 신비적 주제, 인간의 조상이 되는 "원 종족", 존재의 "성체"(astral body)적 차원 등에 대한 정교한 우주론을 확립한 블라바츠키의 가르침에 큰 영향을 받았다.

십이연기설 Twelve Links of (Inter)dependent Origination (12緣起說): 불교의 근본 개념으로 존재가 윤회를 거듭하며 반복하는 방식을 설명한다. 보다 일반적으로 연기 개념은 모든 것이 원인에 의존하여 생겨나고, 원인의 소멸과 더불어 사라진다고 설명한다. 따라서 이 개념은 열반으로 나아가는 불교의 모든 길을 뒷받침한다. 이 연기의 사슬을 끊는다는 것은 윤회적 존재에서 자유로워진다는 것을 의미한다. 연기의 사슬은 다음과 같다. (1) 무명(無明 ignorance), (2) 행(行 predispositions), (3) 식(識 consciousness), (4) 명색(名色 name and form), (5) 육처(六處 the six internal sense-bases), (6) 촉(觸 sensory contact), (7) 수(受 feeling), (8) 애(愛 attachnemt), (9) 취(取 grasping), (10) 유(有 becoming), (11) 생(生 birth), (12) 노사(老死, old age and death). (Buswell and Lopez, *Princeton Dictionary of Buddhism*, 669).

싯다르타 고타마 Siddhārtha Gautama (기원전 500년경): 전통적 기록에 따르면, 요가행을 통해 붓다("깨달음을 얻은 자")가 된 인도 왕자.

얍윰 *yab-yum* (성적 합일 sexual union 참조)

업 karma (業): 말 그대로 "행위"이다. 간단히 말해, 업은 첫째, 원인으로 작용하는 신체(身業), 말(語業), 마음(意業)의 의도적인 행동을 의미하거나, 둘째, 그 행동을 행한 자에게 결국 돌아가는 결과를 의미할 수 있다. 일반적 형태의 불교에서 업을 단순히 긍정적이거나 부정적인 것으로 표현되는 경우가 많은데, 선한 행위는 은행 계좌에 저축을 쌓아가는 것, 그리고 해로운 행위는 인출하는 것과 비슷하다. 업의 이론은 매우 미묘할 수 있는데, 한 존재의 삶에서 개별 사건은 이전 원인의 결과이자 아직 오지 않은 결과의 원인으로 작용한다.

에너지 energy (氣): 몸을 통해 흐르고 생명을 유지하고 마음의 기초를 제공하는 섬세한 흐름들. 에너지는 마음을 유지하고 마음에 영향을 미치는 아주 미묘한 형태의 물질로 간주된다. 다양한 탄트라 체계에서는 다양한 능력과 연관된 다양한 유형의 에너지들이 열거되고 있으며(예를 들어, "아래로 비우는 바람"은 배뇨, 배변 등을 야기한다), 아시아의 많은 전통적 의학 체계에서는 에너지 흐름이 막혀서 생겨나는 질병들을 설명한다. 탄트라에 따르면 몸의 일반적 에너지는 각성된 에너지의 왜곡된 형태들이며, 요가행은 왜곡된 에너지에서 각성된 에너지로 전환할 수 있는 수단을 제공한다.

역경사 마르파 Marpa the translator: 밀라레파의 스승이자 티베트 불교 카규파의 중요한 인물. 그는 수십 명을 살해한 제자의 악업을 씻기 위해 밀라레파에게 가혹한 고행을 수행하도록 시켰다.

연기 interdependence (緣起): 불교의 핵심 개념으로 현상과 존재가 적절한 조건에 의존하여 일어나는 방식을 가리킨다(예를 들어, 꽃이 피려면 식물이

382

싹을 틔우고 땅에서 영양분을 흡수하고 수분을 공급받아야 한다). 연기는 "테이블의 다리"가 테이블 전체의 맥락에서만 테이블의 다리로 지정되듯이, 부분과 전체의 상호의존성을 지시할 수 있다. 또는 형태(色 form)와 무형태(無色 formlessness)의 경우에 형태는 그것의 재료가 이전의 어떤 형태에서 생겨났기 때문에 존재할 수 있다. 마찬가지로 공 또한 형태에 고유한 정체성, 즉 자성이 없음을 의미하므로, 하나의 요소는 다른 요소 없이는 의미가 없다.

열반 *nirvāṇa* (涅槃): 실재에 대한 완전한 각성(즉, 깨달음) 이후 고통의 소멸 상태. 상좌부 수행자들의 목표.

영서 Myōan Eisai (明菴栄西, 1141~1215): 승려이자 중국 여행가였던 그는 일본에 처음으로 선을 전파하였고 선불교 전통을 심었으며 선불교의 임제종臨濟宗을 확립했다. 그는 천태종과 그 밀교적 수행을 훈련받았고, 새로운 교파를 세우기보다 천태종을 다시 활성화하려는 뜻을 갖고 있었다.

예쉐 쵸갈 Yeshe Tsogyal: 전통 기록에 따르면 예쉐 쵸갈은 티베트 트리송 데첸 왕의 아내들 중 한 명이었고, 깨달음을 얻은 요가 수행자 구루 린포체를 초청하여 티베트에서 불법을 가르치도록 한 인물이다. 예쉐 쵸갈은 구루 린포체의 동반자가 되었으며, 특히 닝마파에 의해 완전한 깨달음을 얻은 자로 받아들여졌다. 이 교단의 두 창시자들은 함께 혹은 따로 외딴 산간 지역에서 수행했다.

오온 five aggregates (五蘊): 팔리어 불교에 따르면, 인간의 실제 구성요소는 색(色 *rūpa*(form)), 수(受 *vedanā*(feelings)), 상(想 *saṃjñā*(discrimination)), 행(行 *saṃskāra*(conditioning factors)), 식(識 *vijñāna*(consciousness))이다. Robert E. Buswell Jr. and Donald S. Lopez Jr., eds., *The Princeton Dictionary of Buddhism* (Princeton, NJ: Princeton

University Press, 2014), 828 참조.

오온의 정신적 측면 mental aggregates: 오온五蘊 중에서 하나. 색色만 물질적 측면이고, 나머지 네 가지, 즉 수受, 상想, 행行, 식識은 마음의 기능을 설명한다(Buswell and Lopez, *Princeton Dictionary of Buddhism*, 828 참조). 불교의 마음 이론에 따르면, 오온 중 이 네 가지 요소들은 매우 밀접하게 연결되어 있어 실존적 자아가 경험하는 실존적 현상에 대한 순조로운 경험을 우리에게 제공하는 것 같다. 그러나 많은 수행들은 수행자에게 자신과 세계에 대한 경험 뒤에 단일한 인격이 아니라 오직 과정만을 발견하는 생생한 경험을 남길 수 있도록 경험의 네 가지 측면들을 분리하려고 한다.

요가 yoga: 영적 수행으로서 요가는 일반적으로 수행자가 자신의 전통적 진리를 깨닫기 위해 훈련하는 규율 및 일련의 방법을 가리킨다.

윤회 *samsāra* (輪廻): 한 존재가 다시 태어나고, 자신과 환경을 영원한 것인 양 집착하고, 행복을 탐욕하고, 죽고, 축적된 업에 의해 다시 태어나는, 깨달음을 얻지 못한 존재의 순환. 이 순환은 불만과 고통을 특징으로 하며 열반에 이르면 이 순환은 끊어진다. (윤회의 수레바퀴 Buddhist Wheel of Life 참조)

윤회의 수레바퀴 Buddhist Wheel of Life (육도 윤회도): 일반적으로 한 생에서 다음 생으로 중생을 이끄는 삼독(무지, 탐욕, 혐오), 육도(지옥도, 아귀도, 축생도, 아수라도, 인간도, 천상도), 십이연기를 죽음의 신 야마(Yama)의 송곳니에 걸린 거대한 바퀴로 묘사한 것으로 윤회적 존재에 대한 만다라와 같은 재현적 형상이다. 바퀴의 바깥에는 순환적 존재에서 벗어난 해탈한 존재들이 있다. (윤회 *samsāra* 참조)

인연 *nidānas* (因緣): 원인을 의미하며 십이연기의 맥락에서 각 인연은 다른 인연을 낳는다.

임제선 Rinzai Zen (臨濟禪): 12세기에 영서榮西가 중국에서 일본으로 가져온 선종으로 중세 일본에서 문화적, 정치적으로 영향력이 컸다. 임제선은 자신의 진정한 본성에 대한 깨달음(본각)을 강조하고 좌선과 공안을 명상 수행법으로 사용했다. 그 수행의 엄격함으로 잘 알려져 있다.

전경통, 마니차 prayer wheel (轉經筒, 摩尼車): 축 역할을 하는 막대기 위에서 자유롭게 돌아가는 금속 원통. 전경통은 다양한 크기로 이루어져 있다. 원통은 막대기에 감긴 긴 종이에 쓰인 만트라로 채워져 있고, 일반적으로 표면에 만트라가 새겨져 있다. 가장 작은 것은 손에 들 수 있는 소형이고, 사용자는 장치에 달려 있는 무거운 작은 공(일반적으로 금속 또는 유리 재질)을 돌린다. 더 큰 것은 사원이나 기타 신성한 장소의 외곽 둘레를 따라 벽과 나란히 설치되어 있다. 가장 큰 것은 높이가 6피트가 넘고 튼튼한 기둥 축으로 지지되어 있어 신자들이 난간을 따라 돌며 원통을 돌리게 되어 있다.

전수 transmission: 일본 선불교의 중국 모델인 선종禪宗에서 법의 전수는 고승이 제자가 자기 계보의 진리를 깨달았다는 것을 승인해 주고, 계보의 스승인 자신을 계승할 수 있도록 허락하는 것을 의미한다. 선종의 가르침은 붓다나 교파의 종주가 특별히 재능 있는 제자에게 비개념적인 지혜를 "마음에서 마음으로 전수하는 것"을 말한다. 대부분의 불교 교파에서 가장 중요한 진리는 어떤 형태의 전수를 통해 한 세대의 선승으로부터 다음 세대의 선승에게로 전달된다고 생각한다.

절대적 진리 absolute truth (진제真論): 중관철학에 따르면 공의 진리는 여러 학파들에 의해 다양하게 정의된다. 이 학파들은 절대적 진리가 지성의 이해 능력을 넘어선다는 데 동의하지만 궁극적인 것—공—이 어느 정도 다양한 실증적 특성을 지닌 불성佛性으로 설명될 수 있는가에 따라 나누어진다.

조동선 Sōtō Zen (曹洞禪): 일본에서 가장 큰 선종인 조동선은 13세기 도겐 선사에 의해 중국에서 수입되었으며, 그의 주요 저작인『정법안장正法眼藏』은 현대 조동선에 깊은 영향을 끼쳤다. 수행자들은 명상가가 마음을 통해 생각 및 다른 경험들의 흐름을 자각하면서 대상 없이 조용히 좌선할 것을 강조하며, 공안에는 주안점을 덜 두었다.

조주의 무 Joshu's Mu (趙州의 無): 한 승려가 선승 조주에게 개가 불성을 갖고 있는지 물은 데서 연유하는 유명한 공안公案. 일반적인 대승불교의 대답이 "그렇다"이지만, 조주는 대신에 "무", 즉 "없다"고 선언했다. 제자는 순간 깨달음을 얻게 된다.

족첸 Dzogchen: "대구경大究境" 혹은 "대원만大圓滿"을 뜻하고 마음과 실재의 참된 본질을 힘들이지 않고 파악하는 것을 강조하는 티베트 불교(및 뵌 Bön)의 전통. 족첸은 닝마파 전통에서 최고 수행법이며, "힘들이지 않는" 명상은 일반적으로 수년간의 헌신적 수행을 통해 이루어진다.

좌선 zazen, zuochan (坐禪): 중국 선에서 강조되고 일본의 선 전통으로 전해진 좌선 명상. 다양한 교파들은 삼매(samādhi 집중), 화두 명상, 혹은 외부에 반응하지 않으면서 가만히 앉아서 마음에 생겨나는 사고와 감각을 가만히 관찰하는 방법 등, 좌선을 통한 다양한 수행이 강조된다.

중론 Mūlamadhyamakakārikā (中論): 나가르주나(龍樹 Nāgārjuna)의 가장 영향력 있는 논서인 이 책은 모든 중관학파에게 영향을 끼쳤다. 주요 주장은 모든 현상에 본질적 존재(자성)가 없다는 것, 무자성, 즉 공空이다.

중유·중음 bardo (中有·中陰): 두 가지 주요 마음 상태 사이의 전환기를 가리키는 티베트 용어. 일반적으로 죽음과 환생 사이의 기간을 가리키는 데 사용된다. 티베트의 다양한 탄트라 경전들에는 수행자가 깨달음을 얻기 위해 중유의 기회를 이용하는 수행들이 나온다.

지관타자 *shikan taza* (只管打座): "오로지 좌선하라"라는 뜻이며 도겐 선사가 선불교에 도입한 "좌선"(just sitting) 명상 수행법.

진여 *ngowo* (眞如): 사물이나 마음의 본성, 그 자체로 존재하는 것.

찬드라키르티 Candrakīrti/Chandrakīrti (月稱)(기원전 7세기): 공空에 관한 나가르주나(龍樹)의 논저에 대한 주석가로, 당대에는 비교적 잘 알려지지 않았지만 뒤에 명성을 얻었고 특히 티베트에서 후기 대승불교 사상에 깊은 영향을 끼친 인물이다. 찬드라키르티는 이 철학 전통에서 가장 회의적인 사고를 보이는 몇몇 논저들을 남겼으며 현상이나 유정(有情 persona)(혹은 궁극적 실재)에 대한 개념이 그것을 주장하는 측에서의 시각에 따라 존재하는 것이라고 논박했다. 『입중론』, 『명구론』과 같은 그의 논저들은 티베트인들이 귀류논증 중관학파(Prāsaṅgika-Madhyamaka)라고 부르는 것의 토대가 되었다.

참여불교 engaged Buddhism: 서구와 아시아에서 불법의 가치와 관점을 사회운동의 영역에 끌어들이고자 한 운동이며 주로 불교의 평화와 사회정의의 문제에 초점을 두고 있다.

천태종 Tendai school (天台宗): 서기 9세기경에 시작된 이 종파는 중국 천태종 전통에서 영감을 받아 본래적 깨달음(本覺)에 초점을 두었다. 또한 이 종파는 중국 고승의 비의적인 전통을 전수함으로써 일본의 통치자들이 큰 매력을 느꼈다.

초감 트룽파 린포체 Chögyam Trungpa Rinpoche (1939~1987): 서양으로 이주하여 영어로 제자들을 가르친 최초의 티베트 라마승 중 한 명이다. 많은 제자들과 함께 술을 마시고 동숙하는 등 "미친 지혜"의 방법으로 유명하였고, 그의 많은 제자들에 의해 높은 깨달음을 얻은 인물로 평가받았다.

총카파 롭상 드락파 Tsongkhapa Lobsang Drakpa (1375~1419): 사후에 계륵

파 전통의 창시자로 여겨지는 총카파는 티베트에서 가장 뛰어난 논리학자 중 한 명이었다. 그는 사원의 규율과 학문적 연구를 강조했다. 그의 교파는 이 두 가지 추구와 관련이 깊으며 그는 탄트라 불교에 대해 광범위한 저술을 남겼다.

친란 Shinran (親鸞, 1173~1262): 아미타불에 헌신하고 그 힘에 의지하여 추종자들이 극락정토(Sukhāvatī)에서 다시 태어날 수 있도록 보장해주는 정토진종淨土眞宗을 창시한 일본 승려이다. 친란은 "자력"(즉, 수행자가 자신의 해탈을 위해 노력하는 것)과 타력(자신을 찾아온 사람들을 해탈시켜 주겠다는 아미타불의 서원에 의지하는 것)을 비교하기도 했다.

카마 수트라 *Kāma Sūtra*: 기원전 400~200년경에 작성된 것으로 추정되는 이 수트라는 고대 힌두교도들이 추구해야 할 네 가지 주요 덕목 중 하나인 쾌락(*kāma*)에 초점을 두고 있다. 서양에서는 추천하는 체위 목록이 있는 성애 매뉴얼로 가장 잘 알려져 있지만, 연인이나 아내를 찾거나 돈을 버는 것과 같은 쾌락의 다른 측면에 대해서도 조언해준다. (여성을 일차적으로 아내로서의 의무에 관한 입장에서 논의한다.)

카슈미리 샤이비즘 Kashmiri Shaivism: 카슈미르에서 시작된 탄트라 전통으로, 존재하는 모든 것의 궁극적인 본질인 시바에 초점을 두고 있다. 외적인 신체적 수행에서 아무런 방법 없이 오직 명상을 통해 시바와 자신의 동일성을 인식하는 것에 이르기까지 다양한 단계의 탄트라 활동을 강조한다. 티베트에 전래된 탄트라 불교는 이 전통에 깊은 영향을 받은 것으로 보인다.

쿤달리니 샤크티 *kundalini shakti*: 힌두교 전통에서 종종 척추 밑에 뱀이 감겨 있는 형상으로 묘사되는 힘("*shakti*"). 쿤달리니 요가를 수련하는 사람은 이 에너지를 깨워서 그것을 중앙 통로를 통해 크라운 차크라로 끌어올려 각성과 깨달음으로 유도한다.

타당한 인식 valid cognition: 인도의 비-불교 인식론 체계와의 대화에서 불교 논리학자 디그나가(Dignāga 陳那)와 다르마키르티(Dharmakīrti 法稱)는 (일부 비-불교 전통에서 타당한 인식의 원천으로 받아들이는 경전의 권위와 달리) 올바른 추론적 인식, 올바른 직접적 감각 지각, 또는 요가를 통한 직접적 지각이 모두 정보를 인식론적으로 확립하는 확실한 방법임을 주장했다. 게룩파 전통(특히 겐둔 초펠의 시대)에는 이러한 주제와 올바른 추론적 인식의 근거가 되는 논리 연구가 사원 교육과정의 주요 주제가 되었으며, 종종 정형화된 방식으로 교육되었다.

탄트라 불교 Tantric Buddhism: 인도에서 발전한 불교 분파 중 가장 마지막 분파이며, 일상적 마음을 고요하게 하기 위해 신체의 에너지 시스템과 직접적으로 협력하고, 자신을 붓다의 실제 존재 또는 붓다와 분리될 수 없는 존재로 인식하며, 선과 악, 순수와 불결 등의 이원론적 범주를 초월할 것을 강조한다. 일부 탄트라 수행은 중요한 사회적 위반을 요구하기도 했다. (바즈라야나 불교 Vajrayāna Buddhism 참조)

통로 channels (氣管): (매우 미묘한 형태의 물질로 간주되는) 에너지가 신체 안에서 자연스럽게 흐르는 통로. 세 가지 주요 통로는 척추 밑에서부터 정수리까지 이어지는 척추 바로 앞의 중앙 통로가 있고, 복부 중앙의 배꼽 몇 인치 아래에서 정수리까지 양쪽에서 중앙 통로와 평행하게 흐르는 좌우 통로가 있다.

팔리어 불교 Pāli Buddhism: 현존하는 가장 초기의 불교 가르침에 기초한 부파들과 수행 전통이며 일반적으로 팔리어로 기록되어 있다. 상좌부 불교는 현대까지 살아남은 유일한 팔리어 불교의 교파이다. 이 불교들은 스리랑카와 동남아시아에 확산되어 있기 때문에 남방불교, 초기불교, 혹은 후세의 대승불교에 의해 "작은 수레"를 의미하는 "소승"불교로 불린다.

화엄불교 Huayan Buddhism, Avataṃsaka Buddhism (華嚴佛敎): 이 교파는 서기 6세기 중국에서 형성되기 시작했으며, 고유한 특징으로는 인도불교의 교리를 조화와 현상들의 세계에 대한 서사적 강조와 혼합한 독특한 중국적 시각을 들 수 있다. 이 교파는 후대 중국불교 전통에 깊은 영향을 끼쳤다.

클레어 빌야레알

라이스 대학교

찾아보기

역자 후기

이 책은 마커스 분, 에릭 캐즈딘, 티머시 모턴이 쓴 *Nothing: Three Inquiries in Buddhism* (Chicago: The University Press, 2015)을 우리말로 옮긴 것이다. 우리말 제목으로는 원문 제목과 조금 다른 『무에 대한 탐구―불교와 비평이론』으로 정했다. 역자 후기에서는 제목을 이렇게 변경하게 된 이유를 설명하고자 한다. 원문에는 없지만 책의 제목에 "비평이론"이라는 단어를 넣은 이유는 이 책의 서문과 내용을 읽어보면 잘 알 수 있다. 사실 이 책의 초점은 "비평이론에서 불교의 위치"에 맞추어져 있다. 따라서 이 책을 읽기 위해서는 비평이론에 대한 상당한 지식과 식견이 요구된다.

이 책은 미국의 유명한 시카고 대학 출판부의 트리오스(TRIOS) 시리즈의 한 권으로 출판되었다. 이 시리즈는 특별히 불교만을 다루고 있지는 않다. 이 시리즈는 비평이론, 철학, 문화연구의 중요한 주제를 선정해서 다루되 그것을 해당 분야의 주도적 연구자 세 명이 서로 협력하고 서로 차이를 드러내면서 하나의 주제를 다양한 각도에서 접근하는 독특한 이론 총서이다. 이 총서 시리즈에 이미 출판된 저작만 봐도 이런 점을 잘 알 수 있다. 그중 대표적으로 들 수 있는 것은 슬라보예 지젝, 에릭 L. 샌트너, 케네스 레이너드가 편집하고 쓴 『이웃』(*The Neighbor: Three Inquiries in Political Theology*)을 들 수 있다.

이 시리즈는 주로 문화이론과 비평이론, 철학을 전공한 이론가들이 우리 시대의 중요한 핵심 주제를 집중적으로 다루는 시도이다.

『무에 대한 탐구—불교와 비평이론』 또한 비평이론과 문화이론을 전공한 세 사람의 연구자들(마커스 분, 에릭 캐즈딘, 티머시 모턴 모두 영문학과 비교문학, 비평이론을 전공한 연구자들이다)이 불교가 오늘날의 비평이론, 문화이론, 그리고 현실정치적 맥락에서 어떤 역할을 해왔고 할 수 있는가를 추적하는 작업이다. 이 책은 불교에 대한 고전적·문헌학적 연구가 아니라 변화하는 현대사회와 비평 및 문화이론의 장에서 불교의 역할을 탐구하고자 하는 것이다. 이들이 제기하는 가장 핵심적 질문은 "왜 비평이론과 문화이론에서 불교의 위치가 잘 보이지 않는가" 하는 것이다.

사실 비평이론에서 불교가 언급되거나 제대로 다루어진 적은 거의 없다고 할 수 있다. 바울과 같은 기독교 사상가는 현대이론과 사상 속에서 재해석되고 재전유되고 있는 데 반해, 불교의 사상가들은 재해석되거나 재전유되기는커녕 왜 제대로 언급조차 되지 않는 것인가? 역자 역시 이런 질문이 궁금했지만 이 질문에 제대로 접근할 수 있는 이론적 경로를 찾기가 쉽지 않았다. 불교는 무와 공을 통해, 연기와 인연을 통해 초월성이 아니라 내재성에 대한 가장 설득력있는 이론적 가능성을 제공해 줄 수 있음에도 불구하고 비평이론과 문화이론의 장에서 불교가 제대로 논의된 적이 없는 이유는 무엇일까? 이 책은 역자의 고민을 완전히 해소해 주지는 못하지만 불교와 비평이론의 관계를 탐구할 수 있는 가능성은 열어준다.

이 책은 비평이론과 철학에서 불교의 위치가 잘 보이지 않는 이유를 오늘날의 현실적·이론적 맥락 속에서 비판적으로 검토하는 한편, 불교가 비평이론과 철학에서 중요한 역할을 해왔고 할 수 있을 가능성을 새로운 시각에서 발굴하고 조명한다. 오늘날 비평이론과 철학은 근대철학의 근본주의와 정초주의, 본질주의를 비판하면서 그 근원에 비존재의 존재성을 드러내고자 노력해왔다. 그것의 주된 과제는 바로 무, 간극, 차이 등과 같은 개념들을 통해 근대철학의 근본주의를 비판하는 것이다. 문제는 이런 비판에서 가장 급진적인 사고를 제공해 줄 수 있는 이론의 가능성이 불교에서 찾아볼 수 있음에도 불구하고 비평이론에서 불교의 위치는 잘 보이지 않는다는 점이다. 현대 비평이론의 주도적 흐름 속에서 슬라보예 지젝, 알랭 바디우, 조르조 아감벤 등과 같이 기독교와의 새로운 관계를 모색한 이론가들은 많지만 불교를 이론적 근거로 삼는 이론가는 거의 보이지 않는다. 사실 지젝, 바디우, 아감벤 모두 실재(the Real), 공(emptiness), 무(nothingness)에 대한 이론적 사유를 통해 불교적 사유와 연결될 수 있음에도 불구하고 불교의 가능성에 대해선 전혀 고민하지 않는다. 오히려 이들은 불교에 대해 아주 순진하거나 잘못된 이해를 보이기조차 한다.

그동안 불교와 이론과의 관계가 논의되지 않았던 것은 아니다. 불교와 하이데거, 불교와 데리다의 해체와의 관련성을 논하는 연구들은 많았지만 어디까지나 불교를 설명하기 위해 그런 이론들을 끌어들인 것이었지 불교와 비평이론 간의 대화를 현실의 구체적 맥락 속에서 탐구하는 작업은 거의 전무한 편이었다. 이 책의 가장 큰 장점이라면 바로 그렇게 된 이유를 직접적으로 묻고자 하는 것이다. 이들은 불교와 비평이론 간의 관계를 이론적으로 탐구하는 차원에 멈추지 않고 그것들이 실제로 맞부딪혀온 맥락과 그것들이 가진 현실적 적응력을 제대로 탐구하고자 한다. 가령 불교와 자본주의, 불교와 비동맹 정치학, 불교와 서양철학 간의 관계를 통해 불교가 단순히 현실 초월적인 종교적 교리가 아니라 근대의 세속적 현실이나 근대성과 타협하고 그것을 돌파해 나가려고 한 이론적 시도였음을 보여주고자 하는 것이다.

이 책에 수록된 글들에 대한 소개는 저자들의 서문에 잘 정리되어 있어 반복할 필요는 없을 듯하다. 간략히만 언급하면, 이 책의 문제의식은 다음과 같다. 즉, 동시대 비평이론은 기독교와는 오랫동안 긴밀한 관계를 맺어 왔지만 불교에 대해서는 애초에 그러한 관계를 맺으려고 하지 않았고, 불교가 오늘날의 현실적 곤경과 문제를 다룰 수 있는 이론적, 실천적 가능성을 갖고 있음에도 불구하고 이론에서의 불교의 부재는 놀라운 결여이자 누락이라는 것이다. 사실 무와 공은 불교의 본질적인 개념일 뿐만 아니라 헤겔과 마르크스에서부터 해체, 생태이론, 사변적 실재론에 이르기까지 현대 비평이론에서 핵심적 개념이기도 하다.

이 책은 비평이론에서 불교의 "무無", 즉 공空의 이론적 가능성을 현실적 상황과 비평이론 간의 관계 속에서 살펴봄으로써 불교의 이론적 가능성을 새롭게 조명하고자 한다. 바타유의 일반경제 개념을 통해 불교와 경제의 관계를 새롭게 조명하는 한편 자본주의와 공산주의의 대립을 뛰어넘을 정치적 실험과 가능성을 불교와 비동맹 정치와의 관계를 통해 살펴보는 마커스 분의 글, 불교와 마르크스주의와 정신분석의 핵심 개념인 깨달음, 혁명, 치료를 관통하는 공통적인 것, 즉 자아의 한계를 뛰어넘어 무아적인 해방과 해탈을 모색하는 방법을 궁구하고자 하는 시도들을 살펴보는 에릭 캐즈딘의 글, 마지막으로 서양철학과 미학이론 내에 존재하는 붓다공포증의 근원을 파헤침으로써 서양철학의 한계를 드러낼 뿐만 아니라 그 과정에서 불교의 급진적 가능성을 제기하는 티머시 모턴의 글. 이 글들은 모두 불교와 비평이론 간의 관계를 새롭게 사고할 수 있는 이론적 공간을 열어준다.

끝으로 이 책을 번역할 수 있도록 선정해준 불교진흥원과 번역원고를 세심하게 읽고 오류를 바로 잡아준 심사위원님들께 깊이 감사드린다. 번역 기간의 연장 요청에도 흔쾌히 수용해준 불교진흥원과 저작권 획득과 원고의 편집에 도움과 정성을 다해준 운주사 관계자분들께도 감사드린다. 이 책을 번역하면서 개인적으로 얻은 이론적 소득이 아주 많다. 비평이론을 오랫동안 연구하고 가르친 역자에게도 불교, 특히 불교와 비평이론의 관계에 대해 접근하기가 쉽지는 않았다. 역자에게 번역과정 자체가 새로운 세계로 나아가는 경험이었다. 무엇보다 이론으로 접근할 수 없는 세계에서 이론의 한계와 실천(수행)의 관계를 생각하게 된 것은 앞으로의 공부에 중요한 교훈이 될 것 같다. 이런 경험을 얻게 해준 인연에 깊이 감사드린다.

2024년 11월

김용규 씀

지은이 마커스 분 Marcus Boon

캐나다 토론토 요크대 영문학과에서 가르치며 현대문학, 비평이론, 비교 미학, 소리와 진동 및 에너지 연구, 글로벌 아방가르드와 반문화의 역사와 철학 및 학문 전반에 걸친 실천 개념, 복제의 이론과 실천, 불교와 근대성과의 관계 등에 관심이 있다. 저서로는 *The Road of Excess: A History of Writers on Drugs* (Harvard UP, 2002), *In Praise of Copying* (Harvard UP, 2010)〔『복제 예찬』, 홍시, 2013〕, *The Politics of Vibration* (Duke UP, 2022) 등이 있으며, 현재 *On Practice: Aesthetics After Art*를 집필 중이다.

지은이 에릭 캐즈딘 Eric Cazdyn

캐나다 토론토 대학 비교문학과에서 가르치며 비평 및 문화이론, 동아시아 문화사, 현대 일본문학, 일본영화, 정신분석학, 마르크스주의, 의학연구 등에 관심이 있다. 저서로는 *The Already Dead: The New Time of Politics, Culture, and Illness* (Duke UP, 2012), *After Globalization* (with Imre Szeman, Wiley-Blackwell, 2011), *The Flash of Capital* (Duke UP, 2002) 등이 있고, *Trespasses: Selected Writings of Masao Miyoshi* (Duke, 2010), *Disastrous Consequences* (SAQ, 2007)를 편집했다.

지은이 티머시 모턴 Timothy Morton

미국 라이스 대학 영문학과의 리타 시어 거피 교수로 재직하고 있으며 생태 문화이론, 환경인문학, 젠더와 섹슈얼리티, 동물연구, 포스트휴머니즘 등에 관심이 있다. 특히 객체지향 존재론을 생태학과 연결하여 생태적 각성과 저월(subscendence)의 상상력과 관련된 독창적인 사유를 보여주는 이론가이다. 저서로는 *Being Ecological* (Penguin, 2018)〔『생태적 삶』, 앨피, 2023〕, *Humankind: Solidarity with Nonhuman People* (Verso, 2017)〔『인류: 비인간적 존재들과의 연대』, 부산대출판문화원, 2021〕, *Realist Magic: Objects, Ontology, Causality* (Open Humanities, 2013)〔『실재론적 마술』, 갈무리, 2023〕 등이 있다.

옮긴이 김용규 Yong-gyu Kim

부산대 영문학과에서 가르치며 문화비평이론, 탈식민주의, 유럽지성사, 세계문학론 등에 관심이 있다. 저서로는 『혼종문화론』(2013), 『문학에서 문화로: 1960년대 이후 영국 문학이론의 정치학』(2004) 등이 있고, 옮긴 책으로는 『인류: 비인간적 존재들과의 연대』, 『멀리서 읽기: 세계문학과 수량적 형식주의』, 『문화연구 1983』, 『글로벌/로컬: 문화생산과 초국적 상상계』 등이 있으며, 『경계에서 만나다: 디아스포라와의 대화』, 『번역과 횡단: 한국 번역문학의 형성과 주체』, 『세계문학의 가장자리에서』, 『대담집: 재일디아스포라의 목소리』를 공동 편집했다.

대원불교
학술총서 **23** 무에 대한 탐구

초판 1쇄 인쇄 2024년 11월 28일 | 초판 1쇄 발행 2024년 12월 6일
지은이 마커스 분·에릭 캐즈딘·티머시 모턴 | 옮긴이 김용규
펴낸이 김시열 | 펴낸곳 도서출판 운주사

(02832) 서울시 성북구 동소문로 67-1 성심빌딩 3층

전화 (02) 926-8361 | 팩스 0505-115-8361

ISBN 978-89-5746-857-9 93220   값 25,000원
http://cafe.daum.net/unjubooks 〈다음카페: 도서출판 운주사〉